U0608099

浙江文獻集成

李慈銘日記

第四册

同治二年十二月二十七日起
同治五年八月十七日止

〔清〕李慈銘 著
盧敦基 主編
何勇强 副主編

浙江大學出版社·杭州
ZHEJIANG UNIVERSITY PRESS

本册目録

同治二年十二月二十七日至同治五年八月十七日
（1864年2月4日—1866年9月25日）

孟學齋日記乙集中

孟學齋日記乙集下

孟學齋日記丙集上

籀詩甓疋之室日記(孟學齋日記丙集)

孟學齋日記甲集上

同治二年十二月二十七日至同治三年六月二十九日（1864年2月4日—1864年8月1日）

自今夏四月至十二月日記，題曰甲集上下卷，取先甲義也。兹以甲子立春日始，更依甲乙編次之，而以前兩卷爲首集。蓋景運中興，上元受曆，凡含生受氣之倫，孰不忻然更始？況世食舊德，忝禄於朝，幸逢太平，舉家蒙福，則此記也，其亦洪水之息壤，焚林之回枿乎？柯湖子識。

同治三年甲子上元肇曆之歲履端先四日，爲癸亥冬十二月二十七日己亥　戌正初刻八分立春。是日予生日也。以後旬有四日，又爲太恭人周甲之辰，千載昌期，一門私慶，嘉祥會合，亦云奇已。天晴日麗，微風扇和，饒有春意。早起盥漱畢，肅衣冠，望南叩拜，焚香跪轉《金剛般若波羅蜜經》。午入署值日，晤廣西司掌印郎中貴文。賞茶房叩節錢二千，裘褐錢二千，隸役叩節錢二千，伙房承辦京察紙筆錢二千。下午歸，付車錢二千。理庵舍人來，爲診脉撰方。賞王福拜壽錢三千，鷴兒錢二千。秋舫來。付寶森堂書肆錢十二千文，購得魏源《聖武記》一册。書立春吉語。晚同秋舫、蓮舟詣謝心齋小談。章秋泉饋角黍十枚，蒸肉一籠，復謝。終日素食，夜喫鷄瀋麪。

邸鈔：左宗棠奏各軍攻剿杭州、餘杭賊逆，迭獲大勝。陣斃僞歸王鄧光明，進攻鳳山門外，破賊九壘，逐北至城隍山下。得旨：剿辦甚爲得手，著左宗棠督飭各軍，迅將杭州、餘杭兩城克復，其力戰陣亡副將扈照乾、副將銜參將鄧壽福、王洪熙、遊擊陳宗説等，均交部從優議恤。恩錫實授山東鹽運使。給事中朱文江授廣西右江道。蔡應嵩授江西廣饒九南道。前刑部郎中范太亨授江西吉安府知府。

癸亥十二月二十八日庚子　晴。作書致舅氏葉帆太僕。作片致胡仲芬，還麗參錢十千文。得恩竹樵運使書，并寄炭金十兩。揚庭來，以二十金爲家慈壽，固辭之。景蓀來。子蒓來。買新《搢紳録》一部，價三千七百文。付王福零用錢一百千文，年賞錢十千文，鸛兒年賞錢四千文，工錢二千文。

癸亥十二月二十九日辛丑　晴。得德甫片招今日小飲。作復竹樵書。付德和錢鋪息銀三兩。付各店年帳錢一百十千文。下午，蓮舟解館歸，予偕之出，便詣德甫快談。晚同葆珊、硯孫、熊定卿小飲，更餘歸。大風，塵漲目不能視，燈數滅。偕一小奴彳亍行，甚苦。閲《衎石齋文稿》，詞意質實，粹然學人之言。風聲徹夜。

邸鈔：詔：蒙城縣練丁五百餘名協力同心，堅守數月，著加恩賞銀一萬兩，即由僧格林沁糧臺給發。僧邸原奏擬請賞銀一千兩，詔加十倍，真異數也。僧格林沁奏請裁併東河河員，改歸地方官經理。詔令議政王軍機大臣會同吏部議奏。給事中劉毓楠奏正途需人，請將副貢一體考試録用。詔令吏部議奏。詔：護理漢中鎮總兵漢鳳營遊擊陳天柱於本年八月間，賊撲府城時，登陴固守，城陷後罵賊不屈被害，殊堪憫惻，著照總兵例賜恤。其漢中、城固兩城失律將弁，副將盧文熊、徐邦道、遊擊王其發等十三人，均革職拏問，交劉蓉嚴行審訊。從劉蓉奏請也。

癸亥十二月三十日壬寅　晴，風。付邑館長班節賞一千，本司送官單人節賞一千，户部送知會人節賞一千。買鵝黄半緺襯衫一件，價三十八千文。得子蒓片，招今晚飲屠蘇酒。曉湖來。傍晚焚香禮天地祖宗，遥叩太恭人百歲。晚坐車詣子蒓、蓮舟，偕揚庭少飲。賞傅宅僕媪錢四千。夜坐周氏車回館，賞車頭錢二千。芝翁來辭歲，不值。

癸亥生日作是日立春入曹視事

生日逢春至，高堂定慰情。一官隋左户，隋始置左户等二十二曹郎中。廿載魯諸生。冗散初叨禄，定制：部曹學習諸員皆無俸，惟户部給養廉銀。鄉關漸息兵。是日邸鈔報杭州之捷。况逢元曆始，明年交上元曆運。將母祝昇平。

除夕守歲作

醉吟擁鼻漏三商，經卷茶烟繞半床。王粲善愁長作客，顧協臨老始爲郎。予今年三十五，故用顧協事。只憐歲月添逋券，尚有音書滯遠方。回首鬧廳蕡燭夜，青紅跳地最難忘。眉批：此首删。

同治三年(一八六四)

同治三年元旦癸卯　晴和。起具衣冠，禮天地，遥賀太恭人千秋。工部郎周某來，商城從子也。書元旦方勝吉語。芝翁饋糕餌四種。芝翁來賀年，不見。珊士來。賞劉升叩歲錢一千，趙禮康升叩歲錢一千。劉比部師洛、林比部式恭、潘光卿祖蔭、杜户部正詩、張比部聯第、平編修步青、陳水部驥、周工部若霖、沈鹺尹賓森、孫舍人源、曹儀部貽誠、潘舍人觀保、朱比部庚、家比部鎬來，皆不見。眉批：是日司天監奏風從艮地起，主人壽年豐。

初二日甲辰　晴，風。芝翁再來賀歲，以尚卧辭去。睡起甚遲。星五來。胡廷襄來。傍晚走答芝翁，坐談頃許。賀廷尉壽慈、熊比部昭鏡、初一日來。夏比部獻蓉、初一日來。李户部壽蓉、杜學士聯、潘侍郎曾瑩、兵部祖保、茹户部朝棟、王縣令觀光、高功曹清巖、蔣侍御彬蔚、吴縣丞光欅來，俱不見。又有兵部主事朱厚基、無錫人。户部同司蔣立言二君來，不知其人，亦不見，當再訪之。

初三日乙巳　陰寒多風。胡仲芬來，翁户部琳、中書在璣、謝比部鉞、戴水部堯臣、吴水部景萱、章秀才文瀾、陳觀察景謨、王縣令福琦、濮閒官丙鏷來，俱不見。終日悶坐，亦時閲書，俱無片段。賞吴升卯歲錢二千。夜微雪。

邸鈔：侍講學士孫鏘鳴以奏事不實，勒令休致。鏘鳴，温州瑞安人，嘗以侍講被命辦團練，擢學士。本年入都疏劾温州府知府黄維誥，署永嘉縣知縣陳寶善等縱匪殃民，釀成會匪之變；已革署平陽縣知縣蘇金策與現署平陽知縣金麗元勒捐索賄；捐納知縣沈焕瀾入會通匪，鄉里不齒，幫辦鹽務，自設勇船，云云。諭令左宗棠查奏。宗棠復疏言皆無其事，詔責鏘鳴徇私挾嫌，居心險詐，勒令休致。李鴻章奏十二月十三等日常州官軍擊退援賊，僞章王之衆斬馘萬餘人，奔牛解圍。詔：總兵唐殿魁等升賞有差，降人部之倫賞給遊擊銜。

初四日丙午　晴有風。允臣招入其卧内久談。蓮舟來館。芝翁來訂今日晚飲。謝給諫增、查比部丙旭、駱比部文蔚、沈功曹永朝、許太宰乃普、閻學彭壽、秦比部賡彤、葉比部覲光、胡比部壽謙來，俱不見。梳頭。晚偕蓮舟同諸郎小飲。

初五日丁未　晴。出門拜客四十餘家，往還二十餘里，晚歸。星五、子蕤來，不值。揚庭來。付車錢六千，賞王升二千、穆頭一千，傅僕一千。偶爾一出，便須銀一兩光景，殊不可支。翁户部學涵、馬編修傳煦、童工部春、王户部世遠、吴署正慶燾、潘光卿祖蔭來，俱不見。

初六日戊申　晴。得碩卿片，來詢家慈壽節設壇地。作書致蔣子良侍御，爲星五取信件。作書致曉湖、予恬，辭壽屏。作書致德甫，借以姚石甫《東槎紀略》，并爲允臣轉借《東坡志林》。作片辭碩卿，并屬轉辭伯寅送壽聯。曉湖來，以白金一兩爲家慈壽，固辭不獲，此出曉湖修脯，可爲白華之養矣。子莼來。琴巖來。夜詣允臣卧裏談，適芝翁亦來，閑話逾時而出。

邸鈔：詔：四川按察使牛樹梅來京交吏部帶領引見。以廣東鹽運使蔣志章爲四川按察使。

初七日己酉　大雪終日夜。出門拜客二十餘家，晤海門、揚庭，傍晚歸，付車錢四千五百文。得子良書，交到函評。得德甫書，送《志林》來。作書復子良。作書致星五，交子良信。

邸鈔：存誠補授總管内務府大臣。以廣東廣州府知府李福泰爲廣東鹽運使。

初八日庚戌　雪，午止。珊士來，以楹聯、花炮爲家慈壽，并求爲其太恭人撰七十壽序，見示節略一通，茗話逾時去。珊士居内城兵部窪中街，離青廠蓋三里許，冒雪步淖而來，京官固窮甚，珊士其尤清苦自勵者與。鍾編修寶華、方樞部熊祥來不見。夜大風。

初九日辛亥　晴寒。剃頭。伯寅送壽聯、壽燭、壽酒來，受聯返燭酒，犒來使一千。出門詣曉湖小坐，遂邀子莼、蓮舟、星五、吴松堂、高雲山等飲福興居，日旰歸寓。賞車夫兩千。揚庭來，不值。高户部貢齡、湯比部學海來，不見。得星齋侍郎書，并送楹帖一聯爲家慈壽，復書謝，犒來使一千。夜風。

初十日壬子　晴寒有風。早起喫牛乳一器，北地得此頗難，惟夏間盛飲冰酪，而餘時無人知者，予絶此味幾十年，今日如在晦堂禪板間對病維摩説中邊蜜味矣。上午出門拜客兩處，即詣惠豐堂，赴高雲山之招，與子莼、蓮舟、揚庭及一湖州人陸姓者同席，晡後歸。付王福買辦錢一百三千。得夏小笠刑臺書。晚邀揚庭、子莼、蓮舟喫壽麪，張燭爲家慈暖壽，此俗例也，而窮士客中行之，尤寒儉可笑。是日琴巖先期來賀，送壽燭、花炮。金甫來，不值。

十一日癸丑　家慈倪太恭人六十壽辰，晴和淑麗。子莼、蓮舟、送分一兩。高雲山、送分一兩。吴松堂、送分八千。章秋泉、送分四千。惺齋、送分六千。曉湖、送分二兩。沈松庭、珊士、星五送分二兩。俱先至寓中來賀。辰刻詣餘慶堂，設筵禮天地，遥叩家慈，慶祝千秋百福。春暘、厚齋、星五、伯寅、秬香、揚庭、送分二兩。曉湖、越樵、送分八千。珊士、惺齋、送分六千。景蓀、送分四千。仲京俱來賀。夢漁、金甫、理庵亦來。葉帆舅氏送分四千。以昨日早朝感寒不至。列席稱觴，暢飲樂甚。辛芝送分四千來賀，已席散矣。德甫以病不克至，送分資二十千來。以上凡受者皆加圈，志朋友之賜也。晡後歸。碩卿至寓來賀。惺齋復來。夜邀子蒓、蓮舟喫麵。童編修福承來，不見。

邸鈔：臺灣鎮總兵曾玉明、臺灣道丁曰健奏克復彰化縣城。

雨水正月中。　十二日甲寅　申正初刻十四分雨水節。陰晴相間。曉湖來。付餘慶堂果席錢一百六千五百四十文，賞茶房四千文。付客車飯及送禮錢二十千文，賞謝僕二千、周僕三千、平僕一千、章僕一千、傅僕二千、劉升二千。付三日來車錢七千文。作稟家慈書，寄回元寶銀一錠，計十一兩有寄，并壽聯五副。又作致仲弟書、致内子書。傍晚詣惺齋謝，并見其夫人，璧還分資六千。詣秋泉，亦出見室人，璧還分資四千。詣碩卿，璧還所饋燭麵。詣德甫謝，并問疾。詣揚庭謝，兼送行，以家書託寄，且結兄弟之好而歸。書譜牒一通寄揚庭，得揚庭復書并譜牒。揚庭少予二歲。

十三日乙卯　晴。出門謝壽，詣者十七家，晤曉湖、伯寅、子蒓，及琴巖、珊士兩君之子，還琴巖所惠燭，吴松堂兄弟分資。傍晚歸。鄭工部錫泰來，不見。夜飯後，景蓀、子蒓來快談。景蓀言今日廠市，以錢一千購得《邵南江文集》及《南江札記》，可喜也。子蒓以四百文得田山薑《古懽堂集》一部，亦稀有事。同子蒓、景蓀、蓮舟踏月至大街看燈，回至秋泉家小憩而歸。是日買織皮大護書一件，錢四千文。

十四日丙辰　晴，有風。約景蓀、子蒓、蓮舟、德甫、硯孫同遊廠市，自廠甸至火神廟，遊人填溢，百物駢闐，予輩數人惟婆娑破書鋪席前而已。

以錢一千得《劉端臨先生遺書》四册。卷首載行狀墓表及兩世鄉賢録，先生與其父靖江縣訓導世謩於道光十一年同入祀鄉賢祠也。以下凡八卷，卷各爲一書，曰：《論語駢枝》《經傳小記》《國語補校》《荀子補注》《淮南子補校》《方言補校》《漢書拾遺》及文集也。惟《駢枝》《小記》二書，曾於《學海堂經解》中見之。《國語》《荀子》《淮南子》三種，王氏《讀書雜志》亦間采其説，餘俱未見。《漢書拾遺》自朱武曹撰行狀誤作《漢學拾遺》，阮文達撰墓表及《儒林傳》皆因之，向嘗疑其名不可解，謂漢學之遺，胡能盡拾，且必累卷積帙，方副此名，而載其書目衹一卷，正不知何所措手？今日閲之，乃《漢書拾遺》也。自《高祖紀》至《儒林傳》，隨筆劄正，僅得九葉二十四條，而書首標點亦曰『漢學拾遺』，蓋先生女爲文達長子故清河道常生妻，是書常生所輯而其子恩海刻之，故仍沿其誤。惟前載王氏念孫序，故作『漢書』不誤也。

又以一千得《午風堂叢談》四册，無錫鄒曉屏相國撰，凡八卷。書爲代州馮䜿園侍郎故物，卷面有䜿園手記數行，稱相國爲先師。每册側面編三四五六字數，又書板心題曰『午風堂集』，蓋其前尚有二册，爲相國詩文之屬，而侍郎記言得此於廠肆，其時蓋已失前二册矣。

又以二千五百得《受經堂彙稿》四册，張氏惠言門人楊紹文子掞所編，凡五種。首爲《茗柯文》，初編一卷，二編二卷，三編一卷，四編一卷，皆皋文所著也。次爲《竹鄰遺稿》，歙金式玉朗甫著。式玉爲輔之先生從子，寄籍浙之仁和，嘉慶壬戌進士，改庶常，旋卒。次爲《齊物論齋賦》，武進董士錫晉卿著。次爲《安甫遺學》三卷，歙童子江承之著，皆張氏及門也。次爲《雲在文稿》，即子掞所自著也。子掞自稱山陰人，而吾鄉無知者。此書前有鮑雙五侍郎序，言雲在爲張之同里，官天津鹽大使，蓋越人而僑居常者歟？受經堂者，張氏在京師講學之堂也。

又以一千得陳簡莊先生《綴文》六卷，《對策》六卷。《對策》去年曾於相國齋中見有魏氏茂林鈔本，意尚以爲未刻者。此與《受經堂彙稿》，尤世間希有之書，得之可喜。又以七百文得《梅崖居士外集》兩册，凡八卷。又以一千六百文得陳氏喬樅《禮堂經説》二卷，《毛詩鄭箋改字説》四卷，《齊詩翼氏傳疏證》二卷。共七千八百文，得書十九册，計二十種五十五卷，亦可謂便宜矣。斠之長檐高齒輩求珊瑚、翡翠以飾冠佩者，所得孰多耶？又向寶珍齋貰得澤存堂張氏重刻宋本《玉篇》一部，價十二千文，及殘本《荆駝逸史》五册，凡廿三種，吴應箕《兩朝剥復録》《熹朝忠節死臣傳》、孫慎行《恩恤諸公志略》《東林本末》、賀宿《懿安事略》、文震孟《徐公如珂定蜀記》、錢謙益《徐公如珂平蜀記事》《徐如珂攻渝紀事》、楊廷樞《徐公如珂全吴紀略》、李清《毛文龍始末》、蔡鼎《孫愷陽殉城論》、許德士《盧司馬殉忠録》、白愚《汴圍濕襟録》、戴田有《孑遺録》《榆林城守紀略》《保定城守紀略》、錢邦芑《甲申忠佞紀事》《遇變紀略》、程正揆《滄洲紀事》、朱子素《東堰日劄》、韓菼《江陰城守紀》、許重熙《江陰守城記》、南園嘯客《平吴事略》。價六千文。

白吏部桓來，詹會稽儀桂來，不見。

十五日丁巳　晴，風。詣謝夢漁，賀其子娶婦，送分四千。付前日及今日車直六千。終日小極不出門。卧閲《午風堂叢談》。其論書畫頗當家，間及掌故，亦可備參考。而筆意迂冗，不能出色。所考證經史，亦鮮自得之學。朱太宰鳳標來，不見。夜飯後，子蒓來，邀同蓮舟踏月至琉璃廠看燈火，旋回。

十六日戊午　晴。連日舊疾復發，憊甚，致年來疾數動矣，奈何！作致秦鏡珊福州書，致夏小笠邢臺書。子蒓來夜談。作片致仲京，託寄秦信；致鏡人，託寄夏信。

閲劉端臨先生諸種。其文集《周公居東論》，謂公之居東，特以流言故，避謝朝權，出居洛邑，以陰察武庚之變而爲之備，非委孺子以去之也。卓識雄議，深合情事，可謂獨得古人之心。至其疏通經傳，援據詳確，而俱以文從字順之法讀之，則近儒論之詳矣。

倪葉帆太僕、朱海門侍御來，俱不晤。

十七日己未　薄晴微和。得予恬片，遞到舍弟去年七月初九日書及次妹書、沈瘦生書，知燾姪於五月廿八日暴殤。姪生甲寅，去年十歲矣，念其孩提遭亂，兵火飢寒，終以驚死，予之不德，累及諸兒，淚落沾襟，曷勝淒黯！作片復予恬。德甫招夜飲時豐齋，傍晚詣之，並晤詹會稽、蔣吏部、何工部、譚縣令、王翰林。詹君甸甸謹厚人也。夜歸，賞車夫一千。孫户部慶咸、桑侍郎春榮來，俱不見。

閲簡莊《綴文》，卷一史論，卷二自作諸書敘，卷三群書跋，卷四經典考，卷五雜記，卷六雜文。簡莊博究經籍，尤精字學，文章非其所長，固以考據重者。集内《埤蒼拾存》《聲類拾存》兩敘，辨别古今字詁，多段、錢諸君所未及。《擬請漢儒許慎從祀議》，則不及予友崑山張星鑑所擬之詳晰也。惜所爲《論語古訓》《説文正義》等書，俱未得見耳。其《元豐九域志跋》云，天文似難而實易，地理似易而實難，以其沿革無定也，亦爲名言。天文二語，焦（里）〔理〕堂駁之。

十八日庚申　晴。夜來疾發，憊不可支。子蒓來，招飲同興樓，辭之。作片致德甫，借《續刻北江遺書》。閲《茗柯文》初編至四編，粗涉一過。皋文不特經學奥邃，其文亦力追先秦，字字有法，而不同北地、滄溟之膚襲割綴，真古學也。激切高厲，亦如其人。星五來。珊士來，約二十日飲其家，辭之。吴松堂招晚飲龍源樓，辭之。

閲《北江遺書》。道光壬寅刻於姑蘇者，前有故協揆奕經序。奕經，北江直上書房時受業弟子也。

書凡六種：《曉讀書齋雜録》八卷，《伊犁日記》一卷，《天山客話》一卷，《外家紀聞》一卷，《兩晉南北史樂府》二卷，《唐宋小樂府》一卷，別標曰《附鮚軒外集》。而附以其子飴孫孟慈《史目表》一卷。奕經序言是書爲先生幼子子齡孝廉所手録本，族子子香參軍刊行之。子齡名齮孫，子香不知何名。其前載未刻書目，有《北江詩話》《四史發伏》《左傳故》《左傳詁》《地理通釋》五種。按《左傳詁》，經飴孫與北江門人旌德吕培開雕金陵，竣工於嘉慶癸酉，印行於道光戊子。培子朝忠有跋極詳，而此尚云未刻，豈版歸吕氏，而洪氏不及知耶？然子香之非此中人，亦可知矣。《曉讀書齋雜録》，皆北江戍還後讀書隨筆所記，凡分四録，録各二卷。初録、二録雜考經史諸子；三録上卷爲《黔中録》，下卷爲《塞外録》；四録復爲雜考。北江最精地理，次則《説文》，故此録多言輿圖，辨晰甚細；其言小學，亦深究字原。此本行世者絶少。去年子蒓購得《伊犁日記》等二種，固未全也。《兩晉南北史樂府》首行曰洪禮吉著，蓋係北江少作，故仍書原名也。飴孫由舉人官縣令，旋卒。《史目表》曾於己未廠市購得一部，已久失去。《雜録》頗有誤字及空白，又往往有已見他人説者，蓋北江隨時劄録，未及別白耳。

尤喜其論《説文》。如云古人剖玉爲珠，故珠字从玉；古人屑米爲粉，故粉字从米；古人範土爲璽，故璽字从土。今《説文》珠云蚌珠，《爾雅》：西方之美者，有霍山之多珠玉焉。霍山豈有蚌珠？粉云傅面之粉，璽云王者之印，皆非本訓也。又人部，伉云人名，疑當云『伉，高亢也，又人名』。伊云殷聖人阿衡也，疑當云『伊，水名，又殷聖人阿衡。』蓋伊尹生於伊水，故姓伊，似不當以伊字專屬伊尹。又竹部『簾，堂廉也』，堂廉字不當从竹。《釋名》：簾，廉也，自障蔽爲廉耻也。《玉篇》：簾，編竹帷。《廣韵》：簾，簾箔。義並同，疑《説文》有誤字。又人部『俚，聊也』，《蒼頡篇》：國之下邑曰俚。是俚亦都鄙之號。《漢書》：質而不俚。如淳注曰：雖質猶不如閭野之鄙言也。俚、聊同聲，故又通作聊賴之聊。其實下邑爲俚，乃係本訓。俚、鄄古通，《説文》于鄄字下云南陽西鄂鄄亭，玄應注《顯揚聖教論》，亦云俚亦作鄄。皆足爲叔重功臣，不似同時孫問字、錢十蘭之墨守。

其論四瀆云：古稱四瀆，《釋名》：『瀆，獨也，各獨出其所而入海也。』今泲與河合，淮亦與河合，祇有二瀆耳。若古合而今獨者，其河北之漳水乎？　又云：八音所以宣八風也。今自晉以後無匏音，眉批：慈銘案，笙者，匏也。《白虎通義・禮樂》篇：匏曰笙。《淮南子・天文訓》高誘注：『條風，艮卦之風，一名融，爲笙也。』《左傳正義》引服虔注：『艮音匏，其風融。』《周禮・太師》注、《禮記・禮器》注，并云『匏，笙也』。是今樂器所吹之笙，正屬匏音，應正月立春艮卦之風，似未嘗缺。而今製皆以竹爲之，未嘗用匏矣。八音祇存七而天氣不能宣矣。四瀆所以疏四氣也，今四瀆祇有二而地脉不能泄矣。天氣鬱，此八風之所以不暢也；地脉塞，此四氣之所以不調也。州縣少廉平之吏，東南多水旱之灾，有以哉。可謂絶大議論，經生家所罕及者。其詮方俗語，如云吴人呼人面四周爲面般，本如淳《漢書》注般讀如面般之般。吴俗飲食過飽有逆氣出，呼爲垓，《淮南子》高誘注『垓讀人飲食太多以思下垓』，即此義。垓、咳古字通，亦作侅，《莊子釋文》『飲食至咽爲侅』。吾鄉言人面少瘦寡精采曰面白䤵䤵，見《玉篇》。俗稱履法曰楥頭，《説文》『楥，履法也』。所述皆與吾越方言同。鄉先生茹三〔橋〕〔樵〕氏嘗著《越諺釋》一書，予未及見，不知有此數條否？　近日吾友陳珊士輯《鑑曲一音證》，當舉以告之。至據王充《論衡・貴虚篇》，浙江、山陰江、上虞江皆有濤，謂鑑湖本通潮汐，自後漢永和五年，太守馬臻環湖築塘瀦水，潮始淤塞。據《會稽典録》，孫亮時山陰朱育少好奇字，凡所特達，依體象類，造作異字千名以上，謂孫休之造𩅦、莔、𩂣、𧟰等字，蓋因休先自丹陽徙居會稽數歲，見育所製造，故倣而爲之。此二事足以補吾邑志乘之所未及。

十九日辛酉　晴。晨起於名紙上加寫功字，凡一束五十紙，爲壽兒也，《禮》爲昆弟之子下殤服小功布衰裳澡麻帶絰五月，今則不能行矣，廢其實而存其名，亦亡於《禮》者之禮，且以志恫於予心也。予自己未出鄉，庚申得屠氏姑赴，先君子本生姊也，其服禮無明文，以義推之，服小功，辛酉得薛氏外弟赴，服緦，壬戌連得外姑馬孺人、伯母章儒人赴，服皆小功。章孺人，先君子本生兄嫂也，服亦無明文，以族屬則系高祖者爲族母，當服緦，以義亦服小功，與服屠氏姑皆降。先君子爲所生屬服一等，而俱以在外，禮不得行，宗黨衰微連覯奇慘，稱情之服僅託空言，可悲也夫。琴巖來告二十五日有汶上之行。蔣户部保燮來，陝西司同曹也，言其姊爲家松雲先生子婦，與予有姻連。户部字哲庵，蘇州人。作片致碩卿。

二十日壬戌　薄晴，天氣甚和。剃頭。手録章完素《朕兆解》一篇。章秋泉來邀夜飲，辭之。午詣文昌館，與陝西司諸同官團拜，到者二十四人，人派錢十四千。演四喜班，崑伶畢集，芷秋演《驚夢》尤爲擅場，惜接坐連茵，驢鳴狗吠，爲可厭耳。至夜而歸。得碩卿書招夜飲。長寶來叩見，賞錢二千，此周氏舊奴也，年弱而便了，頗知戀余，余亦憙之。初更大風頓寒，録《朕兆解》訖，閲戴田有《孑遺録》，敘事頗有筆力。風終夜怒甚。是日謝夢漁來，董編修文焕來，俱不值。

二十一日癸亥　晴寒有風。作片致碩卿，得復。得秋泉片，再邀夜飲。點閲漁洋《蠶尾集》，詩絶句以外可取者寥寥。夜赴秋泉之招，與越樵、秋舫、葉繡圃等同飲，初更冒風而歸。夜大風。

二十二日甲子　晴寒甚，多風。作片致曉湖。作片致子蒓。手録章完素《跋且字考》一篇。得曉湖復。惺齋招夜飲，辭之。

終日閲顧千里《思適齋集》。其《釋名略例》《焦氏易林後序》兩文，不但爲讀二書者之津梁，亦通諸經之圭臬也。餘如《鹽鐵論考證後序》《宋本淮南鴻烈解跋》，皆薈萃經學，深有功於古書。《重刊宋本名臣言行録序》《廣陵通典序》，以駢語疏其考據，亦爾雅可觀。此書庚申歲爲千里文孫河之所貽，今河之已亡，重理此編，不勝人琴之感。

得景蓀片，以姚石甫雜著三種、《邵子湘集》及日記一帙來還。復景蓀片，更借以《荆駝佚史》一帙，《午風堂叢談》四册及《洪北江遺書》七種。得碩卿片招夜飲，黄昏詣之，肴蔬數種，皆仿蘇州，出其閨人手製也。人定時微醉而歸。

二十三日乙丑　晴，大風，寒。疾發，憊甚。手録姚石甫《東溟奏稿自序》一通。中言臺灣鎮道奏事顛末極詳。篇首又及吾鄉姚公啓聖爲靖海侯冒功不封事。錢秋舫來。作片致德甫，欲以姚石甫《東槎紀略》《東溟奏稿》《姚氏先德傳》《後湘詩初二續集》，與德甫易《續刻北江遺書》七種。作片致景蓀，借《邵南江文集》及札記。再借陳卓人《句谿雜著》。作片致朱海門侍御，邀明午飲同興樓，海門將以後明日赴保定，主講蓮池書院也。作片致惺齋、致秋泉、致子蒓。得德甫復，言易書事爲議。得景蓀復，借到邵、陳兩君書。得海門復，以事辭。

閲《南江文集》。卷一卷二皆應制經進文及賦，卷三皆所纂《四庫書提要》，卷四爲記序雜文，而論説、考辨、碑狀、誌傳之屬，竟無一首，蓋其子秉華輯拾叢殘所成者，失南江之真矣。札記四卷，條舉《左傳》《穀梁》《三禮》《孟子》《史》《漢》《三國志》《五代史》《宋史》之文，加以考證，皆其讀書時隨手籤記，故零星奇隻，不盡有關於要旨。惟《左傳》《孟子》爲最詳，各盈一卷。《儀禮》次之，餘則寥寥備數而已。

夜再作書致德甫，借以洪北江《上成哲親王書》鈔本一册，并了易書公案。作書致琴巖，明日同興樓治行。

邸鈔：詔：大計群臣，議政恭親王，賢親最著，輔翌公忠，交宗人府從優議敘。工部尚書文祥、户部尚書寶鋆、工部尚書李棠階、兵部左侍郎曹毓瑛，同心協贊，克慎克勤，均交部議敘。大學士湖廣總督官文，封疆宣力，衆善靡遺。協辦大學士兩江總督曾國藩，盡心區畫，舉賢任能。四川總督駱秉章，迭平巨賊，精勤罔懈。閩浙總督兼署浙江巡撫左宗棠，果敢嚴毅，卓著戰功。江蘇巡撫李鴻章，親履行間，功績彰著，均交部從優議敘。吏部左侍郎孫葆元才具平庸，内閣學士中常年力就衰，均原品休致。

二十四日丙寅　晴。子蓴來。午詣同興樓，邀琴巖、秋舫、秋泉、子蒓、蓮舟小飲。十五千。晡入署晤同司王蓮峰、杜雅堂、倪子九。出城訪海門、景蓀、春暘、金甫，俱晤。晚歸。付車錢三千。胡廷襄來。

景蓀以《天禄閣外史》借我，夜閱之。託名漢黄憲著，凡八卷，分題《賓韓文》《賓魯文》《賓齊文》《賓魏文》《賓秦文》《賓晉文》《賓蜀文》《賓楚文》；卷又各分子目，共一百二篇。前有王鏊序，謂由唐人田弘所傳而宋人韓淯得之。無論所載事跡乖謬，與叔度時勢出處，無一相合。其辭旨卑冗，雖無目人亦不能欺以爲漢人作。世謂楊升庵僞撰，以余觀之，殆出宋元間馬醫夏畦輩所爲，升庵尚不至此也。至卷首載田弘評語，有云東漢都於大梁，即魏國也，則又不知東西南北者矣。朱國禎《涌幢小品》謂『明嘉靖之季，崑山王舜華名逢年，著《天禄閣外史》，託於黄叔度，余猶及見其人』。李翊《戒庵漫筆》亦曰《天禄閣外史》乃近年崑山王逢年所詭託者。逢年爲明司業同祖子，其六世孫即西莊也。

二十五日丁卯　晴，風。子蒓同高雲山來。閱姚石甫《識小録》。金甫柬招明日晚飲。仲京柬招二十七日樂讌。秋舫招夜飲同興樓，傍晚坐車赴之，同子蒓、蓮舟、景蓀、秋泉、吴松堂飲。夜偕景蓀詣子蒓家談，從子蒓借桂未谷《晚學集》，更餘歸。付車錢三千。

邸鈔：吏部右侍郎毛昶熙轉補吏部左侍郎。未到任以前，禮部左侍郎龐鍾璐兼署禮部右侍郎。吴存義調補吏部右侍郎。以都察院左副都御史王發桂爲禮部右侍郎，仍兼署工部左侍郎。龐鍾璐充實録館副總裁。命廂黄旗蒙古副都統文煜由山東差次馳赴甘肅廣陽軍營，督辦糧台事。

二十六日戊辰　晴。星五來。陳葆衣觀察來。陳君名寶，吾鄉松林村人，與予有姻連。德甫來。閱桂冬卉先生《晚學集》。集凡八卷，説經之文十居其八，而於小學尤邃，惜未得其《説文義證》讀之。其《薛君考》，謂《韓詩》有《薛君章句》，蓋魏之薛夏，引《魏略》『薛夏，字宣聲，天水人，博學有才。黄初中爲秘書丞，帝每呼之不名而謂之薛君』。因謂《唐書·宰相世系表》稱薛方丘字夫子作《章句》爲誤。按《後漢書·儒林傳》，薛漢字公子，淮陽人也。世習《韓詩》，父子以章句著名，漢少傳父業云云。予嘗校《宰相世系表》，謂此傳有脱誤，蓋當作父方丘，字夫子，以章句著名。不特薛氏父子名字，《世系表》中明白可據；而既云父子以章句著名，又云漢少傳父業，詞氣累贅，范書決不如此。且『父子以章句著名』七字，亦甚不辭。又范書《馮衍傳》注引薛夫子《韓詩章句》云云，桂氏失於考核，而云終漢世稱《韓詩》者未有道及方丘，又强引薛夏之稱薛君者當之，試思《魏略》所言，何嘗有涉《韓詩》者耶？予嘗謂讀經難，讀史尤難。洪北江《曉讀書齋雜録》中，譏《齊東野語》以鄧芝射猿爲鄧艾，謂其目未見《三國志》。予謂周公謹亦南宋人之知學者，何至如此。洪氏《録》中有馬周、李泌恩眷始終不衰而殁後無謚一條，馬周謚忠，《唐會要》《文獻通考》中皆載之，豈得遂譏洪氏未見二書乎？學人好求新異，及輕詆古人，皆是大病。

碩卿來，交譜牒，結昆弟之好。碩卿少予七歲。作片致方子望。傍晚赴金甫之招，與端木子疇舍人等六七人同飲。夜初更歸。得子望復。

邸鈔：以通政司通政使汪元方爲都察院左副都御史。京察三品以下京堂，通政司副使趙東昕，年力就衰，原品休致。國子監司業馬壽金，聲名平常，勒令休致。

二十七日己巳　未正二刻十三分驚蟄節。晴。曉湖來。午詣東小市浙慈館，赴仲京之招，與陳寶衣、星五及同鄉陶姓同席，演四喜部，當場多崑伶，極一時之選，芷儂、芷秋演《後親》一齣尤流麗可喜。傍晚歸，詣碩卿，交譜牒，不值。得陳葆畦片，辭明日之飲。

二十八日庚午　上午雪，終日晴寒。得越樵片，辭飲。得仲京片，辭飲。跋姚石甫全集及《識小録》《康輶紀行》各一通。秋舫、秋泉來。得辛芝片，辭飲。晡後詣餘慶堂，邀詹月樓及德甫、碩卿、仲京夜飲，更餘歸。

二十九日辛未　晴寒。星五來。得子蒓片，招夜飲。爲星五作致林潁叔布政關中書。作片致景蓀，還《天禄閣外史》。作片致德甫，借《顧亭林年譜》。傍晚赴子蒓之招，同春暘、景蓀、秋舫、秋泉、厚齋、仲芬、蓮舟夜飲，遂止宿。閲顧譜，平定張穆校徐松星伯本重編。其考訂人物事實甚詳，亦一家之學。

邸鈔：河南布政使王憲來京另候簡用，以蘇廷魁署理河南布政使。編修劉熙載補授國子監司業。左宗棠奏十二月二十日收復海寧州。僞會王蔡元隆迎降，賞給四品翎頂，改名元吉。林文察、曾元福、丁曰健奏十二月十八日剿滅臺灣巨股會匪，生擒首逆戴萬生。

二月壬申朔　晴。早自子蒓處歸。從蓮舟借閲《廣陵思古編》，凡三十卷，道光間儀徵汪編修廷儒所輯者，皆國朝揚人遺佚之文，多資考證。作片致莫星五，交林信。梳頭。終日倦甚多睡。還寶珍齋《荊駝逸史》，得星五復。

初二日癸酉　晨微曦，午陰，夜小雨帶雪。珊士來。得結局片，分到十二月分、正月分印結銀二十一兩。得陳葆畦書，承惠家慈壽禮十二金，即復謝。得德甫片，借王氏《尚書後案》、江氏《尚書集注》，即復，并二書送去。星五來。傍晚至中和店送葆畦行。晤仲芬、星五，少談而回。付王福零用錢二百千。夜雜閱群書至四更就寢。

初三日甲戌　上午密雲，下午雨雜雪，頓寒。閱《道古堂集》。閱《越風》。夜雪積寸許。料檢正月來日用帳簿，計已費五百七十四千矣，所欠尚一百八十九千。賣文索米，生涯久窮，所耗若斯，何以存活？可危也。

初四日乙亥　濕陰，終日凄黯不堪，夜雨。月樵來招初六日夜飲。閱《鮚埼亭集》。閱《廣釋名》，凡二卷，嘉慶間昭文張金吾月霄所撰。補劉成國之遺，專採劉氏以前暨同時諸儒著述，義例謹嚴，援據精核，卓然漢學也。趙氏懷玉序稱其引逸書至百二十種，有功亡佚，誠爲知言。鮑氏《知不足齋叢書》中所刻近代著作，若此書者，指不多屈。

初五日丙子　大雪，至午止。纂葺《國朝儒林小志》，草創稍有端緒，終日勞勞，藉遣岑寂而已。

初六日丁丑　晴。曉夢中疾發，憊甚。作片致越樵辭飲。剃頭。陰陽家忌丁不剃頭，以今日主水，故不忌。作片致曉湖，借以《北江遺書》，又作片致予恬。子蒓來言初九日有山右之行。作片致德甫，借惜抱諸書。得曉湖、予恬復。

閱《鮚埼亭集外編》。全氏服膺宋儒，而覃精考據文獻之學，蓋承其鄉厚齋王氏嫡傳，於漢注唐疏，穿穴極深。如《漢經師論》《前漢經師從祀議》《唐經師從祀議》《尊經閣祀典議》《原緯》諸篇，皆極有功於經學，《漢經師論》尤爲諸儒干城。而《荆公周禮新義題詞》《陳用之論語解序》《王昭禹周禮詳解跋》等篇，謂荆公解經，最有孔、鄭諸公家法，因力欲存王氏一家之學。其《禮記輯注序》《跋衛櫟齋禮記集説》，深慨於陳澔淺陋之學，而以衛氏之書不列學官爲惜。《跋夏柯山尚書解》，極以明代專用蔡傳爲非。《讀吴草廬儀禮纂言》，謂草廬此書，本於朱子，然四十九篇流傳既久，不宜擅爲割裂顛倒。諸所論列，其於古學，真能篤信謹守者矣。其《左氏謚説》一篇，卓識通議，遠出顧震滄《春秋謚法考》之上。集中餘文辨正名物、創通大義者尚多。至另刻《讀易别録》一書，剖析精嚴，尤《易》義之橐籥。余輯《國朝儒林小志》，惟載漢學名家，雖姚惜抱、程棉莊、程魚門、翁覃谿諸公自名古學者，皆不列入，而獨取先生，固不僅以《經史問答》一書也。

初七日戊寅　薄晴。子蒓來。得德甫書，言近治《尚書》學，極陳諸儒得失，并借予惜抱著述十册。復德甫書。

閲《朱梅崖外集》，文氣醇樸，而法散語枝，殊有南宋迂冗之習，然立意不苟，固粹然有道言也。大凡得盛名者，其所作必有獨到處，不可輕議。而張皇幽渺其辭，刻彫藻繪其字，雖所詣極工，所謂可驚四筵，不可適獨坐者，如吾鄉龔定盦、胡石笥是也。乃近有妄人，未通當世聲律之文，而離上析下，顛倒句讀，彭魅爲形，蠅蛙爲聲，勦别字以爲博，貤繆文以爲奇，而哆然嚇於衆曰：自有浙江，惟有定盦，聖人也；次則雲持也，其自居蓋在龔、胡間矣。字畫獰惡，逼真其文，又曰：是北朝古法，非二王家法也。然捧㸑齵笑者，惟晞輿化鄭燮以步青藤，而描畫不成，醜怪百出。其論詩曰：宋以後無詩，近之金壽門，非唐人所及也。其狂愚率類此。客有傳其警語者云：樹吹客去風加意，山爲我來雲掩羞。是且不足爲壽門輿皂矣。余以其人向師越峴觀察者也，越峴古文得之桐城，固出於梅崖者，因牽連書之，以告鄉之後生，毋污此習。眉批：梅崖高弟爲新城魯山木，山木傳陳碩士，而越峴由碩士及宣城梅伯言以私淑桐城者。

閱姬傳《經説筆記》數葉。其論小學諸條，雖未深於《説文》，頗有獨悟處。

夜洗足。

邸鈔：鄭敦謹調補直隸布政使，王榕吉調補山西布政使。鴻臚寺少卿胡家玉奏河流北徙，請築官堤以弭水患，并豫籌河運各摺片。詔：付廷臣議。

初八日己卯　晴，春光甚媚。手録陳卓人《説禊説母猴論》《邱區異韵論》，錢十蘭《十經文字通正》四篇。作片致景蓀。德甫來。曉湖來。得景蓀復。晡後走送子蒓，不值，傍晚歸。夜作書致子蒓。

邸鈔：劉蓉奏正月十一日收復漢中府城，逆首陳得才逸去。詔：此次尤爲出力之已革保升提督肅州鎮總兵何勝必、已革保升提督蕭慶高，均開復原官。

初九日庚辰　晴和。曉夢中疾復動。珊士來，俟予盥漱畢，同遊廠肆，予於寶森堂購得馬驄御《繹史》一部，計四十册，價三十千，又借得平津館零穆梅氏鷟《尚書考異》六卷，孫氏《尚書今古文注疏》三十卷，《孔子集語》十七卷，《尸子集本》二卷，《燕丹子》三卷，《牟子》一卷，《吴子》一卷，《司馬法》一卷，《黄帝龍首經》二卷，《金匱玉衡經》一卷，《三輔黄圖》一卷，《渚宫舊事》五卷，《古刻叢鈔》一卷，共十四册。晤吴兵部承恩。偕珊士詣德甫，德甫邀予二人及南豐劉慈民舍人飲時豐齋。午後復偕至德甫寓，珊士先去，予同德甫、劉君談至日入始散。雅齋來，不值。得予恬片招夜飲花下，復片辭之。

初十日辛巳　早雪，上午微雨，午淡晴。曉卧疾復動，憊甚。得南海桂皓亭孝廉書，以所作《鄭氏詩箋禮注異義考》見寄，且言粤中近來儒學甚盛，有《學海堂叢書》之刻，爲《周易集解》《尚書大傳》《春秋釋例》《論語皇疏》《經典釋文》《玉篇》《廣韵》諸書。金甫來。雅齋來，求撰其母施太淑人壽序。應酬文字，夙深厭之，壽文尤所嘔噦，乃以薄有時名，苦爲人役，世既無知余文者，欲詭計救貧，又無可賣，彼之請乞者不過視同村沽市楮之物，特靳出一錢耳。然必却之，又似不情，李生此手乃爲人作此用乎？吾家族誼甚疏，而錫類榮親之意，敬宗尊祖之情，俱有耿然不能自已者，今日之諾，固然漫應人事也，但記於此，以誡後人毋輕爲此技。午後大溲，久始下，痛不可忍，溲畢，氣沉沉下陷，困卧至晚始稍差，當亟服參蓍補之。仲芬來，託其代購羔裘及灰鼠袍。

夜爲珊士母黄太恭人作七十壽序，代許滇生宫保言曰：『夫欝伊結轖之感，奇苦幽獨之遭，雖誼士傑才，當之輒靡，而況中閨婉嫕，身丁不辰。殷憂輾田，居萃萬蓼，則或决計於義。糜躬以謝志彤管者，猶將偉之。若乃蘗心内含，松質外拒，沉幾審遇，與運轉移，歷百劫而不衰，貫四時而不改，卒能回栟已絶，導源既窮，光大宗祧。頤亨上壽，斯真稟陰貞之全德，協悠久之恒符。《易》曰『坤，柔而動剛』者，其陳母黄太恭人之謂乎？當太恭人之歸於陳氏也，年十八，五閲月而奪所天，哀慘之變，非意所測。君舅威姑，惟婦是視，旁顧幼叔，宛宛九齡。太恭人乃茹哀韜烈，以事以撫，以慰其亡人，八口之生，糊而十指，朝春夕績，歷二十年，則隨其翁教諭公秀水之任。始以教諭公命，撫叔之子爲嗣，即予門下士珊士比部也。桓氏之嫠，何氏之玨，相依爲命，逾於天屬。藐孤未立，重覯鞠凶。歲在壬寅，教諭棄養。家禍洊至，叔以毁亡。煢煢兩身，扶柩行哭。栖無椽宅，親無期功。蓋至是時，金石流鑠，箭總槁暴，城郭爲之飄摇，道路爲之雨泣矣。太恭人乃寓生截髮，轉計摩笄。荼已飴孤，菑然植立。阽貞姿於九折，柱義門以一身。於是易髮供饋師之糧，裂帳製同學之被。寒谷轉律，窮淵启衢。基高思垣崇，根固思幹茂。比部軥録力學，以報劬勞，欣懌可安，以紹弓冶；娶婦育孫，著代於未冠，齒庠貢校，連雋以佩觿，遂入翰林，官西曹。戚黨歌泣俯仰，悴榮不已，見貞孝之奇佑，聖養之卓徵乎。辛酉之秋，粵賊東擾，比部官京師，太恭人在南，老稚倉黄，轉側兵火，臧獲星散，里巷燋墟，越人北來，驚謡百變。比部棄官浮海，重趼入南，見白髮而目瞿，遇青犢以鼠伏。至誠所感，頻險若夷，負母挈家，竟脱虎距。而太恭人當賊至之時，作浮家之計，妖彗沸海，群飛刺天，遘逆歷屯，神色恬定，禮宗所系，冥相必靈，遂御安艘，順流而北，值二聖之乘乾，觀東朝之治化，覃恩錫類，圭摇迭加，梧竹芝蘭，愉愉翯翯。授冢孫之室，合四代之歡。魚服浣牏，花釵接盥。時於含飴之暇，載申備官之箴，平反爲加餐，報可爲色喜，是尤龐鴻異錫，蕃釐極觀者矣。歲紀甲子，皇極上元，爲太恭人七秩之年，比部以仲春之月，稱觴上壽，禮也。敬以蕪偈，侑兹純嘏，庶將攄芬中壘，闡懿大家，垂千百年，祝祈無極。』

十一日壬午　薄晴。午後偕蓮舟閲市，至萃珍堂買得王氏《廣雅疏證》一部，畢氏《釋名疏證》《隸篆》各一部，付直京錢二十七千文。又向寶森堂借得朱豐芑《説文通訓定聲》三函。順道至炭兒胡同訪曉湖，并晤予恬，觀曉湖新作詩十三首，皆静秀得中唐家法。傍晚歸，途遇德甫、譚研孫及龐濬卿户部。珊士來取壽文。徐比部寶謙來，不晤。夜定賣文通例，避紛紜也。凡十條，不應者十一條，不在例者二條，將倩珊士書以刻之。署吏知會十五日文昌廟陪祀。

邸鈔：劉蓉奏大破上元觀賊壘，連克城固、洋縣兩城。

十二日癸未　陰，多風。作片致德甫，還《釋名疏證》《亭林年譜》。理庵來片，補送太恭人壽儀四金，即作復謹辭，使者不肯賫返，因暫留，犒使一千。理庵雖新交而甚殷殷，同鄉中於余文字心悦者，雖不乏人，然無如曉湖、慎齋及理庵之摯也。自愧多病學荒，無以副三君屬望耳。

閲朱豐芑《説文通訓定聲》，取《説文》之字，以聲爲經，義爲緯，分十八部，始於豐，訖於壯，引證賅博，條例精密，令讀者覽一字，而古音古義，通假正別，本末瞭如，誠不可少之書也。其卷首敘説、凡例皆極佳。又取《説文》得聲之字，仿周興嗣體，編爲聲母千文，尤便尋諷。惟以許氏轉注之解爲誤，移假借之令長以當轉注，别取朋來字以當假借，雖反覆申明，論極詳備，然創違古義，終恐意過其通，未敢遽信耳。

買珠皮袍褂一襲，灰鼠褻裘一領，夾緞背心一事，計直二十六金，先付十二金。

阮文達《三江考》。據《説文》漸、浙二江之别，謂自杭城西至富陽者爲漸江，自杭城東至餘姚入海者爲浙江，即南江，是岷江之委。南江自北魏時，石門、仁和流塞，唐時築海塘捍潮，其流遂絶。而今自吴江至杭州北新關清流一綫，猶是南江故道。案三江之説，國朝浙儒全氏祖望、趙氏佑等力主郭義，以岷江、松江、浙江爲定；汪容甫、王西莊、錢溉亭、洪稚存、孫淵如等皆從之，餘姚邵氏晉涵遂以南江爲號，其説已備。段氏《説文注》始力明漸、浙爲兩江，阮氏更得之目驗。此考出而三江岷、松、浙之説益明，後人可無疑於漸江出三天子都，與《禹貢》三江同源之旨不合矣。

碩卿來夜談。

春分二月中。　十三日甲申　申正初刻五分春分節。薄晴多陰，有風。作片致理庵還壽金。作片致仲芬。

閱錢氏塘《溉亭述古録》。其學專於律曆，予所不解。録中如《爻辰論》、《三江辨》上下篇、《與王無言論説文書》、《丁小疋漢隸字原校正敘》，皆名論不刊。《三江辨》下篇及《與王無言書》，尤爲傑作。《周公攝政稱王考》，則專守鄭義，自爲漢人專家之學。《春秋論》以獨書文姜、哀姜、出姜、穆姜、齊姜五夫人之嘉禮爲懲亂本，雖持論甚通，終近私測，不可據也。

晡前後交節時甚困，惙不能讀書，天氣又晦寒，殊無聊賴。得理庵片仍送壽儀來，謹受之，犒來使三千。

閱姚石甫《東溟文集》。夜月甚寒綺。評點石甫文，畢四卷。石甫頗長於議論，而未知古文法，敘事尤拙劣。集中碑傳寥寥，其《兵部尚書戴聯奎墓誌銘》，疵累百出。惟中記一事云：公少從邵二雲先生受經，風節素峻，在翰林久不遷。大學士和珅掌院，訪時望爲額駙和珅子。師，或薦邵先生及公，邵辭不就。和以爲愧，欲延公，堅辭。邵先生謂公曰：吾老矣，行移病去，子宜爲後計。公曰：吾師行，弟子從之矣。邵果乞休。和曰：吾非必相强，邵君何爲此悻悻？此事極足傳南江風力之高，然謂邵乞休則非。南江卒於官，在嘉慶丙辰，時年僅五十有四，或辭和珅聘後，旋即以病請假乎？錢竹汀撰墓志，洪稚存撰家傳，皆言其以三月病，六月卒，則南江之寢疾甚久，當亦以避時相之浼故。而各家爲先生傳狀表志者皆未及，賴此文見之。又《來孝女傳》，紀孝女投閩中翁洋救其父殿董出水事，孝女名鳳筠，蕭山人，亦可採備郡志。其後集有《張亨甫傳》《湯海秋傳》及《馬元伯之妻方宜人家傳》，雖文未盡當，而事實可觀。《海秋傳》下一論，畢敘一時交游，殊有氣勢。《太子少保雲貴總督武陵趙文恪慎畛行狀》，紀載甚詳，足資史乘。

邸鈔：京察一等宗人府理事官、副理事官、内閣侍讀、翰林院侍讀、侍講、詹事府洗馬、中允、洗馬別設司經局，中允別隸左右春坊，本各爲衙司，今通隸詹事。翰林院檢討、六部理藩院郎中、員外、六科給事中、各道御史，記名者共五十員，宗人府二員，以四五品京堂用，餘俱以道府用。京員五品，京察上考，始用監司郡守，惟詹事府中允、贊善可以六品得之，翰林諸員，有充國史館提調，及奏辦院事者，以年勞優敘，雖編檢七品，亦得道府。京員外擢，惟編檢之得道府，六部司務之得同知，一以七品躋四品，一以八品躋五品，爲最優也。夏同善轉補左春坊左庶子，章望補授右春坊右庶子。

十四日乙酉　晴，大風。景蓀來。梳頭。作書致金甫。詣衍慶堂，賀辛芝尊人順之編修六十壽辰，送分六千，付車錢一千，即歸。閲漁洋《蠶尾續集》詩，戲補其《銅雀伎》一首云：『繐帳凄絃鄴水旁，可憐宫裏已催妝。五官死晚將誰恨，阿母從今不據床。』三更後，詣後門外文昌廟，遞陪祀職名條，付車錢四千四百文。大風貫晝夜不絶。

邸鈔：李鴻章奏正月二十二日郭松林、滕嗣武、李恒嵩及戈登等，攻克宜興、荆溪縣城，大破援賊僞代王黄靖忠。

十五日丙戌　晴，風。景蓀來。高雲山來即去。同景蓀、蓮舟閲廠市，至文華堂，購《路史》及張氏惠言《儀禮圖》，議價十二千文。至寶森堂，閲《讀畫齋叢書》零種，買《長短經》及孫頤谷《文選》三種《文選補注》《文選考異》《文選理學權輿補》。不成。偕景蓀冒風詣曉湖，並晤惺齋、予恬，曉湖留夜飯，談至更餘，同景、惺兩君踏月歸，夜景極澄。允臣兄弟來閑話，至鷄鳴始散。終日夜口不絶言，甚傷於氣，殊無謂也，後必戒之，戒之。

邸鈔：毛鴻賓奏福建按察使張運蘭攻剿英德縣三山賊巢，擒獲賊首鄧二尺七，餘賊悉平。

十六日丁亥　晴，風復起。得景蓀片還日記。復景蓀片。作片致德甫。還寶真堂《玉篇》，直十千，讓二千，以中有補鈔四葉也。

閲平津館《尸子集本》。尸子名佼，與衛鞅爲友，其書之得失源流，孫氏序之極詳。此本共二卷，上卷自《勸學》至《君治》，分十六篇，下卷散綴諸書所引文句。孫氏言初因章孝廉宗源輯成之帙，補訂爲二卷。後數年，莊進士述祖以惠氏棟輯本見詒，許民部當作兵部。宗彦又寄録《群書治要》中所載《勸學》等十三篇，因屬洪明經頤煊重編云云，則其審慎可知。吾鄉汪蘇潭吏部亦有校本，刻入蕭山陳氏《湖海樓叢書》中，惜未得取以對勘也。今略摘其要辭僻義，以資採摭。

身者壐也，舍而不治，則知行腐蠹。顏涿聚盗也，顓孫師駔也。昆吾之金，銖父之鐵。孔子曰：自娱於隱括之中，直己而不直人。范獻子遊於河，大夫皆存。君顧問曰：孰知欒氏之子？大夫莫答。舟人清涓舍檝而答曰：君若不修晉國之政，内不得大夫而外失百姓，則舟中之人皆欒氏之子也。君曰：善哉言。明日朝，令賜舟人清涓田萬畝。猶相馬而借伯樂也，相玉而借猗頓也。燭於玉燭，飲於醴泉，暢於永風。春爲青陽，夏爲朱明，秋爲白藏，冬爲玄英，四時和，正光照，此之謂玉燭。甘雨時降，萬物以嘉，高者不少，下者不多，此之謂醴泉。春爲發生，夏爲長嬴，秋爲方盛，冬爲安静，四氣和，爲通正，此之謂永風。孫氏曰：此較《爾雅》「四時和」下多「正光照」三字，「萬物以嘉」下多「高者不少下者不多」八字，於義爲長。蓋玉燭言四時日光，永風言四時祥風，醴泉言甘雨也。匹夫愛其宅不愛其鄰，諸侯愛其國不愛其敵。舜曰：南風之薰兮，可以解吾民之愠兮。舜不歌禽獸而歌民。湯曰：朕身有罪，無及萬方，萬方有罪，朕身受之。湯不私其身而私萬方。文王曰：苟有仁人，何必周親？文王不私其親，而私萬國。案此解周親爲別義。松柏之鼠不知堂密之有美樅。君者盂也，民者水也；盂方則水方，盂圜則水圜。勾踐好勇而民輕死，靈王好細腰而民多飢。墨子貴兼，孔子貴公，皇子貴衷，田子貴均，列子貴虛，料子貴别，囿其學之相非也數世矣，而已皆弇於私也。天帝后皇辟公弘廓宏溥介純夏幠冢晊昄，皆大也，十有餘名而實一也。孫氏曰：此引《爾雅》。可證叔孫通、梁文增補之詁。慈案：孫氏語未明晰，尸子在戰國初，此文明引《雅》詁，正可證《爾雅》之爲周公作，何反云可證叔孫通增補耶？宋所謂雉兔鮒魚者也。八極之内，有君長之，東西二萬八千里，南北二萬六千里，故曰天左舒而起牽牛，地右闢而起畢昴。神農理天下，欲雨則雨，五日爲行雨，旬日爲穀雨，旬五日爲時雨。瑶臺九纍而堯白屋，黻衣九種而堯大布。舜漁雷澤也，旱則爲耕者鑿瀆，儉則爲獵者表虎。孫氏曰：儉當作險，古字通用。禹手不爪，脛不毛，生偏枯之疾，步不相過，人曰禹步。武王已戰之後，三革不纍，五刃不砥。黄帝曰合宫，有虞氏曰總章，殷人曰陽館，周人曰明堂。欲觀黄帝之行於合宫，觀堯舜之行於總章。日在井中，不能燭遠；目在足下，不可以視近。澤行乘舟，山行乘樏，泥行乘蕝。傅巖在北海之洲。天神曰靈，地神曰祇，人神曰鬼。春爲忠，夏爲樂，秋爲禮，冬爲信。行塗以楯，行險以撮，行沙以軌。虎豹之駒，未成文而有食牛之氣；鴻鵠之鷇，羽翼未全而有四海之心。楚狂接輿，耕於方城。地中有犬，名曰地狼；有人，名曰無傷。五尺大犬爲猶；大牛爲犉，七尺；大羊爲羬，五尺；大豕爲猶，五尺。舜葬南巴之中，衣衾三領，款木之棺，葛以緘之。夫貧窮，大行之獿也；疏賤，義之雕虎也，而吾日遇之。凡水，其方折者有玉，其圓折者有珠，清水有黄金，龍淵有玉英。玉淵之中，驪龍蟠焉，頷下有珠。君子漸於飢寒而志不僻，鋙於五兵而辭不懾，臨大事不忘昔席之言。程，中國謂之豹，越人謂之貘。上下四方曰宇，往古來今曰宙。鹿馳走無顧，六馬不能望其塵，所以及者顧也。卑墻來盗。樹葱韭者，擇之則蕃；仁義亦不可不擇也。見驥一毛，不知其狀；見畫一色，不知其美。堯瘦舜黑。卵生曰琢，胎生曰乳。使星司夜，使月司時。文軒六駃，題無四寸之鍵，則車不行。馬有騏驎徑駿。孫氏曰：此可證孔融文集言郊天麟皮鼓之，非麐鳳之麐。周公旦踐東宫履，乘石，假爲天子七年。未有不因學而鑑道，不假學而光身者也。商容觀舞，墨子吹笙。孝子事親，一夕五起。高室多陽，大室多陰，故皆不居。鮑叔爲桓公祝曰：使臣無忘在莒時，管子無忘在魯時，寗戚無忘車下時。戰如鬥鷄，勝者先鳴。雁銜蘆而捍網，牛結陣以却虎。皋陶擇羝之裘以御之。神農氏夫負妻戴，以治天下。堯曰：朕之比神農，猶旦之與昏也。湯復於湯丘，文王幽於羑里，武王羈於王門，紂殺於鄗宫。養由基射蜻蛉，拂左翼。龍門，魚之難也；太行，牛之難也。春華秋英，其名曰桂。赤縣神洲者，實爲崑崙之墟，玉紅之草生焉。海水三歲一周，流波相薄，故地動。造車者，奚仲也；造曆數者，羲和子也；造冶者，蚩尤也；倕爲規矩準繩；昆吾作陶。黄帝斬蚩尤於中冀。夷逸者，夷詭諸之裔。或勸其仕，曰：吾譬則牛，寧服軛以耕於野，不思被繡入廟而爲犧。仲尼志意不立，子路侍，儀服不修。公西華侍，禮不習。子游侍，辭不辨。宰我侍，亡忽古今。顔回侍，節小物。冉伯牛侍，曰：吾以夫六子自勵也。

按尸子所言，大抵明王道，尚仁義，甚尊孔子，稱及其門人。尸子生戰國初，獨能私淑洙泗，服膺聖教，蓋孔子之徒也。其書二十篇，已多散亡，今覽其存者，惟論孔子貴公，囿學弇私；及言周公反政，孔子非之，曰周公其不聖乎，以天下讓，不爲兆人。所論稍盭於道。然聖人以下，著書立教，不能無失，此廑廑小疵耳。且謂孔子貴公，其視荀子之罪子思、孟子，蓋皆出一時之激言，而非於聖賢之道，固有所菲薄不屑者。特所發無制，不能語語折衷於至當，故不得爲大儒，而退擠於諸子百家列耳，惜哉！予爲著其要辭，并摘其語之習爲世用者，併記于篇。

社日　十七日戊子　晴。星五來，言明日之官陝西。

閲《燕丹子》。此書《四庫》退入小説存目，以爲僞作。孫淵如與洪筠軒更爲校訂，凡三篇分爲三卷，以復《唐志》之舊。其末篇記荆軻刺秦王事，自『圖窮而匕首出』下云：『軻左手把秦王袖，右手椹其胸。孫氏曰此借『椹』爲『戡』，《説文》：戡，刺也。《史記索隱》引徐廣云，一作抗，抗又抌字之誤。《説文》：抌，突擊也，《史記》作揕，誤。數之曰：「足下負燕日久，貪暴海内，不知厭足。於期無罪而夷其族，軻將孫曰：此下疑脱『爲』字。海内報讎。今燕王母病，與軻促期，從吾計則生，不從則死。」秦王曰：「今日之事，從子計耳，乞聽琴聲而死。」召姬人鼓琴，琴聲曰：「羅縠單衣，可掣而絶；八尺屏風，可超而越；鹿盧之劍，可負而拔。」軻不解音，秦王從琴聲，負劍拔之，於是奮袖超屏風而走。軻拔匕首擿之，決秦王耳，入銅柱，火出然。秦王還斷軻兩手，軻因倚柱而笑，箕踞而罵曰：「吾坐輕易，爲豎子所欺，燕國之不報，我事之不立哉！」』所言與《國策》《史記》大異，以情理度之，皆非事實。然文甚古雅，孫氏謂審是先秦古書，誠未必然，要出于宋齊以前高手所爲，故至《隋志》始著録。而唐人如虞世南《北堂書鈔》、張守節《史記正義》、李善《文選注》、馬總《意林》諸書皆得引之，存此以廣異聞可也。

午後詣百順胡同，送星五行，小坐。回車詣德甫。是日春光極佳，商量遊事，各計杖頭貲，竟無所出，怏怏而歸。晚風漸起，付車錢兩吊。雅齋來。

夜閲《南江札記》，皆隨時籤識，鮮所論斷，而《孟子》居十之五。蓋二雲氏嘗欲更作《孟子正義》，此其草創之一本耳。中如『芒芒然歸』，引《方言》云：茫，遽也，吴揚曰茫。『地醜德齊』，引《方言》云：醜，同也，東齊曰醜。『於予心獨無恔乎』，引《方言》云：恔，快也，東齊、海岱之間曰恔。『夏畦』，引《説文》云：田五十畞曰畦，《文選》注稱劉熙注云：今俗以二十五畞爲小畦；又云：今俗以五十畞爲大畦。沛澤，引《公羊·僖四年》傳，大陷於沛澤之中。何休注：草棘曰沛，漸洳曰澤。《後漢書》注述劉熙注云：沛水草相半。『其麗不億』，引《説文》云：⿰麗支，數也。『源泉混混』，引《説文》云：混，豐流也。『西子蒙不潔』，引《淮南·修務訓》云：毛嬙、西施天下之美人，若使之銜腐鼠，蒙蝟皮，衣豹裘，帶死蛇，則布衣韋帶之人，過者莫不左右睥睨而掩鼻。『爲不若是恝』，引《説文》作忦，云：忦，忽也，呼介切。『夔夔齊栗』，謂夔夔猶匔匔也，引《史記·魯世家》匔匔如畏狀。徐廣曰：匔匔，謹敬貌，一本作夔夔。『丹朱之不肖』，引《史記》索隱述鄭玄曰：肖，似也，不似，言不如人也。『富歲子弟多賴』，引《説文》曰：賴，贏也。《吕氏春秋》注云：賴，利也；一曰善也。『版築』，引《文選》注稱郭璞《三蒼解詁》云：版，墻上下版；築，杵頭鐵沓也。『其志嘐嘐然』，引《説文》云：嘐，誇語也。皆古義湛然。

十八日己丑　晨薄晴，午後詔麗如昨日。作片致夏鏡人詢小笠書。作片致景蓀還《館選録》。春暘來。得鏡人復，景蓀復。

十九日庚寅　晴和，長晝人静。取《左傳杜氏集解》姚培謙本，以惠氏《補注》、馬氏《補注》、焦氏《補疏》、邵氏《規過持平》、江氏《地理考實》、高氏《地名考略》及邵氏《南江札記》、王氏《經義述聞》諸書勘録。自隱公訖閔公，粗有端緒，目昏神澈，遂爾中輟。讀書苦無精力，此皇甫士安至欲叩刀自裁也。買水筆三管，錢一千二百文；硃一挺，錢四百文。秋泉、秋舫來。託蓮舟代撰族母施淑人壽序。

二十日辛卯　先王父茂才府君忌日。先王父側室節孝張太太忌日。晴和。作致仲弟書，略云：『正月十七日，得吾弟去年七月初九日書，知太夫人以下，大小粗安。所痛五月間，又喪燾兒。吾弟兩年來連遘殤子之慘，此自門祚衰薄所致。念此兒墮地之時，已值吾家中落，布衣淡食，僅免飢寒；洊遭亂離，備經危苦；終歲轉側，一飽無時。乃寇警乍平，眠甫貼席，忽以驚眩之疾，遽悲物化，薄棺二尺，永棄草間。孩提何辜，造物何忍，重降凶札，實難致詳。兄客居寡悰，時時縈念，方計歸來，見兒長可及肩，恐兒見我以爲生客，驚而返走耳。詎兒不及待我之歸，先已朝露！得信之下，泣下沾襟，隻影徬徨，時若有失。烏乎！兄今年三十六矣，眼花齒落，鬢髮漸凋，老境侵尋，百病交作。與汝嫂情好素異，允嗣不育。弟之膝下，又甚單寒。卜筵之計未諧，首丘之志日切。仰事俯畜，一無能爲。徒苦老親，并累弟妹耳。今春本已作計南歸，牽于責負，未能遽脱。且從容數月，稍得料理，粲粲驪駒，改擬秋駕。當于八月下旬束裝南下，九月必可抵家。山桂湖菱，家園團聚，在此時矣。聞弟讀書課徒，安貧力學，甚好甚好！困厄人所時有，但以學問自養，永紹先芬，清約以率闔門，謙謹以化鄰里，此世家子弟所爲、與人不同者也。楊太守雖與兄爲舅弟交，但此君世路上人，又現握郡符，不便輕易干之。兄即有言，亦未必得力。冠蓋中交情，大素不可恃也。與其謁郡將求一席之地，何如閉門擁經奮功名以進取，教鄉黨間佳子弟以自娱乎？餘具胡友口述，不宣。』

夜作致瘦生書云：『瘦生表弟足下，入春十七日，得去秋七月所寄書。亂後三年，始獲此尺素，回環細讀，無間晤言。（此處塗抹）兄之一生，輕信易惑，又本無才能，而思用世，以此蹉跌，遂致魅乘其暗、蜮射其明、破家棄親、幾負世之大詬，甚可痛也。少緣綺悟，頓錮艷情。閨房之好稍異於大馮，媵侍之選熟擬乎小杜。春黯黯其花寐，秋迢迢而月孤。歲時不留，倏過年少。桑榆之蔭漸斜，蘭芷之香無歇。足下招我歸，欲兄急了此願，意甚厚也。而兄白首郎署，出則裘敝，歸則壁立，問亂後之桃源，尋劫餘之柳絮，豈易言乎？今年上春，本擬南返，牽於世事，遂違曩心。自届春分，以及上巳，每念吾越郡，常禱迎恩之郊，東郭南門之外，景物豐麗，殆絶人寰。山浮翠鮮，水拭緑净。港町林抱，村墅花接。哢鳥引響，浴鵝成群。畫船碧篷，出明妝以宛宛；酒樓青幟，招游屐而傲傲。路沿紙鳶之風，渠放秧馬之水。柳岸吹碧，時露半帆；菜畦疊黄，晴欹萬笠。簫鼓達乎月出，城郭迴其烟浮。蓋離家以來，思之輒病，及病之際，又思之輒瘳，雖滄桑頓殊，而夢寐不改。都中二月，草無一青，所不異者，暖風遲日耳。比已定計，俟八月下旬，束裝泛海，直下申江，重陽前後，必可抵里。當與足下浮小艇，策短筇，載柯谿之紫菱，訪蘿庵之黄葉；射雉七巖，釣魚五橋；沽曇釀村名。新酒，採湖洋水名。老蓴；問菊州山，卧楓丁港；清旭而出，落日而歸；燈火出籬，鷄豚在栅。奉兩家之高堂，聚中外之弟妹。別後面目，各言瘦肥，劫餘蒼黄，互相慰幸。數戚屬之多故，則涕淚間作；喜骨肉之重聚，則婢僕皆歡。鄰里賀歸，或度墻以饋饌；兒童解事，亦扶床爲不眠。話京國之見聞，朝事歷歷；譚陵谷之變怪，鬼燐幽幽。茗荈一甌，芋栗數器。直至打稻聲歇，然松焰殘，月苦霜濃，各散就寢。縱閑居之福，勢難久長，而省侍之娱，時爲極樂已。知足下遲我甚殷，故先書此以報。惟努力彊飯，蓄暇相待，不宣。』眉批：此書入文集題作《與柯山親友書》，自『入春十七日』句起。

作致季弟書。

二十一日壬辰　晴暖，晡後陰。作稟家慈書，致二妹及妹婿張景韓書，致慎齋書，致郡守楊豫庭書，致孫子九書。秋舫來，言二十四日赴山西。雅齋片來催壽文，即向蓮舟索得與之。邑館告二十九日旮祭。夜剃頭。卧後患咳嗽，侵晨疾動。

邸鈔：左宗棠奏二月初八日收復桐鄉縣城，僞朝將何培章降。

二十二日癸巳　晴暖，可衣棉。舊僕吴升來辭行，賞錢兩千。下午詣伯寅，小談。送鄉人胡姓者行，以家書并阿膠一匣、《縉紳録》一函託寄回紹。詣德甫，不值。傍晚歸，付車錢二千五百文。得曉湖書，還洪北江遺書六種，即復得景蓀片。得揚廷二月初二日袁浦所寄書。夜分大風起。咳嗽甚劇，喫蜜煮梨。

二十三日甲午　大風薄景，入晚風稍止。爲錢秋舫作書致楊鐵臣觀察。曉湖來。晡後偕曉湖詣惺齋，惺齋夫人出食物餉客，晚歸。

以朱筆點勘郝蘭皋氏《晉宋書故》一過。郝氏于史學不甚專，此書所摘《晉》《宋書》中僻文奥典四十三條，爲之疏證。如云乃祖乃父，乃，汝也，古曰乃，今曰你，你乃古今音轉。顛沛之沛，讀爲貝，本《釋文》。依字書爲蹎跟，通借爲顛跟，又從俗作顛狽。《晉書》多用顛狽。毦稍者，以羽毛飾于槊上，謂之毦稍，《鄭風》所謂二矛重英，《魯頌》謂之朱英，後世或用孔鶩。鶩，雉也。《策命》據《韓詩外傳》太宗、太史、太祝、素服北面授天子策三，以證《康王之誥》太宗奉同，史、祝奉策，知古者天子登阼有策書。故宋前廢帝即位，蔡興宗告江夏王義恭應須策文，謂累朝故事，莫不皆然也。『塗步神』，引《夏官・校人》『冬祭馬步』鄭注：馬步神，爲灾害馬者。又引《族師》『春秋祭酺』鄭注：酺者，爲人物灾害之神。及《史記・封禪書》諸布之屬，謂步、酺、布音義相近。又據《族師》鄭注『蝝螟之酺』，證《校人》賈疏『玄冥之步』，玄冥乃蝝螟之誤。《宋書》徐紹之爲塗步郎所使，塗步郎即塗布神也。于欽《齊乘》：艾山東厚丘城側有酺神廟。《宋書・禮志》：殷有山車之瑞，謂桑根車，殷人制爲大路。《禮緯》曰：『山車垂句。』句，曲也，言不揉治而自曲也。秦曰金根車。《禮運》云：『山出器車。』器車蓋自然成器，所謂不揉自曲者。《文選・上林賦》注張揖曰：山出象輿，瑞應車也。象輿亦謂自然有形象耳，器車與馬圖爲偶，鄭注以器車爲二物，恐非。此皆疏通經文，古義湛深。又如以乾没爲行險徼幸之義，服虔注：乾没，射成敗也。此說近之。阿堵即今人言者個，阿，發語詞，堵从者聲，義得通借。《説文》：者，别事詞也。故指其物而别之曰者個，方俗之言，有符詁訓。寧馨即如此之意，晉人又有言如馨者，如讀若女，即寧之轉也。又有言爾馨者，爾讀若你，亦寧之轉，又有單言馨者（亨、杭二音），此乃讀餘聲也。證之《漢》《晉》各書所稱，語意無一不合。可知經儒讀書，少出手眼，便與俗學不同。且文辭雅令，多仿晉、宋間人。末有王婉佺一跋。言此爲蘭皋病中所作，閨房之間，以經史相倡和，足爲千古佳話，以視李易安《金石録序》，作於嫠居亂後者，又不侔矣。

二十四日乙未　晴和極麗。蔣子良侍御來。碩卿來。子良求撰瑞芝生相國六十壽序，潤筆六金。予新定賣文例，壽序二十四金，又代人言及期限迫促者皆不應，因辭之。而子良情不可却，乃轉屬蓮舟爲之。李生既自作例，雖餓死不肯壞此鐵門限也。景蓀、惺齋來。夜爲理庵撰其妹楊貞女傳。

邸鈔：官文、嚴樹森奏總兵王桐柏、趙克彰、楊朝林，已革提督成大吉等克復厲山，立解棗陽霸山徐宗幹奏臺灣南北兩路肅清。詔：署水師提督曾元福賞巴圖魯名號。臺灣道丁曰健賞二品頂帶。詔：福州將軍英桂由包衣抬入正藍旗滿洲之圍。詔：王桐柏等俱賞提督銜，成大吉開復原官。

楊貞女傳

貞女楊氏，慈谿人。父慶槐，附貢生。貞女年十五，許字同邑葉金齡。越三載，金齡病瘵死。貞女聞之，欲同死，家人環守之，且許持服，乃止。服斬衰，爲位哭泣盡哀。既閒，稍稍勸以改字，輒大慟，又覓死，已投繯矣，救之得蘇。越五載，志益堅，父母爲請于葉而歸之，事舅姑，一家稱其孝。撫夫之兄子爲嗣，嚴而有恩。咸豐十一年六月卒于葉氏，年二十五。貞女之兄，内閣舍人泰亨，恭謹誠篤人也，爲予言如此。舍人又曰：當庚申歲，賊之窺浙東也，予視妹，叩以行止。妹慨然曰：『寇亟矣，吾不能竄山谷求苟免，吾辦此早矣。』指舍後眢井曰：『是吾死所也，兄他日來收吾骨。』言訖，淚涔涔下。及卒後，搜其遺笥，得裙服一襲，鉤綴聯貫，不可得解云。

論曰：節行之艱者，聖人不敢以望之人，故禮不禁改適，况改字乎？而豎儒湛湛不達此恉，遂以不改字者爲過，是誠何心哉？觀貞女截髮嫠面，五年而後遂，是豈出于勉强者所能耶？蓋吾越近十年來，貞姝烈媛，風節相望。以予所見，死烈者，有山陰林烈婦李氏、慈谿金烈婦李氏、會稽王烈婦孫氏；死貞者，有山陰杜太守寶辰女、金上舍某女、會稽王訓導慶恩女。而粤逆之變，婦女死難者，至數百人，以視崇階高閥之縉紳，或持節奔竄，或幽閉拘辱，大率澳忍垢污，輾轉自免，其賢不肖爲何如耶？抑江東節義之氣，有時鍾于閨襜，而彼之偷生者，亦勢非能自主耶？烏虖！

二十五日丙申　晴，有風。許起居宗衡知會三月三日顧祠春祭。秋舫來辭行。得蔣子良書。

閲《錢竹汀文集》。潛研自爲近世集部中一大家，不特《答問》十二卷，考據邃密，其各體文辭旨和雅，又皆有資于經史掌故，凡所論辨，精確可依。近時南海曾釗謂惜其不能盡删應酬之文，桐城姚瑩謂其《輪迴論》可不作，然集中應酬之文，皆非泛爲；《輪迴論》言甚痛切，尤有關于世教。二君所指，皆非知言。惟力詆方望溪，其與友人書，至比之孫鑛、林雲銘、金人瑞輩；又跋望谿文集，舉李穆堂語，譏其作曾祖墓銘，省桐城而曰桐，謂縣以桐名者有五，此之不講，何以言文？又舉金壇王若霖語，謂靈皋以古文爲時文，却以時文爲古文，深中望谿之病。此皆未免過當。望谿之學，誠不足望竹汀，而古文義法粹密，神味淵深，自爲國朝弁冕，非竹汀所能及也。望谿之爲桐城人，天下知之，後此當亦無不知之，爲其曾祖銘墓而僅稱桐，自不能移之桐鄉、桐廬等處。况此一字出入，或偶爾失檢，豈遂可没其全體耶？

詣碩卿不值。傍晚偕周五郡丞至鄰近一人家選侍姬，不得當而歸。

二十六日丁酉　大風，霾，下午稍晴霽。評點《惲子居集》。媒氏宋嫗來。

二十七日戊戌　晴。閲惲子居、張皋文兩家文集。張文齋簡，又在惲氏之上。以燭爆壽族母施淑人。夜作一紙致芝翁，以明日清明無酒錢，乞束脩。疾發。

邸鈔：以太僕寺卿朱蘭爲詹事府詹事。

清明三月節。　二十八日己亥　戌正二刻五分清明節。薄晴。芝翁送三月脩脯來。梳頭。作書致子良。致德甫。付文華堂書債三十千。午間蓮舟招飲，與曉湖、景蓀、秋舫諸君快談，晡招德甫、曉湖、潘辛芝飲福興居，更初歸。

二十九日庚子　晴和。作片致景蓀還《邵南江集》，付寶森書債二十千。付萬縫人修補貂裘錢三十五千。下午偕蓮舟閲市，購得孫鳳卿所刻《問經堂叢書》一部直十千，吴山尊所刻《韓非子》《晏子春秋》兩種直四千。

三月辛丑朔　陰寒。曉疾又發。作片致德甫。付文華堂做書裘直三千六百文。

閲《路史發揮》六卷畢。此書先爲前紀九卷，紀初三皇及因提紀、禪通紀，至無懷氏止。後紀十四卷，爲禪通紀、疏仡紀，述太昊至夏桀事。國名紀八卷，分列上古及三代至漢諸國，加以疏證。發揮及餘論十卷，皆其辨論之文。《四庫書目》謂其無益經術，有裨文章，誠爲篤論。其引證浩博，議論爽勁，雖多用緯書、道書奇詭之説，而要歸于正理，蓋病在喜出新意，而佳處亦即在此。精鋭之識，時足以匡正前賢，惟好用僻辭古語，頗近于虬户筱驂；又枝説雜出，時失著書之體；謬悠不根之談，亦往往而有，此學無師法之故也。曰『路史』者，取《爾雅》路訓大之義。

邸鈔：張集馨奏寧陝廳城解嚴，境内肅清。詔：擢出力之副將謝正球爲總兵官。倭仁奏遞革員洪貞謙條陳皖豫交界處善後事宜。以明緒爲内閣學士兼禮部侍郎銜，仍留伊犂參贊大臣任。

初二日壬寅　終日大雪，寒甚。得結局片，分得二月分印結銀十一兩四錢。閲《路史餘論》十卷畢，略閲其國名紀一過。《餘論》文章雋快，間附考證，俱不足爲據。《國名》所繫始末輿地，亦難盡憑，惟取其博奥耳。其前後紀少時皆粗涉之。予家向有明槧本，字畫疏惡，又多謬誤，先大夫一再丹黄之，多所是正，常以未得善本校勘爲恨。今此本爲乾隆元年長源後人所重刻，而魚豕彌甚，幾不可讀。又于上方添載李贄、孫鑛、陳繼儒、陳仁錫諸人評語，尤爲可厭。篇中亦間附元明諸家之説。夜復圍爐。

初三日癸卯　薄晴，下午陰寒。付衣鋪銀十四兩，還珠皮灰鼠裘直。以《路史》還文華。作片致碩卿。碩卿來夜談。

邸鈔：多隆阿奏二月二十四日親督各軍攻克盩厔縣城。詔：覽奏實深欣慰。多隆阿奮勇督戰，雖身受槍傷，仍不稍挫，卒拔堅城，實屬忠勇性成，勞勳卓著。多隆阿著賞假一個月，安心調理。並著内務府發去如意拔毒散四料，交該大臣祗領，以冀速痊。其陣亡之提督銜即補總兵桂學高，著照提督陣亡例，從優議恤。　童華轉補翰林院侍讀學士。夏同善補授翰林院侍講學士。

初四日甲辰　晴，稍和。鈔《句谿雜著》中《白虎通疏證序》一首。作書致金甫。加墨《顧澗薲集》。得金甫復。得子良書。夜撰《謝節母傳》。

邸鈔：李鴻章奏二月十六日程學啓克復嘉興府城。詔：此次程學啓進攻嘉興，冒死血戰，身受重傷，用能攻拔堅城，掃除巨逆，其功尤偉。著李鴻章傳旨嘉獎，令其安心醫治，以冀迅痊，仍詳查勞績，奏請獎敘。總兵何安泰謀勇兼優，最爲出色，因攻城過猛，中槍殞命，深堪悼惜，著照提督陣亡例從優議恤，並於嘉興府地方建立專祠。副將郭興發受傷身故，亦堪憫惻，著照副將陣亡例議恤。詔：爲前任江蘇巡撫徐有壬於蘇州省城建立專祠，並將其平生事蹟，宣副史館立傳。伊子正三品蔭生候選同知徐震耀，著吏部帶領引見。從李鴻章請也。李疏言有壬所至皆有政聲，爲湖南布政使，力守危城，督辦湖州原籍團防，屢却大敵。爲江蘇巡撫時，督臣爲何桂清，藩司爲王有齡，有壬處其間，不苟爲同異，卒以一死報國。少師事故刑部郎中姚學塽，尚實學，尤精天算，貫通中西術，著有《務民義齋算學》行世。詔：已革直隸按察使孫治賞給六品頂戴，隨同文煜赴甘肅慶陽糧臺差遣。從文煜請也。詔：本月二十日換戴涼帽。

節母謝孺人墓志銘

確山教諭謝昌玉將葬其母錢孺人，以禮部郎中王君之狀來請銘。教諭故越産，而僑河内者也，與余有鄉誼，不敢辭。按狀，孺人餘姚人，興國縣知縣諱檼之女，適文學君世琛。謝，故姚之望族，自明少傅大學士文正公以後，簪芾相望，至文學君，家日落。文學又屢試不利，姑老病癃篤，蓐處者八年。孺人奉事祈禱無不至，更以餘力紡紃，佐文學讀。及文學卒，孺人年二十九，一子三女皆幼，貧益甚，并日而食。孺人督課無少間，以訖于成人。及昌玉得官，乃就養于學舍。以咸豐九年二月卒，年六十有三。女皆適名族，某某，其婿也。孫一人某。某年，河南士夫爲請旌于朝，余惟國家表揚貞節之典厚矣，例由子孫上其事，有司以聞，攽帑金建坊。自道光末有建議更制者，於是郡邑會計合以上請，而天下之以節入告者，減舊額半矣。然觀禮部檔册，歲被旌者尚千百人，而求之故家大族，往往數十房不得一人，或數百年僅得一二人，是豈盡名達天子者之難歟？若孺人之生享禄奉，殁備綽禊，始約終亨，亦云僅矣，是宜爲銘。銘曰：甘乎劬，安乎瘏。以熨其姑，以勖其夫。夫不禄，以育其藐孤。蔚然母教成師儒，朝章奕奕旌廟閭，我爲表阡辭勿渝。

初五日乙巳　晴和，下午風。浙紹鄉祠告十二日春祭。理庵來交譜牒。

閲《東井文鈔》，共二卷，四明黄定文著，文皆謹嚴有法度。《岳忠武論》二首尤佳。《禮部侍郎邵公墓表》名洪，字海度，號雙橋，鄞縣人，吏部侍郎基之孫，父鐸，官檢討。侍郎爲故相和珅所扼，由吏部郎改刑部，十餘年始得郡守。睿皇帝親政，一歲中自江西知府擢至布政使。《屠鼂園先生墓磚銘》，名繼序，字淇篁，鄞縣諸生，嘗爲《困學紀聞補注》。爲考鄞邑文獻者所必需。又有《何烈婦傳》，則吾鄉志乘亟當采入者，略最於此。何氏，山陰平溥之妻也。

溥從其兄春江遊幕揭陽，娶何氏；春江亦娶番禺某氏，同寓家揭陽。未一年，溥病卒，何氏姙八月，方依其兄翁以生。又一月春江亦暴卒，某氏遽挈其資颺去，且諷何氏。何氏唾之，獨殯其夫兄弟于縣西門外，歸依母以居，彌月而子寤生，此用《史記》難生説，寤者，迕也，亦作午，又作遻。寤生者，謂兒胎交迕産門不得出也。宛轉床蓐不可忍，醫者言母子不並留。何氏疾應曰：留子。既而子下，何氏瞑眩中問其母曰：生矣，男乎？母曰：女也，且死矣！何氏噭然呼曰：是復何望？舉首擊床欞，血濺溢而死，年二十七。烈婦亦山陰人，父賈於豐順，生烈婦云云。讀之感人。增吾越閨閤色矣。黄字仲友，少師其鄉董秉純少鈍及蔣學鏞樗庵，爲謝山全氏再傳弟子，而婿於盧鎬月船。由乾隆丁酉舉人宰粤東，歷七縣一州，擢江南同知，又歷署揚、徐、松、常四郡守。父繩先，乾隆二十二年進士，官知縣，近日浙人罕能道其姓氏，問之鄞人亦不知，故特著之。（此處塗抹）

夜加墨《東溟文集》。其《土地説》《孔廟朔望行香張燈説》，俱考據確鑿。《與童石塘論撰南北史注書》并《與史局劉孟瞻諸君書》，識議精核，皆爲集中之最。

有賊犯衢州及蘭谿之耗。曬衣。

邸鈔：李鴻章奏提督郭松林收復溧陽縣城，并解江陰、常熟、無錫三城之圍。詔：剿辦均屬得手，陣亡副將劉起、黄式壽等十一人從優議恤。劉蓉爲已革陝西陝安道張由庚奏請開復原官，并加布政使銜，以捐輸所部月餉銀三萬兩也。詔：張由庚仍以道員留於陝西，儘先補用，不得加銜。

初六日丙午　晴暖。整比書籍，揭櫫六十一册，并標其跗。剃頭。

邸鈔：沈葆楨奏道員席寶田克復金溪縣城。詔：擢席寶田按察使，陣亡之擬保副將都司金國泰照副將例從優議恤，並加恩予謚。

初七日丁未　晴暖。早起又揭案頭書跗三十六册，午前行散至園中，見海棠已滿萼，紅綻欲放。桃花已盡落矣。旅懷不偶，遊跡闃然，爲徘徊春惜久之。下午同蓮舟至文華堂，賒得張皋文《儀禮圖》兩册，價十千；又購常熟顧湘所刻《玲瓏山館叢書》，爲《五經文字》《九經字樣》、唐劉賡《稽瑞》、宋婁機《班馬字類》、明葉秉敬《字孿》、近人鎮洋吴鎬字荊石《漢魏六朝唐人志墓金石例》六種。其《五經》《九經》兩書，俱仿唐碑摹刻，較微波榭所刻爲精，索價廿四千，還價十六千，不成。至英光閣，購得胡稚威《石笥山房全集》一部，付直七千，咸豐二年南河刻本也，前有包慎伯序甚佳，于石笥文頗有微辭。聞吾鄉杜尺莊徵君搜輯稚威遺文甚備，較所刻本幾增十之三四，稿藏其家，今亂後不知何如矣。又購王菉友《説文釋例》，不成。至一攤市，買得孫淵如氏《平津館集》二卷、《問字堂集》六卷、《岱南閣集》二卷、《五松園集》一卷、《嘉穀堂集》一卷，共五集十二卷，付直三千。遂詣蓮舟家，晤其西席魏仙槎。仙槎久館于族中，諸房子弟多知之，今日言亂後零落之狀，不勝黯然。傍晚歸。付買洋布小衫綺料及韤材錢二十二千文，價較年前幾倍增，士夫服物好用洋産者，有識深譏之，以爲醜夷擾華之先兆，然其布實適于用，以爲衵服尤宜。

初八日戊申　淡晴，極煦。書譜牒兩通，一致曉湖，一致理庵。録所作《謝節母墓志》寄謝杰生、《楊貞女傳》寄理庵。文華堂取《玲瓏山館叢書》六種來，議定價二十千。傍晚偕蓮舟小步遂返。夜作書致謝杰生山左。賒得磨本段棉袍一領，價銀八兩五錢；又皮箱一具，價錢廿八千。

初九日己酉　晴燠，有黄霾。詣曉湖交譜牒。并晤予恬。遂進城，至齊化門内詣理庵，交譜牒。談次及四明近儒著作，理庵言梨洲黄氏《明文海》稿本，及謝山全氏《七校水經注》本，皆藏慈谿馮氏，俱經鄞人王君楚材校定。馮氏選寫工録之，極精好，今尚無恙。惟所刻《宋元學案》，已毁於賊。此書刊槧甚精，板皆以紅木爲之，刻竣後深藏不出，未曾印行，可惜也。世往往有刻書而不印者，其與不刻何異？或印行矣，又高懸其價，是錮其書而必不欲其行也。又言梨洲《明夷待訪録》，湛園未定稿，板俱藏其鄰鄭氏二老閣，閣乃寒村後人所建，《寒村集》板亦在焉。梨洲《海外慟哭記》稿本，在鄞邑徐時棵家，時棵得之定海者，尚未刻。《南雷文約》板藏寧波城外江北盧氏，未知尚在否。靈橋門盧氏抱經樓書，尚存十之七八，天一閣書已燬矣。錢竹汀氏《潛研堂集》中，有《抱經樓記》，謂盧君青厓所構，間架皆模天一閣。浙中有東西抱經之目，西謂召弓學士也。學士雖籍餘姚，而居杭州，故謂之西耳。黄仲友《東井文鈔》，亦言青厓翁建抱經樓，藏書數鉅萬卷，幾出天一閣上云。予因屬理庵代購《明夷待訪録》湛園未定稿，《鄭寒村集》《南雷文約》《杲堂文鈔》諸書，并勸致書其太翁，慫慂馮氏刻全校《水經注》，徐氏刻南雷《慟哭記》。久坐而別。出城。詣蔣子良晤談，晡後歸。付車錢三千五百文。王工部思沂嫁女送分二千。夜小游至東頭一人家，話佩芳去冬避禍致殞事，爲之悵然。我未成名卿已死，回首曩塵，已小轉修羅一劫矣！感傷久客，益不自聊。五更疾大動。

邸鈔：詔：江西舉人尹繼美調赴吏部帶領引見。以太常寺卿王拯疏薦也。繼美字湜軒，與余交好，年五十矣，頗讀書爲古學，而不適世用。王拯補授通政使司通政使。

初十日庚戌　晴暖。作片致德甫。理庵片招明晚飲宴賓齋。得子良書，送蓮舟潤筆來。

東漢三署郎者，五官中郎、左中郎、右中郎三署也，皆屬光禄勳，皆有中郎將，皆直宿衛殿門，稱執戟郎，若今侍衛之職。皆得詣臺試，初上臺稱守尚書郎中，歲滿稱尚書郎，三年稱尚書侍郎。凡六曹三十六人，屬六曹尚書。此爲今六部郎中之濫觴。秩滿遷縣長。光武時，以太尉鄭弘言，乃遷縣令，後遂遷二千石或刺史，此爲今部郎外授之濫觴。光禄勳中二千石，三郎將比二千石，三署郎比三百石，尚書六百石，尚書郎四百石。尚書郎遇御史中丞，中丞避車執板往揖，郎坐車舉手禮之，中丞俟郎車過遠乃去。東漢無御史大夫，以中丞爲御史臺倅，秩千石，朝會獨坐，多以故二千石爲之，極爲尊顯，而見尚書郎卑抑如此者，以重内臣尊朝廷也。漢時尚書猶今之軍機，郎中猶軍機章京，議郎則猶南書房翰林矣，故秩卑而體崇。郎之下有令史，秩二百石，每曹三人主書，此爲今六部主事之濫觴。令史皆選蘭臺符節兩署精練有能之吏爲之，功滿補縣丞尉，亦以鄭弘言，補縣長。漢時縣滿萬户以上者置令，千石；其次置長，四百石；小者三百石。故事尚書郎以令史久缺補之，世祖始改用孝廉爲郎，蓋與三署郎參用。而光禄勳之屬又有虎賁中郎、羽林中郎兩署，皆有郎將、郎中，郎中秩亦三百石；不在三署之列，不得詣臺試尚書郎。《續漢志》，虎賁郎中上有虎賁中郎，比六百石；虎賁侍郎，比四百石，下有節從虎賁，比二百石，爲四郎。自節從虎賁久者，轉遷，才能差高至中郎。荀綽《晉百官表注》曰：漢制虎賁中郎皆父死子代。蔡邕《漢儀》曰：羽林郎百二十八人，無常員，府次虎賁府。《前漢書》曰：初置爲建章營騎，後更名羽林郎，出補三百石丞尉。《續漢志》云：本武帝選隴西等六郡良家補，以便馬從獵，還宿殿陛巖下室中，故號巖郎，此其資品較輕，故不得與三署郎並。《漢儀》又曰：三署郎見光禄勳執板拜，見五官左右將執板不拜，於三公諸卿無敬。可知惟五官左右稱三署，其職入直殿門，出充車騎，蓋猶今之乾清門侍衛矣。自來讀史者，於三署郎鮮有考及，故多牽錯，不辨其制，特參考兩《漢》表志注文，證以記傳及它書，爲疏明之。

高雲山來言，將以江蘇巡檢注册，求出印結。以藏書印遍印新得諸書。

夜閲胡稚威文集。稚威文工於刻畫，而紀事之法甚疏。故碑志諸作體例乖謬，不勝指駁。如《贈太僕卿松江府知府周中鋐墓志銘》，竟不言其爲山陰人；《句容縣知縣周應宿墓表》，言君特以其文，四方士無識不識率皆字謂君，而不著其葆山之字。其他大率類此。

十一日辛亥　晴。借印結銀十一兩，付棉袍銀三兩，付王福零用錢二十千。曉湖來交譜牒。胡梅卿來。聞官軍收復杭州。午詣景蓀暢談。

昨夜就枕後，譜得《玲瓏四犯》一闋，題爲《三月初九夜過舊院感逝》：『淡月幽坊，又繡墨丁簾，鈿額相映。第一門前，還認舊時燈影。惆悵麝冷重篝，恁去後，更無人憑。只晚風，猶在梨花，捱得畫欄宵靜。記曾同倚紅芙鏡。怪春來，一樣消損。紗窗睡起殘妝重，替掠牡丹雙鬟。誰遣別後生疏，寄彩箋、頻傳芳訊。最惱人，脉脉銀河，依約語低香近。』余辛酉三月三日詞云：『聽門外、東風又三更，願人共梨花，一春厮守。』君讀之，顰眉曰：『此語不祥，殆將爲妾讖矣。』嗣余果以金盡，浸不與君相見。至秋卧病，病中聞越警，益驚惙。君屢遣奴子問病狀，且欲來視，予力阻之。壬戌後，益疏君。君每見余同人，必屬致予往，且甚以余貧病爲念。是年冬，余偶過之飲，君問予家中消息，意甚戚然。予酬以纏頭，拒不受，曰：『君貧甚矣！君但來，妾當飲君，豈以此累君耶？』予内慚，終不敢昵就君。至去年七夕，從友人飲，友人强爲予致君，至則盛妝而坐，不與予通一語，予甚訝之。不三日而禍作矣，可勝悵黯！

晡後赴宴賓齋，晤理庵、辛芝及凌子廉工部行堂、謝菊堂工部輔坫、童琢山工部春。三工部皆明州人也。談次，凌君言天一閣范氏書，爲賊賣於村氓，盡碎爛之，更作竈紙，無孑遺者。抱經樓書，多謝山全氏故物，賊據寧波時，或以洋錢六百枚購之，流轉上海，爲今蘇松道楊坊所得。坊亦鄞人，故不知書，寧郡士夫本謀鳩貲買之，俟事平或畀盧氏贖還，或公建藏書閣以借人讀，而爲楊半道篡去。徐氏烟樹樓藏書不多，而皆秘本及四明先賢記述，亂時徐氏以錢數十緡貸賊，得盡移城外，賊退復載還城，爲其館客失火延燒，樓三楹盡燼。謝山《七校水經注》原稿、馮氏所藏，即從徐氏轉録者。梨洲《海外慟哭記》，皆不可得矣。吾浙經籍之厄至此，可痛惜也！夜飯後，偕至韓家潭福雲堂采苓家飲，予招芷儂佐觴，坐有芷秋、秀蘭、添財、蘭生諸郎。四更歸，付芷郎開發十千，車錢五千。謝杰生來。

邸鈔：詔：欽差大臣西安將軍多隆阿督辦陝西、甘肅軍務。兩省帶兵各員均歸節制。

十二日壬子　密雨終日，淒陰作寒。

自來志經籍者，《漢書・藝文志》後，向推《隋・經籍志》。近時吾鄉章逢之、眉批：逢之名宗源，山陰人，以兄宗瀛官翰林，乃寄籍大興，中乾隆五十一年順天舉人，生平輯録唐宋以來亡佚古書，蓋無不備，皆爲之敘録。揚州陳穆堂皆爲作疏證。而姚江邵二雲氏撰《隋書提要》，譏其敘次無法，述經學源流多所乖舛。如謂《尚書》由伏生口授，而不知伏生自有《書》教齊魯間。謂《詩序》爲衛宏所潤益，而不知傳自毛亨。謂《禮記・月令》《明堂位》《樂記》爲馬融所增，而不知劉向《別録》已有此三篇，其書在十志中爲最下。唐人重詞章而輕經學，即此已可見。眉批：錢竹汀《跋大戴禮記》云，學者惑于《隋志》之文，謂大戴之書爲小戴所刪取，然《隋志》述經典傳授，多疏舛不可信。鄭康成《六藝論》但云戴德傳記八十五篇，戴聖傳四十九篇，別無小戴刪大戴之説。今大戴與小戴略同者凡六篇，可證其非刪取之餘。又《漢書・儒林傳》，王式言聞之於師，客歌《驪駒》，主人歌《客毋庸歸》，曰在《曲禮》。服虔注：《驪駒》，逸詩篇名，見《大戴禮》。客欲去歌之。是《大戴》亦有《曲禮》篇也。邵氏所駁誠當，但此志搜遺括紛，源流條目，斠若畫一，其全體多善，總爲考古者所必不可少之書。近儒議論往往有過當者，謂何晏《論語集解》出而《論語》之古注亡，杜預《左傳集解》出而《左傳》之古義亡，唐人孔穎達作《五經正義》而五經之古學亡，陸德明作《經典釋文》而歷朝之古本亡，賈公彦疏《儀禮》而禮學晦，郭璞注《爾雅》而雅訓微，此皆好爲高論之病。近時遂有攻鄭康成之注經失家法而孫叔然之反切爲變亂古音者，不皆其流弊所至歟！平心論之，平叔之《論語》，元凱之《春秋》，功多而過少。陸之《釋文》，賈之《周禮》《儀禮》，郭之《爾雅》，則有功無過。惟孔氏之《五經正義》，《易》棄鄭注而用王，《書》棄鄭注而用孔，自爲有過，然其《詩》、其《禮記》、其《春秋左傳》，功亦不在禹下，後儒雖窮精殫力，摭拾補苴，豈能出其範圍哉？

雨聲徹夜。

十三日癸丑　晴。景蓀來。魏仙槎來。高雲山來。買小帽一頂，錢三千二百文。

閲孫淵如氏《岱南閣》《五松園》《嘉穀堂》三集。《岱南閣》者，其官山東兵備及攝廉使時所作也。《五松園》《嘉穀堂》者，其居母憂寓江寧時所作也。中皆考辨之文，間附傳誌雜著。《岱南閣集》中載《公移文》四首，一咨山東學政曹詹事請奏立伏、鄭博士，一咨河南吴布政言伏羲陵在山東魚臺縣，不在河南陳州，其二皆咨山西布政謝蘇潭言湯陵在山東曹縣，即古亳境。不在山西榮河縣，又附載蘇潭咨覆兩首。蘇潭前咨援據各書，争執甚力，及淵如駁其十誤，後咨遂亦游移其詞，意求息兵而已，蓋淵如證繁而辭辨，固足以勝人也。其《與朱石君尚書書》，言大學格物致知之義，尤爲精闢，高出前賢。此與東原氏之言性，次仲氏之言禮，芸臺氏之言仁，皆識絶千古者。《五松園》稿中雜文稍多，其《孫忠愍公祠屋藏書記》，分十二部，括經籍之要，可爲藏書家津梁。他如《欽天監監正楊光先傳》，深闢西法之謬。吾鄉章孝廉宗源傳，痛斥佛教之害，而深惜孝廉嗜古力學而惑於異端，爲所牽染擯斥而卒不悟。武氏億、汪氏中兩傳，皆視諸家所記爲詳。其爲書賈陶正祥作墓志，極言其關于學術盛衰，其人足傳。而志河督司馬騊墓，縷述其年勞官閥，乃竟無一事可傳。陶由浙烏程遷蘇州，即所稱五柳居主人也。河督亦浙寧波人，遷江寧，以高文恪公幕友由河工從九品洊歷開府者。《嘉穀堂集》中《書阿文成公遺事》，所記皆小節，内一條云：星衍改官比部，偕同歲生馬履泰謁公，公止星衍等勿行一足跪禮，曰吾爲郎官時無此禮也。先是中臺官謁長官皆長揖，因親王領部，乃有加禮，俗相沿不能改云云。一足跪者，俗謂之請安，今外官自知府以下皆行之。司官漢員，初見曹長，于署則長揖，于宫門則垂手立面而已；滿員則皆一足跪。聞兵部漢員亦有行此者。然予問兵曹諸君，則皆言無有。又予去年到官時，有漢軍一人同見曹長，亦未見行此禮也。蓋嘉慶、道光間，屢降旨申禁，而無耻小人，卑躬獻媚，何所不至！近聞外臺監司漸行之，部中士氣日靡，流品日雜，恐將及我曹矣。眉批：道光以前入貲爲郎者，京察升轉，一切與科甲同。秀水汪康古太守孟鋗之父上堉以諸生援例授盛京刑部員外郎，内轉户部升刑部郎中，出知雲南大理府。桐城馬元伯爲工部主事，以同曹一貲郎不得舉京察，疑元伯沮之，遂訐發工帑耗短事，元伯至遣戍。

國朝毗陵之儒，林立輩出，與廣陵、吴郡、新安並甲天下，而毗陵孫、洪、張三先生，尤諸儒魁桀，其著述皆足立學官，其行誼皆足祀黌序，而淵如之學，微有雜博之蔽。如黄帝五書，乃《道藏》中下乘，六朝淺妄人所爲者，淵如既刻之《平津館叢書》，而按察山東時試士策問，亦及黄帝授三子《玄女經》，殊近迂怪。同時若臨海洪筠軒、元和顧千里皆有此病，洪、顧固不能望淵如，要亦以精力過人，故于經史之暇餘事爲之，又意在流傳古書，不覺遂爲賢知之過，適以助不學者之攻，而指考據爲異端者，必將藉此爲口實矣。淵如闢佛而頗喜道書，予謂道書鄙誕，實更在釋氏之下。《道藏》中除所援入之老、莊、文、列、淮南諸子外，惟《抱朴子》以《外篇》足傳，《真誥》以文辭自憙，《參同》《悟真》，存備丹訣，《度人》《内景》，資采藻言，餘直無足觀者，不若《釋藏》中尚有一二十種可節取耳。自惠氏棟言《道藏》多儒書古本，錢氏大昕遂記其語，謂于玄妙觀借鈔得二百卷，皆吾儒所當讀之書。孫氏益表章之，然實諸儒好異之過，不可不辨也。

邸鈔：左宗棠奏二月二十四日卯刻收復杭州及餘杭縣。詔：閩浙總督左宗棠賞加太子少保銜，並賞穿黄馬褂。浙江布政使蔣益澧賞穿黄馬褂。詔：浙江候補同知薛時雨升署杭州府知府。從左宗棠請也。

十四日甲寅　晴。孫雨田來。閲俞理堂《癸巳類稿》，雖文義繁碎，不便省覽，要可謂博通古今者矣。其《總河近事考》《駐劄大臣原始》，惜未詳載諸人字號及始末大略耳。俞爲黟縣人，國朝新安之學，可謂盛矣。寶森堂書賈以焦氏《雕菰樓叢書》二十一種求售，索價六金。夜疾動。

十五日乙卯　寅正一刻二分穀雨節。晴。終日小極。閱孫淵如《平津館集》，其再起爲山東督糧道時所作也，考證諸文，精確固不待言。而《擬請復孔子王爵表》《請立鄭博士議》，關係尤巨。《江孝廉聲傳》《孫御史志祖傳》，皆敘次詳雅有法。餘亦多足資考訂。

邸鈔：李鴻章再奏克復嘉興詳細情形，并擊斃僞挺王劉得功，擒斬僞榮王廖發受。詔：賞提督程學啓白玉翎管、搬指、玉柄小刀、荷包等件。餘升賞有差。陣亡參將趙之德等二十六人從優議恤。編修劉秉璋身先士卒，賞戴花翎。秉璋旋擢翰林院侍講。詔：西安副都統穆國善幫辦多隆阿軍務，暫署欽差大臣。

十六日丙辰　晴，有風。作片致王與軒，爲高雲山出印結。剃頭。

閱錢竹汀集中題跋六卷。予每閱鮚埼亭、潛研堂兩家題跋，深歎其學之無所不晐，令人茫然莫測其涯涘。此六卷中尤精者，如《跋汗簡》，謂《說文》所收九千餘字，古文居其大半，其引據經典，皆用古文說。間有標出古文籀文者，乃古籀之別體，非古人衹此數字也。作字必先簡而後繁，有一二三，然後有从弋之弌式弎，而叔重注古文于弌式弎之下，以是知許所言古文者，古文之別字，非弌古于一也。後人妄指《說文》爲秦篆，別求所爲古文，而古文之亡滋甚矣。此論讀《說文》者所不可不知。又《跋義門讀書記》，謂《宋書·陶潛傳》云所著文章，皆題其年月，義熙以前則書晉代年號，自永初以來，惟云甲子而已。休文生于元嘉中，所見聞必不誤。其云所著文章，固不云所著詩也。詩亦文章之一，而其體則殊。文章當題年月，詩不必題年月，夫人而知之。《隋志》載《淵明集》九卷。今文之存者不過數首，就此數首考之，《桃花源詩序》稱太元中，《祭程氏妹文》稱義熙三年，此書晉氏年號之證也。《自祭文》則但稱丁卯，此永初以後書甲子之證也。自唐五臣注《文選》，誤讀《宋書》，遂謂淵明詩題如是。義門乃援陶詩書甲子者八事，譏休文紀事失實，不知本傳未嘗及詩也。舉此二條，可見其讀書精細，爲前人所未有。

得王與軒復。晡詣碩卿閑話，其書室外新種海棠、丁香各一株，臨風試花，倍增綺景。晚偕子良歸。

邸鈔：以鴻臚寺少卿胡家玉爲通政司副使。

十七日丁巳　晴。仲京來。午詣謝杰生，不值。回詣曉湖，小談而歸。付車錢二千。杰生來。

邸鈔：署陝甘總督恩霖奏上年十月，甘肅寧夏逆回内變，寧夏道侯雲登、寧夏鎮中衛協副將勒豐額、寧夏縣知縣趙長庚俱督兵討賊，力竭被戕，署寧夏府知府吕際韶、同知蘇常存俱與其妻同時殉難。詔：俱交部從優議恤。

十八日戊午　薄晴。仲京來。章秋泉來。景蓀來。傍晚詣王與軒，交印結銀。晚詣予恬，小坐歸，付車錢二千。

邸鈔：多隆阿八百里馳奏全陝回務肅清。詔：以此次回匪逃入甘省，煽惑良民，根株尚未净絶，漢南竄匪尚未殲除，所奏殊涉鋪張，責其督飭將士，分路進剿，悉殲匪回，以副委任。

十九日己未　晴。高雲山來取結，付之。作片致王與軒，得復。謝杰生來，送銀五十兩，爲其母夫人墓誌潤筆，又屬代李尚書棠階撰家傳一首。晚邀杰生、曉湖飲福興居，二更歸。十四千，外借二千五百。付車錢三千，下賞一千。賞酒保。

邸鈔：李鴻章奏三月初六等日楊舍、華市、沙山等處之捷。貴州古州鎮總兵楊巖賓告病，以劉士奇爲古州鎮總兵。

二十日庚申　晴，午後風。作片致碩卿，爲章秋泉室人借裙服。作書致伯寅，爲杰生求書墓志。還德和錢鋪銀五十兩，自此市債畢償，免與儈輩周旋矣。以賣文條例付手民刻之。爲杰生撰家傳，此代人作也，不存稿。尚書有清望，與杰生爲師弟，故勉應之。得伯寅復。

二十一日辛酉　曉微雨，大風，上午風陰，下午薄晴。得碩卿片。跋胡雲持集一通。晡後詣東頭還杰生家傳，回詣德甫，送詹月艭、李仲京行而歸，付車錢三千。

二十二日壬戌　晴。碩卿送裙服來，作片復之。付刻字人錢四千。令蘆人於室外結小籬。梳頭。伯寅升副憲。

邸鈔：以光禄寺卿潘祖蔭爲都察院左副都御史。補晏端書缺，端書丁母憂。左宗棠奏攻克杭州、餘杭兩城詳細情形。詔：浙江布政使蔣益澧再加恩賞給雲騎尉世職。記名提督高連昇賞穿黄馬褂。權授浙江省總兵德克碑帶兵助剿，尤爲出力，賞給頭等功牌，並賞銀一萬兩。

二十三日癸亥　晴。皇上萬壽節。商城演戲邸中，往觀半日。得曉湖書。詹月艭來取家書。

二十四日甲子　晴，大風。連曉疾發。入城賀珊士太夫人七十壽辰，送分六千，付車錢二千。與愃齋、景蓀同止宿。

二十五日乙丑　晴，風。早偕景蓀歸。買淺青湖縐、川紬夾衫各一領，銀十二兩。夜景蓀來。

二十六日丙寅　晴。買竹簾一桁，錢八千文。付王福零用錢二十三千。晡後閱市，以錢三十緡購得殿板《儀禮注疏》一部，以二十四緡購得汲板《史記集解》一部。又購胡刻《通鑑》、阮刻《十三經注疏》，俱不成。順道訪曉湖，傍晚歸。碩卿片來送其夫人手製饅頭來，作書復謝。

二十七日丁卯　晴，風。高雲山來請明日送驗看，并設食相待，固辭不得。遣人至文秀堂書肆取汲板《史記索隱》來。晡後詣惺齋，并晤惺齋夫人，共談至晚歸。夜疾動。

二十八日戊辰　晴。早詣午門，送驗看，晤蔣子良、潘辛芝、譚研孫、翁巳蘭。午偕蓮舟飯於高雲山家，下午詣胡梅卿，不值，還錢二千。出城訪潘星翁，并晤伯寅，久談而歸。星翁以近作山水花卉畫册十二幅見示，皆極佳，星翁花卉向不如山水，近所作超渾，尤善用墨法，老年精進如是。

邸鈔：左宗棠奏三月初四、初五日收復武康、德清、石門三縣城。

二十九日己巳　晴。作片致碩卿，約小游。閲建寧張際亮亨甫《松寥山人詩集》。亨甫極負時名，詩亦規模作家，而粗浮淺率，豪無真詣。爾時若湯海秋、朱伯韓、姚石甫、葉潤臣所作大氐相同，時無英雄，遂令此輩掉鞅追逐，聲聞過情，良可哂也。德甫屢爲予言亨甫根柢淺薄，前日以此集屬予評點，因略論之如此。同鄉朱經歷守縠來，得舍弟正月廿一日書，言正月十一日，太夫人六十壽辰，設綵筵於七星巖，賀客甚衆，子恂在紹送壽儀三十番銀。去年徵田租畝收八分有奇，而畝捐之税竟免，蓋徵豫庭太守之庇，亦以寒家貧況，素爲當事者所知也。計負郭百畝之出，尚足食一年，而稱觴所費已過百金，政恐夏秋間有絶糧之歎耳。又得妹婿張文潮二月初一日書。夜風。洗足。

立夏四月節。　三十日庚午　申初初刻三分立夏。晴。胡仲芬來。作片致德甫、致詹月艘。得碩卿復。得德甫復。詹月艘柬招初二日文昌館聽戲。午後詣廠西門通雅堂閲書，以錢四緡買《朱梅崖文集》，又議胡刻《通鑑》價銀十二兩未成。順道訪詹月艘，談逾頃許而歸。星翁、芾翁來不晤。

閲唐仲冕《陶山文録》，自頌、贊、賦至雜文共十卷。仲冕字六枳，善化人，乾隆癸丑進士，官至陝西布政使。其牧江蘇海州，尤有惠政。所著尚有《儀禮蒙求》《家塾蒙求》等書，政事文學，著名一時。王述庵《湖海文傳》中曾録其《郊社有尸説》《㔭人句讀説》《世婦説》《内人吊臨説》等四篇。今録中第二卷爲經説，雖鮮有師法，而實事求是，多可取備一義。文亦未成家，然筆力健舉，頗無軟俗之病。其《海州學正翁君墓志》，翁名咸封，字子晉，常熟人，乾隆癸卯舉人，即太保大學士文端公之父也，所載世系甚詳。陶山子即太常卿確慎公，父子繼爲布政，其號陶山者，因其父宰山東卒葬陶山也。眉批：陶山之母葬陶山，在肥城縣。

邸鈔：以太常寺少卿劉崐爲太僕寺卿。湖北按察使武蔚文告病，以候補布政使唐訓方署湖北按察使。

四月辛未朔　上午薄晴，下午陰風。珊士來。周主事巖來，不晤。同鄉王上舍嘉猷來，亦新自越至者，言及姻黨，大半寒落，曷勝愾歎。上舍與予有連，家富於貲，其兄嘉謨、嘉穀頗交結當路□□前副憲王履謙深倚任之，與巡撫王有齡相齮齕，巡撫恨之，疏劾褫職。今嘉謨亦死矣。碩卿來。閲《朱梅崖集》。夜雨。

邸鈔：李鴻章奏遇缺提督江西南贛鎮總兵程學啓以創甚卒。詔：贈太子太保銜，照提督陣亡例從優議恤，予謚，賜謚忠烈。入祀昭忠祠，所有戰績及死事情形宣付史館立傳，于安慶、蘇州、嘉興各府城建立專祠。

初二日壬申　風雨小寒，終日不適。得結局片，分到三月分銀二十九兩四錢，高清巖識認銀四兩八錢，扣抵先支銀十三兩一錢，净得二十一兩八錢。又隨封銀七錢五分，以五錢五分給王福，二錢給順兒。

閲《梅崖集》。其文卑冗，全不識古文義法，而高自標置，甚爲可厭。究其所得，特村學究之稍習古文者耳。余在家時，粗閲一過，意便輕之。迨入都，則士大夫多有稱之者。嗣見其外集，文雖冗曼而頗得淳實之氣，又疑向時閲之不盡。兩日來悉心披誦，則筆弱語陋，疵累百出。惲子居嘗謂梅崖于望溪有不足之辭，而梅崖所得視望溪益庳隘。然庳隘二字，實未盡梅崖之病，其去望溪，蓋不可道里計也。余雅不喜菲薄前人，而勢有不得不言者，今日因舉其集中尤荒繆之文，用筆批勒之，以詔來學，毋使村野驅烏人孟浪言古文字。

夜疾大動。

初三日癸酉　嫩晴。付王福三月零用錢壹百三十二千文，又二月三月分工直十六千文。夕陽時倚樹讀書，頗有佳想，成五古一章。

首夏薄暮倚樹讀書遂得一首

韶景不可駐，老樹初敷榮。宿雨夜來過，廣庭有餘清。羈人倦永晷，讀書寡所營。出户仰喬柯，畹畹斜陽明。掃地坐其下，喜與新賞并。緒風自何來，眷此弦歌聲。暮禽亦已返，交交相和鳴。掩卷已忘得，但見芳草生。取適匪在家，幽懷暫爲盈。應令千載下，想兹嘉譽情。

邸鈔：閻敬銘疏劾鹽運使銜記名道陳顯彝誇詐輕浮，候補道童埏浮縻虚飾。詔：顯彝勒令休致，埏革職。二人皆山陰人，由佐幕起家者。

初四日甲戌　晴。付文秀堂《儀禮》《史記》直共五十四千。又《索隱》直四千文。剃頭。作片致理庵。午出門答拜朱守穀、王嘉猷、周巖，并訪馬春暘、平景蓀，暮歸。付車錢三千。買江紬單外褂一領，價銀六兩。又江紬夾馬褂一領，價銀四兩五錢。湖縐夾絝一具，價錢十六千。付衣店銀二十兩，并前帳餘欠畢完。得理庵復。得謝杰生片，即復。夜疾復發。

邸鈔：曾國藩奏三月初七日提督鮑超攻克句容縣城，生擒逆首僞翰王項大英、僞列王方成宗，誅之。詔：擢總兵馮標、譚勝達、唐仁廉三人爲提督，餘升賞有差。

初五日乙亥　晴。作片致德甫、理庵、詹月艘，俱約初八日聽戲。作片致曉湖。閲《神農本草經》。

邸鈔：詔：自後捐納道府州縣四項官職，著户部按照籌餉定例減二成章程收納實銀，并令均在京銅局報捐。其各省捐局，止許捐丞倅雜職等官。從閻敬銘請也。未幾，御史賈鐸疏請酌量辦理，命交户部議。户部言此事有礙餉需，請展限六個月，再行新例。從之。

初六日丙子　薄晴多陰。作片致碩卿。曉湖來。午後同曉湖、蓮舟閲市，以錢四千買得經韵樓刻《古文尚書撰異》一部，《戴東原集》一部，極便宜。又以三千買得《藝海珠塵全集》一部，内有經學書數種，吴氏所刻中爲最適用者。又爲曉湖代購《精華録訓纂》一部，白紙初印，并附惠氏所訂《漁洋年譜》一册，錢六千文，亦甚難得，曉湖以爲快事。夜疾又動。

初七日丁丑　晴。得碩卿書。肇慶陳孝廉喬寬來訪，得季弟正月二十三日書、慎齋書、寬甫書、從弟壽銘書。季弟書中言熊姪於去年八月殤，已十五歲矣。寒門零替如是，可歎也。寬甫言二月初已由滬泛海赴粤西，并追寄盟牒一通來，寬甫少余四歲。得德甫書。作片致惺齋、致予恬，爲轉送予恬家書也。作書致德甫并票錢十四千。製熊姪中殤大功布衰九月服。

初八日戊寅　晴。上午至肇慶西館答拜陳孝廉。午詣廣和樓聽四喜部，理庵、德甫、詹月艘、敔金甫、王柳橋、朱善山俱來，芷儂、芷秋演《琴挑》，色劇並妙。晚飲福興居，碩卿亦來。夜邀碩卿、理庵及朱善山飲芷儂家，碩卿招芷秋、采菱，理庵招秀蘭、蘭生。三鼓歸。是日計所費一百十餘千。付戲院官座錢十四千，棣華堂酒資三十千，下賞六千。

初九日己卯　晴。曉湖來。是日賦《點絳唇》一闋，書所見云：『小院回廊，擡頭驀被檀郎見。鳳靴驚掩，略把裙花展。　熟意生情，盡在星星眼。槐陰轉，杏衫紅淺，人近東風遠。』

邸鈔：江寧將軍都興阿賜紫禁城騎馬。

初十日庚辰　晴燠。作致恩竹樵運使書。買得通志堂本衛正叔《禮記集説》一部，計六函，共一百六十卷，價銀五兩六錢。此書在南宋人經學中爲傑出之本，先儒古義，賴以不墜。惟多載宋人説，爲欠持擇耳。自元代陋儒陳雲莊《集説》出，村塾中争行之，明人不學，遂以取士，而禮學幾亡，正叔之書，亦日淹晦。國初萬充宗求其書不得，至憤而自爲之，非徐健庵、納蘭容若爲之傳鈔梓行，則世間幾難復見。然近時錢警石著《曝書雜記》，尚言未見是書，警石生于嘉興累世藏書之家，又專嗜研經，而所言如是，足見此書之不易得矣。杭堇浦有《續禮記集説》，尚未刊行，警石言杭人有藏其稿者，蕭山王南陔有《皇朝八十一家三禮禮記集説》，亦藏其家。今亂後，皆不知何如矣。

十一日辛巳　晴熱，下午陰，小雨大風，旋霽。得朱善山片託寄家書。晡後詣德甫談至初更歸。

十二日壬午　薄晴，有風甚凉。詣碩卿小談。是日賦《浣溪紗》兩闋云：『手疊紅箋報玉郎，日長無那理殘妝。懨懨瘦損過時光。　鏡檻花沾螺篆重，繡簾風逗燕泥香。干卿何事費思量。』『斜插犀翹鳳尾釵，衣香暗度玉窗來。生增一桁畫簾垂。　漠漠樹陰鋪小院，愔愔欄曲上蒼苔。斜陽立盡又徘徊。』

十三日癸未　晴有風。上午詣德甫，遂偕劉慈民舍人、譚研孫工部同至三慶園聽四喜部，芷儂、芷秋演《獨占》，情態極妍，尚有舊院承平風韵。晚從德甫飲毓興居，予呼芷秋，德甫呼添財，慈民呼芷儂佐酒。夜從德甫、慈民、研孫飲添財家，予呼芷儂，慈民呼新寶，又有秀蘭、蘭生、三元諸郎，及江西不識姓名者三人同座，行觴枚戰，吴語依人，三年來無此痛飲局也，夜分後歸。付芷秋開發十千。

邸鈔：上諭：左宗棠奏覈減紹興府屬浮收錢糧一摺。浙東各屬錢糧，以紹興征數爲最多，而浮收之弊亦最甚，經左宗棠查明核減，將紹興所屬八縣六場正雜錢糧，無論紳户、民户，統照銀數征解，一切攤捐名目，及陋規等項，概予革除，計除正耗仍照常征解外，共減去錢二十二萬有奇，米三百六十餘石，民困諒可稍蘇。即著照所議辦理，嗣後並著爲定章，永遠遵行，不准再有紳户、民户之别，致滋偏重。其地方官吏，尤當潔己奉公，剔除積習，倘敢陽奉陰違，添設名目，格外需索，及大户不遵定章完納者，即著該督撫核實查參懲辦，以重國賦而恤民瘼。欽此。詔：貴州布政使龔自閎、仁和人。湖北糧儲道吴焯、福建延建邵道夏家泰、興泉永道曾憲德及知府景惠、李祜、沈丙瑩，歸安人。均開缺送部引見。

十四日甲申　晴。曉湖來談竟日，至燭見跋去。薦劉升至碩卿家充長隨。夜卧疾動。

邸鈔：沈葆楨奏提督黄仁遺等攻克新城縣，進圍南豐。以貴州按察使裕麟爲貴州布政使，以貴州糧儲道承麟爲貴州按察使。

十五日乙酉　晴熱，下午陰晦，大風有雨。得予恬片，送太恭人壽屏八幅來，春暘、景蓀、惺齋、子蒓、星五、揚廷、梅卿、曉湖、松亭、勉齋、松堂公送者也，珊士撰，予恬書。買芍藥花兩叢。是日部院諸員考差，四書題：先行其言而後從之。經題：君子以自昭明德。詩題：江南江北青山多。夜疾又動。付摺扇錢六千三百文，泥金錢二千八百文。

邸鈔：詔：户部左侍郎皂保爲敕封朝鮮國王正使，副都統文謙爲副使。

小滿四月中。　十六日丙戌　寅正一刻二分小滿節。上午薄晴，下午陰晦，大風，晚晴。胡仲芬來，尚卧未見。又買芍藥花紫白各一叢，都中此花最多，而價極賤，一錢可得數花，白者稍貴，紫次之，戲題兩絶句云：『春色豐臺别樣誇，馬塍紅藥屬官家。司勛老去風情在，日典朝衫爲買花。』『繫臂紅紗少替人，娟娟風露夜來新。閑窗燭影茶香裏，定子當筵一段春。』眉批：二詩删。

前日芷郎索書扇爲贈，昨買得竹骨柹漆便面一柄，今日丐蓮舟以泥金書之，因賦贈芷儂絶句五首，屬蓮舟并書其上云：『生小江南玉樹花，春明争賭玉鵶叉。摩訶池上年前月，一曲淋鈴記内家。』『子晉吹簫合是仙，芳風璧月想華年。簪花更愛真珠字，多上吴綾研墨箋。』芷儂能作晉唐人小楷。『桃葉桃根總出群，賀家弦索廣場聞。月明風細人聲定，誰問當年白練裙。』芷儂、芷秋演《鵲橋》《驚夢》等齣爲都中崑伶第一。『鳷鵲新開乞巧樓，棗花簾外月如鈎。當筵掩扇生疏意，三載人間許散愁。』『櫻桃花落在天涯，聽到吴儂倍憶家。知否萬年橋畔月，滿船燈影試琵琶。』

買湖縐單衫一領，紗背心三領，湖縐小襖一領，價銀十二兩，賒之。剃頭。作書致潘星齋侍郎，爲芷儂乞畫便面。買殿板《周禮》《左傳注疏》各一部，價銀六兩，賒之。

夜再填《浣溪紗》詞二闋：『畫格屏山六扇齊，妝成凝坐只彈棋。繡檀重罷又添衣。蝴蝶自來還自去，薔薇架上日頻移。一春長是翠眉低。』『暖日紗窗倦繡天，繡床閑伴玉狸眠。鬟欹一面卸花鈿。睡起無人春更寐，沉沉簾影閣爐烟。忽看門鵲墮檐前。』

洗足。

邸鈔：李鴻章奏四月初六日親督各軍攻克常州府城，生擒僞護王陳坤書、僞佐王黄和錦，盡殲逆黨。詔：李鴻章賞給騎都尉世職，道員李鶴章、提督劉銘傳、郭松林、王永勝、劉世奇俱賞穿黄馬褂，餘升賞有差，權授江蘇省總兵戈登賞加提督銜。

十七日丁亥　晴，風。珊士來。得星翁書，言目疾不能作畫。付王福零用錢八十千。作書致珊士乞畫便面。金甫來。作書致德甫，得德甫復。

邸鈔：通政使司通政使王拯降三級調用，工部右侍郎薛焕降五級調用。以互相參劾故也。先是，三月間王拯疏劾侍郎崇綸、恒祺、董恂、薛焕、安徽巡撫喬松年、内閣侍讀學士王維楨皆以僉壬濫列班聯，請量加裁抑。疏入留中至是月初九日，薛焕疏劾王拯吸食鴉片烟。議政王軍機大臣被旨傳詢拯，拯言前以治疾吸此烟，今已屏絶，因自請治罪。朝廷兩斥之，而責拯有干例禁，姑從寬降調，并無庸在軍機章京上行走；又責焕訐私報復開攻擊之漸，亦從左降，而仍令在總理各國事務衙門行走，蓋意在重懲拯并及焕云。以少詹事延煦爲詹事。以大理寺少卿朱夢元爲太常寺卿。

十八日戊子　晴，晡後風又起。早起看插瓶芍藥花，壓粉疊香，艷溢一室，爲量水添注，愛玩久之。詣謝惺齋，贈其夫人銀坤丸一合。碩卿來。得德甫片。得曉湖片，爲松亭招二十日聽戲。得珊士片問畫法，即復。作片致曉湖，約其今晚飲棣華堂。晚從碩卿、德甫飯時豐齋，夜邀二君飲芷儂家，曉湖、松亭亦來，座有芷秋、采菱、添財，飲至四鼓始散。謝惺齋饋燒鷄。付酒資三十千，下賞六千。

邸鈔：馮子材、富明阿奏四月初八日提督詹啓綸等克復丹陽縣城。詔：詹啓綸賞給白玉搬指、火鐮、荷包等件，總兵張文德擢提督，餘升賞有差。次日又詔：馮子材、富明阿俱賞穿黄馬褂，魁玉賞給巴圖魯隆阿巴圖魯名號。

邸鈔：宜振補授工部右侍郎，兼管錢法堂事務。

十九日己丑　晴，有風。得揚廷二月廿三日上海書。景蓀來。夜飯後同景蓀詣惺齋，小談而歸。

二十日庚寅　晴熱。曉起梳頭。得曉湖片，催聽戲。午後詣廣德樓聽四喜部，曉湖、松亭、予恬先後至。終日燠悶，又不得佳劇，甚爲敗興。晤劉慈民、秦怡亭兩君。松亭邀至富興樓晚飯，夜歸，胸中作惡，喫茶三碗，始稍復初。付車錢二千五百。

邸鈔：欽差大臣西安將軍多隆阿以攻盩厔時傷重卒。詔：贈太子太保銜，照將軍陣亡例從優賜恤，賞給一等輕車都尉世職，入祀昭忠祠，賞銀一千兩治喪。都興阿調補西安將軍。富明阿調補江寧將軍。穆國善補授荊州將軍。命西安將軍都興阿督辦甘肅軍務，署固原提督雷正綰幫辦軍務。李朝斌補授江南提督，代李世忠。黄翌升補授江南水師提督，此從曾帥議新設者。陽利見旋復姓歐陽。補授江南淮揚鎮總兵。陳國瑞補授浙江處州鎮總兵。

二十一日辛卯　晴，熱甚。得曉湖片，託寄家信，即復。作片致珊士，爲芷儂催畫扇。晚偕允臣過同司趙心泉，邀飲宴賓齋，予招芷儂、芷秋兩郎，心泉招秀蘭，允臣招梅午，又有同司丁姓者招小福，三更歸。付芷秋開發十千。車錢一千，芷儂車錢一千。

邸鈔：以工部郎中于凌辰爲鴻臚寺少卿。

二十二日壬辰　早大風，終日陰雨作凉。得珊士書并畫扇，即復謝。作片致詹月艛問行期。作書致德甫。得德甫書，招過談。讀劉去華《賢良策》。謝杰生來，不晤。傍晚詣德甫，小談而歸。

邸鈔：曾國藩奏三月二十日鮑超收復金壇縣城。曾國藩奏江南提督李世忠因傷病舉發，遣散部衆，交出城卡，呈請開缺回籍。許之。

二十三日癸巳　終日薄晴多風。曉卧時疾復動。作稟家慈書、致仲弟書、季弟書、鍾慎齋書、楊豫庭太守書，將託詹月艛寄去。傍晚散步里許而回。

邸鈔：雷正綰奏進剿平涼回匪連戰之捷。得旨嘉獎。

二十四日甲午　晴，稍熱。剃頭。午前詣東頭送人往山東，回寓喫飯。午後詣詹月艛交家信，不值。詣德甫小談。詣雨田，謝其書壽屏，不值。詣朱厚齋，賀娶妻，送分資四千，晤珊士、耀亭、誦芬、沈梅史及謝惺齋夫人，看新人而回。付車錢六千。并十八夜算訖。晡後風晦。作片致德甫，致碩卿。

邸鈔：命福建水師提督楊岳斌原名載福。督辦江西皖南軍務，兩地帶兵員弁，及赴援江西各軍，均歸節制。以浙江按察使劉典幫辦軍務。以廣東布政使吴昌壽爲湖北巡撫，代嚴樹森。以廣東按察使李瀚章爲廣東布政使，以廣東鹽運使李福泰爲廣東按察使。南旅連道方濬頤升廣東鹽運使。章鋆轉補左春坊左庶子，丁培鎰補授右春坊右庶子。

二十五日乙未　晴陰相間，晡後雷雨旋止。夏鏡人來。付王福零用錢十千。午詣德甫，偕至慶樂園聽四喜部，演劇皆惡劣。晡後飲福興居，十五千七百。德甫招添財，予招芷儂、芷秋。夜歸。碩卿來，不值。付聽戲錢四千。車錢二千七百文，還芷儂開發三十千，芷秋開發十千。

邸鈔：官文疏劾湖北巡撫嚴樹森把持兵柄，剛愎用事。詔：嚴樹森以道員降補。疏言：嚴樹森自履任以來，招募湘勇馬步水師五十餘營，號衣旗械均用撫標名目，名營官俱發給撫標鈐記，調度文札用巡撫關防，或自主稿而會總督之銜，或徑自札行。迨官文近以髮捻大股竄擾湖北，督兵出省，嚴樹森輒將黄陂、當冲兩營調回省城，並將官文派赴上游之水師總兵李濟清等兩營阻止，不令遠移，復代官文札調曾紹霖砲船八隻隨營上駛。其沈俊德等楚省舊營，亦皆改隸撫標調遣云云。詔責嚴樹森爭權競勢，任意妄爲，現在湖北正當剿辦喫緊之時，官文以欽差大臣進駐漢川，所有各營將士均應歸該督節制，庶號令不至紛岐，若如嚴樹森之種種牽掣率意更張，必致貽誤大局。該撫前在河南時，坐擁重兵，株守汴梁，迭經御史劉毓楠、侍郎毛昶熙參奏。及調任湖北，又經御史陳廷經劾其性情剛愎，人地不宜。朝廷以嚴樹森操守尚好，于吏治亦能講求，未予撤任。乃竟怙惡不悛，挾私妄作，深負委任。著以道員降補，以示薄懲云云。

二十六日丙申　晴。付襯衫上加製棉背心錢十千。以素幅屬友人畫《沅江秋思圖》，自製小序云：『蓋聞楚天爲結恨之鄉，秋水實懷人之物。白雲無盡，蒼波卷空，騷客所鍾，勝流栖寄。况夫蘭芷被澤，風露泣華。香叢叢而益幽，態傲傲以善斂。當其朝霞在嶺，夕月臨江，哀猿一鳴，棹謳間發。故將愁絶，誰曰能堪。僕本恨人，何時不憶。至若丹楓落葉，朱橘迎霜；寒色片帆，客心千里。蹇脩既具，魂夢爲勞。雖楚游之計未諧，而湘靈之思無歇。爰傳尺素，繪此遥襟。庶幾點綴騷容，流連墨雨。春風若采，誰尋白蘋之花。微波可通，永證斑竹之淚。』沈梅史來。得潘芾翁書，即復。

二十七日丁酉　終日陰曀鬱悶，傍晚大風。曉卧時疾復動。點閲凌次仲先生《校禮堂詩》，教授詞旨清新，時時入格，因題發論，多有名言。雖或率爾操觚，要爲經生獨秀，其崇奬漢儒，闡明禮學，一生宗尚，亦時於篇什見之。

邸鈔：以通政司副使胡家玉爲光禄寺卿。左宗棠奏截剿江浙敗賊于徽嚴各境，進解江西玉山之圍。

二十八日戊戌　晴，傍晚又風。曉湖來。理庵來。

二十九日己亥　晴。先本生王父忌日。景蓀來。作書致德甫。是日整飾卧室窗户，添買玻璨二尺，錢七千文。夜小雨。疾大動。

比日意有所牽，頗荒于學，計匝月中，經史之功甚簡，時方授七兒《禮記》，至《郊特牲》《内則》二篇，課讀之餘，偶得三條，附記于此。庶于章句，或有一助云。『大夫而饗君非禮也，大夫强而君殺之義也，由三桓始也。』此當從黄氏、顔氏説，以『大夫强而君殺之義也』九字連讀，殺讀降殺之殺爲是。《郊特牲》一篇，禮外無旁及者，此節皆言失禮之始，何得憑空插君殺大夫一句？無論其魯無殺三桓事也。且三桓之饗君，經傳中亦有可旁證者。《左傳》定公八年，陽貨將享季氏于蒲圃而殺之。三桓之家臣有饗其主者，則知三桓有饗其君者也。哀公十一年，公至自越，孟武伯、叔孫、武叔逆于五梧，公宴于五梧，二子迎君于此地而遂設宴，其必出于二子可知也，是尤三桓饗君之明文也。近高郵王伯申氏駁顔氏説，謂如所説，當作『大夫强而君殺之故也』，不當下義字；而謂此處『由三桓始也』五字，因涉下文而誤衍。予謂《禮記》無『之故也』三字文法，義即故也，此字蓋釋『非禮』二字。言大夫饗君爲非禮者，乃大夫强而君殺之義也。與其臆删經語，何若讀殺爲去聲乎？『婿親御授綏，親之也；親之也者，親之也。』下『親之也』親字，當是敬字之誤，觀下文直接『敬而親之』可知。若如向來諸儒説，則敬字何所承乎？《内則》『遂左還授師子，師辯告諸婦諸母名』，二句諸家屬讀皆誤，當以『授師子』爲句方合文法。『師辯告』句，又與下『宰辯告諸男名』句相應。鄭《注》：師子師也。知鄭本讀『授師子』爲句，如從今讀，則下明言子師，何煩注乎？

五月庚子朔　上午晴，下午多陰，終日熱悶。憊甚多睡。偶閲《全唐文》中李嶠、崔融、融以撰《則天哀册文》，用思過苦，文成而卒。然所作平妥，未見高警。張説、蘇頲諸家文，皆無甚可觀，蓋多浮辭而乏新意也。

芒種五月節。　初二日辛丑　戌正初刻五分芒種節。晴。得結局片，分到四月分印結銀二十六兩五錢。題衛櫟齋《禮記集説》籤凡三十六册。芝翁送節禮及四五兩月修脯來。夜點閲吴梅村詩。

初三日壬寅　薄陰。剃頭。以銀五十三兩交王福開發節帳。午詣德甫小談。答拜沈梅史，不值。出訪景蓀久談，偕詣傅蓮舟。又獨訪芷儂茶話。贈節錢二金。訪秦怡亭，晚歸。讀卷葹閣文。芝翁饋羊肉鯖湯。

初四日癸卯　晴。曉湖來談竟日。理庵饋節物兩種，受醬豚，作復謝之，犒使二千。得碩卿書，饋瀋脯一器，即復。以醬豚饋秦怡亭，并作札致之。作片致景蓀，邀明日小飲。得怡亭復。得景蓀復。讀卷葹閣文。

初五日甲辰　午前晴陰相間，下午雨，晚雷雨。署中遣養廉銀四兩四錢來，即付王福作零用。借德和銀六金。付周宅門者節賞六千，王升二千，賈二千，趙禮二千，更夫三千，康升一千，魁子一千，車夫一千。付禄兒叩節錢二千，劉升一千，孫福一千，傅僕一千。付王福節賞六千，鸘兒節賞三千。景蓀來。曉湖來，同飲午酒，晡後散去。魏仙槎來，言蓮舟考取謄録，明日覆試。晚凉讀書，少得佳趣。是日廣東主考放光禄寺少卿鄭錫瀛、翰林侍講惠林；廣西放編修黄錫彤、吏部主事王祺海；福建放内閣學士殷兆鏞、内閣侍讀許庚身。旋閩撫奏請展試期兩月，七月初四日仍命兆鏞爲正考官，而以宗人府主事阿克丹副之。夜疾又動。

初六日乙巳　晴，風。黎明起，入城至貢院，送蓮舟覆試，予爲蓮舟具識認結也。日加辰歸。午詣德甫，适慈民亦來，遂同詣廣和樓聽四喜部。傍晚慈民邀飲裕興居，予招芷秋，德甫招添財，慈民招芷儂。夜席散後詣蓮舟而歸。

初七日丙午　晴熱。朱善山來言明日赴冀州。得恩竹樵運使書，予頗眄竹樵分潤數金，（此處塗抹）竟達空函，爲之悒悒。傍晚步詣碩卿視疾。便詣秦麟士，不值。得德甫片，即復。

邸鈔：陝甘總督熙麟以病請開缺，許之。以福建水師提督楊岳斌爲陝甘總督，仍督辦皖南江西軍務，命都興阿署理陝甘總督，命前任廣東布政使文格馳馹赴甘肅軍營，交都興阿差遣委用，以浙江温州鎮總兵吴全美爲福建水師提督。

初八日丁未　晴熱，晡後陰晦極悶。作書致德甫，約以明夕同慈民飲春華堂。

衛氏《禮記集説》，卷首載諸儒名氏，以漢鄭氏、唐孔氏爲首。其下論云，鄭氏注雖間有拘泥，而簡嚴該貫，非後學可及。孔氏《正義》，亦記載詳實，未易輕議。又云：朱文公《中庸章句》，以戒謹其所不睹、恐懼其所不聞，與莫見乎隱、莫顯乎微爲兩事。剖析精詣，前所未有。今觀鄭注，已具斯旨。案正叔是書上于理宗朝，當道學極盛之時，而能推崇康成如此，其卓識冠世，可謂千金一壺。彼陳匯澤者，豈足爲其輿皂。乃世人知有陳氏《集説》而不知有衛，可悲也夫！

初九日戊申　晴熱。得德甫片，言今日病不能飲。閲《惲子居集》。德甫來邀聽戲，不往，清談逾晷而去。

傍晚坐槐陰下，閲洪北江《外家紀聞》。北江少依蔣氏，敘述中外之雅，想見一時承平風景，雖極細瑣事，亦有王謝家規。北江與其内姊適程氏者，幼相親愛，頗有玉鏡臺之慕，而姻事不諧。北江别娶舅黨一人，殆非本願，而程氏所儷非偶。北江《附鮚軒詩集》中有《雲谿雜憶詩》，皆言其事。是書北江戍塞外時所作，尚沾沾及之，蓋顧梁汾所謂非才子不能多情，非文人不能善恨者也。惟北江作此時，適程氏者已前卒，其子已與北江長子飴孫同中嘉慶戊午舉人，而北江尚以天壤王郎之語，致誚所天，是近于輕薄者耳。又言其父爲蔣曙齋檢討，所著有《周易遵翼訓》等書。曙齋名衡，以副榜年老賜檢討銜者。

初十日己酉　晴，微陰有風，終日小極。兩得德甫片招夜飯。得碩卿書。爲周允臣點閲樊榭詩集。晡後詣德甫，同慈民、研孫飯，飯畢，偕至春華堂。是夕風月甚佳，復出小游坊曲間，人定後返飲芷秋室，德甫招雲仙，從德甫言以後不得書添財名。慈民招芷儂，研孫招芷香，三更始散。付芷秋酒局三十千，下賞六千，前日開發十千。與研孫同車歸。未飲酒時倦甚，熟卧芷秋室，幾不能起，爲德甫、慈民所搒而醒，此亦近年衰徵也，强作童騃，殊可自笑。近日窘甚，無一錢，今日向蓮舟借得銀十兩，一夕間已耗大半矣，當誡後人毋效我拙。

十一日庚戌　晴。得碩卿書，即復。付王福零用五十千。

十二日辛亥　晴熱，晡後陰，傍晚大風，晦冥有雨雪。

《老子》：『修之於身，其德乃真；修之於家，其德乃餘；修之於鄉，其德乃長；修之於國，其德乃豐；修之於天下，其德乃普。』按國字本當作邦，漢人避諱所改。此處上下文皆用韵，古音東江同部，故邦與豐叶。

連日小極，今日尤疲苶，殆又染濕氣矣。曉湖來談竟日。得碩卿書，言病已漸愈，約爲後日之游。夜疾動。

邸鈔：沈葆楨奏四月十五日至十八日僞侍王攻圍撫州，按察使劉于潯、護總兵普承忠等血戰解圍。詔：布政使銜署甘肅按察使劉于潯著以布政使遇缺提奏，仍交部從優議敘。護南贛鎮總兵普承忠著記名，遇有總兵缺出，請旨簡放。餘升賞有差。陣亡參將胡迪堂等九人均交部從優議恤。

十三日壬子　小雨多陰，晚晴。得德甫書，催爲作致廣東郭中丞書，并問福興居喫陶菜之期。復德甫書。作片致同官趙辛泉，邀十五日飲福興。謝愲齋來。傍晚詣碩卿小談。

邸鈔：詔：權授江蘇省總兵戈登始終奮勇，深明大體，殊堪嘉尚，著賞穿黄馬褂，賞戴花翎，並頒給提督品級章服四襲，以示寵榮。從李鴻章請也。

十四日癸丑　昨夕署吏知會十八日派地壇陪祀，今日託允臣詣署中告病。朱厚齋來。珊士來。

秦霖士來。作書致伯寅託書團扇。作片致潘芾翁，邀明晚飲福興居。連日疾動。

邸鈔：恩麟奏前任陝西提督經文岱病卒于蘭州防次。詔：照提督軍營病故例議恤。　熙麟奏誅從賊之平凉游擊解玉龍于涇州。

十五日甲寅　晴，風。秦宜亭來。景蓀來。作片致德甫，并致郭撫信稿。得楊豫庭太守一月十一日書。傍晚邀潘芾翁、趙心泉、沈曉湖、周允臣、傅蓮舟飲福興居，予呼芷儂、芷秋，心泉呼秀蘭，允臣呼梅五，更餘始散。酒錢四十六千，外三千。歸寓微醉，即卧。是日剃頭。吴松堂招飲龍源樓，辭之。

十六日乙卯　晴熱。作片致德甫索飲。德甫來。得碩卿書，即復。得心泉書，即復。吴松堂來催飲，以病謝之。伯寅送團扇來。是日聞新蟬，得五古一章：『緑陰静當户，睡覺聞新蟬。初似繅斷絲，漸若調生弦。清風爲之引，紓徐成孤妍。微物孰爲感，時至情乃宣。吾生何鬱鬱，勞歌空悁悁。語默不自主，愧此物理全。羈耳倏已滿，煩襟殊相煎。景光豈能駐，遣病爲我年。行將假羽翼，歸去冀息肩。潔清本素盟，山居多幽便。及爾選嘉樹，朝夕同芳鮮。松窗足高卧，吟詩飲清泉。時或扶老母，倚杖柴門前。即事有佳聽，會當券斯篇。』是日賒得鐵綫紗一匹，製開衩袍；金銀羅一匹，製便袍。

十七日丙辰　晴，風。閲《厲樊榭集》。得碩卿書。作數字致德甫。夜疾又動。

是日湖南主考放禮部左侍郎龐鍾璐、編修祁世長。四川主考放光禄寺卿胡家玉、御史張晉祺。

邸鈔：許彭壽署禮部左侍郎，宜振署吏部左侍郎。

夏至五月中。　十八日丁巳　薄晴微雨，未初初刻六分夏至節。午詣德甫，同至廣德樓聽戲，晚飲同興居。夜飲東福雲堂，予呼芷儂。碩卿來，不值。夜二更後歸。

邸鈔：詔：諸臣章奏及考試文字，於御名下一字，仍遵初旨，祇避本字，凡字之偏旁從享者，不得一概改作亯字。從御史陳廷經請也。眉批：陳君原疏言：炎凉之炎，謹慎之慎，遭遇之遇，皆係偏旁，向來不避。御名左从水，右从《説文》之𦎫，與西部之醇、金部之錞，偏旁皆同。若城郭之郭，从𦎫；燕享之享，从亯，字畫聲音迥不相同，更非偏旁可比。近來無論从𦎫、从章、从亯之字一概改作亯字，與往例不符，徒使字體溷淆，轉不足以昭誠敬，請明定章程頒示天下云云。案御名，《説文》云『淳也，从水𦎫聲』，淳即漉之或字，漉者溢也，《禮記·周官》鄭注皆曰沃也，此皆字之本義，孫愐以爲常倫切者，乃假借爲純、醇二字之音，其義謂不澆也。陸德明《經典釋文》作之純反者，是此字本訓之音。𦎫者，孰也，从亯羊，讀若純。今世用純熟之純，當作此字。（以上皆本段玉裁説。）古以羊爲味之最美，故合亯羊二字爲純熟字，物以熟爲美也。今上御極之初，下詔御名下一字寫作湻，不必更避，此爲最善。以右本从𦎫，今作亯而云羊，則正得缺筆之義。陳君此疏頗有關于字學，而于从亯、从𦎫之義，尚未分別，故考正書體，爲他日言故事者得有所稽焉，慈銘謹識。以内閣侍讀學士劉有銘爲太常寺少卿。

十九日戊午　晴熱，傍晚陰，小雨有雷。芝翁邀喫肉。付衣鋪銀十一兩三錢五分。連平顔平洲太守（此處塗抹）邀同德甫至慶和園聽戲。午後偕德甫往復詣廣和樓聽戲。夜從佩臣飲同興居，予呼芷秋。黄昏後歸，付自初六日以後五次車直二十千文。得楊理庵書，屬書團扇。得景蓀書，借《急就章補注》《道古堂集》《樊榭文集》等書。付王福零用錢二十千。

二十日己未　晴陰相間。剃頭。作片致碩卿，邀晚飲芷儂家。碩卿來。得德甫書，惠宜興壺一，即復謝。德甫來。下午偕德甫小遊廠市。晡後偕詣連升店，同徐六晚飯。飯畢步至棣華堂，同德甫、碩卿并邀顔佩臣、平洲、徐六飲酒，芷儂爲主人，芷秋爲酒糾，座有秀蘭、采苓、雲生、芷馨、芷珊諸郎。三更始散，付芷儂酒局三十千，下賞六千。與碩卿同車歸。芝翁饋鷄屑湯。

邸鈔：以太常寺卿朱夢元爲通政使。

二十一日庚申　上午陰，午後晴熱，傍晚大風有雨。曉卧又疾發。曉湖來談竟日去。

邸鈔：詔：本月二十二日大高殿祈雨，時應宫等分遣諸王。

二十二日辛酉　早晴，午大風雨雷雹旋霽，晡後凉可袷衣。作片致景蓀并所借書。得景蓀復。終日腦漏，憊甚。夜洗足。

二十三日壬戌　薄晴，下午微雨即止。早起答拜客三處即歸。温州殷壽圖郎中來，以秦鏡珊書見交。作片致碩卿，邀夜飲春華堂。作書致德甫。梳頭。傍晚詣德甫，夜飯後即偕至芷秋家，碩卿及秦宜亭亦來，更初設飲，予呼芷儂，碩卿呼芷馨，德甫呼芷香，宜亭呼芷衫，皆春華子弟也。夜分始散。

二十四日癸亥　上午陰有風，午雨，晡後晴。閲王伯厚《漢書藝文志考證》，此書采取極慎，故不免疏漏，暇當更補益之。

二十五日甲子　晴。得王月坡台州書。與芝翁久談，頗憊。沈梅史招飲曲中，辭之。敖金甫招明日聽四喜部。

二十六日乙丑　晴。越樵來。剃頭。午詣慶樂園，赴金甫之招，同坐有蜀人三，粤人一，江右人一，皆不識姓名者。晚飲福興居，予招芷儂，又有添財、蒨雲輩三四人，酒闌芷秋來，復留之飲，更初歸。付車錢七千。

二十七日丙寅　晴熱。作片致德甫，爲理庵書册葉。得德甫書，約夜間往談。閲《新五代史》列傳。夜飯後步詣德甫，駃談至三更，德甫以車送我歸。連夕疾大動，憊不可狀。

二十八日丁卯　早晴，終日陰悶。作片致碩卿，致理庵。得德甫片。曉湖來。閲婁氏《班馬字類》，班書最可考見古字之通假，此書分韵排沓，尤便省覽，初學欲識字者不可不讀也。瓶中新插紅荷花三枝，口占一絶云：『江湖鄉夢落誰家，簾幕通明日影斜。柏子罷熏茶未熟，且欹高枕看荷花。』以銀十兩買點卯表一枚。夜雨。

邸鈔：沈葆楨奏劾記名提督黃仁遺徇庇滋事勇丁，謾罵統帥江忠朝，屢次違犯將令。詔：黃仁遺從寬革職，仍勒令在江忠朝軍營效力，以觀後效，如敢仍前驕蹇，即著沈葆楨按照軍法從事。以江忠朝爲雲南臨元鎮總兵。代何自清，自清即殺鄧巡撫爾恒者，滇中盗渠也。

二十九日戊辰　小雨至晡，傍晚晴。是日凉可裌衣。作致德甫書，并還姚惜抱、洪北江諸種書。讀《史記·封禪書》。子長此書，意甚輕薄，而多所忌諱，故文氣凌雜，前後支牾，于《史記》中最爲衰作。德甫謂此篇寫武帝直成一下等愚人，令人失笑。

邸鈔：熙麟、雷正綰奏官軍克復平凉府城，擒斬巨逆鐵酉羽輕材。得旨：剿辦極爲得手。雷正綰自督軍入陝，掃蕩靈臺、崇信、黨原、北原及白水等城鎮，卓著戰功。此次復督隊攻克平凉，剿除巨逆，實堪嘉尚，著加恩賞穿黃馬褂，並白玉四喜搬指、翎管、大小荷包等件。陶茂林會同雷正綰分路進攻平凉，躬冒矢石，立拔堅城，著加恩賞穿黃馬褂。總兵魏添應、劉正高、張在德著記名以提督簡放。餘升賞有差。　以太僕寺少卿倪杰爲通政司副使，以翰林院侍讀學士鮑源深爲大理寺少卿。

三十日己巳　晴陰相間。得碩卿片，招晚飲福興。得德甫書招聽戲。午詣德甫，偕至廣德樓聽四喜部，晤芷秋、芷儂。傍晚赴碩卿之約，與德甫、宜亭及蔣姓兩人同席，宜亭招芷秋，予招芷儂，德甫招添財，碩卿招芷馨，飲至二更，大醉而歸。

六月庚午朔　早陰，上午雨，下午陰。得德甫書，言劉慈民出城待予往談，即復。再得德甫書。午後坐車詣德甫、慈民，即同至雲仙家，邀碩卿會飲，慈民招芷儂，予招芷秋。晚飯于同興居，人定初歸。沈梅史來，不晤。珊士來，不值。

初二日辛未　薄晴多陰。景蓀來。得揚廷四月初七日吴門書。得德甫書。徐縣令德廣招飲裕興居，辭之。理庵來。得結局片，分到五月分印結銀三十兩，隨封銀七錢二分，付五月以前零用雜費錢二百九千八百文。夜卧疾動。理庵請明日飲保安堂。

初三日壬申　晴熱。午出門訪駱越樵、方子望、沈梅史、趙心泉、殷壽圖，俱晤。詣景蓀久談。傍晚歸。心泉招飲宴賓齋，辭之。得芷儂書，請明日聽戲。晚詣德甫，夜飯暢談，至更餘赴理庵保安堂之招，同飲者芷秋、添寶、采苓、蘭蓀、秀蘭諸郎，及鄞人童某等四五輩。予招芷儂。四更後歸。

邸鈔：張凱嵩奏五月二十一日布政使劉坤一等攻克貴縣平天寨賊巢，生擒逆首黄鼎鳳及其母駱氏，僞平章周竹歧、汪擒蛟等，潯州境内一律肅清。詔：廣西巡撫張凱嵩賞給頭品頂戴；廣西布政使劉坤一賞給碩勇巴圖魯名號，並交部從優議敘。

小暑六月節。　初四日癸酉　晴，熱甚。子望來。作片致碩卿，約其夜飲棣華堂。午邀德甫及譚研孫詣慶和園聽四喜部，芷秋演《驚夢》。傍晚飲同興居。十四千。夜同二君及碩卿、宜亭飲芷儂家，碩卿招芷馨，宜亭招芷秋，德甫招添財。二更後歸。殷壽圖來，不值。是日卯正二刻十四分小暑節。付芷儂酒局三十千，下賞六千。戲座錢五千，同興下賞二千。

初五日甲戌　早晴，午後陰，晡後大雨，頓凉。同鄉王賡廷訓導來，揚庭之兄也。讀《史記》。夜疾連動。

邸鈔：詔：爲山陰附生朱之琳、候選道田祥建立專祠，包村、古塘村殉難紳民婦女一併附祀。從給事中高延祐請也。咸豐十一年秋，賊陷紹興府，朱之琳與諸暨縣古塘村團長陳朝雲糾衆五千，約田祥等合力剿賊。同治元年，賊攻陷包村，田祥戰死，之琳退據成公嶺，扼賊竄寧波之路，未幾兵敗，死于畫堂村。詔稱其忠烈過人，深堪憫惻云云。

是日湖北主考放侍講梁肇煌、編修王珊。

初六日乙亥　晴。曉湖來。得理盦片即復。得德甫書。梳頭。晡後詣德甫小談，即邀同慈民、研孫及温州殷君飲同興居，德甫招添財，殷君招芷香，慈民招芷儂，予招芷秋。惟添財不至。酒散後更邀廣東顔平洲、江西徐念畬，同德甫、慈民、研孫飲芷秋家，德甫招添財，慈民招芷儂，平洲招芷秀，念畬招秀蘭。芷儂不至，慈民更招小福。予與芷秋倚燈按曲，頗於此中得少佳趣。三鼓後歸。付芷秋酒局三十千，下賞六千，同興下賞二千，芷秋車錢一千。

初七日丙子　薄晴多陰。作片致曉湖，得曉湖復。碩卿來。作片致研孫，託代覓小寓，又致景蓀，託代購洋參。夜疾又動。

初八日丁丑　晴，下午有風。得景蓀復。爲芷儂購描金淳化宣紙八言楹帖一副，價十一千六百文；爲芷秋購牙柄蕉扇一事，價十八千文，皆兩郎所索者也。芷儂更求紈扇，不能應之矣。贈曉湖紈扇一柄，夜爲書近詩并口占一律，謄之云：『牢落村居少往還，天涯相見各潸然。懷中涕淚三年刺，亂後桑麻一頃田。有弟持家能作苦，爲親捧檄等堪憐。何時得就歸耕約，壽勝山光共結廛。曉湖居壽勝山，步去柯山僅里許。

初九日戊寅　薄晴。以扇送曉湖。作片致德甫約夜談。閲程易疇先生《通藝録》。得德甫復，招飲時豐齋。潘辛芝邀飲福興居，黄昏赴之，同席者童竹珊工部、楊理庵諸君五六人，及采菱、小福、秀蘭、蘭孫諸郎，予招芷秋。坐有鎮海李主事者，以所狎歌郎添寶於昨日逃去，痛哭不止。爲之失笑。更餘歸。

初十日己卯　上午薄晴，下午烈景可畏。詣德甫，談至晚歸。

借得安吴包慎伯《藝舟雙楫》一册，皆論文論書語也。論文首以《文譜》，凡三千數百言，通論經子法脉及古今得失。論書首以《述書》三篇，次《論書》十二絶句，次《歷下筆譚》，皆論古人優劣及金石碑版。次《國朝書品》，分神品、妙品、能品、逸品、佳品五等，而神品僅一人，爲鄧石如隸及真書。妙品上亦祇一人，爲鄧石如分篆及草書。以下至佳品共百七人，而錢唐梁山舟不與焉。慎伯留心古文，此書往往過爲高論，其所軒輊，多未允當，《書品》亦祇可備一説，不得爲定評也。

邸鈔：李鴻章奏五月二十四日提督楊鼎勛、李朝斌等攻克長興縣城。被詔優奬。

初伏　十一日庚辰　炎曦頓盛，終日贏汗。趙心泉來。景蓀來。作片致德甫。讀《史記》。晚飯後詣碩卿談，更初歸。得金少白書，送到參一斤。夜换凉席。

十二日辛巳　晴，酷熱。得德甫片來取參。陳寶珊招今晚飲福隆堂，作片辭之。曉湖來談竟晷去。得德甫書送參直來。珊士來。

十三日壬午　晴，酷熱。早起出門詣王賡廷、馬春暘、趙心泉、平景蓀、顔平洲、徐研畬，俱晤。詣金少伯還參直，上午歸。平洲來。

包慎伯論國朝九賢文，謂侯朝宗隨人俯仰，致近俳優。汪鈍翁簡默瞻顧，僅能自守。魏叔子頗有才力，而學無原本，尤傷拉雜。方望溪視三子爲勝，而氣力寒怯。儲畫山典實可尚，而度涉市井。劉才甫極力修飾，略無菁華。姚姬傳風度秀整，邊幅急促。張皋文規形模勢，惟説經之文爲善。惲子居力能自振，而破碎已甚，碑志小文，乃有完璧。其所揚抑，頗有鑒裁。且九人中不數梅崖，尤見區品。然才甫陋劣，不減于朱，雖存鄉曲之私，難違公論之實。朝宗、畫山，亦難充數。以僕論之，當去侯、儲、劉三人，而補以姜西溟、毛西河、胡石笥、龔定盦爲十賢。所舉適皆浙産，毛、胡二氏，又以博學駢體，掩其古文，恐來反唇之譏，無當折衷之指。古人已往，後世難誣，高下在心，竊所未喻。予嘗謂國朝人有極無學識而妄得虚名者三人，沈歸愚、劉才甫、朱梅崖也。三人于文字直一無所知，而名振當時，諸巨公皆爲所惑，及今且百餘年，氣焰猶未甚熄，可怪也！

傍晚詣德甫夜飯，飯後研孫亦來談至二更餘，同踏月歸。寢不能寐，天明始交睫。

邸鈔：以鴻臚寺少卿于凌辰爲内閣侍讀學士。

十四日癸未　晴，酷熱。閲《聖武記》，作書致秦宜亭，催畫扇。午睡甚久，起殊不適。得宜亭復書。夜有客來，久談不去，甚可厭。人生此事是第一苦，向來黄家司閽例斷賓客，余館此間乃出入無制，足見得郭林宗爲門下固非易事，而慣作青油幕面禁不使前者亦未可厚非也。客去後，洗足而睡。

十五日甲申　晴，酷熱。曉卧中疾發，得珊士書，惠我豐潤扇一柄，即作片復謝。有云：『入手珍秘，不敢自私，當持所歡，稱斯纖畫，庶近依人面，長藉高風，知子之來，永弗捐棄。』作書上相國爲芷儂催書楹聯，以芷儂求此愈瘧，其意甚專也，乃相國昨已書訖矣，爲之戲占一絶云：『殿帥何年得斷屠，涪翁休笑解邪符。從今幸舍添佳事，日搨平章惟墨書。』晡後雲合旋散，今日酷暑，爲今年第一，乃竟不得雨。剃頭。讀《史記》。作片致沈梅史還詩集。夜熱甚，汗徹曉不乾，疾復動。

邸鈔：湖南巡撫惲世臨奏前任通政使嚴正基在漵浦原籍病故，請采其歷官政績，宣付史館，編入循吏傳。詔：吏部議奏。正基字□□，陝西按察使如煜子，由副榜官河南知縣，至廣西布政使，入爲通政副使，歷今官。

十六日乙酉　陰悶酷熱。得德甫書，并所撰《沅江秋思圖後序》，情辭極清綺，即復。沈梅史來，不晤。晡後大雨，夜又雨，積水平階，自此農田沾足矣。閲《聖武記》，默深自是策士，其文亦隽悍可喜，然其末卷《武事餘論》所述戰守之法，多拘泥陳言；《軍儲篇》欲以玉貝濟銀錢之乏，尤不可行。夜料算月内出入帳，計虧七十五金，寒士不善治生，其困至此，不得健婦持家門，更三四年必餓死矣。

邸鈔：詔：于本月十八日遴選光明殿道家在大高殿開壇祈雨，遴選僧衆在覺生寺諷經。

十七日丙戌　晨陰，上午雨，下午霽，是日微凉。王君嘉猷來。嘉猷新捐廣東通判，改名啓昆，此人與予有末姻，入都來僅往還兩次，今日遽求作書函道地，吾鄉人之要索非分，大率如是。蜀人陳守和來，不晤。閲《卷葹閣集》。稚存長于駢儷，而拙于散文。集首《意言》二十篇，意淺語庸，最爲拙作，而以冠卷端，自累其書，深可惜也。芝翁託改竄《文宗實録後跋》，楊侍讀泗孫所擬者。（此處塗抹）作書致德甫，多敘次秋怨之辭，以囊金已盡，不能再涉沅江也。

十八日丁亥　晴，下午陰。得景蓀書，還《孫淵如集》《朱梅崖集》，并以新購陳工部運震《景士堂集》見借。復景蓀書。胡仲芬片來求爲同鄉胡元鏞出經承報部小結，即付之。得曉湖書，借近年日記，將續鈔拙詩也。同鄉中酷耆予文章者，無如曉湖矣，自愧近來學無寸進，尤懶作文字，甚無以對良友。復曉湖書。得碩卿書。

讀《漢書》。《漢書》向號難讀，故馬融伏閤從班昭受之。今世所行者祇小顔注，而疏漏疊出，且亦刊落不全。予讀《孔光傳》有云：『領宿衛供養，行内署門户，省服御食物。』顔注以『行内』爲句，謂行在所之内中，猶言禁中，其義甚牽强支離。予以意讀作『行内署門户』爲句，謂行者巡行也；内署，尚方宫府也。《朱博傳》，博謂尚方禁曰：『馮翊欲灑卿耻，抆試用禁。』予謂用禁之禁，當作卿，博對禁言，不應上句稱卿，下句呼名也。又初博以御史爲丞相，封陽鄉侯，玄以少府爲御史大夫，並拜于前殿。予謂上已有博代光爲丞相、封陽鄉侯食邑二千户之文，此處記與張玄並拜聞鐘音事，不得復出『封陽鄉侯』四字，此必是後人妄加者。《翟方進傳》：『母憐其幼，隨之長安，織屨以給方進讀，經博士受《春秋》。』

其文幾不可句讀。予謂『經』字當是『從』字之誤，此處當讀『織屨以給方進讀』爲一句，『從博士受《春秋》』爲一句，經字蓋涉上文『至京師受經』，下文『經學明習』而誤者也。又綏和二年春，熒惑守心。李尋謂方進曰：『萬歲之期，近慎朝暮。』顔注：『萬歲之期謂死也。』予謂下文有『郎賁麗善爲星言大臣宜當之』語，則萬歲之期當指宫車晏駕事，故賁麗言可移于大臣，上即召見方進也。又王莽依《周書》作《大誥》，有云：『予惟往求朕所濟度，奔走以傳，近奉承高皇帝所受命。』顔注以『奔走』爲句，謂我當求所以濟度之故，奔走盡力，不憚勤勞。予謂如此則文義不通，且亦不成句，當讀『予惟往求朕所濟度』爲一句，『奔走以傳』爲一句；『予惟往求朕所濟度』，即《周書》之『予惟往求朕攸濟也』；『奔走以傳』，謂奔走以傳相之也，即《周書》之『敷賁』也。後日閲王西莊《十七史商榷》及王石渠《讀書雜志》，則《孔光傳》一條、《翟方進傳》萬歲一條已見西莊説，《朱博傳》拔試用禁一條、《王莽傳》濟度一條已見石渠説，皆與予同。

十九日戊子　終日密雨，夜分始歇，蕭然似秋時矣。得德甫書還《張皋文集》，借杜牧之、孫可之集，即復。讀《漢書》。傍晚詣德甫並晤葆珊、徐研畬，小坐而歸。夜聽雨聲，凄苦不寐，成七律四首。

雨夜有憶四首

畫簾疏雨隔微塵，獨夜房櫳易愴神。淡墨羅巾燈畔字，小風鈴佩夢中人。難銷碧玉當年恨，留得文簫舊日貧。除却小專山下路，天涯何處更尋春。

潭水閑門倒影斜，金鋪深掩玉窗紗。驕驄日夕偏知路，乳燕春深未定家。銀燭慣侵三五月，銅壺低隔一分花。江湖側帽填詞客，長與年年減鬢華。

小别東風不自由，香車油壁幾勾留。難忘玉手搴簾笑，誰遣蛾眉滿鏡愁。鶯語晝屏人倚瑟，蛛絲小幔月當樓。銀河有信誰相待，瀉作瀟瀟暮雨秋。

咫尺青鸞便斷聞，漫書花葉寄朝雲。燈前秋扇留殘滴，雨後春衫發故熏。楊柳長爲牽恨物，蘼蕪新著懺愁文。多應終古沅湘水，翠被蘭舟怨鄂君。

大暑六月中。　二十日己丑　子正初刻九分大暑節。晴，酷熱如前。讀《漢書》。得趙心泉書。得秦宜亭書，送所畫《柯山紅樹》團扇來，即復謝。傍晚詣德甫，夜飯談至二更歸，並晤研孫。夜疾仍動。

中伏　二十一日庚寅　晴。作片致珊士，致碩卿，致王與軒。讀《漢書》。胡仲芬來。馬虞暘中書來，春暘之弟也。得珊士復，碩卿復。與軒處借到本月印結銀十二兩。夜小雨即止。

二十二日辛卯　晴。作書致德甫，約明晚飲福興居，爲太翁暖壽。得德甫復，固辭。王嘉猷來辭行，不見。讀《漢書》。殷壽圖請廣德樓聽四喜部。晚飲東升樓，下午詣戲園，同坐不識姓名者六七人，天熱氣蒸，甚不可耐。晤芷秋，付以前開發五十六千。日崦嵫，力辭晚飲而歸。是日剃頭。付王九車錢十五千，王福零用二十千。

邸鈔：楊岳斌、彭玉麟、曾國荃八百里馳奏六月十六日官軍克復金陵外城。

二十三日壬辰　晴，酷熱，夜大雨，徹曉有聲。芝翁詣陵工所。景蓀來。得德甫片。晨詣德甫即歸。兩日來熱暑不能堪，始買西瓜及冰，予自辛酉病後，以醫者江春帆言，遂絶冷食，昨今稍盡瓜汁一小器，頓覺懍懍有霜氣。作稟太夫人書，致兩弟書。予前日從德甫處讀子恂越中書，言及鄙人有云『諸弟文弱，藹藹可親。高堂康健，頗念游子』，不覺頓觸歸心，苦于行貲未集，又爲秋試所牽，臨潁低徊，不能自已。下午至東頭訪芷儂，不值。以芝翁所書楹帖付其青衣，遂詣德甫與硯孫、葆珊、顔平洲、徐老六、熊蓉堂、翟主事，同飲暖壽酒，至夜初更後歸。甚雨及之，殊踉蹌失步。

二十四日癸巳　晴，酷熱。作致楊豫庭書。午詣邑館送王嘉猷之行，以家書并洋參一斤託附寄家中。詣德甫拜壽，送分貲二金。晤珊士、劉慈民、研孫及顔、徐、熊、翟諸人。夜稱觴極懽，二更歸。雨又作。謝惺齋來，不值。

二十五日甲午　陰凉，小雨，晡後漸密。曉疾又動。曉湖來。夜雨聲蕭槭，墨然有懷，理詠不成，輾轉遂寐。

邸鈔：左宗棠奏官軍進規湖郡，六月初四日克復孝豐縣城，生擒僞感王陳宗。祁寯藻奏請因病展假，並請派員署缺。詔：祁寯藻再賞假一月，以單懋謙暫署禮部尚書。

二十六日乙未　晴熱。作片致詹月艭詢其行期，并取回四月廿四日所託寄家書。德甫來謝壽。讀《漢書》。族姪寶華來，從伯芋町先生之孫也，讀書不成，貧甚入都，在户部陝西司充帖寫，以余爲本司長官，屢求爲之道地，前日已與同曹趙心泉言之矣，今日病不欲見人，辭之去。碩卿來。德甫饋饅頭蒸餃，即復謝。夜改作家書。

二十七日丙申　晴熱。金少白來，以卧未起，不見。寶華又來，僕輩又以予未起辭去。曉卧中疾又動。讀《史記》。德甫片來招過談。再封四月間家書，仍託月艭帶去，晡後至郢中館面致之，小坐而出。便過德甫，德甫已偕研孫入城定小寓矣，即歸。付車錢一千，付王福零用十千。作片致德甫，得復。

二十八日丁酉　晴，酷熱。鄉人陳慶蕃來。得陳蓮峰六月朔日鄞郡書。

閱陳運鎮《景士堂文集》。運鎮字其山，孝感人，嘉慶己巳進士。官工部主事，與濰縣劉次白中丞鴻翱齊名。其文拙陋不足觀，論古間有當處。其《肇昌府知府潘時選墓志》，可備吾邑志乘之遺。潘字青巖，會稽人，由進士起家，有能吏名，以甘肅虧帑案謫戍者。少白山人諮，其孫也。其《山文集》，即少白序之。劉次白著有《緑野堂文集》。

作書致德甫，約明日夜話。作片致碩卿，爲鄉人託書楹聯。讀《史記》。夜雷電小雨。陳守和新分陝西司，柬請初六日會飲謝公祠，辭之。

二十九日戊戌　晴，炎熱少霽。碩卿送楹聯來。剃頭。讀《漢書·儒林傳》，加朱校勘一過，略有是正。徐念畬來。晚飯後詣德甫，談至二更而歸。夜半後小雨。是日金陵克復捷書至。

孟學齋日記甲集下

同治三年七月初一日至十一月三十日(1864年8月2日—1864年12月28日)

同治三年甲子秋七月己亥朔　晴。

《漢書·儒林傳序》載公孫弘等奏，有云：『臣謹案，詔書律令下者，明天人分際，通古今之誼，文章爾雅，訓辭深厚，恩施甚美。小吏淺聞，弗能究宣，亡以明布諭下，以治禮掌故，以文學禮義爲官，遷留滯。請選擇其秩比二百石以上，及吏百石通一藝以上，補左右内史、大行卒史；比百石以下，補郡太守卒史。皆各二人，邊郡一人。先用誦多者，不足，擇掌故以補中二千石屬，文學掌故補郡屬，備員，請著功令。』此段文義，晦窒難詳。『以治禮掌故，以文學禮義爲官，遷留滯』十五字尤不可解。顔注云：『言治禮掌故之官，本以有文學習禮義而爲之，又所以遷擢留滯之人。』亦迂曲不明。今以意揣之，『以治禮掌故』，『以』字上當脱一『臣』字。『文學』二字，當在『掌故』之下。蓋本作『臣以治禮掌故文學，以禮義爲官句，遷留滯句』。治禮、掌故、文學三官者，諸卿掾屬之名。《平當傳》：『當少爲大行治禮丞，功次補大鴻臚文學。』大行、鴻臚本一官，《百官公卿表》：『景帝更秦典客爲大行令，武帝更名大鴻臚。』又云：『典客屬官有行人，武帝更名大行令。』是知平當始爲大行令丞屬，後轉爲卿屬也。《兒寬傳》：『以射策爲掌故，功次補廷尉文學卒史。』《鼂錯傳》：『以文學爲太常掌故。』蓋諸椽以掌故爲大，文學次之，治禮又次之。而外郡亦有文學。《續漢書志》注引《漢官》曰：『太守官屬有百石卒史二百五十人，文學守助掾六十人。』《漢書》列傳多有言補郡文學者。《鼂錯傳》應劭注：『掌故六百石吏，主故事。』《兒寬傳》蘇林注：『卒史秩六百石，舊郡亦有也。』臣瓚注：『漢注卒史百石。』師古曰：『瓚説是也。』予疑掌故之秩，亦不應至六百石。『六』字或亦有誤。至治禮之秩，史注俱無明文，而此下云『請選擇其秩比二百石以上』，又云『比百石以下』，所云『其秩』者，即指治禮等之秩也。［校此知治禮秩二百石以上至百石以下不等，蓋二百石以上者，太常、鴻臚等掾屬也。百石以下者，平當所爲大行令之屬也。］

尋公孫弘此奏之意，以爲詔書律令之頒下郡國者，往往具天人古今之誼，其文爾雅，其辭深厚，而郡國小吏，淺聞不學，弗能究宣詔旨，以明布曉諭於下。因思諸卿屬之治禮、掌故、文學，以禮義爲其官職。但其遷徙甚留滯，不若選擇其中，以補左右内史、大行及郡太守之卒史，先用記誦多者，若不足，則更擇掌故以補中二千石屬。又用掌故及文學以補郡屬，中二千石，即指左右内史、大行三官也。左右内史後爲左馮翊、右扶風，時尚未更名，以其治三輔地，與郡太守同。恐小吏不究詔意，故用治禮、掌故等以補卒吏。大行即大鴻臚，以漢制鴻臚主郡國邸，又掌外夷賓客，故亦更用卒史，俾得宣諭德意也。文學、掌故，自是兩官。上有云請太常博士弟子能通一藝者補文學、掌故缺，亦謂補文學及掌故，古人連文言之也。云備員者，當如錢氏大昕説，蒙上不足之文，謂或有不足，當以文學掌故充之，毋使缺額。顔注謂示以升擢之，非藉其實用者，非也。《平當傳》言『少爲大行治禮丞，功次補大鴻臚文學』者，因其時大行已改爲大鴻臚，而更名大鴻臚之屬官行人爲大行，仍屬鴻臚。當初爲行人之治禮，乃卿屬之曹掾，後以功次轉爲鴻臚之文學，則列卿之曹掾也。予嘗謂平津此議，關係學術，乃漢世一大制度。而文義茫昧，莫能考正。因參核傳志，爲疏通證明之。惜尚無左證，終不敢自信耳。眉批：大行治禮丞、■■■大行丞治禮，■■■■■。《百官公卿表》行人署有令丞，■治禮，則■■有丞之稱也。《蕭望之傳》亦作大行治禮丞，誤並與此同。《東觀記》云大鴻臚屬官有大行丞一人，大行丞有治禮員四十七人，主齋祠儐贊九賓之禮。司馬彪《續漢志》，大鴻臚下大行令一人六百石，丞一人，治禮郎四十七人。是則治禮者，蓋今鴻臚寺鳴贊序班之職，不得以丞稱。或蕭、平兩傳中『丞』字皆衍。

得沈寬夫三月十五日廣西書。付王福買日記簿錢二千文。

邸鈔：官文、曾國藩六百里加緊紅旗奏六月十六夜，曾國荃、李臣典、蕭孚泗等克復江寧省城。逆首僞天王洪秀泉先于五月間服毒死；僞幼主洪福瑱城破後舉火自焚；生擒僞忠王李秀成、僞王次兄洪仁達，僞烈王李萬材，殺賊共十餘萬人；僞王、僞主將、天將及大小酋目約三千餘人，無一脱者。詔：欽差大臣協辦大學士兩江總督曾國藩賞加太子太保銜，錫封一等侯爵，世襲罔替，並賞戴雙眼花翎；浙江巡撫曾國荃賞加太子少保銜，錫封一等伯爵，並賞戴雙眼花翎；眉批：曾國藩號一等毅勇侯，曾國荃號一等威毅伯。記名提督李臣典錫封一等子爵，並賞穿黃馬褂，賞戴雙眼花翎；蕭孚泗錫封一等男爵，賞戴雙眼花翎；總兵朱洪章、武明良、熊登武、伍淮壽以提督總兵記名，遇缺儘先題奏，並賞給騎都尉世職，賞穿黃馬褂；記名按察使劉連捷以布政使記名，遇缺簡放，並賞加頭品頂帶，賞給騎都尉世職；提督張詩日賞給一等輕車都尉世職；記名道趙毓橋以布政使記名遇缺簡放，並賞給一等輕車都尉世職；提督朱南桂、蕭慶衍、李祥和、蕭開印、羅逢元均賞穿黃馬褂，賞給雲騎尉世職；江南提督黃翼陞賞給一等輕車都尉世職；餘擢提督、總兵、副將者數十人。陣亡花翎副將陳萬勝、記名總兵郭鵬程、王紹羲均照提督例從優賜恤，並賞給三等輕車都尉世職；副將熊祖泗、劉永成、熊祖錫俱照總兵例賜恤；餘議恤有差。李秀成、洪仁達即派員解送京師，訊明後盡法處治；並將洪秀泉剉屍梟示，仍傳首被害地方以洩衆憤。數日復詔李、洪二犯即于江寧凌遲處死。

詔以江寧平定，祭告天地、社稷、陵廟，命醇郡王奕譞詣隆福寺行宫，祭文宗顯皇帝几筵。

初二日庚子　晨陰，午晴，下午雨作，晡後益密，晚霽。連夕感寒患腹疾，今日暴下兩次，食薑椒飯。趙心泉來。夜凉。

邸鈔：詔以江寧克復，命議政王軍機大臣查明已故有功諸臣，開單呈覽，候旨施恩。

初三日辛丑　晴凉。得結局片送到六月分銀十八兩三錢，扣抵先借銀十二兩，吾道又窮矣。

《樂記》：『暴民不作，諸侯賓服。兵革不試，五刑不用。百姓無患，天子不怒。如此，則樂達矣；合父子之親，明長幼之序，以敬四海之内，天子如此，則禮行矣。』《史記·樂書》亦同。按：『天子如此』四字甚不成語。此段上節有云『如此則民治行矣』，下節有云『如此則四海之内合敬同愛矣』。文皆一律，此處不得添出『天子』二字，當是涉上文『天子不怒』而衍。此處是廣論禮樂之功，推極之于天下大順，不得忽接此四字，專就天子立言，與上下文義凌犯。孔疏謂『天子若能使海内如此，則是禮道興行』；又云『《禮》云「天子如此」，《樂》不云天子者，《樂》既云「天子不怒」，故略其文』，皆是曲説。至陸農師謂『天子不怒』當曰『天下不怒』，似亦有理，然與『百姓無患』句辭義重複。輔漢卿謂『四海之内』一句恐在『合』字上，是欲讀『以敬天子』爲句，義固甚通，但『以敬四海之内』，即所謂『與人敬而無失，四海之内猶兄弟也』，其義所包甚廣，既無左證，而欲顛倒經文以就己見，此宋儒之長技，非經學之通裁。故二説皆未敢從也。眉批：高郵李氏惇謂當作『四海之内以敬天子』，亦未可從。

允臣饋東參三枝。還蓮舟銀三兩。

讀《漢書·五行志》，加朱一卷。此志多用劉向《五行傳記》，而兼采董仲舒、劉歆、京房之説。中壘以《易》《書》《春秋》推驗陰陽，歸本人事，雖間有附會支離，而學闡天人，明體達用，直過江都。近儒王禮堂謂劉向不通經，未免高論駭世。

夜涼去蓆，睡至四更後感夢成魘，呼燈起坐，愴然于懷，因得五古一章。

秋夜夢逝作

初涼就蘭夜，病懷愜枕簟。合衣遂成夢，前塵忽在眼。芳魂趁雨至，映燭故掩斂。欲即翻復離，顛倒睡中魘。猛醒心慴慴，餘香鼻冉冉。風葉颭虛廊，隔簾數秋點。

邸鈔：詔以江寧克復，逆首殄擒，推功行賞。議政恭親王賞加軍功三級，加賞一貝勒，令其子奉恩輔國公載澂承襲，並封其子載濬爲入八分輔國公，載瀅爲不入八分鎮國公；軍機大臣工部尚書文祥賞加太子太保銜，並賞其姪凱肇員外郎，分部學習行走；户部尚書寶鋆賞加太子少保銜，並賞戴花翎；工部尚書李棠階賞加太子少保銜，並賞其子涔舉人；兵部左侍郎曹毓瑛賞給頭品頂戴，賞戴花翎；惠親王之子奉恩輔國公奕詳晉封奉恩鎮國公；不入八分鎮國公奕詢、奕謨均賞戴三眼花翎；惇親王之子鎮國將軍載漣晉封不入八分鎮國公，載津賞給頭品頂戴；醇郡王賞加親王銜；鍾郡王賞給紀録四次，管理武英殿事務；孚郡王賞給紀録四次，管理樂部事務；御前大臣景壽賞還紫韁；奕山晉封一等鎮國將軍；欽差大臣科爾沁博多勒噶台親王僧格林沁加賞一貝勒，令其子布彦諾謨祜承襲；欽差大臣大學士湖廣總督官文封一等伯爵，世襲罔替，並將其本支内務府旗籍抬入正白旗滿洲，賞戴雙眼花翎；江蘇巡撫李鴻章封一等伯爵，賞戴雙眼花翎；眉批：官文號一等果威伯，李鴻章號一等肅毅伯。陝甘總督楊岳斌賞給一等輕車都尉世職，加太子少保銜；兵部右侍郎彭玉麟賞給一等輕車都尉世職，加太子少保銜；四川總督駱秉章賞給一等輕車都尉世職，賞戴雙眼花翎；署浙江提督鮑超賞給一等輕車都尉世職；西安將軍都興阿、江寧將軍富明阿均賞給騎都尉世職；廣西提督馮子材賞給騎都尉世職；署京口副都統魁玉賞給雲騎尉世職；漕運總督吴棠賞給頭品頂戴；其餘中外大小臣工均賞加一級。

初四日壬寅　晴。早起無事，賦七古一首寄德夫，題作《兩生行贈德夫》：『陳生氣雄萬夫敵，李生棱棱骨山立。大鵬希有豈再遇，塵海湛冥鮮人識。今年花月天街開，九門車馬奔如雷。兩生狂呼典裘出，燈毬樂仗嬉春來。杜秋能歌善財舞，痛飲拍浮過三五。回頭忽見槐花黄，努力窮經各閉户。人生不得行胸懷，鷄蟲得失何有哉！漢書一尺足温卷，何物兔册埋浮埃。金陵昨夜大奏捷，十年鯨窟一朝得。朝廷五等廣行賞，百司盡予轉階級。兩生稱娖何所求，非吏非隱金門遊。告身未得博一醉，獨抱蒼生根本憂。』時與君同治《漢書》。作書并詩致德甫。讀《漢書·五行志》。得德甫書，饋乳油點心數事，即復謝。夜飯後詣德夫暢談。德夫贈羊豪筆兩枝。二更後歸。夜稍熱。

初五日癸卯　晴熱，晡後陰，小雨即止。作片致金少白，還叄直四十四千。趙心泉片來招今晚飲福興居。陳瑞山片來招明日飲謝公祠。得少白復。作片致景蓀，還《湖海文傳》及《景士堂集》，得景蓀復。讀《漢書·五行志》。餔後詣德甫，小坐，即赴心泉之招。同坐陳瑞山、丁蘭如、周允臣、蜀人曾氏兄弟及不識姓名者刑部郎一人。予招芷秋，又有小福、秀蘭、添財諸郎八九人，轟飲至二更未散。予先返，順道再詣德甫，與研孫、顔平洲、徐念畲等談至三更後而歸。天黑，微雨數點止。付王福零用錢十五千。付鶴兒工直三千。

邸鈔：詔以江寧克復敘勞，滿軍機章京、理藩院員外郎衡光等十九人遷秩及賞翎枝有差；漢軍機章京、光禄寺卿胡家玉、光禄寺少卿鄭錫瀛均賞戴花翎，並軍功加二級；刑部主事方鼎鋭、内閣侍讀許庚身、工部員外郎朱智均擢郎中，並賞戴花翎；前任户部郎中朱學勤賞戴花翎；餘十八人遷秩有差。

初六日甲辰　申正一刻十二分立秋。晴熱。晨起詣碩卿，小談而歸。剃頭。付車立秋七月節。

錢六千。作片致陳瑞山辭飲。殷宏疇來，饋神麯一斤，久坐而去。讀《漢書·五行志》，加朱一卷。

初七日乙巳　先大夫生日。晴熱。胡仲芬爲買雕翎扇一柄，價四十千，今日送來，以無錢却還。終日素食。午詣蓮舟家，又詣德甫，談至日晡，獨詣廣和樓聽芷秋演《鵲橋》。日昳，復詣德甫，同葆珊、研孫、熊老四至時豐齋喫瓜果，更餘回德甫寓。雷雹大雨，二更雨止，同研孫歸。夜三更，雷雨又作，達旦不止。是日酷暑，得此快雨滌之甚佳。付戲座四千，車錢二千。

邸鈔：詔以光禄寺卿胡家玉爲太常寺卿。

初八日丙午　早大雨，上午陰，午陰晴相間，下午又陰。得壽玉溪三月廿一日廣西桂林書。加朱《漢書·五行志》一卷，《東方朔傳》一卷。作書致德甫，以德甫今日生辰，故爲言保生涉世之道，拉雜至千餘言，頗有名理。作片致蓮舟。得沈寬夫五月二十日桂林書，計與玉溪發書時相隔兩月，蓟北、嶺西，苕苕萬里，乃同日得兩故人書，亦爲異事。然兩君皆不能無求于予，又自愧無以應之也。（此處塗抹）夜風雨又作。

初九日丁未　晴陰相間。曉湖來。同鄉高乃聽秀才來。吴松堂柬請明日小飲。傍晚詣謝愋齋，并見其夫人，談至晚歸。夜讀書甚樂，雖少片段，却精密有心得。

初十日戊申　上午晴，下午陰。晨起作書，并近作兩詩致曉湖，以曉湖續鈔予詩將成也。作片致碩卿。并致顧俊叔學政，爲録科事。梳頭。得曉湖復、碩卿復。作書致伯寅，爲殷宏疇求書楹聯。得殷宏疇書，鈔寄遺精藥方。作片致景蓀，送去寬夫信件。吴松堂偕其戚俞子和來，邀飲聞德堂。晡後出赴飲，招芷秋，久不至，及罷酒始來，予頗怪之，略不顧接。芷秋掩抑通辭，玉容寂寞，告予以頃飲龍樹寺，見君一紙，即驅車歸，道濘行又不得速，甫及家，聞君車已駕，亟踉蹌來。因舉屧示予曰：『街泥已污絢矣。』予轉益憐之，與從容小坐而别。自惟此等嗔癡，有何真妄。顧眉間化佛，不離蕉樹之身；指上豎禪，未絶藕絲之痛。桃花有影，明月無香。帶水拖泥，只博合眼一笑而已。閲王白田《雜著》，其卷三《儒林傳考》所疏『治禮掌故』以下等句，與予説可相發明。得伯寅復。付車錢二千四百文。

夜加朱《漢書·五行志》一卷畢。此志頗有乖錯複雜處，然伏生《洪範五行傳》、京房《易傳》、劉向《五行傳記》、劉歆《左氏傳説》，皆幸于此志存其梗略；歐陽、大小夏侯之《尚書》説，亦可考見一二。蓋皆兩漢經學大師所遺鱗爪，深可寶也。

十一日己酉　終日陰雨作秋。曉卧中疾復動。終日讀《漢書》，加朱《溝洫志》一卷。夜，雨聲凄沓。飯後瑟坐，成樂府二首。

將進酒

將進酒，客不言，蒲桃潑醅白玉鮮。明妝翠羽列四筵，所思不來心悄然，琵琶錦槽停莫彈。簾外琤瑽作風雨，楚天環佩泣秋語。蘭芷香近不可招，主人勸觴客弗舉。華燈皎皎月照堂，羅襟淚落珍珠光。鸞扇回飈君在旁，欲即不即心徬徨，百年此頃胡可常。秋星落酒酒波緑，門外驪駒早結束。主人留客客不回，堂上卷簾滅殘燭。

東飛伯勞歌

東飛伯勞西飛燕，蛺蝶雌雄難可辨。美人娟娟隔暮雲，湘江秋水裁舞裙。陽臺一曲花繽紛，明珠百琲穿紅縷。快意傾家買君顧，願君玉顔暫時駐。雙雙鳷鵲填銀河，鴛鴦隊隊游錦波。人生會少離别多，伯勞飛燕奈爾何。

末伏　十二日庚戌　早陰，上午晴。晨起整比書帙，時時涉閲數行，頗有所得。潘伯寅送楹聯來。景蓀來，暢談終日去。作書致趙心泉。作片致殷宏疇還楹聯。德夫來。吴松堂來請十五日聽戲，辭之。取館脩十二金，换得錢百十一千。還蓮舟借銀三兩。作片致碩卿，送去顧俊叔録科贄金雜費共二十四千，又國子監補足四成貢照費六千。得碩卿復。付王福零用十千。付皂胰、牙刷、巴菰、自來火錢三千。

邸鈔：詔修明太祖孝陵，遣曾國荃致祭。

十三日辛亥　晴，早晚甚凉，須重袷衣。理庵來，贈《湛園未定稿》一部。得景蓀書。得揚廷五月廿七日吴門書。下午詣德夫談。夜與顔平洲、徐老六、熊老四同飯，二更歸。得碩卿片借紗袍。

邸鈔：户部左侍郎沈桂芬實授山西巡撫；刑部右侍郎吴廷棟調補户部左侍郎，兼管三庫事務；以署河東河道總督譚廷襄爲刑部右侍郎；以直隸布政使鄭敦謹爲河東河道總督；以署湖北按察使唐訓方爲直隸布政使；以記名按察使唐際盛爲湖北按察使。

十四日壬子　早晴，上午陰，下午小雨，晚晴。曉湖來。得潘紱廷書，借《尚書後案》。沈松亭柬請十七日飲東麟堂。吴松堂來請十六日三慶園聽戲。傍晚雨後天氣甚凉，餘霞春樹，初試夾衣。出門小步，泥潤若拭，不生一塵，遂詣碩卿，不值而返。加朱《漢書·藝文志》。付王福零用四千。剃頭。夜作書致趙心泉約十七夜飲芷秋家。

邸鈔：詔：前壽州辦理團練已革刑部員外郎孫家泰力拒苗逆，仰藥自盡，著開復原官，追贈四品卿銜，與其父殉難鹽大使孫贈祖，弟家德、家彦、家洪等，各照本職從優議恤，于壽州建立孫氏專祠。前署壽州鎮總兵記名副都統博崇武迎合苗逆，頓兵縱寇，著革職發往新疆充當苦差，永遠不准推減。總兵慶瑞、尹善廷隨同避匿，坐視城陷，均革職發往新疆效力贖罪。前任安徽按察使張學醇奉袁甲三札，提孫家泰、蒙時中解赴臨淮，墮苗逆詭謀，一籌莫展，貽害地方，著發往軍台效力贖罪。前往漕運總督袁甲三無庸在臨淮建祠。從曾國藩、喬松年奏請也。

十五日癸丑　先大夫忌日。晴熱。早起赴國子監録科文題：『遵先王之法而過者，未之有也。』策問制藝正軌，因借以痛言時文之弊。當今此曹子閱之吐舌矣。晡歸，過正陽門，令車夫買西瓜二片，食之甘凉沁肺，塵煩頓滌，蓋一日不得茶也。珊士來，不值。加朱《藝文志》竟，其中誤文奪字甚多，惜不得《北堂書鈔》《太平御覽》諸書證之。夜早睡，五更疾大動。

十六日甲寅　終日嫩晴，多凉颸。

加朱《漢書》趙充國、辛武賢傳。此卷以趙、辛同事西羌，故合作一卷，而於充國傳末帶敘武賢始末，結之曰『子慶忌至大官』，更以『辛慶忌，字子真』提行獨起，另爲一傳。此不特以慶忌賢過其父，而《漢書》中若張耳、陳餘傳，陳平、王陵傳，張蒼、周昌、趙堯、任敖傳，竇嬰、田蚡、灌夫傳，皆兩傳相連，若斷若續，蓋班氏史法如此也。

下午詣三慶園聽戲，座客踏肩，甚不可耐。晚飲裕興園，招芷秋。夜歸，月明如晝，清綺有秋色矣。得胡梅卿片。得莫星五四月二十一日陝西西安書。聞景蓀保舉上書房行走，十八日引見，由倭相國密薦也。

十七日乙卯　晴。上午出門答拜同司陳守和、孫鴻恩，同鄉陳慶蕃、高乃聽。詣景蓀、心泉、殷宏疇，俱小坐而出。午後歸。心泉片來，言丁蘭如邀飲吉興齋。陳蓮峰來，不值。謝心齋來。高清巖來辭行。下午詣東麟堂赴沈松亭之招，晤曉湖、予恬及不識姓名掾史輩七八人。三日來，時時與屠沽爲伍，可謂疲于奔命矣，不夷不惠，作此周旋，是亦不可以已乎？酒散後詣德夫小談。傍晚詣吉興齋，與心泉、蘭如、瑞山、小福同飲。夜邀三人及小福、秀蘭、添財諸郎六七人飲芷秋家，芷儂適來，亦留之飲，二更始畢。

十八日丙辰　晴。晨起步詣鄰寓陳蓮峰，不值。付王福零用十千。作片致碩卿，託代寫聯幀數事。德夫來。殷宏疇來，不晤。

讀《漢書》，加朱趙尹、韓張兩王傳一卷。班氏言漢世父子爲宰相惟韋、平兩家，王厚齋譏其忘周勃、周亞夫父子。予讀《王吉傳》，吉子駿爲御史大夫，居位六歲病卒，翟方進代駿爲大夫，數月薛宣免，遂代爲丞相，衆人爲駿恨不得封侯。駿子崇，平帝時代彭宣爲大司空，封扶平侯。《于定國傳》，定國爲丞相，封西平侯，薨，子永嗣，官至御史大夫。上方欲相之，會永薨。按成帝綏和元年，以何武言，置三公官，改丞相爲大司徒，御史大夫爲大司空，與大司馬各置官屬，祿比丞相，皆封侯。而其先御史大夫位上卿，掌副丞相，雖並號『兩府』，而次丞相一等，不得封侯。于永爲御史大夫，以成帝陽朔三年，王駿以鴻嘉元年，于永爲大夫二年卒，少府薛宣代之。四月宣爲丞相，駿代之，五年卒。俱在何武奏更之前，故不得與韋、平媲美也。然漢世自三家外，應數于、王父子矣。

夜疾大動。

十九日丁巳　薄晴。陳蓮峰來，以尚未起，不晤。作片致景蓀。致殷宏疇，得復。

讀《漢書》，加朱蓋、諸葛、劉、鄭、孫、毋將、何傳一卷。《漢書·韓延壽傳》：御史奏延壽在東郡時試騎士事，有云：『五騎爲伍，分左右部軍假司馬，千人持幢旁轂。』王氏念孫《雜志》云：『假司馬千人持幢旁轂者，司馬、千人皆官名，見《百官表》，荀悦《漢紀》作「假司馬十人」，非。』案：此傳當讀『分左右部軍假司馬』爲一句，『千人持幢旁轂』爲一句。《續漢志》大將軍部下有軍假司馬，是『軍假司馬』四字連文爲官名也。本書《百官公卿表》西域都護下有司馬侯、千人各二人，小顏無注。千人蓋即千夫長，此處言千人持幢旁車轂而行也。荀《紀》作『十人』，蓋亦讀『司馬』爲句，而言别以十人持幢。『千人』之名，《後漢書》屢見，或《漢紀》『十人』本『千人』之誤。王氏以『軍』字讀句，誤矣。眉批：漢印中有『校尉左千人』，『軍假司馬』亦見漢印。

下午小雨後，出詣德夫，同研孫、熊老四夜飯，談至二更後歸。景蓀來，不值。景蓀與長樂林天齡、鄞趙佑宸同薦直上書房，旨用景蓀及林君。山陰自童梧岡少宰後，六十餘年無直兩書房者。景蓀由布衣通籍，三年間得之，深可喜也。爲賦一律誌之。

喜平景蓀入直上書房

詞臣三載步螭頭，詔直經帷禮數優。花迓佩環通紫禁，風傳琴瑟在朱樓。詩書本分原無忝，衣食平生豈待求？却笑青衫同學侶，華顛猶踏省門遊。予與景蓀同補博士弟子。

邸鈔：詔翰林院編修平步青、林天齡均在上書房行走。

二十日戊午　重陰微雨。作片致碩卿，得復。作書致德夫。景蓀片來，約明日過談。讀《漢書》，加朱魏相、丙吉傳一卷。下午罷讀，秋色黯然，雨窗多感，得五律一首。夜過鄰寓，與陳蓮峰談至更餘歸。蓮峰所寓，前侍郎吴晴舫先生故居也。談次及陳閑谷庚申旅殁之况，爲之慘然，賦七律一首追吊之。

秋日雨窗遣懷

薄雨侵幽幌，欄陰窣地長。細商杯底語，愁見舞時妝。研黛生微潤，瓶花養宿香。芷蘭秋不歇，何日罷思量？

有人自汴來追述亡友陳閑谷旅歿之况泫然賦此時閑谷妻子亦盡没於賊矣

汴水蕭蕭送素旌，故園回首覆巢傾。百年零落清門業，萬里淒凉旅鬼情。可尚晨昏依老母，祇慚風義負平生。魯連王斗俱凋謝，腸斷山陽笛裏聲。自辛亥至乙卯家居時，惟魯蓉生、王孟調及閑谷過從最數。孟調先逝，蓉生近亦歸道山矣。

夜半後，雨聲蕭颯，爲不寐久之。

二十一日己未　薄晴。相國自陵工歸來見。景蓀來言代殷侍郎兆鏞授惠王三子讀。碩卿來。傍晚詣謝惺齋小談而返。讀《漢書》，加朱《蕭望之傳》一卷，《馮奉世傳》一卷。

處暑七月中。　二十二日庚申　卯正三刻十二分處暑節。晴。讀《漢書》，加朱匡、張、孔、馬傳一卷。作片致陳蓮峰，約明日聽四喜部。作片致殷宏疇，邀聽戲。作致王揚廷吳門書，致恩竹樵運使濟南書，致河南教官謝昌玉書。曉湖來。陳蓮峰來。珊士來。夜飯後詣德夫，談至二更歸。

二十三日辛酉　晴，三日來又熱不能單衣。剃頭。讀《漢書》，加朱王商、史丹、傅喜傳一卷。午詣胡仲芬，賀其生子，送分資六千，并辭明日鹿鳴堂之飲。進城送高清巖行。出城詣廣德樓，偕陳蓮峰、殷宏疇聽戲，摩肩踏臂，嘈雜不堪。予初獨據一席，坐未幾，芷秋來，予歛膝容之。歷一時許，有舊識賤工名梅午者亦至，左右夾我，扇不得摇，熱汗交下。此亦王弇州所謂『與君説苦君不信』者也。（此處塗抹）晚邀陳、殷兩君飲福興居，更餘歸。十八千四百，借五百，外二千，付戲座五千，車五千。

二十四日壬戌　晴熱。讀《漢書》，加朱《薛宣朱博傳》一卷，《翟方進翟義傳》一卷。陳瑞山片請明日飲安義堂。終日爲不肖門人所聒擾，甚厭惡之，辭館之意決矣。小人不可與作緣，信哉！夜疾大動。

是日，命工部右侍郎宜振提督江蘇學政。聞甘肅省城失守。近日廷臣以江寧克復議上兩宫皇太后徽號，已得請禮部具儀進，昨將頒詔矣，而相國倭公疏入，言盗賊未平，不宜受賀。又前日浙督左宗棠奏言僞幼主洪福瑱尚在湖州，未死也。東朝以此兩事頗不懌。慈謂曾相國之報誅逆首太亟，倭相國之請停慶典太遲，一則迫促以圖功，一則遲頓不及事，皆人情所未厭者也。

二十五日癸亥　晴熱。讀《漢書》，加朱《谷永杜鄴傳》一卷。得碩卿片，送所寫聯幀來，即復。陳瑞山片來催飲。下午偕周允臣詣安義堂，與趙心泉、丁蘭如、敖金甫、陳瑞山從心蘭飲至夜，以肴饌繼之。予招芷秋、芷儂，同坐有小福、采菱、添財、秀蘭、梅午諸郎，吹笛徵歌，二更乃罷。三更坐瑞山車歸。

邸鈔：祁寯藻病滿二月，奏請開缺。詔：許開禮部尚書缺，仍以大學士銜在弘德殿行走，俟病痊日，酌量進内，毋拘日期。以左副都御史潘祖蔭署理工部右侍郎，兼管錢法堂事務。李鴻章奏官軍迭次苦戰，於七月十三日攻克湖州晟舍賊巢，總兵江福山中槍陣亡。又六月二十三日，郭松林等軍攻克湖州西面吕山賊壘。二十八日，進逼尹隆橋，提督陳忠德中槍陣亡。詔：江福山、陳忠德俱照提督陣亡例從優議恤，各於死事地方建立專祠；餘升賞議恤有差。

二十六日甲子　晴陰相間，熱甚，傍晚小凉，微雨。蓮峰來，邀至慶樂園聽四喜部。傍晚坐車詣德甫小談。晚飲福興，同坐有江蘇人不識姓名者三四輩。予招芷秋，適芷儂來，亦留之。又有小福、秀蘭、芷衫、絢芳諸郎。二更同蓮峰歸。

邸鈔：詔復鄭獻親王濟爾哈朗、怡賢親王允祥世襲王爵，及一切紅白藍甲佐領人等，令宗人府擇其後裔，及前襲不入八分公岳齡、載泰，一併帶領引見，候旨承襲。以工部尚書李棠階爲禮部尚書，左都御史單懋謙爲工部尚書，刑部左侍郎齊承彦爲都察院左都御史，禮部右侍郎王發桂調刑部左侍郎，以都察院左副都御史汪元方爲禮部右侍郎。命大學士倭仁充崇文門正監督，刑部尚書綿森充副監督。董恂充實録館副總裁。

二十七日乙丑　晨晴，上午陰，午晴，下午雷雨即止，晚霽作涼。吴松堂來。午後詣德夫快談，至夜三更而歸。

邸鈔：詔：以江寧克復，推恩已前有功死事諸臣。前任湖北巡撫胡林翼，賞一等輕車都尉世職；前任湖北提督向榮，入祀昭忠祠；前任浙江布政使李續賓，賞二等輕車都尉世職；前任安徽巡撫李續宜，賞給伊子直隸州知州；前任江南提督張國樑，賞三等輕車都尉世職；前任湖南提督塔齊布，入祀昭忠祠，賞三等輕車都尉世職；前任安徽巡撫江忠源，賞三等輕車都尉世職；前任湖南候選道江忠濟、前任浙江寧紹台道羅澤南、前任西安將軍多隆阿、前任湖南候選同知曾國華，均賞一雲騎尉世職；前任即用知府曾貞幹，賞給伊子直隸州知州；前提奏提督江西安贛鎮總兵程學啓，賞三等輕車都尉世職。

二十八日丙寅　晨至午前晴，午後重陰，大風有雨，下午涼霽，秋氣肅然，可棉衣加帽矣。作致莫星五秦中書。終日讀《漢書》，加朱《傅常鄭甘陳段傳》一卷，《雋疏薛于平彭傳》一卷。傍晚詣碩卿，不值，便過秦麟士，并晤宜亭小談而歸。夜風愈勁。

二十九日丁卯　晴涼有風。作片致碩卿。致蓮舟。致德夫。致吴松堂。以星五書托松堂轉寄。得碩卿復。德夫來。曉湖來。珊士來。吴松堂來。景蓀來。敖金甫來，不晤。夜五更疾動。

邸鈔：一等子爵記名提督河南歸德鎮總兵李臣典以攻江寧時，腰中礟石，傷重卒。詔旨褒惜，照提督陣亡例從優議恤，予謚，于吉安、安慶、江寧建立專祠。俟繼嗣有人，交部帶領引見。歷次戰績，即著宣付史館。福建陸路提督蕭孚泗丁父憂，請回籍守制，許之。僧格林沁奏頭品頂帶福州副都統蘇克金卒于軍，詔從優議恤。照都統軍營病故例。

三十日戊辰　晴。相國送場費銀二兩。伯寅來。殷宏疇來。下午詣蓮峰談，送場費銀六兩。徐念畬請明日飲同興居。同司鍾芝泉鍾濂之母張淑人開吊，送分資六千，故相柏葰之小妻也。夜詣德夫談，喜晤研孫。

邸鈔：詔前任貴州布政使龔自閎以四品京堂候補；以掌山東道御史王蘭谷爲鴻臚寺少卿；户部郎中顧菊生以浙江道員補用。從左宗棠請也。

八月己巳朔　晴，稍熱。早起書鄉試卷面履歷，即作片致研孫託代繳。得研孫復。剃頭。午出門謁宗滌樓師，不值。賀徐研畬新選義烏知縣，亦不值。賀吴勉齋新選河南原武知縣，并晤松堂小坐。詣春華堂訪芷秋不值。詣慶和園遇陳瑞山，固留聽戲，芷秋演《斷橋》，付芷秋開發七十千。日下春，詣德夫談，研孫亦來。薄暮，同研孫至同興居赴研畬之招，座客陳葆珊、翟獻之、吴俊卿、顔平洲、熊定卿，歌郎添財、添秀、芷香、秀蘭。予招芷秋、芷衫，付芷衫開發八千。二更歸，付車錢十四千。是日放各省學政。順天龐鍾璐，四川楊秉璋，廣東劉熙載，廣西孫欽昂，陝甘鍾寶華，山東趙佑宸，河南歐陽保極，貴州黎培敬。

初二日庚午　薄晴多陰。讀《漢書》，加朱公孫賀等傳一卷。景蓀來。吴松堂來。丁蘭如來。

初三日辛未　陰晴不定，午雨。孫雨田來。得結局片，分得七月分印結銀二十一兩三錢。作片致蓮峰。碩卿來。曉湖來。下午雷，密雨至夜。得德夫書，云聞伊犁失守。借山西靳儈銀五十兩，先付息銀六兩，又還舊帳息銀三兩五錢。王福買考具往返數次，作此録之主人之耻也。又買油紬雨傘一柄，錢九千。夜雨。

初四日壬申　晨大雨，午晴。得德夫書，約明日移寓内城。料檢篋笥衣物。下午詣芷儂家，還開發八十千。傍晚詣德夫，二更歸。付福興居銀六兩，同興居銀四兩，同興樓銀二兩，集興估衣店銀十兩。

初五日癸酉　晴涼。午詣蓮峰話别，又詣碩卿談一時許。進城移寓筆管胡同，德夫已先至。與德夫談至夜三更就寢，爲蟹蟲所擾，復起然燈談，天明始得睡。得張問月河東書。

初六日甲戌　晴暖。是日以協辦大學士吏部尚書瑞常爲正考官，吏部尚書朱鳳標、户部尚書羅惇衍、禮部尚書軍機大臣李棠階爲副考官，兩科副京兆試者皆以一品官，故事所未有也。研孫來寓。楊理庵來。殷宏疇來。

白露八月節。　初七日乙亥　晴，暖甚。朱厚齋來。宗滌樓師來，不值。珊士來，不值。料檢場具。酉正三刻十分白露節。

邸鈔：萬青藜等奏本年順天應試士子至一萬六百人，請添設號舍。

初八日丙子　晴熱。倪越湖來。孫予恬來。珊士來。謝惺齋來。午入闈坐水字第六十二號。夜早睡。

邸鈔：李鴻章奏七月二十七日克復湖州府城。詔：提督李朝斌賞給白玉搬指、玉柄小刀、火鐮、荷包等件；道員潘鼎新賞穿黄馬褂；侍講劉秉璋賞給振勇巴圖魯名號；道員張樹聲賞給二品頂帶，以按察使升用。

初九日丁丑　晴。在號舍中。晨起見題紙，首題『上老老而民興孝』，次題『林放問禮之本，子曰大哉問』，三題『齊人有言曰』一節；詩題『一洗萬古凡馬空得龍字』。初以首題鄭注『老老、長長，謂尊老敬長也』，則『老老』自當指養老而言；朱注以『老吾老』當之，殊爲不解。因構首藝專主養老立論，既念《禮記》中《樂記》《祭義》篇皆有『食三老五更於太學，所以教諸侯之弟也』語，恐與下文『長長』辭義相殽；又科場承用朱注，亦不宜獨爲異説，乃復改作之。而朱注仍指家國言，理終不通。天子之孝若僅指上皇、太后，義又偏枯。是以事天嚴父二義補足題意，爲中二比云。據事天如父之文而謂珪璧大裘告處於上帝者，即教孝於下民，然圜丘之義兆庶弗詳，恐其勢終懸而莫接也。則遠驗泰壇之卷，晃不若近徵燕寢之冠裳，爲嚴父配天之説，而謂明堂殷薦，致敬於所生者，即詔孝於所子。然宗祀之儀，儒生難究，恐其理終閡而莫通也。則虛言假祖之羹盛，不如實詣奉親之觴豆。二比自謂深得禮意，非不讀書者所能猝辨，但恐索解不得耳。夜二更，三藝皆成，遂熟睡。

邸鈔：官文奏陳年老無子，以嫡堂弟內務府衣庫六品庫掌官廣之子榮綵爲嗣，請將官廣及官廣之兄官永均抬入滿洲正白旗。不許。詔言向來特旨抬旗，僅止本身及其子孫，即同胞兄弟已不得隨入。官廣、官永與官文之胞弟、胞姪均不准抬旗。　曾國藩奏請停止廣東釐捐。不許。詔稱江寧雖克，而裁勇之欠餉，徵兵之口糧，需款仍鉅，應俟餉項稍充，再請停止。

初十日戊寅　晴。辰刻起鈔三藝，未刻繳卷出闈。剃頭。夜爲蛩蟲所齧，至五更始得睡。疾動。

邸鈔：楊岳斌、沈葆楨奏七月十三日收復宜黃縣城。十五日收復南豐縣城。又奏賊酋陳炳文率衆六萬人降，并助洋礮七千。詔：賞陳炳文參將銜，留營效力。　命內閣學士許彭壽爲江西正考官，御史蔣彬蔚爲副考官。

十一日己卯　晴熱。春暘來。午入闈，坐來字第四十號。晤周比部巖，久談而別。夜早睡，二更大雷雨即止。疾又動。

十二日庚辰　陰晴餖飣。《易》題『聖人南面而聽，天下嚮明而治』；《書》題『厥貢羽毛齒革』；《詩》題『懷柔百神，及河喬嶽』；《春秋》題『晉侯侵曹，晉侯伐衛』；《禮記》題『君子聽鼓鼙之聲，則思將帥之臣』。午始起草，至夜成三藝，然燭脱稿兩篇。二更就寢。

十三日辛巳　晴。晨起成《春秋》《禮記》兩藝，脱稿畢，午初出闈。允臣來。碩卿來。夜又有蛩警，徹曉不得帖席。得恩竹樵運使書。

十四日壬午　晴。下午入闈，坐草字第十號。

邸鈔：詔以江寧克復，分命諸臣祭告天下嶽瀆。直隸命山海關副都統慶春，吉林命副都統麟瑞，錦州命副都統恩合，陝西命西安副都統德興阿，四川命布政使江忠濬，山東命副都統恩夔，浙江命乍浦副都統明興，河南命南陽總兵圖塔納，湖廣命湖南布政使石贊清，廣東命副都統庫克吉泰，山西命□□□□慶瑞。以記名提督劉銘傳爲直隸提督，以編修車順軌爲司經局洗馬。

十五日癸未　晴。晨起，見策題第一道問經學，第二道問史學，第五道問古人詩語，皆取材於《困學紀聞》一書，而罣漏錯雜，殊無倫次。第三道問課吏，第四道問理財，則皆陳陳相因語也。予對至第三道，忽中熱煩躁不可耐，解衣盤礴頃許，始稍安。黄昏脱稿。夜月甚佳，矮屋觀之，殊不勝天上宫闕之思，戲賦二絶句。二更後欹卧移時，風露漸集，鄉思殊不可聊，復成七律一章，掩簾而睡。兩場同鋪舍者，皆北地人，鱸鳴狗吠，一片喧聒而已。

甲子中秋夜獨卧看月至三更始罷凄然成詠

年年佳節滯天涯，一夜思親兩鬢華。醉後客魂愁擫笛，夢中明月慣知家。重湖碧浪浮菱角，老屋青山照桂花。苦説欲歸歸未得，静看斗柄向南斜。眉批：此詩删。

中秋月夜感憶二絶句

樓殿空明一鏡圓，靈飛小謫地行仙。笙蕭舊夢分明記，誰問吴剛斫桂年。

碧藕紅蘭取次新，霓裳珍重眼前身。娥眉自别初三月，不見瓊枝滿鏡人。眉批：此詩删。

十六日甲申　晴。晨繳卷出闈，晤德夫、研孫，至寓小憩，即各坐車出城。相國苦索闈藝，即寫一篇與之。曉湖來。剃頭。下午詣謝惺齋，并見其夫人。景蓀來，不值，晤於惺齋家。熊蓉堂柬請十八日夜飲。署中送秋季養廉銀來。商城送節禮來。付館中節賞十三千。付車錢五千。夜倦甚早睡，疾大動。

十七日乙酉　晴，下午大雨即止，晚晴，夜大風。吴勉齋來。松堂來。午後答拜紹興府同知徐君壽椿，訪敖金甫、馬春暘，俱不值。唁王賡廷丁内艱。訪景蓀、心泉，俱晤。答拜丁蘭如、倪越湖，冒雨而歸。德夫邀夜飲，傍晚詣之，同顔平洲、陳葆珊、熊蓉堂、徐念畬、研孫飲至更餘歸。賞德夫從人四千。珊士來，不值。

十八日丙戌　晴涼有風。惺齋來。徐念畬來。得珊士片問場後消息。作片致熊蓉堂辭飲。胡梅卿片請夜飲景春堂，飯後詣之，主人尚未至。出從蓮舟談至更餘，再往。座客有直隸人胡監丞及江蘇舉子三人。予招芷秋，梅卿招小福、小荷，又有采菱、蒨雲諸郎。小慶主酒局，三更始散。一吴下生更强邀飲韞山堂，甫及門，他客皆入，予亟驅車而歸，已大醉矣。賞車夫二千，蓮舟從人三千。

邸鈔：僧格林沁奏八月初三日督剿髮捻各賊於羅山蕭家河，忽遇援賊大股，馬隊被蹙致敗，正黄旗漢軍都統舒通額，頭等侍衛隆春、奇克塔善，記名副都統祥恩，營總常德、西蒙額，頭品頂帶台吉克興額，頭品頂帶副管旗章京那遜巴雅爾，副管旗章京霍呢高，二品台吉副管旗章京海勒、普沁保，二品台吉三音阿、木固朗、布彦克副克，俱力竭陣亡。詔：俱交部從優議恤。

十九日丁亥　薄陰疏雨，凉襲重棉。馬春暘來。下午偕蓮舟步詣曉湖談，傍晚歸。付廚子錢二十千。趙心泉來，不值。加朱《漢書》霍光、金日磾傳一卷。夜疾復動。

二十日戊子　社日。晴。得陳葆珊書，訂廿二日夜飲，即復。徐念畬招飲同興居，不往。下午出門答客六七家，即歸，付車錢二千。珊士來。蓮舟邀飲廣和居，辭之。倪承瓚來，不值。

二十一日己丑　晴，下午陰有風。終日小極。午前小步園庭看秋花。胡秀才鍾奎、王秀才耿光來辭行。讀杜詩。謝惺齋片來訂明日飲富興樓。

二十二日庚寅　晴，有風。作片致惺齋，訂二十五日飲同興居。胡梅卿來。敖金甫來。晡後詣富興樓赴惺齋之招，與蓮舟、梅卿及何恩壽等三人同飲。夜詣熊蓉堂家赴葆珊之招，小坐即出。同梅卿、惺齋、蓮舟飲春馥堂，梅卿、小福爲主人，蓮舟招絢雲，惺齋招蒨雲，梅卿招小荷、小慶，予招芷儂、芷秋，芷秋不至。三更歸，賞梅卿車夫兩吊。朱主事福榮來，孫予恬來，俱不值。

邸鈔：雲南巡撫賈洪詔奏請因病開缺。詔革其職。詔言洪詔以告病人員特加超擢簡任雲南巡撫，經諭令迅速前赴昭通，乃自上年三月間託辭逗留，遲至十月始抵四川省城。迄今又將一載，未離川省一步，覽其奏報均屬紙上空談，毫無措置。前以嘔血益劇等詞入告，給假兩月俾資調理。兹復請開缺回籍調理，顯係飾辭規避，辜恩昧良，實堪痛恨，著即革職云云。

二十三日辛卯　寅初三刻十二分秋分節。晴，風。曉睡中疾動。曉湖來。錢秋訪秋分八月中。

來。吴松堂來。碩卿來。得珊士片。同司何桂芳來拜。

二十四日壬辰　晴，風。作片致珊士，致予恬，約二十七日飲同興居。作片致林藹人郎中文本月結銀。吴松堂柬請明日聽戲。陳慶蕃來辭行。陳瑞山來。殷宏疇來。駱越樵來，不晤。剃頭。得予恬復。得藹人復，并結銀十五兩。胡仲芬來。

二十五日癸巳　晴。作片致徐念畬。付王福零用錢八十千。付劉廚餐錢二十八千。下午詣慶樂園聽戲。夜吴松堂、章秋泉邀同蓮舟、俞子和、沈吏部源深、徐郡丞壽春、天台縣令李士塏爽階及湖北人羅某飲裕興居。徐君字介亭，貴州舉人，酒次言曾受業鄭君子尹之門，言子尹著述極多，《説文》於《逸字》外尚有專書，其經學已刻得數種，徐君家有之，并許將來郵致於予，深可喜也。都中士夫往往諱言學問，先世雖有傳書，不肯流布。山陽舉人丁晏爲近日江北學者之冠，所著極夥，昔年予向其子壽昌乞之，固言無有。壽昌時尚爲户部郎，未爲通貴，而已惡言文字若此，蓋恐以此事掩其面目也。壽昌小人固不足論，而晏之鄉居尤叢物議，宜生此不肖之子矣。因述徐君言附及之。賞送戲單人錢一千，更餘歸。

邸鈔：以雲南布政使林鴻年爲雲南巡撫，以雲南按察使劉嶽昭爲布政使，以記名按察使席竇田爲雲南按察使。

二十六日甲午　晴陰相間。終日無俚，讀《楚辭》。傍晚偕蓮舟詣毓興合，赴其門人葛俊卿之招，有無賴子兩人同席，惡儈沓至，甚不能堪此酒食之厄也。蓮舟招采苓，予招芷秋，亦不過驚鴻一現而已。初更歸。

二十七日乙未　晴。得珊士片，即復。作片致惺齋，致殷宏疇。下午邀蓮舟、予恬、曉湖、惺齋、俞子和、沈松亭、吴松堂、錢秋訪、章秋泉飲同興居。予招芷秋，更初散，酒債三十四千文，付下賞二千，車飯二千。

邸鈔：詔以庫車等處逆回構亂，慰諭新疆各部回人。

二十八日丙申　晴，傍晚小雨旋晴。下午偕蓮舟詣碩卿，不值。詣研孫小坐。予獨詣德夫，同研孫、熊蓉堂夜飯，更初歸。

邸鈔：左宗棠奏八月初三日總兵羅大春等擊敗僞堵王黄文金於昌化白牛橋。初八日記名提督黄少春大破僞偕王譚體元於淳安洪橋，追斬體元及僞樂王之子莫桂先等大小賊目一百五十餘人，殺斃悍賊數千人，轟斃及自相踐踏死者約六七千人，生擒悍賊千餘人，救出難民萬餘人。初九日黄少春復督軍攻破僞昭王黄文英於淳安蜀口嶺，陣斬文英，追殺數千人。詔：剿辦甚爲得手，黄少春等升賞有差。

二十九日丁酉　晴，下午薄陰。研孫來。得徐介亭郡丞書。作片致碩卿。梳頭。傍晚詣福興居，邀趙心泉、陳葆珊、熊蓉堂、陳瑞山、胡梅卿、珊士夜飯，予招芷儂，瑞山招心蘭，梅卿招小福、小慶，葆珊招添才，酒錢三十九千有奇，外賞二千，借二千。夜邀心泉、梅卿飲芷秋家，梅卿招小慶、小荷、小福，心泉招梅五、秀蘭，小福，秀蘭不至。付芷秋酒局三十千，下賞六千，車飯六千，三更後歸。五更大風。

三十日戊戌　晴，大風，終日飛埃漲天。終日酒困小極無俚，惟以香茗清菸自遣岑寂而已。夜點注《漢書》竇嬰、田蚡、灌夫、韓安國、王恢傳一卷。司馬子長深惡武安，平津兩侯，然兩侯皆有佳處。漢武之興儒學，實以兩人爲首功，孟堅頗持平情。故《史記》魏其、武安侯傳贊，右魏其而極貶武安，云武安之貴在日月之際，又云武安負貴而好權，杯酒責望，陷彼兩賢，遷怒及人，命亦不延，衆庶不載，竟被惡言。而孟堅云：『嬰不知時變，夫亡術而不遜，蚡負貴而驕溢，凶德參會，待時而發。』以魏其、灌夫、武安三人並論，無所軒輊。其於平津，亦時致美辭，真不愧良史也。至此傳删改《史記》處，則皆不如原本。予已於《漢書》眉間、行間細評之，兹不復贅。五更疾動。

附録闈藝：時文小道，應試之作，尤不足言。而録之者，以見予文本亦平易近人，而場屋鉏鋙，時流駭怪，蓋已無能讀者。八股取士，其弊至此，爲可歎也。

林放問禮之本子曰大哉問首場第一藝

志在禮之本者，可謂能知其大矣。夫禮惟有本，所以爲大禮也。放以爲問而子大之，其以世之知本者鮮哉！且非常之詣，庸人昧焉，賢人疑焉，聖人信焉，故即日用之事，可通造化之原。而隨世升降，莫或留意，惟賢者睹末流之失，思探繁簡之要以闡其精；惟聖人體來學之心，即契制作之微以寄其獎。今夫著萬物之理者，禮也。其大原出乎天，其大經制乎地，其大法順乎人。特春秋以後，趨於繁文，惑於非制，無一人焉復求其本者，而林放乃䰟䰟然起矣。是蓋目擊夫俗禮之失也，善爲容者，以俯仰傳家，幾類俳優之技；從乎時者，以尊卑爲戲，空陳綿蕞之儀。知有質有文之始造，必不若是瑣瑣也。忠信可以學禮，而升降揖謙之繁，俱其後起者矣。是一問也，可以挽陋儒誦習之衰焉。抑又心恫乎變禮之非也。歌雍舞佾，舉世相忘其僭，而上下之辨殽；禁侏𠌯，後生喜效所爲，而夷夏之閑佚。揆三千三百之所陳，不知若何秩秩也。帝王不相襲禮，而人鬼幽明之故必有不易者矣。是一問也，可以救季世陵夷之弊焉。放也言之，子也聞之，而問答之間，相契深矣。必謂禮之近情者非至，而務窮幽賾以追太始之隆，則草昧抔污，未必勝中天瑚簋。且使矯誣之輩，將以變易犧牲爲力追禮意者矣。放惟志在守禮，而欲於等威降殺之中尋先王、先公之微意，此固子之所深與者也。大其識於擇回增美之先，而宗祝後尸，商祝後主，俱退其職於有司制禮者，我魯之先君掌禮者，我周之柱史有共爲維繫於此問者爾。必謂禮自外作者爲文而悉去英華以返厥初之性，則蠻荒皮卉，豈轉勝中國冠裳？且使放曠者流，將以脱略形骸爲深知禮法者矣。放惟志在學禮，而欲於順體宜稱之外，窺作者、述者之深心，此尤子之所亟許者也。大其業於物曲人官之表，而因地事地、因天事天，首述其情於故簡，學相禮者公西有願，學士禮者孺悲有書，當共相砥礪於此問焉爾。然則禮本之問大哉之贊，不足見聖賢維禮之苦衷哉！

齊人有言曰雖有智慧不如乘勢雖有鎡基不如待時今時則易然也首場第三藝

引齊言以相曉，知王之易固因乎時矣。夫乘勢待時之易，古今所共知也。觀於齊人之言，而齊王之易然不可曉乎？且天下至明之理，識者知之，即無識者亦知之。而有時知之未能決者，則反取決於無識者之言，蓋其驗於俗者既深，斯其證於理者倍切。則即以彼所言證吾之言，而古今事會斠若畫一，遲速之效大略可觀也。子疑齊王之若易然，而引文王以爲比，子齊人也，更亦聞齊人之言乎？閭閻之知識何與遠謨，而鬥鷄走狗之餘，常若有默體於心者。抒彼目前之議論，蓋不勝其鄭重以出者，而豪傑急功之過，適貽口實於庸流。鄙野之講求豈關國是，而轂擊肩摩之下，偏實有閱歷於世者，留此局外之譏評，蓋不勝其委曲以曉者，而英雄舉足之差，反遜知幾於田父。曰：『雖有智慧，不如乘勢；雖有鎡基，不如待時。』斯人也，斯言也，爲凡有勢者言之，非爲齊王言之也；爲凡有時者言之，非爲今時言之也。而吾可因其説以明今之易然矣。處萬不可爲之勢，而逞才力以自强，嘗見有僻在一隅，而争雄上國，紛馳玉帛於中原；構怨强鄰，屢動干戈於四境。卒之兵連禍結，遂致僨蹶於崇朝，而宇下之小邦，或反乘其便利。是固待穮蔉之農夫所相與竊笑者矣。今之時則何如乎？振奮可軼三王，而委靡下儕九國，則當良田之穫而弗收，尚奚講乎錢鎛也？當亦文王、武王之所計議不及者耳。當未可得志之勢，而恃梟雄以争勝，嘗見有賤爲匹夫，而陰結少年，奮臂激一呼之勇；招徠亡命，揭竿當萬乘之雄。卒之力索勢窮，遂取覆夷於烏合，而散亡之餘孽，或因起而成功。是固待茨梁之野老所相爲竊歎者矣。今之時則何如乎？進可以鞭箠天下，而退甘於奴伏關中，則視樂歲之資而弗取，尚奚事夫犁鋤也，當亦管仲、晏子之所歎惜不遑者耳。是故不審乎勢，不度乎時，而欲以力征經營，軼臨淄于豐水，則炙輠者絶纓而笑，奚待豚蹄。如其因勢之宜，相時之利，而猶謂大言無當，擬東海於西歧，則處囊者脱穎無難，何論錐末！明乎今之時，而齊王之易然，不煩言而自解矣。

闈中脱稿後，自謂第二藝非餘人能及，出闈後惟以首藝及三藝示人，有盛誇三藝者，笑謝之而已。比揭曉，房官徐公出語人，則亦極推孟藝，謂足冠通場，而不及次藝也。蓋三藝佳在鋒芒發露，人所易知；次藝則斂采藏棱，真實無間矣。書此以慨文字稍就樸密，便難索解，况其他乎！

魚躍於淵言其上下察也 己未順天第二藝

更觀《詩》之詠所躍，而上下之察者可知矣。夫魚有所以躍，即知鳶有所以飛也。而理之察於上下者，不皆如此飛與躍哉！今使泥一物以求是，而謂潛伏之象，不足以見天理之流行，則道之妙，誠不能貫上下而爲言矣。顧觀物於下而理見，觀物之動於下而理愈見，觀物之動於上與下而上下之理無不見。蓋頡頏之迹相得益彰，而化育之機當前即是矣。《詩》詠『鳶飛戾天』，夫飛者，自下而上也；戾天者，察乎上也。而《詩》又繼詠『魚躍于淵』。悠然者其在藻耶？寂然者其在蒲耶？孰爲激之，而躍者在魚。所以躍者不在魚也，魚不自意於躍，而不得不躍者，勢也，魚固不自主也。潑潑者其隨群而戲耶？洋洋者其食沫而游耶？孰爲乘之，而躍者魚知之。所以躍者魚不知之也，魚不自適于躍，而不得不躍于淵者，時也，淵亦不自任也。然則魚之躍于淵，魚之戾于天也，即魚與鳶之察于上下也。《詩》固不爲是言，《詩》亦何必不爲是言也，言其上下察也。謂魚之性在淵，故魚不能遊鳶之天，然魚之見淵，無異於見天也。天不能强魚而使飛，淵亦不能强鳶而使躍，而上下之性判矣。魚不能自上而躍，于淵則爲上矣；淵不能自下而躍，以魚則爲下矣。魚之躍于淵，實魚之著于淵也，而著于天者則鳶矣。謂魚之道在躍，故魚不能化鳶之飛；然魚之在躍，無異于在飛也。飛不必附魚而自著于天，躍不必附鳶而自著于淵，而上下之道渾矣。魚以躍爲上，而魚之上即見鳶矣；淵以魚爲下，而天之下即見魚矣。魚之著于下，實魚之著于上之下也；而著于下之上者，即天之鳶矣。使僅察乎上而未察魚之躍，則鳶即不能自爲飛。蓋鳶待魚而始察，飛亦待躍而始察也。淵深任躍，亦天高任飛，謂天與淵之費，實飛與躍之自爲費也。而飛躍之性隱乎其中矣。由《詩》以言，察所在，即隱所在也。使僅察乎下之上，而未察魚之躍于淵，則鳶即不能自爲天。蓋飛因躍而後察，亦天因淵而後察也。淵無時離魚，亦天無時離鳶。謂天淵之無須臾離鳶魚，實飛躍之自無須臾離天淵也。而上下之道，慎乎其獨矣。由《詩》以言，所在見察，即所在見慎也。此由鳶飛以及魚躍，而君子之道，可知其察乎天地矣。

截上題法，不傳久矣，爲此方是截上。雖小道狡獪，要不等凡人兒戲也。

故天將降大任於是人也必先苦其心志勞其筋骨餓其體膚空乏其身行拂亂其所爲是以動心忍性曾益其所不能戊午浙江第三藝

大任不遽降，要以厄之者成之也。蓋大任之降，必心性定而所能備者也，惟極其厄而後降，非所以動之、忍之、曾之、益之哉！且天之待賢哲，自出於斯人意計之外，而當其艱難歷試時，則天之心往往不見諒於人。蓋挫折之事無不至，想望之境無不虛。迨至計窮勢竭，運會大隆，乃欵始願不及此者。其摧抑之皆所以栽培之，而天之殷殷於我，已非一日矣。舜、說諸人發與舉之跡如是，是其中不有天哉？天於是真無所以哉？吾乃曠然而得其故矣。聚千百載靈秀所鍾而篤生一士，天亦不勝其希異之心，則既不敢以輕卑者洩菁華，尤不敢以小試者褻奇傑，而照臨下土者，斷不至惡直醜正，有遲疑不用之情。統億兆人賢愚雜處而拔取一尢，天亦不勝其周詳之慮，則既不難以奇福驚俗目，自不難以奇禍聳恒情。而簡在帝心者，萬不以阿保深宮，爲位置斯人之地。蓋天將降大任於是人矣，而猶若未信其心與性，未饜其能也。於是衆侮攖外，群疑戰中，心志苦矣；躬萃百役，足繭萬山，筋骨勞矣；疏水缺供，豆簞乞食，體膚餓矣。而且行哭有形骸之累，孑居無妻子之憐，則空乏其身也。跬步受制於庸豎，片言招怒於鬼神，則行拂亂其所爲也。古今來聖帝明王、名臣碩輔，若舜、說諸人者，莫不基始泥塗，輾轉陷阱，不階尺寸，自致風雲。廢興之揆無殊，前後之觀頓異。噫！真知天必以是先之者，固所以動之、忍之、曾益之耶？必備經險阻，而始成末路之功名，則憂喜已不能相抵。彼蒼誠愛我，何忍以可愕可驚之舉，乘我顛危。生非金石之軀，而逼迫頻仍，竟若不容轉足，蓋此時亦幾籲呼無路矣。乃一再抑之，一再揚之，以餘生爲造物立非常之功，先以此身爲人世創非常之變。而猶卒留以有待，不終歎天意之茫茫也。山川井里，祇供憑吊之端。而躬閲者，史册中猶傳涕淚，此升沉之故，有不能無慨者爾。必刻冀顯庸而始忍先時之磨礪，則賢聖亦不免微求，氣數不可知，何敢以全歸全受之身，姑爲嘗試。理絶循環之望，而坎坷轉側，舍此無可存身，蓋當日亦惟歌泣自知矣。乃幾欲成之，幾欲敗之，以一人歷凡才所未歷之艱屯，遂亘開千古所未開之遭際。而始信玉汝於成，不終負天心之惓惓也。水火兵刑，已爲變遷之境，而施設者，宇宙間猶載精神。此窮通之故，有不難自决者哉！

唐時書判，元代經疑，皆一朝試士之制。今猶存之制藝，沿用兩朝，而自來名家集中皆不編入，何耶？予所作幾及千首，今篋中僅存此矣，姑録於此。

九月己亥朔　天晴，多風。（此處塗抹）殷宏疇壽圖來。夜修容，去短髮。有通州李比部在銛姪名采鳳者，求委身于予，託周允臣爲之請，以南中有成緣，辭之。

邸鈔：以内閣侍讀學士于凌辰爲太僕寺少卿。詔山東布政使貢璜來京，另候簡用，以山東按察使丁寶楨爲布政使，鹽運使恩錫爲按察使。以湖南鹽法長寶道鄭元璧爲山東鹽運使，以兵部郎中翁同爵爲長寶道。

初二日庚子　晴，風不息。讀《七啓》《七命》，擬作《七虞》一首，紀都下之游，尚未脱稿。授七兒唐詩數首。傍晚偕蓮舟詣德夫，不值，遂從蓮舟至其家夜飯，更初歸。

初三日辛丑　晴。作片致德夫、研孫、碩卿，約明日晚飲同興居。曉湖來。下午出門答拜駱越樵、朱福榮、殷宏疇、陳瑞山、何桂芳、倪承瓚，遂至同興居赴蓮舟之招。夜飯後朱厚齋邀飲曲中。予招玉鳳、梔卿，蓋不見三年矣，玉容漸老，猶有餘妍，不免稍回芳芷之情，再結紅梔之愛耳。三更後同蓮舟歸。壽圖來,不值。顔平洲來,不值。得碩卿復書。得結局片,送到八月分印結銀二十三兩,扣除先支銀十五兩,得銀八兩七錢。還蓮舟二金。賞送結銀人錢一千。車夫二千。是日供喜神。

初四日壬寅　晴。得德夫書。作書致趙心泉約遊天寧寺。錢秋訪來,約初七日飲富興樓。下午步詣研孫,遂同詣德夫。傍晚邀德夫、研孫、蓮舟、碩卿、朱厚齋飲同興居。付下賞二千。碩卿邀同蓮舟、厚齋、秦宜亭夜飲芷秋家,予招芷儂,蓮舟招采苓,三鼓後歸。得三月十六日家書、沈瘦生書、鍾慎齋書,春陽送來。

初五日癸卯　晴暖。得碩卿片。作片致宜亭。梳頭。下午邀蓮舟、宜亭至廣和樓聽四喜部。芷秋演《藏舟》。夜飲福興居,予招芷秋,蓮舟招采苓,宜亭招桂仙、桂蘭。付下賞二千,車飯一千,車錢四千,蓮舟津貼戲座錢五千。更初歸。德夫邀初七日飲時豐齋。

邸鈔:曾國藩爲弟國荃疏請開缺養病,優詔許之,賜人參六兩。以安徽布政使馬新貽爲浙江巡撫,以安徽按察使英翰爲安徽布政使,以廬鳳潁道何璟爲按察使。詔馬新貽留駐安慶,籌辦防守善後一切事宜。李雲麟疏請回旗養病。詔責以督軍無效,遽請回旗,有負委任,革去四品京堂,即行回旗,仍以郎中候補。張之萬疏請將已革安徽按察使張學醇暫緩發往軍臺,留營效力。嚴旨不許。

初六日甲辰　晴。得趙心泉書。吴松堂、錢秋訪來。下午步詣德夫,談至日夕而歸。作片致碩卿。署吏告初十日陪祀歷代帝王廟,賞送知會人錢一千。聞僧邸兵大衄于麻城。

邸鈔:詔荆州將軍穆圖善幫辦都興阿軍務。劉蓉奏陝西漢中鎮總兵余福象自請開缺,隨同穆圖善赴甘肅剿賊,優詔許之。以記名提督蕭慶高爲漢中鎮總兵。

初七日乙巳　薄晴。昧爽睡中忽腹痛醒,旋覺氣上逆,半體梗楚,直達牙齶,蓋肝氣舉發矣,逾時稍平復。得恩竹樵廉使書。下午詣時豐齋赴德夫之招。晚詣裕興居赴秋訪之招，夜歸。

邸鈔：以□□□□趙煥聯爲雲南按察使。

寒露九月節。　初八日丙午　巳初三刻二分寒露節。晴，下午陰，夜大風雷雨，徹旦有聲。作片致碩卿，爲莫星五事屬轉致毗陵呂郎。得秦誼亭書約明日午飲。吴松堂來邀同曉湖、蓮舟夜飲裕興居，予招芷秋，初更歸。夜腹痛，又風雨震蕩，不得好睡，三更疾發。

邸鈔：新換雲南按察使席寶田降爲知府，削去布政使銜及勇號，仍責令率勇鈔賊。江西補用道王沐革職發往軍台。以楊岳斌、沈葆楨劾其援剿逗留也。楊岳斌疏請開缺回籍養病奉親，温旨慰留，賞假一月，再赴陝甘總督新任。

初九日丁未　晨風雨，午晴，終日風寒。珊士來。曉湖來，不值。午後同蓮舟詣廠市閲書，買包安吴四種不成。予獨詣德夫，同研孫談，至晚各歸。是日順天榜發，予又落解，蓋南北八試矣。交游中惟王賡廷得舉耳。夜遣王福詣歷代帝王廟遞職名。四更疾又動。

邸鈔：以大理寺卿賀壽慈爲都察院左副都御史。

初十日戊申　晴，風。曉湖來。夜飯後允臣邀同蓮舟、趙心泉飲梅五家，予招心蘭、芷秋，蓮舟招采苓，心泉招惡伶二人，三更後歸。是日傷風不快。還蓮舟錢十千。

十一日己酉　晴。閲《漢書》。作書致吴松堂，約十五日遊天寧寺。夜讀樊榭詩。

十二日庚戌　晴。胡仲芬來，言予挑取謄録。相國早朝回，言予卷在徐檢討桐房，初以首藝有『圜丘』字不敢薦，阮見經策，乃補薦之，竟不售。今日檢討與楊侍講泗孫見相國于朝房，甚相嗟惜。檢討又言予詩中『驂六』字不宜跳行，然予經策亦隨文敷衍，實無大過人者，若『圜丘』字，文中本不避，

『驂六』亦不得不提寫，諸公所言政亦未當。此固命實爲之，而徐、楊二君要不無文字知己之感也。吴松堂來邀飲福興居，辭之。作書致德夫。景蓀來。珊士來。晡後詣德夫，談頃許即歸。沈松亭邀夜飲，辭之。作片致趙心泉，約十五日遊天寧寺。春暘來，不值。仲芬自吏部爲取試卷朱墨各三本來，言明早須繳還。予南北八試，墨卷皆落劫灰中，此次始得重見癡符，恍似少君魂返矣。卷爲瑞相國所抑，於次藝『林放問禮之本，子曰大哉問』提比中『善爲容者以俯仰傳家，咸類俳優之技；從乎時者以尊卑爲戲，空陳綿蕞之儀』數語，以重墨點抹之，蓋不識《史》《漢》爲何語也。向例，鄉會試卷挑取謄録者，必於備卷中選之。予卷未嘗備數，而得取謄録者，徒以房官極贊經策，故主司以此當情面耳。夜作書致蓮舟。碩卿來，不值。

十三日辛亥　晴。以試卷託仲芬繳還吏部，付小費三千。得趙心泉書。作片致吴松堂。得理庵書，饋螃蟹、紫菜，即復謝，犒來使一千。作書致心泉。謝惺齋來。夜疾又動。

十四日壬子　晴。吴松堂來，爲俞子和邀今晚飲裕興居。作片上相國，借兩月脩脯十二金。碩卿來。作書致心泉，送去天寧公分十二千，并徐介亭、李爽階、王鼎丞、羅春浦、吴松堂公分六十千。傍晚詣裕興居赴子和之招，予招芷秋，介亭招蒨雲，爽階招秀蘭，松堂招玉喜，子和招如意，蓮舟招雙喜，春浦招小福，小福不至。初更後，子和更邀同諸君飲玉芳堂，予招玉鳳、芷卿，三鼓後歸。剃頭。

邸鈔：以記名按察使張兆棟爲四川按察使。代蔣志章。

十五日癸丑　晴暖如春暮。上午出西便門，至天寧寺，同趙心泉、王鼎丞、徐介亭、李爽階、陳瑞山、吴松堂、羅春浦、曾某醵飲松璧軒。予招芷秋，瑞山招心蘭，日夕而歸。付芷秋車飯四千，心蘭開發八千，補公分二千，五次車錢十六千。是日寺中晤沈叔美吏部，有法蘭、俄羅斯、米利堅三國男女會飲山上，許滇生太宰携妾品茶，歌郎金蘭夫婦亦來遊。得碩卿片。夜月佳甚，今年當無第二夜矣。作書邀碩卿小遊，碩卿他出，遂罷。

邸鈔：以詹事府庶事延煦爲内閣學士，兼禮部侍郎銜。

十六日甲寅　薄陰。珊士來。徐介亭來。秦霖士來。夜小雨旋止。洗足。初更後又雨，旋作旋止。燈下戲擬唐詔令三道：一武宗封王才人制，一懿宗封同昌公主制，一懿宗追贈李德裕太子少保左僕射衛國公制。許起居宗衡柬告十九日顧亭林祠秋祭。

十七日乙卯　陰寒多風，下午晴。作書上相國辭館。吴松堂來。

邸鈔：以國子監祭酒李鴻藻爲内閣學士，兼禮部侍郎銜。

十八日丙辰　晴。午前詣碩卿小談。下午詣廠市英光閣書肆，買馬元伯《毛詩傳箋通釋》、共三十二卷。王菉友《説文釋例》共二十卷。及《方望谿文集》，還價二十千，未成。詣曉湖、予恬談，惺齋亦來。夜予恬邀飲致美齋，偕三君至玉鳳訪梔娘，還開發二十四千。二更後沈松亭邀飲曲中，三更後同惺齋歸。作書致莫星五闗中。

十九日丁巳　晴。錢秋訪來。詣研孫，小談而歸。閲《卷葹閣文集》。吴松堂來夜談。

二十日戊午　晴和。閲卷葹閣文。晡後詣惺齋小談。薄暮倚樹讀書，雖取俄頃之賞，而極閑適之致，因思家園此際湖菱未盡，山楓正濃，籬落夕陽，禾黍晚色，撰杖扶母，讀書挈兒，以斠今日慁客朱門，借雙槐之老陰，寄一席之暫暇者，奚翅霄壤哉！　夜疾動。

邸鈔：詔：不入八分輔國公承志襲封鄭親王；入八分鎮國公載敦襲封怡親王；承志舊爵以岳靈承襲；載敦舊爵例應降爲入八分輔國公，以載泰承襲，世襲罔替。以世宗賜怡賢親王手敕，仍畀載敦世守。

二十一日己未　晴暖。俞子和來辭行。碩卿來。下午詣德夫，並晤徐念畬，屬念畬爲俞子和作致楊禮南學使書，晚歸。作片致碩卿，致吴松堂。楚人羅春浦來，不值。夜疾又動。

二十二日庚申　寒陰積晦。得吴松堂片，言已將書件交俞子和，并力辭送行。徐念畬來辭行。作片致惺齋，得復。李爽階縣令來，并以《赴任天台留别都門知好》七律四章求屬和。其詩如『薄宧思酬甘旨願，微官喜見中興年』及『劉阮從今是部民』七字，皆粗有意致。作稟家慈書，致仲弟書、季弟書、慎齋書、沈瘦生書，託浙江知縣虞慶瀾寄去。

邸鈔：詔：二品頂帶鹽運使銜淮徐揚海道庫木勒濟特依巴圖魯朱善張照二品官軍營立功後病故例從優議恤，從漕督吴棠請也。吴棠疏稱：善張，浙江人，由附生保舉，以南河通判用，積功至今官，奔馳戎馬，歷十二年，籌餉籌防，毫無貽誤，並以剿辦沛縣新團奮匪，力疾從戎，即在行營病故，實非尋常積勞可比云云。

霜降九月中。　二十三日辛酉　午正一刻九分霜降節。上午陰，下午晴。得德夫書，即復。曉湖來。得碩卿片，言將赴試江寧，以二十七日行，即復。聞景蓀放江南副主考。剃頭。惺齋來夜談。碩卿夜來話别。

二十四日壬戌　薄晴釀寒。作書致趙心泉，約今夕飲玉鳳堂。得珊士片，惠熏鴨一隻，即復謝。上午出門答拜徐硯畬、李爽階、王鼎丞、羅春浦、徐介亭、馬春暘，俱晤，下午歸，付車錢三千。得心泉復。作片致倪越湖，得復。胡梅卿來，不值。碩卿來，不值。傍晚梅卿招飲景春堂，予招芷秋、心蘭，蓮舟招采菱，初更未散，予先出。至玉鳳堂，介亭、爽階、心泉、碩卿已先在，二更設飲，牛旁阿鼻，盡醜極媸。三更雨作，踉蹌駕車而歸。付梔卿開發二十四千，付車飯二千。

二十五日癸亥　陰寒。珊士來。作書致景蓀薦從人。作片致念畬、德夫，約晚飲同興居。景蓀來，言徐蔭軒太史以予故惋歎數日，謂文中若無『圜丘』二字，則經策十藝必進呈，主司亦當以南元相待，且言闈中知此卷落解，即要内監試同見瑞相國，請之曰：『此卷識議筆力，俱非近人所有，宜見録取。』而相國竟不從。又言予學力在張香濤之上。張香濤者，名之洞，南皮人，去年進士一甲第三人，爲北方學者之冠，壬戌科會試，亦以經策冠場，爲主司所抑，僅取謄録者也。太史之言自爲可感，生平偃蹇場屋，新獲知己亦僅太史一人。若張君壬戌經策，予曾見之，博贍實非予所能及。敖金甫丁内艱，來告，晡後往唁之。金甫言以明日奔喪于粤東。傍晚詣蓮舟，又詣芷秋，芷秋約予今日過談也，語次告予以近有吴人（此處塗抹）者，爲出金六百兩，更數人助之，得千金，已脱弟子藉，求予小潤益之。（此處塗抹）傍晚小雨，夜雨沾滴徹旦。夜邀蓮舟、梅卿飯于同興居，更初，蓮舟邀同梅卿、介亭、爽階、松堂飲福雲堂。采菱入城不返，遂至春龢堂飲蒨雲室，予招芷秋，梅卿招小慶、小荷，爽階招秀蘭，介亭招小鳳，松堂招玉喜，三更後歸。賞同興居二千，車夫一千。

邸鈔：以通政司副使倪杰爲光禄寺卿。賞還鄭親王廂藍旗纛旗。

二十六日甲子　雨寒。巳刻疾動。作致恩竹樵廉使書。致夏小笠滿城書。晚晴。夜疾又動。

二十七日乙丑　晴寒多風。作片致夏鏡人，託寄小笠書。作片致碩卿。理庵來。傍晚詣碩卿送行，并晤閩人陳少希水部，小談而歸。

邸鈔：官文奏粤賊竄蘄水，提督銜記名總兵石清吉、總兵銜副將江星南、副將谷明發、遊擊曾占彪、段會元皆力戰死之。詔：石清吉忠樸勇敢，自咸豐五年帶勇以來，在湖北、安徽等省，迭克名城，臨陣奮勇争先，戰功歷著。此次赴援關口，奮不顧身，竟以力竭陣亡，深堪憫惻，著照提督陣亡例議恤，入祀昭忠祠，於原籍直隸沙河縣，及安徽廬州府、湖北黄州、德安等府，及蘄水縣各建專祠；江星南等均從優議恤，並祔祀石清吉專祠。　恩麟奏回逆襲陷固原縣城。詔：恩麟與署按察使楊柄鋥俱交部議處，並令恩麟查明穆隆阿、成瑞退駐平凉情形。　李鶴章補授甘肅甘凉道。

二十八日丙寅　晴。卧至日高春未起，疾又動。買菊花黄紫各一叢爲盆供。得殷宏疇書，即復。胡梅卿、梅仙兄弟來。

二十九日丁卯　晴。得德夫書，并寄示近作七律一章，即復。吴松堂來。李爽階以王鼎丞送行七絶四首寄閲，以予與爽階約明年爲天台之游，故鼎丞末首有『春來早備遊山屐，好待詩人李白來』之語。傍晚出門詣心泉，不晤。詣宏疇、景蓀，俱晤，夜歸。得梅卿書，即復。

十月戊辰朔　晴。作書致心泉，約初四日宴春華堂。得吴松堂書。得心泉復書。曉湖、予恬來。得殷宏疇書。王鼎丞定安來。傍晚同曉湖、雨田過慰惺齋喪子，不值即歸。得結局片，送到九月分結銀二十三兩六錢，隨封二兩七錢八分。

初二日己巳　祖母倪太恭人忌日。晴。吴松堂來。作書致徐介亭。作致陳蓮峰彰德書，壽玉谿粤西書。是日天氣極和。

初三日庚午　晴和。景蓀來辭行。剃頭。晡後詣曉湖、予恬，留夜飯。飯後回車至春華堂，即歸。得景蓀書、惺齋書。夜撰策問，至鷄鳴始就寢。疾復動。

邸鈔：命刑部尚書綿森、户部左侍郎吴廷棟赴察哈爾查辦事件。正白旗護軍統領、正黄旗滿洲副都統和碩額駙恩醇病卒。恩醇尚宣宗第五女壽臧和碩公主，由散軼大臣至今官卒，無子。詔：烏魯木齊提督文祥更名文祺，避工部尚書文祥也。御史景霖更名景雲。避副都御史景霖也。

初四日辛未　晴。作書致德夫，得復。晡後，詣邑館送景蓀行，并晤金少白、湯古孺。傍晚詣春華堂，邀徐介亭、胡梅卿、吴松堂、殷宏疇、趙心泉、楊理庵、李爽階、允臣、蓮舟夜飯，爲芷秋請分子也。允臣贈五金，梅卿四金，介亭三金，蓮舟、理庵、宏疇、松堂各二金，心泉不至，亦贈二金，爽階至而無所贈。予贈十二金，賞其長隨二金，付諸君車飯錢十千，賞心泉僕人二千，允臣從人三千，烟草錢三千。蓮舟招蒨雲，梅卿招小慶，允臣招旺兒，理庵招老黑，宏疇招芷香，爽階招雁秋，松堂招玉喜，介亭招小鳳。二更席散後，又偕梅卿、松堂至景春堂茶話，三更歸。得予恬書。

初五日壬申　晴寒多風。得德夫書。下午詣德夫談，至晚歸。理庵來，松堂來，俱不值。

邸鈔：伊犁將軍常清革職聽勘，以内閣學士伊犁參贊大臣明緒爲伊犁將軍，以古城領隊大臣聯捷爲伊犁參贊大臣，以庫爾喀喇烏蘇領隊大臣惠慶爲古城領隊大臣，以候補郎中李雲麟爲烏蘇領隊大臣。以御史丁紹周爲内閣侍讀學士。

初六日癸酉　晴。作片致梅卿，致仲芬。得介亭片，以直幅屬書近詩。

初七日甲戌　晴。沈松亭片請初十日聽三慶班。吴松堂來。得殷宏疇書。讀《漢書》，加朱《景十三王傳》一卷。

初八日乙亥　晴，午後稍和。詣文昌館，爲金甫陪吊，逾時而歸，送奠分八千。夜爲曉湖評點《因樹書屋詩集》，題二絶於尾云：『松園風格霽山思，冰雪梅花絶代姿。恰是夜窗寒月上，温茶殘燭對君詩。』『彈徵聲酸客裹貧，登樓頭白爲思親。鄉園兄弟兼師友，淪落天涯得幾人？』四更疾動。

邸鈔：内務府進九九盒。曾國藩奏蔣凝學、易開俊、唐義訓、金國琛等擊退髮逆大股，皖南皖北一律肅清。詔：安徽壽春鎮總兵易開俊以提督記名簡放；署皖南鎮總兵唐義訓開復革職留任處分，補授皖南鎮總兵；前布政使銜湖北安襄鄖荆道降補同知金國琛開復道員原官。

立冬十月節。　初九日丙子　午初三刻十四分立冬。陰。作片致曉湖還詩集，致仲芬。得曉湖復。理庵來。得予恬片，即復。

邸鈔：沈葆楨奏席寶田追剿湖逆，迭破之於廣昌白水嶺及古嶺，生擒洪秀泉之兄僞恤王洪仁政、弟僞干王洪仁玕，賊黨供稱佑逆李遠繼已斃於陣。詔：席寶田開復降補知府處分，仍以按察使記名簡放，並賞還布政使銜勇號；陣亡花翎遊擊夏基鴻等從優議恤。葆楨疏稱，洪仁(瑛)〔玕〕等由新城敗遁，席寶田力追數百里，苦戰五晝夜，翦除殆盡云云。

初十日丁丑　晴。慈禧皇太后三十萬壽節。下午至長巷三條胡同長吴會館聽演劇，赴沈松亭之招也。與曉湖、予恬同席，至夜三鼓始歸。

邸鈔：沈葆楨奏賊目汪海洋自許灣攻撲寧都州，鮑超由池埠率部飛援，九月十一、十二等日，大破賊衆，共殺賊一萬數千人，生擒二千餘人，立解城圍。詔：鮑超一軍，自入江後，連獲大捷，所向有功。此次馳援寧都，以萬餘衆迭挫巨敵，立解重圍，實屬謀勇兼優，深堪嘉尚。著加恩賞戴雙眼花翎，署寧都州知州。捐升知府郭毓龍固守危城，著以道員留於江西補用。陣亡遊擊牟占魁等，從優議恤。詔：户部左侍郎吴廷棟在紫禁城内騎馬。

十一日戊寅　晴。作書致德夫，還《藏園詩鈔》《藝舟雙楫》，取回江鯨濤《尚書集注音疏》及《杜牧之集》。陳瑞山來。得壽玉溪正月間廣州書。吴松堂夜來話曲中事，至二更去。殷宏疇片請明日往談。

十二日己卯　晴。胡仲芬來。作片致殷宏疇。下午整比書籍，頗覺疲倦，而位置甚妥，此中亦小有經度也。近來意牽外事，所業不竱，讀書甚鮮。得處今日料檢一過後，當稍有次第耳。得宏疇復。作片致胡仲芬，託查殷宏疇捐事。夜月甚清綺。

邸鈔：保恒奏九月初三日新疆漢回攻陷迪化州城，烏魯木齊都統平瑞、署鎮迪道伊昌阿俱全家殉難。署迪化州知州孔昭恒逃奔濟木薩。詔：平瑞照都統例交部從優議恤，入祀京師昭忠祠；伊昌阿照道員例議恤。平瑞之妻妾子女，伊昌阿之妾及胞姪桂聯、姪媳、姪孫等，均交部查明分別旌恤；平瑞是否另有子嗣在京，著本旗查明請旨。孔昭恒革職，交保恒挐問。烏魯木齊都統著保恒署理。官文奏請飭候選道裘德俊，及發往貴州之前任直隸清河道鮑桂生，赴湖北軍營差委。詔不准。徐宗幹奏請暫停福建鄉試。詔：福建正考官殷兆鏞、副考官阿克丹，無論行抵何處，即著馳駟回京。

十三日庚辰　終日凝陰，夜雨。珊士來。敖金甫之姪來索舊借十金，此事可怪，予去年到官時，金甫攜銀來辭曰津助，予故受之。自後金甫相見，絶不言及。頻行時，邀予往別，亦不及之。今日此子忽來索債，其辭甚戇，且迫促之。予近往吊，未曾來謝，而作此唐突，後生無禮，令人愕眙。因不欲以拒債故傷人於言，婉辭答之。此亦貧來百事不如意之一也。吴松堂來。數月以來，談書無緒，周旋委瑣，出入不恒。箋牘所使，多村野驅烏之流；翰墨所宣，皆咿唔塗雅之豎。精力有盡，供此佣張。偶出遊嬉，輒致歡損。此劉越石所謂一丸之藥，不能消彌年之疾者也。擬過今月望後，排日讀經，按時程課，庶藉三冬之力，補一年之荒乎？夜與蓮舟剪燭聽雨，歷數身世之跡，友朋之遇。阮生所履，既少坦塗；子桑與遊，自多餓隸。蒼涼感喟，相對愴然。

邸鈔：沈葆楨奏九月二十五日席寶田追賊至廣昌石城，游擊周家良生擒僞幼主洪福瑱。詔：沈葆楨自簡任江西巡撫，籌防籌抄，深合機宜，浙、皖賊匪，屢竄江西，派調兵勇，次第掃蕩，轉危爲安，勳勞懋著，加恩賞給一等輕車都尉世職，賞給頭品頂帶。署浙江提督鮑超，前在江、楚、皖三省，卓著戰功，此次督軍入江，所向大捷，迭摧巨股，連克堅城，斬馘解散，不下十餘萬，賊衆聞風落膽，遂能盡掃逆氛，膚功立奏，加恩錫封一等子爵。記名按察使席寶田加恩賞給雲騎尉世職，賞穿黄馬褂。周家良加恩賞給雲騎尉世職，以副將補用，並賞給猛勇巴圖魯名號。餘升賞有差。洪福瑱即于江西省城凌遲處死，以快人心。詔稱幼逆洪福瑱前於江寧攻克時，據擒賊供稱，該逆積薪自焚，嗣據左宗棠探明，洪福瑱實已潛綜逃竄，迭經諭令各路跟蹤兜拏，該逆被官軍追剿，屢次敗衄，由安徽廣德逃往浙江湖州，復出竄安徽寧國、昌化、績谿，自浙江遂安遁入江西廣豐、瀘溪，追及之于廣昌石城云云。詔：浙閩總督兼署浙江巡撫左宗棠督師入浙，恢復浙東各郡縣，進規浙西，攻克杭州省城及湖州等府縣，肅清全浙，並派兵截剿皖南竄匪，蕩平巨股，卓著勳猷，兹當幼逆洪福瑱就擒，殲除餘孽，東南軍務，漸次底定，自應渥加懋賞。左宗棠加恩錫封一等伯爵。浙江布政使蔣益澧隨同左宗棠統兵入浙，身先士卒，所向無前，先後力拔堅城，廓清浙境，懋著戰功，加恩賞給騎都尉世職。

十四日辛巳　嫩晴有風。謝杰生自山東致書來，以被事羈質，求予援手，作書謝之。補作遊天寧寺詩。作致恩竹樵書。作片致胡仲芬，問殷宏疇事。以焦氏《孟子正義》屬書賈修補損葉。寶森堂書賈李姓來告，有舊家寄售《雕菰樓叢書》，價銀三兩五錢，未知肯賒否。夜與允臣試葉烟。

邸鈔：睿親王仁壽薨。仁壽以道光六年襲爵，賞戴三眼花翎，在内廷行走，歷官至宗人府左宗正，廂黄旗領侍衛内大臣，廂紅旗滿洲都統。左宗棠奏署浙江提督秦如虎傷疾舉發，懇請回籍調理。詔許之。以記名提督高連升署理浙江提督。鮑超尚在江西也。鮑本真除，以丁憂奪情暫留，故亦稱揄任。

九月望日偕貴筑徐介亭司馬皋武昌李天台士塏宜昌王鼎丞孝廉定安及户部趙陳兩同官携歌郎六七人宴遊天寧寺有作

聯騎城西出，尋秋到上方。林烟亂茶火，塔影界花光。夷語紅羢酒，是日有法蘭、俄羅、米利三國男女會飲山上。吴歌紫鶻裝。天涯惜良會，分策又斜陽。

與恩竹樵廉使書

竹樵廉使仁兄閣下：前月奉布一緘，想已注籤室矣。比維秉憲外臺，百城風肅，榮問休暢，動静納宜，甚善甚善。山左凋敝之餘，民習夸詐，整風飭吏，深賴綱維，賢者之勞，詎能自已。從此激揚庶俗，扶翼皇猷，開府宅鈞，不煩指顧。啓孫弘之東閣，標元禮之龍門。宏獎風流，及今彌劭。弟本樗散之質，乏榮進之懷。猥以衣食累人，驅馳輦下，玷一官於陛楯，違七載於巖阿。邇者老母書來，催歸甚急，弟妹八口，望切刀環。顧念廬舍已焚，田園半廢；菱畦二頃，春水不生；橘社百株，秋風盡失。湖墅豪奪，魚蟹莫給於餐；井里別遷，鷄犬亦迷其路。文度有妹，二十未笄；曼卿積喪，三世不葬。養親無可藝之黍，課兒無可讀之書。故復黽勉科名，冀升王路；庶博寸禄，以贍一生。而磨蝎臨宫，文章憎命，竟以一字之嫌，仍遭黜放。自惟年垂四十，積瘁已深，十旬之中，病者八九。勞生强半，無能復爲。定計來春，南旋省覲。貲郎鷄肋，何所戀懷？且當浪跡江湖，浮湛旅食，小車千里，浮家一帆。或遠詣故人，流連鷄黍；或上謁當路，丐索衣糧。終爲太平之氓，無取侏儒之笑而已。執事前辱致書，勤勤垂念。仁風所被，已嘘枯荄；廉泉未來，先甦涸轍。深慚無似，仰累清懷。而近以毷氉窮涂，稍營酒食。排終身之積慘，求數刻之暫歡。遂已積債成山，典衣并篋。朔風漸冽，裘褐未充。劉穆常飢，見嗤於戚黨；陳湯無節，被薄於鄉評。

惟恃監河之施，得起閉門之卧。東方可指，西笑何憂？平津一席，業已婉辭，承其固留，尚未徙舍。但俟資斧粗足，即具敝車而行。屈指下九重三之間，當可道經濟濼，版謁使衙。尋夫注之花，歷城接騎；聽明湖之雨，燕寢聯詩。魚鳥之盟，固當不負；烟霞之勝，於以畢悰耳。初冬望夕，寒月在窗。翦燭裁箋，不覺覼縷。惟餐衛珍重，不宣。

十五日壬午　晴。剃頭。下午出門唁倪葉翁光卿丁内艱。詣丁蘭如，並拜其叔默之庶子。又詣曉湖、心泉、宏疇而歸。夜月甚佳，頗思秋君，出遊不得，燈下賦詩自遣，成《日晡過梁家園》五律一首，《月夜感懷》絶句二首，《寄德夫》絶句一首。夜作書致德夫。

邸鈔：詔：醇郡王領侍衛十員往奠睿親王仁壽，於例賞外，更賜銀一千兩治喪。肅親王華豐調補宗人府左宗正，以禮親王世鐸爲右宗正。命寶鋆兼署刑部尚書，内閣學士李鴻藻署理户部左侍郎，通政使朱夢元署理刑部右侍郎。以綿森、吴廷楝使察哈爾也。詔：浙江温州府知府周開錫以道員留於福建、浙江補用，署杭州府知府薛時雨實授爲杭州府知府，候補同知許瑶光以知府留於浙江補用。從左宗棠請也。

日晡過梁家園

日落驅車過，荒園尚姓梁。夕光生積水，秋意眷疏楊。橋小人聲聚，原空馬影長。當年游宴地，裙屐繼漁洋。王漁洋有《偕宋荔裳鄒訏士泛舟梁家園》詩。

冬夜看月感懷

歸夢青山隱薜蘿，天涯清淚月中多。何當夜夜松林下，腸斷桓郎一曲歌。此詩有文外獨絶處。

作達端相現在身，玳筵銀甲又經旬。紅窗一桁玲瓏月，不與開簾照玉人。

冬夜寄德夫

湖海元龍氣已銷，年年失意鬱輪袍。不須痛飲稱名士，紅燭黄花對楚騷。

十六日癸未　晴。望。得德夫書，借觀日記。予昨夜作致德夫書未寄，而德夫書適來，俱以連夕佳月，思共清話，足見蛩駏之狀矣。補寫日記。喫蟹，今年都下此物甚賤，頓頓持螯，頗不減南中風味。下午詣德夫暢談，留夜飯，至二更踏月而歸。夜疾動。

十七日甲申　晴。殷宏疇來。趙心泉片請十九日夜飲。曉湖來。作書致德夫。從德夫處借得《帶經堂詩話》三十卷，乾隆間海鹽張宗柟所輯，凡取漁洋説部詩話十三種，以及文集、詩選中凡例之論詩者，分爲六十四類，依次排纂，間附識所引原書出處。國朝詩家，漁洋最得正法眼藏，商榷真僞，辨别淄澠，往往徹蜜味之中邊，析芥子之豪髮。至乎論古，或歉讀書，而語必平情，解多特識，雖取嚴生之悟，迥殊歐九之疏。大雅不群，庶幾無愧。張君備爲蒐集，心力頗勤，亦可謂有功藝苑者矣。惟門類太多，或嫌瑣雜，重文並録，又近贅疣，是其病也。宗柟號含广。

邸鈔：御史富稼革職審訊，并訪拏其子吏部筆帖式延序歸案嚴訊，以妄傳延序軍功加級，又詐稱延序已逃也。前任陜甘總督熙麟病故。詔：熙麟由蔭生中式進士，觀政農曹，蒙顯皇帝特恩，由郎中超擢内閣學士，旋换户部侍郎。性情忠直，辦事勤能，兹聞溘逝，殊深悼惜。沈葆楨奏署理甘肅按察使劉于潯以病甚不能赴任，請開缺調理。詔：劉于潯即開署缺，仍在江西帶兵剿賊。

十八日乙酉　晴寒。得德夫書，約廿一日聽戲。殷宏疇書來商補繳捐款事，即復。陳瑞山來索所書直幀。作書致徐介亭還直幅。錢秋訪來。李爽階來辭行。夜胡仲芬來。終日困于館課，兼苦人事應酬，不得讀書，甚無謂也。

邸鈔：詔：熙麟照總督例賜恤，賞給陀羅經被，派貝勒布彥諾謨祜即日帶領侍衛十員前往奠醊，伊子舉人筆帖式德元、孫緒曾，候百日後帶領引見。 以甘肅鞏秦階道林之望爲甘肅按察使。 金國琛補授鞏秦階道。

十九日丙戌 陰。 得德夫書，即復。 作片致趙心泉，辭夜飲。 作書致殷宏疇借十金。 得宏疇復。

高廷禮《唐詩品彙》，言七古以李太白爲正宗，杜子美爲大家，王摩詰、高達夫、李東川爲名家。 王阮亭非之，而以王摩詰、高達夫、李東川爲正宗，李、杜爲大家，岑嘉州以下爲名家。 然高以太白爲正宗固非，王以三家當之，亦不然，三家自不過名家耳。 此事總當推杜陵爲正宗，太白爲大家。 阮亭平生耆好稍偏，其於七古，才力亦所不逮，故集中無一佳篇也。 謝在杭謂明詩遠勝於宋，又謂宋人尚實學，而明人多剽竊，故究竟不及宋。 語固矛盾，然予謂明詩實過於宋。 季迪惜不永年，倘逞其所至，豈僅及東坡哉！ 中葉之空同、大復，末季之大樽、松圓，皆宋人所未有者。 宋人自蘇、黄、陸三家外，絶無能自立者。 明人若青田、西涯、子業、君采、昌穀、子安、子循、滄溟、弇州、夢山、茂秦、子相、石倉、牧齋，皆卓然成家。 即孟載之風華，亦高於崑體；中郎之雋趣，尚永於江湖。 後代平情，無難取斷，貴遠賤近，徒以自欺。 至於國朝，實鮮作者。 漁洋七絶，直掩唐人，此體之餘，僅爲宋役。 愚山五律，伽陵歌行，皆足名家，亦專一技。 三君而外，則推竹垞、初白、太鴻耳。 然竹垞瑜不勝瑕，初白雅不勝俗，太鴻頗多雋語，苦乏名篇。 餘子紛紛，概無足數。 文章有待，風會相因，方駕古人，或在來哲。 昭代文至劉海峰、朱梅崖，詩至沈歸愚、袁子才，可謂惡劣下魔矣。 而近日文更有桐城末派，如陳用光、梅曾亮者，則以歸、唐之藞苴，爲其一唱三歎也。 詩更有西江下流，如張際亮、朱琦者，則以王、李之臭腐，爲其三牲五鼎也。 而大臣之好文，名士之能詩者，震矜以張門庭，依附以竊聲價，於是文人則有某某，以爲由桐城溯史、班，而一字不通矣。詩人則有某某，以爲由西江溯杜、韓，而一語不成矣。書種既絶，名家益多，外此者，則又自居非復人類，耳目所及，指决鼻菸，車馬所趨，軍機西老，都人呼山西人爲西老，老者，尊稱，以其多金錢也。雖國有顔子，不復知矣。

夜疾動。

邸鈔：詔沈葆楨即將逆首洪仁玕、洪仁政、黄文英就地凌遲處死。

二十日丁亥　晨小雨，午雪，始用爐。夜與蓮舟數都中風物，戲録於此。三惡：臭蟲，老雅，土妓。三苦多：天苦多疾風，地苦多浮埃，人苦多貴官。三絶無：好茶絶無，好菸絶無，好詩絶無。三尚可：書尚可買，花尚可看，戲尚可聽。三便：火鑪，裱房，邸鈔。三可喫：牛嬭蒲桃，炒栗子，大白菜。三可愛：歌郎，冰桶，蘆席棚。凡所區品，懸之國門，當無能易一字者矣。明日須示德夫，博一申眉頭也。北地與南中較，不可同年語矣。然亦有三不憂：不憂蚊，不憂蛇，不憂久雨。夜作送李爽階之天台令詩。

送武昌李爽階進士士塏出宰天台

天台之山天下奇，高切霄漢横地維。生偏海東不得地，不然五岳焉能齊。華頂千尋擢金闕，萬古清暉凌日月。青冥浩蕩開洞天，下視蓬萊特丘垤。李侯十載長安居，凌雲獻賦摩天衢。一朝折翼下三島，仙官特荷奎章除。秋風握手五陵陌，意氣相傾吐肝膈。由來儒術在牧民，豈爲長貧慰捧檄？長安酒樓十里遥，玉缸萬斛銀蒲桃。吴兒翦髮倚樓笑，明燈一曲星辰高。黑笛紅毺過重九，宿醉未醒忽分手。行裝半擔烟雲輕，馬首雪花大如斗。台於浙右號瘠區，荒城亂後人烟疏。看君拊循起凋敝，麥苗春雨隨軒車。神仙作吏赤城樂，衙退讀書對巖壑。開簾琴筑亂飛泉，時見瑶花印床落。我亦名山契夙成，國清舊夢記三生。予未生時，先大母倪太恭人詣天台國清寺，設齋大施衆僧。明年奉母携笻至，同聽松間布指聲。

不難於奇思雋語，而難於音節自然，直起直落，不煩繩削。作詩到此地步，良非偶然，惜不令吾家太白見之。東坡、遺山，政恐未曾見及。東坡有其趣而乏遒警，遺山有其骨而乏風華，季迪有其神而乏沉實，空同有其力而乏頓宕，大復有其韵而乏開張，伽陵有其格而乏濃至。此事自有公道，吾不敢多讓。太白七古，超秀之中自饒雄厚，不善學之，便墮塵障，故七古終以少陵爲正宗。學此者，貴於精實中討消息。超而不沉，東坡之病也；秀而不實，東川之弊也。七古若山谷之健，放翁之秀，道園之簡，淵穎之老，西涯之潔，牧齋之蒼，亦名家矣。其病在不渾成，不精實，故皆不能超妙。

二十一日戊子　晴寒有風。作書致殷宏疇，借以小毛袍褂。作片致李爽階，致徐介亭，致德夫，至吴松堂，俱約明晚飲同興居。梳頭。得宏疇復。下午詣德夫暢談，同熊蓉堂、陳葆珊夜飲，二更歸。是日微感煤氣，不快。殷宏疇來，不值。送倪葉帆光卿太夫人奠分六千。

邸鈔：曾國藩等奏淮徐揚海道轄境遼闊，難以周顧，請仍設淮揚道。詔：議政王軍機大臣會同吏部議奏。

二十二日己丑　陰。得李爽階書、徐介亭書，俱以事辭飲。吴松堂來。晨感煤氣，頭痛不快，終日不食，至晚稍瘥。作片致德夫，致松堂，更訂飲期。夜點閲陳大樽七古。付車錢廿二千。

邸鈔：僧格林沁、官文奏督軍追抄髮、捻各匪，敗之於蘄州風火山，恒齡復敗之於包龍廟。十月初二、初三等日，成保、宋慶敗之於莫山芭茅街。初四日，成保、陳國瑞、成大吉、楊長春等大破之於土漠河。初六日，英翰等軍攻破欒兒嶺。初七日，敗之於黑石渡，僧格林沁親督馬隊至，僞將温其玉、黄文誥等率衆九千餘人窮蹙乞降。初九日，逆酋馬融和率衆六七萬人降。十三日，僞將甘懷德縛僞端王藍成春，率衆五千餘人來降。賊酋汪世第、僞將邱元才、范立川等亦皆率衆降。共受降十數萬人。詔：總兵郭寶昌賞穿黄馬褂，陳國瑞開復降三級調用處分，已革副都統成保仍以副都統記名簡放。詔：前任御史竇垿以知府發往貴州，交勞崇光、張亮基差委。

二十三日庚寅　晴。珊士來。得德夫書，并陳大樽近體兩册屬加點勘，借去《元遺山集》。偕珊士詣惺齋，不值。同至德夫處，予先歸。今日作事極不如意，只以貪嗔未告，遂生種種顛倒，雖怒不可平，而皆是極瑣細事，極不足計較人，思之可笑。

邸鈔：僧格林沁、官文奏記名提督蕭河清追賊至廣濟花果橋，遇伏力戰死之。詔：蕭河清久隨多隆阿軍營，戰功卓著，由陝回鄂，冲鋒打仗，擒斬頗多。此次中伏陣亡，深堪憫惻，著照提督陣亡例從優議恤。於原籍湖南長沙縣及死事之湖北廣濟縣建立專祠。

小雪十月中。　二十四日辛卯　辰正三刻十三分小雪節。上午晴，午後陰，有風。徐介亭柬招晚飲宴賓齋。得殷宏疇書，屬爲改易名字，即復。爲人名及别號最難，既無從著想，又不知其意趣所在，爲俗人更難。前日芷秋、芷儂俱求予名之，亦未能應也。介亭來催飲，辭之。夜爲德夫點閲大樽七古，德夫意不可一世，而於予所可否無不心折，因緣耆好，酸鹹各同，亦由識性聲聞不二。予前日自評送人宰天台詩，夸詡殆絶，見者幾以爲猖狂，而德夫欣然賞會。昨致予書，以爲此實奇作，自評已盡之。可知予之非妄言，德夫非妄許矣。大樽七古，取藻於六朝、四傑，而出入青蓮、昌谷兩家，鋪敘華縟，動出一軌。惟氣魄頗好，又時雜以豪麄，故亦有可節取者。校之同時李舒章《蓼齋集》，伯仲之間，才力差勝。顧予性不耐煩，雅不喜評點古人詩文集，大樽此體，千篇一律，尤覺可厭。今爲德夫，特破例爲之耳。夜大風。是日買密色磨段二毛長袖馬褂一件。價銀十兩。

邸鈔：以太常寺卿胡家玉爲大理寺卿。左宗棠奏浙江鹽運使李榕現在安徽軍營帶兵剿賊，未能赴任，請開缺另補。詔：李榕仍以鹽運使候補，以浙江督糧道楊昌濬爲浙江鹽運使。周開錫補授浙江督糧道。盧定勳補授山東鹽運使。初授山東運使鄭元璧在湖南長寶道任病故。江西巡撫沈葆楨以父母年逾七旬，疏請歸養。温旨慰留，并賜其父母人参六兩。

二十五日壬辰　晴，大風。晨起見庭前木葉盡脱，空枝竦瑟，日光灑然。一夕朔風，頓異昨境，大有蕭寥卒歲之思。剃頭。

大樽《今年行》有云：『治安不識絳與灌，天人僅相江都王。經明行脩竈下養，秀才異等貲爲郎。天漏奎璧女媧死，腐鼠滿眼飢鳳凰。且憂文武道將盡，百年嫫母長專房。』寄喟瀰至，字字似爲今日發也。『腐鼠滿眼』『嫫母專房』八字，尤寫盡一時風會。近有故鄉親舊，以義烈事寓書於予，爲乞公卿題詠。予答書云：『都中此輩，無一識字者，何必丐其唾洟以爲至寶。』既而自笑曰：『此輩可謂不識一字，豈但無一識字者哉！』然如大樽此詩，予却不喜爲之。灌夫罵坐，終非儒者面目，作此事者，語其醖藉可也。燕麥兔葵，奚取劉郎之詠；天街内庫，徒傳秦婦之吟。落落千秋，付之一笑而已。予擬取『秀才異等貲爲郎』句，鎸一印章，前日已與珊士、德夫言之，再欲取『百年嫫母長專房』句，刻一小玉印，以貽内子，寓頌禱意也。書此以博後人一笑。

大樽與李舒章、宋轅文並起雲間，狎主幾社，觀其《送舒章轅文應試金陵》《送讓木先赴計偕》諸作，跌宕自負，雖意在用世，要不過以中年多故，及時取名，相勖而已。厥後舒章一官中書，即遭國變，潦倒夭折。轅文鼎革後始成進士，官至九列，頭面改易，終無設施。予曾於《皇明詩選》跋中深詆訾之。惟大樽小試中外，政節卓然，司李吾鄉，尚傳遺愛，丹心碧血，炳朗千秋。雖管華狎交，幾淆涇渭；而袁褚生死，終判梟鸞。因思昔年與同郡諸子共結言社，其時予與汝南兄弟兩人，皆以年少才名，爲社中眉目，聯觴角藝，抵掌相視，意興凌厲，不可一時，何嘗不以學問相勉，名節相期。而轉眼角張，咫尺胡越，鬼蜮之害，中於腹心。予以昧在知人，破家流落，屢試不振，汩没貲郎。而汝南兩生，大者浮沉京輦，身名廢棄，雖官諫院，不齒人倫；小者遠宦閩鄉，夜郎自大，生平名義，掃地無餘。致此披猖，良可浩歎。予《壬戌秋夜感懷》詩有云：『伯仁死竟由王導，和仲生偏誤大惇。』又云：『誰遣太行當面起，燈前流涕絶交篇。』思之未嘗不深痛也。

是日寒甚，冰凍，夜風少止，尤寒。燃燭讀《爾雅》，偶題三絶云：『理學須從識字成，學僮遺法在西京。何當土室朝親暇，細校蟲魚過一生。』『郭注邢箋總不刊，近來邵郝更精殫。漢文博士何時復，欲並三家立學官。』『名物山居静可孳，光陰炳燭惜中年。窮經更有陳京約，細勘毛詩與鄭箋。』德夫時欲治《毛詩》。眉批：三詩偶然拈詠，本不足入集，嗣同人多以爲可存，既思老杜《論詩絶句》政與此體格相同，因稍改數字，將來編集時，當鈔存之。題曰『寒夜讀《爾雅》偶拈三絶句示德夫』。

大小九卿之説，朝野相沿稱之，然終未能分別。王漁洋《香祖筆記》、阮唐山《茶餘客話》，皆言之不得其詳。余按此稱實始於前明，國朝仍之。然《會典》《通禮》諸書中，實止有大學士九卿之言，無所謂大小九卿也。寒夜無事，爲之參詳官制，驗以故事鈔報，旁考説部諸書，分疏於此。明七卿《明史》有《七卿表》：六部尚書、都察院左都御史。明大九卿：六部尚書、左都御史、通政使、大理寺卿。明小九卿：太常寺卿、太僕寺卿、光禄寺卿、詹事、翰林學士、鴻臚寺卿、國子監祭酒、苑馬寺卿、尚寶司卿。國朝大九卿：六部尚書、左都御史、通政使、大理寺卿。國朝小九卿：宗人府府丞、詹事、太常寺卿、太僕寺卿、光禄寺卿、鴻臚寺卿、國子監祭酒、順天府府尹、春坊庶子。至若理藩院、内務府兩衙門，皆以滿人爲之，鑾儀衛則係右職，欽天監、太醫院則係雜流，故皆不與卿列。内務府更有奉宸苑、上駟院、武備院三卿，亦皆爲滿缺，故亦不數也。眉批：或謂翰林講讀學士當列之翰詹科道，内閣侍讀學士當屬大學士，不得别爲衙門，且尚有内閣學士，亦不得舍彼數此。不知翰詹科道者，僅指編檢言之，不得以統學士，今《縉紳録》，學士及侍讀、侍講别爲起居注衙門，可知其故矣。至内閣侍讀學士，今制並不屬大學士，而内閣學士則俱兼禮部侍郎銜，不得列之小九卿也。又思小九卿當數順天府府尹及左春坊左庶子，而不數内閣、翰林講讀學士。按《漢書·百官公卿表》列有京兆尹，則不得以府尹爲非卿曹矣。左右春坊，本爲詹事府各爲衙司，故今制授庶子者得謝恩，以其爲春坊長官也。若内閣、翰林講讀學士，内閣已屬大學士，終不得别爲衙門，翰林總歸之翰詹科道而已。此説似較前説爲通。

二十六日癸巳　晴，寒甚，有風。曉卧中疾動。始衣羊裘。大樽《贈吴來之》詩云：『漢署爲郎稱意少，楚江作客獨醒難。』二語似爲我發，（此處塗抹）年尾當寫之作春聯。傍晚洗足，始换棉韈。

爲德夫代購焦里堂《雕菰樓叢書》四帙，直銀三兩五錢。其中《孟子正義》一書，可立學官；《六經補疏》《群經宫室圖》亦佳；《易》學四種，算學五種，皆一家之學；《北湖小志》六卷，則專述其鄉里風土人物，上冠以十圖，繪法極可愛，圖亦里堂所自作者。其中《孫柳庭傳》所載孟子圭田説，據《九章》方田有圭田求廣縱法，有直田截圭田法，有圭田截小截大法，凡零星不成井之田，一以圭法量之。圭者合二句股之形，井田之外有圭田，明繫零星不井者，或以圭訓潔，非也，云云。臧在東已采入《拜經日記》。孫名蘭，字滋九，明季諸生，精九章六書之學，嘗從太常少卿欽天監監正西洋人湯若望授曆法，遂盡通太西推步之術。他如《志物異》云：『北湖土中有茆根，其狀長二三寸，有毛，去其浮皮，白嫩甘香，可亨食，故地名白茆湖。《詩》云「言采其茆」，或即此。』又言：『章鷄至春變爲格敦，劉淵林注《吴都賦》云：「鶄鶄，似鴨而鷄足。」郭璞云：「一名章渠。」顔師古云：「今之水鷄也。」然則章鷄即鸕鷀，格敦或即鶻鳴之轉聲。《禮記》作盍旦。」又言：『突黎，即《詩》之鵜也，大如鶴，頸有肉囊，可盛數斗，口張則囊見，每日須飼魚數斤。』突黎正鵜之緩聲，皆可以助博識。又言：『裔之爲氏，惟北湖有之，傳是明功臣徐馬兒之後。馬兒坐藍黨，其子孫改易姓名，逃匿湖中，今五百年，族甚繁衍，有裔家莊，其先世神主内仍書徐某。』此亦可備氏族書之采擇也。里堂又爲《裔烈娥傳》，其事甚足傳，與歸震川所書張貞女事、予所爲《林烈婦傳》情事相同，文筆亦曲暢盡致。

趙邠卿之注《孟子》，在漢世經學家，爲最少家法，後世注經文從字順之派，實自邠卿開之。每章後綴以四字語曰『章指』，亦多空言，惟東漢去古尚近，故多存訓詁古義，又不務爲聖道空闊之言，其序文及章指，皆簡雅可誦。予向有焦氏《正義》，亡其末《盡心》篇三卷，今夕取閲之，大略都遍。趙氏所詮，性理本皆平實，無一奥渺窈繞語，焦氏尤一空理障。然趙注之可笑者，如『形色天性也』，以形謂君子體貌嚴尊，色謂婦人妖麗之容，引《詩》曰『顔如舜華』，下文但言踐形不言色，謂主名尊陽抑陰之義。試思《詩》云『不大聲以色』，《論語》云『有容色』，《孟子》云『發於聲，徵於色，而後喻』，又云『其生色也，睟然見於面』，何得以色專指婦人？ 又如『其爲人也寡欲，雖有不存焉者寡矣』，謂『雖有少欲而亡者，爲遭横暴，若單豹卧深山而遇飢虎之類也，然亦寡矣』。『其爲人也多欲，雖有存焉者寡矣』，謂『貪而不亡，蒙先人德業，若晉欒黶之類也，然亦少矣』。則竟以『存』訓生活，而忘上文之言養心。焦氏之疏『踐形』，謂『趙氏以男子生有美形，宜以正道居之；趙氏以居訓踐。女子生有美色，亦宜以正道居之。乃上並稱形色，下單言踐形，不言踐色，是尊陽抑陰。其曰「主名」者，聖人爲男子踐形者之稱，則居色者之主名，其聖女與？』云云，尤可發笑。此實經學之蔽，不可不知者也。然焦氏亦時有匡正趙注者，如

『既入其苙，又從而招之』，趙訓『招』爲『罥』，謂『入蘭則可，又復從而罥之太甚，以言去楊、墨歸儒則可，又復從而罪之，亦云太甚』。焦氏引趙氏佑《四書温故録》。謂：『招之爲罥，僅見此注，絶少佐證。孟子之闢楊、墨，方深望能言距之人而不可得，蓋未必有追咎太甚之事。此節乃孟子自明我今之所以與楊、墨辨者，有如追放豚然，惟恐其不歸也。其來歸者，既樂受之，使入其苙；未歸者又從而招之，言望人之棄邪反正，無已時也。』又如『説大人則藐之』，趙訓爲輕藐，焦氏謂：『《廣雅》：「邈，遠也。」《莊子》「藐姑射之山」，《釋文》引簡文注即以藐爲遠，邈、藐古通用。「説大人則藐之」，當釋藐爲遠，謂當時之遊説諸侯者，以順爲正，是狎近之也；所以狎近之者，視其富貴而畏之也。不知説大人宜遠之，遠之者，即下文皆古之制，我守古先王之法而説以仁義，不曲徇其所好，是遠之也。以爲心當輕藐，恐失孟子之恉。』觀此二條，可以見其大凡矣。

二十七日甲午　晴，稍和。得德夫書。午後出門，詣李爽階、王鼎丞、殷宏疇、德夫，俱晤。以《焦氏叢書》交德夫，晚歸。曉湖來，以近作《生日》七律見示。鼎丞丐書近詩，并以舊作《章門雜詠》五律十首見示。夜吴松堂來。二更有風。五更疾復動。

邸鈔：勞崇光、張亮基奏八月初九日銅仁文武會同楚軍，生擒逆首包茅仙於梵净山。

二十八日乙未　晴，稍和。作片致趙心泉，邀夜飲同興居。午後，獨詣廣德樓聽四喜部。傍晚，詣德夫談。晚詣福興居，邀徐介亭、李爽階、王鼎丞、羅春浦、吴松堂、蓮舟飲。座有歌郎采菱等五六人，予招芷秋，更餘歸。付戲座錢二千，送戲單人一千，芷秋、芷采車飯二千，酒保賞錢二千。酒債三十五千五百。燈下偶録宋人絶句二十首，遣光景而已。

邸鈔：葉爾羌參贊大臣景廉以病請開缺，不候諭旨，擅自起程進口，行抵歸化城。詔：即行革職，在歸化城趕緊醫治，一俟稍痊，即發往都興阿軍營聽候差委。以喀拉沙爾辦事大臣武隆額爲葉爾羌參贊大臣。

二十九日丙申　晴和。上午同蓮舟至其家少坐，詣德夫處吃早飯。下午同蓮舟至廣德樓聽四喜部。吴松堂邀夜飲裕興居，予招芷秋、芷衫、心蘭，蓮舟招采菱，錢秋訪招小慶，松堂招玉喜。更餘酒散，同至錢秋訪寓，談至二更後，詣蓮舟家宿。是日付心蘭開發八千，芷衫開發八千，芷秋、心蘭、芷衫車飯三千。得結局片，送到十月分結銀二十五兩八錢，隨五錢四分。

邸鈔：喬松年奏道員蔣凝學擊敗僞扶王陳得才，收降三萬餘人，得才自服毒死，皖境竄賊悉平。詔：蔣凝學賞還布政使銜。

三十日丁酉　晴和。早自蓮舟家返寓小食，即同蓮舟詣曉湖談。胡蘭舟饋炒麵。沈松亭邀飲曲中，予招芷卿。夜飯於松亭家，更餘歸。賞松亭車夫一千。

邸鈔：已革江寧布政使楊能格以按察使起用，發往都興阿軍營差遣。

十一月戊戌朔　晴和如暮秋，綿衣撤爐。作片致曉湖、松亭，約初三日飲同興居。付二毛馬褂價銀十兩，付前買衣裳餘直銀四兩八錢，更買灰色磨段二毛便袍一領，付價銀十四兩。得德夫書，饋乳油餅五枚，并以予連日狎飲，勸節遊自愛。即作復書謝之。客中愛予真至者，惟德夫、曉湖兩君而已。予待兩君却遠不及，甚自愧也。同司鍾濂郎中送其母張太淑人行狀來，敘述委陋，似出同官（此處塗抹）主事之手，（此處塗抹）近日湖南名士也，在曹中沾沾自負，其實不識一字。

燈下戲鈔宋人絶句。宋人此事固多名什，東坡、石翁、放翁、白石四家，尤清遠逼唐人。然僅到劉文房、韓君平止耳。求如龍標、太白、李十郎者，竟不可得。即晚唐許丁卯之雋永，李玉谿之幽鍊，韓冬郎之濃至，亦皆不及。此固時爲之耶？元人此體，苦氣格靡耳，其新秀却勝宋人。予最愛貢師泰一絶云：『涌金門外柳如金，三日不來成緑陰。我折一枝入城去，教人知道已春深。』空靈超妙，東坡亦當低首矣。

邸鈔：詔：前署浙江布政使鹽運使銜杭嘉湖道麟趾照布政使例從優議恤，加恩予謚，入祀浙江省城昭忠祠。其母瓜爾佳薩克達氏及麟趾子女二人均交部旌恤。從左宗棠請也。麟趾，故相桂文端之孫。

初二日己亥　陰晴相間，天氣和煦。昧爽疾發，終日困憊。傍晚詣德夫，談至更餘歸，頗不快。

《爾雅·釋天》星名之下，附祭名、講武、旌旂三章，邵氏《正義》以爲祭本於四時之祭，以次及於諸大祭，終於禘繹，取象於歲閏之相成，日逡之相繼，故附見《釋天》；講武必順四時，四時之田，所以共四時之祭，故亦附見《釋天》，宵田火田，所以廣其義，動衆宜乎社，則爲出師之祭，振旅闐闐，因釋詩文而類敘之；旌旂則又因講武而連類及之。翟氏灝《爾雅補郭》則謂《漢志》言《爾雅》二十篇，今惟十九篇，疑本有《釋禮》一篇，與《釋樂》相次。祭名、講武、旌旂三章，蓋《釋禮》之殘文，爛在《釋天》下者耳。孫氏志祖《讀書脞録續編》以爲《廣雅》篇第，一依《爾雅》，今《廣雅》無《釋禮》篇，則翟氏之説非是。《漢志》言二十篇者，蓋以《釋詁》有上、下篇耳。郝氏《爾雅義疏》從孫氏説。予謂此三章，附《釋天》終可疑。張稚讓作《廣雅》，在曹魏之季，或其時《爾雅》已缺《釋禮》一篇，張氏亦無由知耶？觀於董卓之亂，《齊詩》遂亡，則經籍之缺失多矣。

夜歸館後，童僕漸睡，内外寂然，紅燭温爐，手注佳茗，異書在案，朱墨爛然。此間受用，正復不盡，何必名山吾廬耶？然或精神不振，或塵務經心，便亦不能領略，此事故當有福。我輩讀書，偶有解會處，不特放浪花月，非可比儗，即良友清談之樂，亦覺尚隔一塵。所恨者，生苦多病，又客居不恒，時被俗人聒擾耳。使家有二頃田，有十間屋，必當終身不出。比來無聊，偶出游戲，爲歡無幾，所損已多。生又善怒，或酒邊花間，眉目小迕，輒數日不樂。而一飲之費，至傾脩脯廉俸以供之，猶日不給，補苴籌畫，致累餐寢。士友酬應，尤易失歡，每一出門，胸中輒作惡不止。自惟浮湛隨俗，未嘗稍異於人，可屠可沽，亦牛亦馬，文字之事，絶口不言，而所至觸礙，舉足荆榛，誠不可解也。今日在德夫處夜飯，有蔣吏部者來，繼復有王姓兵部者來，談麈甚囂，予不能湛然自處，即欲起出。吏部覺之，遽曰：『君少坐，予等即去矣。』即起呼兵部偕出。德夫甚慚於客，予亦赧然。既爲天地間人，豈能遺世獨立？必不得已，則求之於酒場花市乎？令秋君有一分烟水氣，當日日質衣從之矣。

邸鈔：以國子監祭酒衍秀爲詹事府詹事。衍秀，故相訥爾經額之子。

初三日庚子　晴和。得陳葆珊書，屬寫條幅。

袁子才恃小慧而不師古，其議論多荒唐，惟以周祭用尸，爲不窋竄狄後沿用之夷禮，予頗以爲然，而姚姬傳非之，作書與袁辨。頃閱江昚修氏《群經補義》有一條云：周禮雖極文，然猶有俗沿太古，近於夷而不能革者。如祭祀用尸，席地而坐，食飯食肉以手，食醬以指，醬用蟻子，行禮偏袒肉袒，脱屨升堂，跣足而燕，皆今人所不宜者，而古人安之。予謂席地而坐以下，皆歷代相仍古人質樸之風，未爲近夷，惟祭之用尸，則夏商所未見，而事又頗可駭怪，疑是公劉遷豳以先，習於戎翟之俗而不能改也。

剃頭。下午詣曉湖，小談而歸。夜閱焦氏《六經補疏》，二更人倦，評點梅村長歌數篇，倚鑪而睡。連夕疾動。

邸鈔：以内閣學士桂清爲盛京工部侍郎，以翰林院侍講學士瑞聯爲國子監祭酒。原任盛京工部侍郎宗室載肅病故。

初四日辛丑　晨微雪，終日陰寒。今日德夫邀聽戲。午起憊甚，作片致研孫，屬其先往。聞福建汀州府、漳州府、龍巖州相繼失守。傍晚詣慶和園聽四喜部，重陰匝樓，幾不辨景。晚同德夫、研孫、戴少梅舍人、趙某、王某、魯某飲同興居，予招芷秋，少梅招蒨雲，趙某招添財，王某招小福，更餘歸。

初五日壬寅　終日大雪，夜晴。得陳蓮峰彰德書。

《禮・雜記》云：『親喪外除，兄弟之喪内除。』鄭注：『親喪日月已竟而哀未忘，兄弟之喪日月未竟而哀已殺。』是以外爲服，内爲心。孔疏云：『兄弟，謂期服及小功緦也。』宋儒長樂黄氏曰：『如注説内除，則日月未竟而哀先殺，是不能終其喪也。内除外除，皆言日月已竟，服重者則外雖除而内未除，服輕者則不惟外除，而内亦除也。』慈案：兄弟之喪，謂小功以下兄弟之服。鄭氏注《儀禮・喪服記》云：『兄弟，猶言族親也。』蓋經傳皆言昆弟，至此《記》大夫之子於兄弟降一等，乃稱兄弟，故鄭以族親明之。期大功中亦有兄弟服，而昆弟之期，則一體至親，不得謂之兄弟服。大功則爲從父昆弟及爲人後者爲其昆弟，一爲旁尊，一爲義降，皆不得謂之兄弟服。《喪服傳》云：『曾祖父母何以齊衰三月也？小功者，兄弟之服也，不敢以兄弟之服服至尊也。』近儒程氏瑶田《喪服足徵記》云：『小功以下，率皆兄弟服，故得專兄弟之名。』然則言親喪外除者，謂父母三年之喪，本以再期大祥而止，然必二十七月而禫，禫而後除服，父在爲母齊衰期，然必十三月而祥，十五月而禫，所爲親喪外除也。外者，服制日月之外也。兄弟之喪内除者，謂如小功緦麻，兄弟之親已殺，故大功之末、可以冠子，可以嫁子；父小功之末，可以冠子，可以嫁子，可以取婦；己小功，既卒哭，可以冠、取妻，所謂兄弟之喪内除也。内者，服制日月之内也。鄭君《禮》注，皆精當不易，此條或偶有未盡，黄氏則逞臆求通矣。今日課學徒及此，因略識所見云。

雪窗無事，取案頭《史記集解》揭籤畢，凡十六册，一百三十卷，卷皆表出之題籤，便於檢閱，亦讀書之一事，苦字畫劣，故不喜爲也。夜點閲《駢體文鈔》中伏文表與阮嗣宗書、阮嗣宗報書、周義利答羊希書，凡三首，皆加評識。伏書奥衍頓挫似傳記，似諸子，漢魏間不易得之文也。以夜寒甚，早睡，連夕疾發。

初六日癸卯　晴寒，下午大風。送駱越樵娶子婦分資六千，同司何桂芳續弦，分資二千。日來貧甚，生計爲難，而沉思益深，楚歌不歇，旅窗風雪，惆悵遂多。賦四絶句，名之曰『惆悵』云：『永新一曲出樓前，進點争誇軟舞妍。别有思腸清淚落，却教人唤柘枝顛。』『浪説黄金鑄等身，仙家十賚本非真。鈞天夢醒頭都白，不懺多情只懺貧。』『眉語争貪一晌歡，雪中愁見縷衣單。伊州舞錯渾閑事，誰與平分翠袖寒？』『受莂三生記最真，青山明月本無塵。隃麋音樂俱禪悦，留得桃花悟後人。』眉批：題曰《惆悵四絶句》，四詩俱删。

夜作《報陳蓮峰書》云：『别後倏忽，三月有奇。思念之勞，何時忘弭。頃承惠翰，具荷殷拳。弟於十月二日肅布一緘，備敘别後情事，至千餘言，由河南提塘遞致，未知已得達否？吾兄政務優嫻，襟期開濟，青油幕上，羔雁争迎。且内行深醇，事親撫弟，公私倚賴，靡得間言。然積勞之身所宜及時加攝，中饋久缺，亦非所安，鸞膠續琴，似不宜緩。日下版輿迎養，想已抵漳，家事擅欒，定多欒趣。四表弟少年玉折，深可悼懷。越中舊家日漸不振，聰俊子弟往往夭殂，内外宗親尤形零落，此中表兄弟所共歎惜。而我兩人搘拄門户，晨星僅存，尤當益相愛勉者也。自念與兄齊齡嬉戲，如在目前，里黨往還，歷歷可數。而侵尋哀樂，忽過中年，洊值亂離，田園盡廢，北枝越鳥，各在天涯，歸耕之期，渺無可計。弟之蹇劣，百不如兄，孱軀多災，日增於舊，十旬之中，病者八九。近試京兆，力盡一擲，終復垂翅。老母諭歸，急於星火，行資未集，遷延歲闌，冀俟來春，束裝南下耳。（此處塗抹）都中風景，漸見昇平，惟西事增憂，回氛甚惡。南中江浙，當無再警，閩疆郡縣，急奏日來，粵賊之毒，當結於此。來使匆匆，書不悉意，惟强飯自愛，千萬珍重。梅花驛便，尚望惠音。不具。』

初七日甲辰　晴冰有風，寒甚。翻閲《新唐書》。予於諸史，自兩《漢》、《元史》外，以《唐書》致力爲多，次則《晉書》《五代史》《明史》矣。又次則《三國志》《南史》《宋史》矣。而《唐書》係二十五歲以後所閲，多病健忘，丁巳歲，嘗以舊、新兩《書》參覈一過。辛酉歲，又以《唐大詔令》《太平廣記》參覈一過，迄今十不能記二三。復擬取《全唐文》參考之，尚無此暇日也。殷宏疇來。吴松堂來。夜爲學徒聒擾課文，甚不耐。日間又以俗子酬應，紛紜半日。辭館既爲主人牽留，僦居又苦無侶，身不自主，遂不得閑。緬想掩關讀書，凝塵湛然之樂，如在天上，遑論對床撫麈，點頭欣賞人耶？李生既生斯世，必不能復得佳友，惟當求鬢影琴聲，拈花微會者，庶於此中得少趣耳。

邸鈔：以左春坊左庶子丁培鎰爲國子監祭酒。文煜以病請開缺，詔准其回旗調理。命候補按察使楊能格馳駟赴甘肅慶陽軍營，接辦糧臺事務。以記名布政使記名道彭毓橘爲福建汀漳龍道。順天府奏京師得雪三寸有餘。

初八日乙巳　晴，寒甚。楊理庵片來，送還前卷日記，作一書復之。丁默之祭酒來，不晤。加朱《漢書》李廣、李陵、蘇武傳一卷。

邸鈔：徐宗幹奏九月間髮逆餘黨由廣東竄入閩境，按察使張運蘭督兵迎剿，三戰三捷，後因追賊遇伏，深入重圍，中矛落馬，賊遂竄陷漳州府城。署漳州鎮總兵督標中軍副將禄魁、二品頂帶按察使銜福建汀漳龍道徐曉峰、漳州府知府札克丹布、龍溪縣知縣錢世緒、上虞人，庚申進士。參將署漳州中營游擊沙肇修俱力戰陣亡。詔：張運蘭陣亡情形，著左宗棠、徐宗幹詳查覆奏。再降諭旨，禄魁、徐曉峰等均交部從優議恤。　左宗棠疏辭伯爵，不許。　以太常寺少卿劉有銘爲通政使司副使。

大雪十一月節。　初九日丙午　寅初三刻六分大雪節。　兩日連逢月破，終日陰寒。　雜閲案頭書，竟日夜不得閑，然絶無片段。　夜見殘雪在地，寒月隔雲，光氣相射，清冷逼人。　因拒户擁爐，翦燭讀《國策》，時於輟讀之次，搴簾窺庭，老木噤竦，屋瓦鱗起，萬象悄冥，不知身在京華也。　惜少明眸吴語人，宛轉研席間耳。

邸鈔：沈葆楨疏辭世職，優詔不許。

初十日丁未　薄晴。　閲《新唐書》。　買青羊皮睡褥一張，價銀一兩一錢，買白銅暖鍋一具，錢七千，皆賒之。　下午詣德夫，晚歸。　德夫近多病，今日見其尪瘠殊甚，氣喘而多怒，殊爲憂之。

十一日戊申　晴，甚寒，多風。　朱肯甫庶常逌然來。　庶常餘姚人。　爲詹事蘭之子，年少喜讀書，壬戌成進士，朝考後丁母憂。　今服闋，掌院爲特奏名補行引見，改庶吉士，此故事所無者也。　今日略與談義，聞見殊博，吾越文獻已絶，如庶常者，殆後來之秀矣。　庶常近侍其尊公校士安徽，言皖南亂後，遺書尚多，俱爲湘鄉幕客强篡以去。　蜀人李鴻裔主事所得尤多，而主事實不知書者，惟涇縣朱侍講玹家遺籍，已盡爲其後人贖歸矣。　連日戲集眼前事，爲村塾餖飣之書，將以寄示子弟，并日窮夜，筆不停紙，殊覺勞勩，瑟居既不可耐，出遊又無酒錢，校書作文，尤乏精力，而借此自遣，亦復困人，奈何！　夜喫飯，然巨絳蠟，以活火沸湯，瀹鷄及肉數器，粇盆熾炭，焰高尺餘，茶鐺水注，百響俱作，奇温滿室，不聞風聲。　宋人張武子詩云：『品字柴頭煨正暖，不知風雪到梅花。』此亦寒士大享用矣。　書之於此，令銷金羊酒人發一噴噱也。

十二日己酉　晴寒。朱厚齋片來，爲閩人馮春人比部求書近作。吴松堂來，殷宏疇書來，以所作詩數十首求改，宏疇人甚馴謹，而未知文字，即作復書，還其詩，勸以不必作。

夜讀《南史·孝義傳》，書《郭原平傳》後云：長恭至行高義，輝映史册，讀之如見三代鼎彝，敬愛撫摩，不能釋手。乃里籍既著吾郡，《南史》又非僻書，而越士罕道其名，蕭山亦迷所處。迄今譚永興風蹟者，許洵捨宅之寺，江郎夢筆之橋，附會侈張，流連歌詠，揭碑表里，常若不遑，而獨楓郭氏孝行之居，無有咨訪者。夸流寓之風華，昧本貫之惇美。問引船之埭，莫辨郭門；溯運瓜之湖，并迷瀆水。豈非文采之浮名易傳，懿實之庸行易没，雖有佳傳，鮮肯究尋乎？至於義行嚴門，山陰先哲，連綴郭傳，並生元嘉，而世期姓名，亦無知者，是可慨已。長恭稟承賢父，孝實因家，然世通瘞兒，事乖倫理，而迹既類巨，姓又同前，不應一族之中，兩見驚人之舉。疑巨之行事，不見《漢書》，劉向《孝子》之圖，既爲雁作；干寶《搜神》之記，尤出無稽。雖今古艷稱，實繇附託。漢人郭巨埋兒事，僅見《搜神記》及《太平御覽》所引劉向《孝子圖》。若長恭者，傭食養親，獨力營墓，皆秉彝典，不越常聞。乃至恐裸耕之慢墓，倍價買田；念家世之蒙旌，大喪慟哭。而三農之月，束帶以向親；五日之臨，麥䴵以給食。深達忠孝之禮，有過經儒所爲。出於顓畎，真非恒理。惟因宅上之種竹，懼盗者之墜溝，立橋令通，採笋置外，既鄰矯激，又近專愚，賢者之過，非可垂範者耳。

十三日庚戌　晴寒，風定。曉卧時疾發。曉湖來。傍晚同曉湖詣蓮舟家小談，予獨詣德夫。德夫病喘甚，見予慟哭，自憂不起，以未能養親成學爲恨。德夫性情介潔，爲予交游中第一流，讀書有識，亦絶出時輩，而孤癖過甚，觸物芒刺。數年前，以不得意益縱酒，遂潯淫成病，其感憤不合時宜與予同，而嫉惡好罵，不善攝生，大過於予。予數勸之，不能從也。其近狀却可憂，幸尚能喫飯，論古今事，猶振聳有精神，天之窮人，或不肯令遽死耳。二更後歸。

王漁洋論詩，悟絶古今，尤善分别。其謂何水部詩『薄雲巖際出，初月波中上』，佳句也。少陵用其語云『薄雲巖際宿，孤月浪中翻』，只改四字，而便有傖氣。温飛卿『古戍落黄葉』一首，高格也；其『鷄聲茅店月』一聯，便是俗調。又謂陳無己詩終落鈍根，陳簡齋之學杜亦所未解。劉改之《龍洲集》叫囂排突，風雅掃地。東坡詩獨七律不可學。南宋人小集中，以姜白石爲第一。明末程孟陽之詩、姜子柔之文、李長蘅之畫，足稱三絶。竟陵鍾退谷《史懷》多獨得之見，其評左氏亦多可喜。《詩歸》議論，尤多造微，正嫌其細碎耳。又謂劉楨之與陳思王，相去不但斥鷃之於鯤鵬，而自來以曹劉並稱，殆不可解。晉人阮嗣宗别爲一派，左太冲、劉越石、郭景純三公鼎足，二陸、三張概乏風骨。宋以謝康樂爲冠，鮑明遠高於顔延年。齊代謝元暉獨步一代，王元長輔之。梁以江淹、何遜爲兩雄，任昉之詩勝沈約遠甚。又謂晉人張、陸輩，惟景陽差勝。傅玄篇什最多，而可録極少。又謂嚴滄浪《詩話》云：『黄初之後，惟阮公《詠懷》，極爲高古，有建安風骨。晉人舍阮嗣宗、陶淵明外，惟左太冲高出一時。陸士衡獨在諸人之下。』又云：『顔不如鮑，鮑不如謝，與予意同。』唐人孟浩然詩未能免俗，儲光羲詩多龍虎鉛汞之氣，《田園》《樵牧》諸篇，又迂闊不切事情。杜甫《八哀詩》，鈍滯冗長，絶少翦裁。韓退之詩，可選者多，不可選者少，去其不可者甚難。白樂天詩，可選者少，不可選者多，存其可者亦難。元、白二集，瑕瑜錯陳，持擇須慎，初學人尤不可觀之。萬楚《五日觀伎》詩，最爲惡劣，滄溟《詩選》取之，殊不可解。李衛公一代偉人，其《憶平泉》五言諸詩，較白樂天、劉夢得不啻過之。何大復歌行，如《聽琴》《獵圖》《送徐少參》《津市》《打魚》諸篇，深得少陵之髓，特以秀色掩之耳。錢蒙叟詆滄溟擬古樂府，是也；并空同《東山草堂歌》而亦疵之，則妄矣。凡此諸條，皆得正法眼藏，推校是非，不失錙黍。惟其極推梅都官詩，則予所未解。又稱元人王逢《梧溪集》中《宋高皇壽成殿汝瓷觶引》《孟郡王忠厚佩印歌》《制置彭大雅瑪瑙酒碗歌》諸篇，有一唱三歎之妙，予讀之，亦不知其佳處。

徐禎卿《在武昌作》云：『洞庭葉未下，瀟湘秋欲生。高齋寒雨夜，獨臥武昌城。重以桑梓感，淒其江漢情。不知天外雁，何事樂南征？』詩格固高而乏真詣，既云洞庭，又云瀟湘，又云江漢，地名錯出，尤爲詩病。此所謂碔砆混玉，似是實非者，而漁洋極賞之，以爲千古絕調，非太白不能作。又舉曹學佺《秦淮送別》一篇云：『疏籬豆花雨，遠水荻蘆烟。忽弄月中笛，欲開江上船。』以爲情致殆不減徐。二作蹊徑迥殊，而石倉『忽弄月中笛』十字，自然入妙，實非昌穀所能及。要其妙處，亦止到錢郎耳。以擬王、孟境詣，尚相懸隔，遽能及太白耶？『渺渺太湖秋水闊，扁舟摇動碧琉璃。松陵不隔東南望，楓落寒塘露酒旗。』徐迪功《題扇》絕句也。『夾岸人家映柳條，元暉遺跡草蕭蕭。曾爲一夜青山客，未得無情過板橋。』曹能始《新林浦》絕句也。漁洋謂二絕可以相敵，予謂曹詩託寄蕭寥，情韵獨勝，徐詩不過吐屬清麗耳，取相比擬，殆似不倫。漁洋謂郭祥正功父《青山集》詩格不高，惟取其『原武城西看杏花』三絕句。余謂功父『鳥飛不盡暮天碧，漁歌忽斷蘆花風』二語，刻狀清妙，千古佳句也。吴炯《五總志》載其爲半山一詩僧所訾，殆未必然。

作書致潘伯寅，致趙心泉。得伯寅復。是日剃頭。

十四日辛亥　晴。作書致德夫云：『昨日一晤，悽情逾恒。雖生涯分定，而修短之數不能無，故以晉人曠達，言必稱玄，而人不可以無年，譚者以爲恨，此人不得四十，臨終而自傷。况兄上有老親，下無子息，豈能不自愛養，以死爲歸？比雖綿惙，要不過偶或霜露，不至大憂，惟望頤養精神，靜言自遺。周旋俗士，何足爲懷？責奴罵僮，更非屑較。至日將近，病者所危，務近參藥，强眠力餐。兹奉上遼參三枝，是友人所贈，尚稱佳種，乞塹佐一丸，餘俟晤言，不具。』作書致曉湖，借以《全唐詩録》十六册。午前有隆福寺書賈携胡刻《通鑑》一部求售。傍晚詣研孫小談而返。王鼎丞、羅春浦柬招明日晚飲。得曉湖復。夜加朱《漢書》衛青、霍去病傳一卷。

古人舅、姑、甥之稱無一定，凡親屬相當者，可互稱之。姊妹之子曰甥矣，而《爾雅》云『姑之子爲甥，舅之子爲甥，妻之舅弟爲甥，姊妹之夫爲甥。』郭注：『四人體敵，故更相爲甥。』是也。婦稱夫之父母爲舅姑矣，而婿稱婦之父母亦曰舅姑。《坊記》『昏禮婿親迎，見於舅姑，舅姑承子以授婿』是也。《儀禮》則惟曰『姑之子，舅之子，妻之父母』者，蓋此是世俗相稱，故不列於《禮經》，而傳記則可順俗以爲文也。是日寒甚，始换羊裘。夜分後大風。

十五日壬子　晴，有風。得德夫書，言饋參事，并賞鸛兒錢一千。答德夫小簡云：『戔戔一粒，何屑於言？兄病總以養心爲第一義，來諭云云，殊非所解。此日所處，非大難堪，申徒、鮑焦，俱谿刻自處，自焚其和，即靈修善文，亦未聞道，弟雅不甚取之。生不喜讀騷經，良由此中不能無歉。况吾輩幸過亂離，正可稍謀衣食，至於貧賤，繇來所常，隨俗浮沉，玩世詼笑，有何怨憤可言耶？蜀嚴湛冥，是君上藥；碧岩花落，時過不留。几上一炷香，一卷書，避世也可，生天也可，政不必覓白傅海山、平甫水殿也。昨約研孫，今日同車出市，爲秋君買繒，此亦可發兄一笑者耳。率復不宣。』殷宏疇來。下午邀研孫同車至前門大街，買蝦青湖縐二十六尺，付銀五兩三錢。回車詣德夫而歸。傍晚詣東頭小坐，熊蓉堂招夜飯。遂復詣德夫，同研孫、翟獻之、吴俊卿、蓉堂小飲，喫冬笋膾猪腰火鍋，甚佳，談至三更而歸。付車夫飯錢一千。趙心泉來，不值。得心泉書，約予入署，(此處塗抹)當强爲一行。

十六日癸丑　薄晴多陰。作片致趙心泉，致譚研孫。作書致王鼎丞辭飲。鼎丞屢言當約楚中名士數人作一談會，今日所請客單，多不識姓名人，想皆鯽魚輩也。生不喜與名士晤對，以其不讀書而多妄語，不解事而多惡詩。日前敖金甫每喜爲文酒之宴，予甚厭之。嘗謂與爲結名士，不如識貴官；與爲貴官喜，不如伎人歡；與爲伎人語，不如召騶卒，訪事道途間。付王福零用錢十千。得鼎丞復書，必欲致予，不得已，晚呼車往。在坐者，兵部張御史盛藻，及某某輩四五人也。鼎丞與羅春浦作主人，甚殷勤，肴饌亦頗佳。坐間又有孫檢討詒經，吾浙人，新直南書房者。兵部極口予送李爽階詩『吴兒翦髮倚樓笑，明燈一曲星辰嬌』二語，蓋予初稿『星辰高』作『嬌』也。兵部自言古文最工，而予見其《送李爽階之天台序》，有云：『劉晨、阮肇之所往來，寒山、拾得之所唱和。』大略可知矣。其人短有髭，冠垂緌五寸，今日以予不致傾挹，頗怏怏，終席不交言。張侍御以風流自命，嘗作香冢於陶然亭後，近以養親將歸，賦古詩八首，求予贈言。初更歸。得研孫復書。芝臺相國以所臨《坐位帖》一本，屬予題辭，爲系一跋還之。

十七日甲寅　陰寒。午入署，坐於陝西司堂，不至此者一年餘矣。晤趙心泉及郎中高貢齡。員外某某，江西人，年幾五十，初得幫稿，意衿甚，呵叱書吏，指駁文書，忽持一『儍』字、『坌』字問予音義，其人蓋進士也，言次誇予楷法，云將持扇索書。李生即脚問都能夾筆，亦不能爲此輩役耳。予之不肯詣曹，大率爲此。有族子寶華，爲本司帖寫，宿署中，來叩見。下午歸，車中口占二律。順道至晉升店，答拜朱肯夫庶常，已移寓圓通觀矣，遂返寓。送蕭山人葉覲光主事父憂分資三千。

冬日入署戲詠二律示曹中諸君

小來粉署曳鳴珂，負手茸裘祇自哦。豈有侏儒因粟飽，亦知星宿笑人多。森森都是槐楊末，了了無如令史何。賣却鑑湖真底事，一官那得抵漁蓑。

畫諾虚勞問姓名，緑莎廳少履綦聲。低眉總覺輸公等，提鼻深慚動宦情。誰信清流争此地，絶憐款段負平生。貲郎豈是相如意，多爲凌雲賦未成。

二詩所謂哭不得而笑者，以醖藉出之，故有雅人深致。

十八日乙卯　薄時多風。得趙心泉片，送到印結廿紙。殷宏疇書來，約明日同詣印結局。珊士來。陳邁夫鵬來，德夫之弟也，以保舉知縣，自淮北入都。作片致心泉。爲學徒改文三首，甚不可耐。得德夫書，約今日晚飲。傍晚詣圓通觀答拜朱肯夫，不值。答拜陳邁夫，同德夫、研孫、葆珊、熊定卿夜飯，二更歸。得王頴廷大梁書。殷宏疇來，不值。葆珊邀二十日夜飲。剃頭。

十九日丙辰　晴。殷宏疇來。作片致珊士。朱厚齋、章秋泉來。終日爲俗客所嬲，又薄感煤氣，忽忽不快。欲詣秋君，亦不果。人生不自在，乃無一事可行。加朱《漢書·司馬相如傳》一卷，此卷非取胡刻《文選》李善注及《爾雅》《廣雅》《説文》《玉篇》諸書細勘，雖讀百千遍，亦如不讀也，旅居未得此暇，又乏精力，僅草草分句讀而已。未知何時得了此願，慚愧慚愧。夜詣允臣，卧裏試藥烟。

二十日丁巳　終日陰。下午赴陳葆珊之招，與研孫、陳邁夫、吴俊卿、翟獻之、熊老四同夜飲，初更歸。張侍御盛藻來，不值。

二十一日戊午　晴，風。曉卧中疾動。得趙心泉片，約明晚飲福興居，即復。作書致德夫、邁夫兄弟，邀同研孫、葆珊、熊蓉堂二十三日飲同興居。付王福買辦錢九十千。付王福六月至九月工直三十二千，還皮褥一兩一錢，還火鍋錢七千，付皮鞋錢十八千，棉帽錢四千，車錢十四千，鸇兒十、十一月工錢四千。吴松堂來。

偶閲郭頻伽《樗園消夏録》，中載邵二雲學士《和童二樹梅花詩并懷羅二嶺南》云：『折枝贈别曉江寒，好句長留畫壁看。三載銷魂梅嶺雨，黄椰根苦荔枝酸。』又載桐城姚南青編修《題袁樸村春郊攬勝圖》一絶云：『九門風雪夜戢戢，擁袖人如抱繭蠶。一笑披圖竟歸去，梅花開日到江南。』南江、蘲塢兩君，經學魁碩，而韵語流傳甚罕，二絶皆風致清遠，不似學人之詩，片羽吉光，彌可珍貴。又載魏少野者，忠節公大中之孫也，初名允札，字州來，有《東齋詩》一卷，頻伽録其絶句五首，皆託寄蒼凉，兹最其三首。《書燕京春詠後贈沈客子》云：『京國繁華數改移，似君不及見當時。可憐四十年前景，猶有貞元朝士知。』《答唐青帆見訊》云：『密香寫就懊儂歌，爲報清狂老更多。依舊素騾雙燈上，白衣紗帽醉時馱。』《挽周青士》云：『短衣長劍去鄉關，三寸桐棺寂寞還。生不埋名死埋骨，可憐猶未負青山。』此亦編國朝詩者所未及也。三詩皆有弦外餘音，輓青士作尤含悽無限，睎髮伐木之吟，足爲忠節、孝節二公增重矣。

夜疾又動。

二十二日己未　晴寒。剃頭。得曉湖書，送還《全唐詩》十六本。復曉湖書。作片致朱肯夫庶常。終日小極，舊恙俱發。晡後詣德夫小談。答拜張侍御盛藻，不值。詣芷秋，不值。詣福興居，赴心泉之招，同坐者，丁蘭如、楊吉人兩同司，及給事中孫某、中書丁士彬、刑部郎崔某。孫久官臺中，浮浪輕率，語言糞土。士彬儇佻無行，面目尖危而顧影自媚，孌童、崽子之名，居之不疑。崔某市井少年，惡薄無賴。都中士夫，風氣掃地至此，深可歎也。德夫嘗言，世人畏見我輩，正如魑魅罔兩畏見青天白日耳。予謂此輩豈足爲魑罔廝役，亦何嘗畏見我輩，蓋如蛣蜣渠略輾轉矢穢中，自別有一光明世界，雖見神龍在空，亦覺目中無人。是日，予招芷秋，心泉招心蘭，又有小福、蒨雲、秀蘭諸郎。還芷秋開發十金，心蘭開發八千。二更歸。得肯夫復。

冬至十一月中。　二十三日庚申　亥初一刻十一分冬至節。晴寒。昨夜歸已迫三更，料理學徒文課，至四更始睡，遂終夜不得瞑。今日起來，復改文二首，古人所謂鏤冰雕朽，迄用無成者。先生既不須此脩脯，敝精神於頑鈍，將欲何爲？　下午視德夫疾。　晚詣同興居，研孫、邁夫、心泉、熊蓉堂、陳葆珊已先在，遂邀吴松堂，招芷秋、心蘭、添才、蒨雲、胖蕙仙、玉喜諸郎縱飲。小樓温爐，殽炙紛至；吴瑜燕玉，一時畢來。亦客中樂事也。小慶來就座，亦留之，付小慶開發八千。更餘歸。丁蘭如來，不值。

邸鈔：詔：吉林獄訟煩多，照熱河設立刑司例，令刑部揀派正途出身漢郎中或員外郎一員，專司主稿；科甲出身主事一員，幫辦主稿滿郎中一員，專司掌印，統歸吉林將軍管轄，其原設理刑主事一缺，即令裁撤。從太僕少卿于凌辰請，户部侍郎皂保議也。

二十四日辛酉　晴寒。得夏小笠滿城書。饋德夫燕窩一包。胡仲芬來。吴松堂來。丁蘭如邀晚飲福興居，畏寒不欲去，闌如再請，强應之。同坐者，心泉及丁士彬、崔某三人。予招芷秋，心泉招心蘭，蘭如招小福，崔某招秀蘭，弦歌嘈聒，二更始罷。芷秋前夕福興之飲，兩時始至，予譙讓之，兩日應召皆獨先，今日謔劇間作，一座盡靡，馭此輩固自有道耳。寒士無金錢驕人，又素性木石，不能結斷袖之愛，非小作狡獪，則庾蘭成仰看蕭韶面，不待至青油幕下矣。丁士彬醜媚之狀更不可堪，至與心蘭互脱其絝，相爲以手出精，地獄變相，乃至於此。眉批：此等小人醜穢事，本不屑污吾筆，欲示後人以京師風氣掃地至此，予之憤時嫉俗，固出於不得已也。士彬寒人下秩，其自爲之，亦不足怪。而其人翕熱善媚，士夫與往還者頗衆，尤足見一丘之貉，全不知是非羞惡事。　夜分後歸。是日始喫牛乳。

邸鈔：詔：吉林將軍景綸先行交部嚴加議處，來京聽候部議。命户部侍郎皂保署理吉林將軍。先是，給事中劉毓楠奏吉林賭匪、盜匪讎殺搶掠，將軍景綸粉飾欺蒙，縱屬納賄，互收受謝，議私立錢鋪諸款。詔令皂保查奏。嗣皂保復奏景綸諸款，尚書實據，惟縱屬射利，事出有因。詔責景綸以專閫大員，任令所屬把持公事，牟利營私，毫無覺察，形同聾瞶，豈勝將軍之任云云。

二十五日壬戌　晴，風。孫檢討詒經來。今日欲走視德夫疾，而大風狂吼，中晝不止，身又小極，不能讀書，掩户欹卧，百感交集。念一身孤立，八口長飢。家書則半載不來，奉粟則一囊莫繼。出無可行之路，歸無可隱之山。欲隨俗浮沉，則衣冠形貌，無不可駭；欲著書娱樂，則精神氣力漸不如前。天生李生，當非無意，而既厄其遇，復病其身。内無倡隨之歡，外乏應求之雅。予以孤峻不合時之性，畀以佶屈不入俗之文。茫茫大千，果將何所位置乎？夜，風益囂怒，小室震撼，几席不安。

對燭讀《新唐書》文藝、隱逸兩傳，子京文章簡峭，故傳隱逸爲宜。《隱逸傳》中以王績、陸羽兩篇爲最佳，《張志和傳》便有傖父氣。孟詵、賀知章皆第進士，詵歷官中外，至春官侍郎、同州刺史；知章亦歷位禮部、工部侍郎、太子賓客、秘書監。官皆三品，皆晚而致仕，不得列之《隱逸》。孔述睿越州山陰人。官亦至太子左庶子、祕書少監，皆四品，屢銜朝命，以太子賓客致仕，亦不得儕之秦系、吴筠之流。竊謂賀知章宜入《文藝傳》，而以孟詵、孔述睿附之。詵晚爲道士術，與知章同；述睿與知章同里，又皆以太子賓客致仕，故附傳爲最合也。《舊書》賀知章政在《文苑傳》。

二十六日癸亥　晴。駱越樵來，吴勉齋來，俱不晤。作片致心泉，屬代辭崔某今晚福隆堂之飲。作片致陳葆珊，詢捐封典事。朱厚齋來。下午視德夫疾，並晤研孫、翟獻之，晚同研孫歸。得葆珊復。

二十七日甲子　晴。卧起，見晴日滿窗，泥爐通火，表裏融暖，亦冬日一樂也。比來夜鐘兩下睡，次日鐘十下起，以爲常。得陳葆珊書。復葆珊書。自日至夜，雜閲詩曲，以墨筆點注《全唐詩》兩卷，以朱筆批點《牡丹亭》三齣，吴梅村詩十餘篇。今日是冬甲子，晴和無風，亦可喜。

二十八日乙丑　晴。孫子受檢討柬請初一日夜飲。

商城相國以李翕《西狹道頌碑》屬集字作聯語，因集得八言四聯，七言四聯，最録於此云：『懿德美儀，斯曰人瑞；嘉禾甘露，乃歌年豐。』『致石成山，蓄谿得水；安門對月，就閣臨風。』以上八言。『廣庭夜靜寄明月，高閣人來愛遠風。』『庭正面山雲屢出，門爲臨水月先來。』『常愛谿山對無事，不難風月集嘉賓。』『隔石清谿常月阻，緣庭古木有風來。』予又自集得五言兩聯云：『有時趍郎吏，無事對古經。』『宿好治鄭禮，餘事歌楚詩。』七言四聯云：『有時水宿就明月，無事山行趍遠雲。』『兩山古木財容騎，一曲清谿數駐車。』『靜臨水閣先知月，屢設山門爲阻雲。』『無事亦趍郎吏集，得錢時對美人歌。』碑中『才』作『財』，『奕』作『亦』，古字皆通用。其敘郡西狹中道有云：『危難阻峻，緣崖俾閣，兩山壁立，隆崇造雲。』數語頗簡古可喜。此碑在階州棧道磨崖，額有『惠安西表』四篆字，末有題名小字二行。翕尚有《析里橋郙閣頌》，皆不著書者姓名。歐陽子發《集古録》以爲仇佛書，佛字子長。趙子函《石墨鐫華》以爲相傳爲蔡邕書，錢竹汀皆以爲未的。（此處塗抹）眉批：王氏念孫謂『俾』與『比』同，言同相比次也。《小雅》『俾滂沱矣』，《論衡・明雩篇》作『比滂沱矣』；《大雅》『克順克比』，《樂記》作『克順克俾』，是比、俾古通用。又云：碑中有云『鐉燒破析』及『鐉山浚瀆』，『鐉』與『鐫』同，謂燒鑿山石而破析之也。《説文》：『鐫，琢石也。』

剃頭。

夜偶點閲《帶經堂詩話》，劄記一則。《池北偶談》謂晚唐人詩『風暖鳥聲碎，日高花影重』『曉來山鳥鬧，雨過杏花稀』，元人詩『布穀叫殘雨，杏花開半村』皆佳句也。然總不如右丞『興闌啼鳥緩，坐久落花多』自然入妙。盛唐高不可及如此。予謂『風暖』一聯是閨怨語，『曉來』兩聯是口頭景語，『興闌』一聯是閑適領會語，本自不侔。王語靜中有理趣，杜語靜中有怨意。『曉來』兩聯，則尋常好句耳；『布縠』十字，又近俗調矣。境詣懸殊，不煩衡量。《居易録》又舉山谷云：『氣蒸雲夢澤，波撼岳陽城』，不如『雲中下蔡邑，林際春申君』，以爲此論最有神解。予謂『雲中』二語是古詩高境，『氣蒸』二語是律詩正格。『雲中』二語以解悟勝，『氣蒸』二語以氣力勝。此亦各有所宜，不須並論者。

族子寶華兩次通書，求派外例館供事，謝去之。夜至鐘一下鑪火熄，忍寒而睡。五更疾發。

二十九日丙寅　晴，三日來温煦無風，北地冬日最難得也。下午視德夫疾。德夫綿惙特甚，狀甚可憂。予居都下六年，所得執友惟德夫一人，其文章學問，與予交摯者，多有違言，雖德夫亦自以爲去予遠甚，然其趣向極同。性情高介，論事奮發，皆過於予。予有舉動，質之德夫，以爲可行，胸中便覺釋然。予瀕年偃蹇，稍欲跌蕩自放，又性好色，時有羅襦薌澤之想，恐爲德夫不容，輒自禁止。德夫常言：『外人視予兩人疏節闊目，而中湛然無累，其門墻嚴峻，蓋非讀《近思録》者所知。』予雖愧其言，然平生風義，實相師友。設令德夫竟死，李生何能一日居長安乎？夜同邁夫、翟獻之、熊蓉堂至時豐齋喫飯，復詣德夫，談至二更歸。三更後欲就寢，見爐火甚明旺，不忍負之，再翦燈閲《全唐詩》，至劉昚虚詩，遂加墨點識，且評之云：劉挺卿詩，所傳只十四首，鍾伯敬、林古度、王貽上皆極賞之，以爲字字可傳。其詩多清空一氣如話，却有不落色相之妙。然稍近率易，殷璠謂其氣骨不逮，誠哉是言。古詩『天際南郡出，林端西江明』『深林度空夜，烟月資清真』，四語最爲高妙。律詩『時有落花至，遠隨流水香』十字，亦有禪諦。《寄江滔求孟六遺文》一首，清氣直達，却句句是律體，此境亦不易到。

三十日丁卯　晴，寒甚。傍晚送徐介亭行，不值。答拜孫子受，并晤王鼎丞。吴松堂招同徐介亭、錢秋訪諸君夜飲裕興居，予招芷秋，芷秋病不至，悵然而歸。

孟學齋日記甲集尾

同治三年十二月初一日至十二月二十九日(1864年12月29日—1865年1月26日)

甲子十二月戊辰朔　陰寒，微雪。早起見霜凝草樹，懸結若穗，終日不散，殆近樹稼。得結局片，送到十一月分印結銀四十一兩八錢。孫子受檢討招晚飲，晡後詣之。同坐者，潘伯寅副憲，楊賓石侍讀，李芍農文田、張香濤之洞兩編修，朱修伯學勤郎中，王鼎丞、陳一山兩孝廉，至夜更餘散歸。遣鸝兒問芷秋疾。吴松堂邀飲桐雲堂，不往。

初二日己巳　晴。上午邀芍農編修爲德夫診脉撰方，予與編修初識面，而能推愛交類，周至盡心，深可感也。在德夫家談終日，至夜初更而歸。付王福買辦錢一百千，付寶森書債三兩五錢。得研孫書，邀初四日夜飲。德夫贈貂領、貂帽檐各一枝，朱提十兩。同司何桂芳來，不晤。孫予恬來，不值。連夜疾動。

邸鈔：左宗棠奏丁憂留署浙江按察使劉典進剿福建竄賊，呈請開按察使缺。詔：劉典准其開缺，仍以二品頂帶幫辦左宗棠軍務。以浙江鹽運使楊昌濬爲浙江按察使，以浙江候補知府高卿培爲浙江鹽運使。勞崇光、張亮基奏九月十六日官軍克復興義府城。

初三日庚午　終日重陰，鮮見曦景。得沈松亭片招觀劇。得孫予恬片招夜飲。作片致予恬，辭以疾。作書致研孫，還票錢八緡。謝惺齋來。連病小極，終日多卧。晚後沈松亭復招飲富興樓，强詣之。飯後復同予恬、金少伯飲曲中，二更歸。風起，夜分後更大。

初四日辛未　晴，大風，至晡後稍止。芍農編修來。恩竹樵廉使來。晡後赴研孫之招，與翟獻之、吴俊卿、陳邁夫、熊蓉堂同飲，至夜初更歸。連日疲於酒食，鮮得讀書，惟於茶餘燈下評點唐人詩數十首而已，如此過日，亦可惜也。夜疾復動。

邸鈔：左宗棠奏甄別浙江道、府、州、縣十八員，分别降革勒休有差。金衢嚴道恒山以衰庸勒令休致。紹興府知府懷清以才平降選同知。以户部郎中高貢齡爲紹興府知府。

初五日壬申　晴。付車錢十五千。午詣趙心泉小坐，出訪芍農、香濤兩編修久談，復邀芍農同詣德夫。德夫服芍農藥，頓有起色，再爲診脉定方，傍晚散歸。買銅鍋、銅溺器各一。

邸鈔：以詹事府詹事衍秀爲内閣學士，兼禮部侍郎銜。

初六日癸酉　晴，大風。昨夜初更後偶閲舊所訂詩集、隨筆，改得數十字，皆鄉居閑適之作，卧後遂夢至横河、直河故里間，晚景蒼然，遊眺如平日，得四語云：『微雨過西郭，片月生下寨。清電龍堰出，急雨虹橋來。』醒尚憶之。『微雨』十字言横河，『清電』十字言直河，皆確合地方，不可移易。今日因足成四首，題爲《夢歸直河横河故居續夢中句》：『清電龍堰出，急雨虹橋來。峨峨數官舫，收帆泊蓬萊。』『碑石何亭亭，千百臨官路。山高復水清，風生女貞樹。』『横河一曲長，釣橋實遥帶。時見出城人，微茫度烟靄。』『微雨過西郭，片月生下寨。遠見村火生，知在梅谿外。下寨、梅谿，皆郭外小村名。』芍農編修柬訂初十日夜飲。邁夫邀同熊蓉堂、戴少梅等，夜飲同興居，予招芷秋，戴少梅招添財，又有小福、心蘭諸郎。（此處塗抹）初更散歸。五更大風復作。是日剃頭。

邸鈔：以大理寺少卿鮑源深爲太常寺卿，以翰林院侍讀學士童華爲光禄寺卿。

初七日甲戌　晴，大風。還傳蓮舟銀六兩。終日雜寫文字。

酒壚之『壚』，《史記》作『鑪』，注引韋昭曰：『鑪，酒肆也。以土爲墮，邊高似鑪。』《漢書》作『盧』，注云：『賣酒之處，累土爲盧，以居酒甕，四邊隆起，其一面高，形如鍛盧。』予謂《晉書》作『壚』者是也。《周禮》『草人埴壚用豕』，注云：『埴壚，黏疏者。』埴壚謂黏合疏土，正所謂『以土爲墮』及『累土爲盧』也。《説文》：『壚，黑剛土也。』『盧，飯器也。』『鑪，方鑪也。』是則『壚』正字，『盧』假借字，『鑪』通用字。

眉批：桂氏馥謂『盧』當作『虘』，《説文》：『虘，罍也。籀文作鑪。罍，小口罌也。』正與《漢書》臣瓚注『盧，酒瓮也』相合。顔氏不從瓚説，而其注《急就章》『甑甂甌瓨甖盧』云：『盧，小甕，今之作盧酒者，取名於此。』則又與瓚同。然則文君所當之盧，自是酒瓮，非累土爲賣酒之區也。慈謂若是酒甕，何所用當？下文云雜作，云滌器，皆酒家墉保之事，而當盧者，即所謂主肆也。蓋相如令文君主肆居内，而自執賤役於外也。故顔氏此注從韋昭説。至《急就》之『盧』，則與酒器並列，自當作小瓮解。古人字多通用，故或假盧爲虘耳。

『壹』字从壺，『壺』篆作[篆文]，『壹』篆作[篆文]，从壺吉，吉亦聲。其義不可解。（此處塗抹）疑嫥益之訓，乃其引申之義。（此處塗抹）《易・繫辭》『天地絪緼』，《説文》作『壹壺』，（此處塗抹）許氏説『壺』云：『从凶从壺，壺不得渫也。』蓋『壺』有勹義，壹壺者，天地之元氣渾沌未分，在胚胎中，如子之在包，水之在壺也。从吉从凶者，皆聲也。天數一，故『壹』引申爲嫥壹也。近儒治古文字者，作字好从篆體，然如『壹』『壺』字及『𩰪』字，依篆當作『[篆文]』『[篆文]』『[篆文]』，實不便于書。『𩰪』字本从『[篆文]』，音勃。今从咸，因失音義。然予謂《説文》从某字省者多矣，『[篆文]』字何妨从『[篆文]』，省作𩰪乎？李氏賡芸字許齋，必寫許作『鄦』，遂令刻齒録者分爲『無』『邑』二字，洪北江笑之。去歲珊士書予一文字，寫『蠟鳳』作『蠟朋』，予深致規以爲非宜也。

稱謂有沿俗訛誤不可解者。京師外城西門曰廣寧，自明及國朝因之，而人皆呼彰義，以金時西城有此門也。周青士、朱竹垞皆言之。至内城西門曰宣武，亦始於明，國朝仍之，而今皆呼順治門。按元時此門本曰順承，而明崇禎時，於蘆溝橋築小城，設東西兩門，其西門曰順治，不知何以訛移至此？道光間，遂有人上疏，以順治元號，不宜名門，達天聽矣。

小寒十二月節。　初八日乙亥　未正一刻九分小寒節。晴，比日嚴寒。

施愚山五言詩，漁洋極稱之，《池北偶談》中，最其佳者八十二聯，爲摘句圖。然中惟『共看溪上月，正照城頭山』『翠屏横少室，明月正中峰』『月照竹林早，露從衣袂生』三聯，可以繼武盛唐。次則『到門聞午磬，繞屋遏寒泉』『江路多春雨，山村易夕陽』『孤村流水在，盡日向雲閑』『野水合諸磵，桃花成一村』『村徑半牛跡，山田多水聲』『微雨洗山月，白雲生客衣』『松火圍寒坐，溪窗聞夜漁』，亦近自然。『蘆渚起寒燒，楓林明翠微』『竹色翠連屋，林香清滿山』『風笛落花外，漁燈葦葉間』『春光門外水，夕梵雨中燈』『暮烟隨野闊，山翠入江明』，亦爲清妙。餘無甚可取者，且多語意相同，鮮出新思。至於『明月非霜雪，滿城生夜凉』『翠合江天色，愁連今古情』『臺迴收山郭，江清送酒杯』，則或嫌淺拙矣。『山廚連馬櫪，官舍奪僧居』『生猺安鼠穴，猛虎雜人群』，則又嫌直致矣。『泉聞深樹裏，山嚮亂流間』『湖影涵官閣，泉聲滿郡樓』，則兼病重複矣。

午進城答拜恩竹樵，不值。出城賀同司高次峰出守吾越之喜，亦不值，遂歸。傍晚詣德夫視疾，晤吴俊卿，曛暮歸。夜飯後，吴松堂來。夜喫臘八粥，感賦四絶，又點閲放翁絶句有感一絶，又試茶成一絶，共得詩六首。

甲子臘八夜書感四絶句

六度天涯臘八辰，平頭四十未歸身。故園此際家筵罷，猶續松明待遠人。

誦經閣上髪垂肩，記得偏承大母憐。據地繡襦膜拜佛，夢回二十二年前。大母倪太恭人建絳紂閣奉觀音，是日盛設齋供，自壬寅冬大母見背，不復舉是儀，今二十二年矣。

四處聲傳獨夜風，年簫臈鼓太匆匆。可憐缶粥初香際，紅燭淒凉是客中。

明月宵來特禁看，屏除醽酒淚闌干。閉門料理茸衾穩，將息爐香過小寒。是日小寒節。

冬夜煎茶偶成一絶

瓦罐風鑪自在煎，蕭蕭石火客中緣。何當藤杖柯山去，獨向雲深理舊泉。柯山祇園寺前有蝦蟆泉。

偶閲放翁詩集中多及紅橋三山紅橋余舊居相近三山又先疇所在也慨然有作

鑄錯貲郎奈若何，渭南詩裏感懷多。三山田墅紅橋宅，换得春明一曲歌。

邸鈔：徐宗幹奏提督銜署福建陸路提督福寧鎮總兵林文察進攻漳州，中槍陣亡。候補遊擊李世進、都司謝朝典、守備闞文忠、同知平懋儒、知縣謝穎蘇等皆死之。詔：林文察照提督例從優議恤，餘議恤有差。

初九日丙子　晴，稍和。陳邁夫訂明日晚飲。午後視德夫疾，至夜二更歸。珊士來，不值。王鼎丞來告十二日孫子受封翁生日，醵貲爲壽幛。

初十日丁丑　晴和，無風。高次峰太守來，不晤。朱厚齋比部來。下午赴芍農編修之招，同坐者潘伯寅、楊賓石、孫子受、張香濤、王鼎丞、陳一山、馮孝廉諸君，初更散歸，夜月甚佳。兩日來，感煤氣，頭痛不快，今夜二更時，擁重裘獨立庭中取凉，月色清綺，似元夜前後，風影盡息，頗動嬉春之思。屢欲呼車出從秋君飲，既念年事太逼，債負如山，清興忽消，羈愁遂集。仰視古槐，植立森然，思德夫病甚，默誦常尉『松際露微月，清光猶爲君』二語，不覺悽然而罷。四更疾復動。

十一日戊寅　晴和。早間邁夫遣人來告，德夫病危甚，促予往視，即起，小食後步詣之，殆近綿惙矣。其兄弟相向哭，睹之慘然。下午出詣吴松堂小坐而歸。胡梅卿來，不值。夜初更後得楊理庵片，招飲保安堂，即駕車詣之，順道先視德夫，覺晚狀少佳，遂出至蘭森家，同理庵及童竹珊、翁巳蘭飲。予招芷秋，巳蘭招芷香、蒨雲，竹珊招秀蘭。

十二日己卯　晴，微陰。侵晨熊定卿來告，德夫於卯刻卒矣，爲之慟哭而起，驅車赴之，撫屍號慟，殆不自勝，此予生平爲朋友第一副眼淚也。德夫性情志趣無一不與予同，處境亦略相似，六年都下，惟得此死友一人，而賫恨先殁，所謂既痛逝者，行自念矣。予與德夫交契始己未冬，其間或一二月不相見，甚有至百餘日者，而今年過從特密，三日不見即思之，其今日長訣之漸耶？今年落解後，德夫日作歸計，且力勸予歸，謂京師無我兩人容足地，因約明年從予爲越游，謂必窮山水之勝，而先死於此也。德夫初與予爲文字交，負氣不甚肯下予，辛酉以後，始推予古文，去年始盛推予詩及駢文、詩餘，今年乃益推予學識爲百許年所未有，凡予一言一字，無不傾倒至盡。今春忽欲填詞，持朱竹垞所選《詞綜》屬予論定，遲久未應。秋來屢見催促，且曰：『予不久出都，自此聚散殆難逆計，古人文字多欲待君識别，以爲指南，君其弗厭。』予唯唯，顧素懶，終未下筆，又欲借予所評《漢書》，亦未與之，而不料其遂死也。幽獨之間，負此良友，嗚呼！何嗟及矣！予前日之視疾也，德夫已殗殜，進參後，神稍清，猶顧予曰：『乘此頃爲君注佳茗。』因力疾持予盡兩鍾，且歎曰：『六年中得性命文字之友如君者一人，死可不恨。』邁夫在旁曰：『兄與蒓兄未忘形跡。』德夫曰：『去此一間，便不是朋友。』邁夫又曰：『蒓兄菸茗似皆非好，特消遣耳。』德夫曰：『彼處世間，何事非消遣，惟讀書乃其真際耳。』又顧邁夫曰：

『月之二十七日，是蒓客生辰，汝勿忘。』昨夕之視君也，予以有他約，匆遽不得久坐。德夫呼僕進予茗，予曰：『不須，將行矣。』德夫曰：『夜尚早，何急也？』予支吾應之。又屬熊定卿爲予注佳茗，予又止之。德夫忽歎曰：『吾死不恨，所恨與君此間分手耳。』又曰：『君有事，可行矣。』予亦以君神觀尚清，謂尚有數日待也，而豈料竟此永辭乎！予近日夜坐時，每念德夫病，輒爲出涕，似君之已不救者，私訝其兆不祥，而今竟已矣。德夫無子，其尊公已老病，甚望德夫歸，何天之必欲死之耶？年垂四十，八試南北闈，不得一乙科，將欲著書以老，而夭殁客中，生涯之慘，可謂極矣。悲夫！詣胡仲芬，爲德夫買棺材，議定價銀百二十兩，屬吏部郎蔣君啓勛覆審之。返寓少食後，著衣冠詣孫子受，賀其封君六十壽辰，晤芍農、鼎丞，小坐而歸。傍晚，再詣邁夫，晤研孫、俊卿、熊定卿、蔣吏部，曛暮返寓。咳嗽不快。夜分後風起。

十三日庚辰　晴，陰，有黄色。昨夜頭痛身熱，徹曉不得瞑。今日病甚，不能起，服神麯湯、蘇合丸。胡梅卿來。梳頭。付孫子受壽幛，分貲六千六百文。買象篦兩枚。（此處塗抹）

邸鈔：詔：撤任湖南按察使兆琛仍補授湖南按察使。　　惠親王綿愉薨。詔旨褒美，賞給陀羅經被，命惇親王往奠。

十四日辛巳　晴。病少愈，强起。孫子受來。曉湖來。夜雪。

邸鈔：詔：恭親王帶領侍衛十員，代朕往奠惠親王，於例賞外，加賞銀五千兩，經理喪事。伊子奉恩鎮國公奕詳，百日後即承襲郡王，不必帶領引見。復詔：奉兩宫皇太后命，朕於十七日親臨賜奠。

十五日壬午　上午晴，寒甚，下午雪復作。病甚，凉熱交作，痰壅胸鬲間，唇吻枯竭，服神麯一兩，始稍差。研孫、邁夫來。恩竹樵來辭行，不能見。終日僵卧，支惙殊甚，命鸖兒搥腿，以美言餌之。

十六日癸未　終日雪，下午微見曦景。病漸愈，能起，看書數行，便苦心目不繼，因檢湯若士《牡丹亭》閱之。臨川此書，全是楚騷支流餘裔，不得以尋常曲子視之。因歎昨日布被蒙頭，小奴搥足，今日雪窗按曲，茶香近人，苦樂雖殊，皆是人生隨例道場耳。下午居然喫飯，以冬笋雜肉作膾食之，又居然喫肉矣。此豈吾昨日所及料者耶？德夫惟不能看破此理，時時纏滯人境，不得超脱，故竟至死。半月以前，予評德夫一文字，有論誠字工夫者云：『此字工夫須自然，不須迫促。德夫病在迫促，故能入而不能出。』時德夫已病甚不看書，數日後告予云：『昨閱君此義，意頗有悟，惜君點化我晚耳。』追理斯語，曷禁泫然。得孫予恬片，即復。夜偶取案頭陳大樽近體詩閱之，未終卷，念此是德夫所寄，欲予點定者，不覺凄然廢去。因取汪容甫《述學》讀之。容甫學問文筆俱可當『堅卓』二字，乃儒林之隼鷙也。甚憤時鬱遇，殆與德夫相似，故亦四十餘而卒。甚厭世深者，因宜出世早耶？德夫所就，固不足望容甫，要其志節剛峻，樂善急難，固當曠代相符。余非阿好者，此言可爲天下告耳。

十七日甲申　晴，嚴寒。署中送冬季養廉銀四兩四錢來。邁夫書來問疾，并送還《蘿庵小志》，即作復書，以《詞綜》及大樽詩二本附還之。予與德夫走僕送書，平日習爲故事，今日作此了局，悲夫！

邸鈔：吉林將軍景綸照兵部議革職。以大理寺卿英元爲内閣學士，兼禮部侍郎銜。

送趙心泉爲第四子娶婦分貲十千文。閱《神農本草經》。夜疾復動。

十八日乙酉　晴，大風。胸腹間有冷氣，又痰壅多咳嗽，舉體重滯，蓋濕疾也。閱《素問》。服神麯薑湯。終日忽忽多卧，一年垂盡，孤悰莫偕，痛陳重之新亡，念沈翹而不見。身輕似葉，債重於山。落寞窮愁，又一時之極致矣。夜大風不止。閱《湛園未定稿》。五更疾又動。

邸鈔：詔：惠親王子不入八分鎮國公奕詢、奕謨俱晉封奉恩鎮國公。以翰林院侍讀楊泗孫爲太常寺少卿，以前貴州布政使龔自閎爲順天府府丞。

十九日丙戌　晴。胸中積冷如痞，蓋受濕氣已深，一時不能破也。研孫來。朱厚齋來。作書致邁夫，以明日德夫出殯龍泉寺也。作片致曉湖、予恬。得邁夫復，并以《尚書後集》《元遺山集》兩書還我，《尚書後集》德夫夏初借去者，十日後予索還，德夫曰：『此書豈旦夕可了者？君借人書，殊有習氣。』予笑而止。《遺山集》乃十月中借去者，是日予與珊士適往視君，君方來催予所評大樽七古，且更以七律屬閱，作書致予，言出都不遠，當以文字秘密處稍告一二，勿冷眼看人。詎意一刹那間，作此變相乎？可悲也已。得予恬復，言曉湖風氣復發。

閱姜湛園文。湛園文章簡潔紆餘，多粹然有得之語，此集皆其未第時所作，窮老不遇，他人皆爲搤腕，而湛園和平自處，絶不爲怒駡嘻笑之辭，其加於人固數等矣。七十通籍，一與文衡，非罪牽連，身填牢户，文人之不幸，蓋未有如湛園者。每讀其集，輒爲之悲惋不置也。湛園學養深醇，故文中論古皆具特識。其《楚子玉論》《荀氏八龍論》等作，尤有裨於世教。《蕭望之論》亦爲傑作，往時德夫讀《漢書》，深不滿於長倩，屢與予議論，皆與湛園暗合，恨爾時偶不記此，未及舉以相證。湛園謂望之量狹而妒，前附魏相則劾趙廣漢；惡韓延壽爲左馮翊聲名出己上，則劾韓延壽；以霍光輕己，則謀霍氏；以丙吉居己右，則輕丙吉；又沮馮奉世，排張敞，尤極與予意同。又《黄老論》《書史記儒林傳》《讀孔子世家》諸篇，皆正議卓然，足以推明史意。其《書史記魏霍傳後》云：『論者多左霍而右衛，熟觀太史公傳，所謂兩人點次處，則左衛也。其於霍多微辭，傳敘衛戰功，摹寫惟恐不盡。至驃騎戰功之次，皆於天子詔辭見之。此良史言外褒貶法也。』其言誠當。然左右字似誤用，自來書傳，皆以右爲助，左爲觭，此當云『論者多右霍而左衛』，下當云『則右衛也』，方合文法。予尤愛其《賀歸娶詩序》云：『或謂予曰：「古者昏禮不賀，故娶婦之家，三日不舉樂，思嗣親也。今者賀之，禮與？」曰：「奚爲而非禮耶？禮不云乎，賀娶妻者云：某子使某，聞子有客，使某羞。蓋娶婦之家，不可以是爲樂，而姻戚之情，則自有不可廢者。然不曰娶妻，而曰有客，若謂佐其鄉黨僚友供具之費而已，是其所以謂不賀也。」曰：「予聞之鄭氏，進於客者，其禮蓋壺酒、束脯若犬而已，不聞其以詩也。以詩賀，亦禮歟？」曰：「奚爲而非禮？《詩》『間關車之舝兮』，説者曰：『宣王中興，士得親迎，其友賀之而作。』非今詩之祖與？文王新得后妃，而《關雎》以詠，亦此物也。」』可謂説經解頤，不愧讀書人吐屬。《車舝》之義，出於宋儒，與傳箋不合，故更以《關雎》義佐之。

二十日丁亥　晴陰相間。病漸愈，中濕亦稍就理，惟身體尚苦重滯，晚間力疾整比書籍，尤沓拖不堪，奈何！殷宏疇來。閱劉端臨《經傳小記》《漢書指遺》，皆奇零乏端緒。夜大風。念今日德夫出殯龍泉寺，悽然賦四絶句。

邸鈔：右庶子劉秉璋轉補左庶子，侍讀梁肇煌補授右庶子。侍講學士銘安轉補侍讀學士，左庶子惠林補授侍講學士。

德夫出殯龍泉寺病不能送夜坐聽風凄然賦四絶句

丹旐蕭蕭出近郊，故人虞殯對僧寮。荒蘆殘雪鐘聲裏，出世清涼第一宵。

栖託蒼涼醉外天，空山三歎罷朱弦。無人更賞蕭寥意，掩户聽風絶可憐。

霜月街行挈短童，談經夜夜與君同。眼前別是人間世，燈影書塵似夢中。

法界傳燈悟未成，德夫病前嘗以《傳燈録》《指月録》置案頭，每爲予言，未能解其悟入處，予謂此須由漸得頓。迷家窮子已三生。上堂鐘鼓匆匆了，一盞靈床即化城。

二十一日戊子　晴，稍和。珊士來。作片致芍農，謝爲德夫視診事。作片致理庵，爲吴松堂乞書屏幅。得芍農復。有新分陝西司員外郎吴壽昌來拜。今楚粤間相傳醫術，有移創接病之法，名曰祝由科。按《素問·移精變氣論》篇云：『古之治病，惟其移精變氣，可祝由而已。』王冰注云：『移精變氣，無假毒藥，祝説病由，不營針石而已。』全元起云：『祝由，南方神。』今祝由科治病用咒術，正與祝説病由相似。全云『南方神』者，蓋南方神曰祝融，融、由一聲之轉，此別是一義。夜吴松堂來。

二十二日己丑　晴陰，大風。曉湖來。見毛少宰致商城書，言僧王兵敗于鄧州。窮愁無事，料輯舊作時文自遣。付車錢二十千。

邸鈔：詔：記名四品京堂首任禮部員外郎胡大任免補員外郎，以四品京堂遇缺開列在前。以曾國藩疏稱其總理廣東釐捐，有裨東南軍務也。詔：爲原任湖北巡撫陶恩培於湖北及原籍紹興府建立專祠，其生平事蹟宣付史館，伊子守怡、守恬，由吏部帶領引見。次年二月引見，守怡授運判，守恬授七品小京官。從給事中高延祜請也。　四川總督駱秉章奏假滿兩月，目疾未痊，懇請開缺回籍。詔：再賞假兩月，安心調理，毋庸開缺。以翰林院侍讀沈秉成爲雲南迤東道。

二十三日庚寅　辰初二刻九分大寒節，晴，有風。理庵來。邁夫書來問疾，復之。剃頭。張香濤編修來，久談而去。編修爲前署貴州巡撫昌黎韓南溪超弟子，幼傳經濟之學，言韓公喜讀史，尤究兵法，爲人忼慨任事，技勇絶人，今年僅五十餘，以田興恕殺英人事牽連罷職，竟廢于家，深可惜也。夜間爆竹聲四起，始悟今日爲祭竈之夕，竹馬泥車，留連昨夢，旅窗孤坐，不禁泫然。因作《詰司命文》一首，《祭竈日爲德夫賦招魂辭》一首。

祭竈日爲德夫賦招魂辭

天門蕩蕩迎竈皇，東家西家祭黄羊。爆竹千聲萬聲起，羈人淚落心徬徨。年時君作金門客，每聽此聲動魂魄。孤燈兀兀羅酒殽，推案淋漓起不食。電光石火不可停，回頭君馭風輪行。今夕逍遥在何許？地下還應無此聲。霓爲旌兮雲爲馬，顏倫蒙公俠君駕。排閶大叫巫陽奔，司命傴僂伏轅下。頤指六女麾稚孫，帝命導君返里門。下瞰燈火淮流昏，官舍雜遝陳瓦盆。老父焚香婦鏡卜，祝君早歸薦春酪。時君家尚未聞耗。

詰司命文此文不必刻。

維爾司命，位次文昌。秉精太一，神於東方。胡然監廚，下儕老婦。塞聰蔽明，營營尊缶。既喪爾真，宜箝爾口。胡然嚽言，顛倒美醜。我數爾罪，爾亡遁形。有一不實，置我天刑。維我之先，世承好德。享爾薌萁，處爾美宅。五行之祭，肥甘豐碩。我之方少，角髻踞甋。夕退自塾，背誦《詩》《書》。亦或吮筆，循墻而塗。雲車羽從，滿畫兩隅。時抱僕頸，嬉笑讙呼。僕指爾言，神必軒渠。歲時之夕，祭爾于室。大母拜前，婢僕滿側。醪酏粔籹，香滿口鼻。白餳截肪，黄鷄蒸栗。絳燭兩行，神顴俱赤。稿車竹馬，廡下山積。我著紅襖，緑綺錦靴。周旋室户，持鞭而嘩。納頭拜起，爆光掣蛇。宛宛明妝，外氏之秀。花釵翠袿，或先或後。爲爾進觴，麝襲襟袖。謂爾醉飽，當言帝前。富貴頤壽，一家獨先。通我名籍，益我宅田。梅花圃暖，竹樹庭鮮。霜柹粉荔，日豐爾筵。胡然貿貿，曾不我憶。薦癘貤殃，重降弗迭。驅我于遊，夷竈于劫。奚負乎神，而見罰謫。老母蓬葆，弱妹椎髻。松明勿供，瓦盆而祭。我之不祥，于神奚利？爾即我辭，據實以對。

二十四日辛卯　晴。研孫、邁夫來視疾，半日始去。吴松堂來訂二十六日夜飲，爲予作生日，辭之不得。得十月初三日家書，内有家慈諭函，及仲弟書、季弟書、沈瘦生書、鍾昚齋書。家慈近患痔頗劇，催歸甚切，而牽滯未得行，奈何？夜風。

二十五日壬辰　晴有風，比日天氣少和。理庵饋醬豆、腐鹵、王瓜各一箪，即復謝。作片致吴松堂。今日爲德夫二七之期，邁夫在龍泉寺召僧誦經，擬往吊之，畏風而止。枯坐無事，題案頭書跗數十册，頗覺勞倦。始至書齋二次，看七兒。今日派户書羅惇衍、户侍吴廷棟監修西陵工程。允臣來告予，言可謀監督差缺，不過數月程，可得三四百金。予雖貧甚，不願與纖兒共奔走、覓微利，仰視堂官鼻息，且歸計甚迫，亦不能因此羈留。然允臣之意，終可感也。

二十六日癸巳　晴和。又揭案頭書跗數十册。下午始出門，詣研孫、邁夫，俱不值。詣曉湖、予恬，小坐而歸。車中小摇兀，便覺頭痛不快。夜飯後，力疾詣桐雲堂，赴吴松堂之招，蓮舟亦來。予招芷秋，坐有小福、吉祥諸郎，三更歸。陳遵已無，并少虎賁，沈約分桃，徒添病中懺悔耳。

邸鈔：御史劉慶疏劾鄭親王承志狎優比匪。詔：令步軍統領存誠赴鄭王府，名捕王得禄、高得寬等五人，及優人王小一、崔景福等五人，交宗人府會同刑部嚴訊。護理浙江巡撫布政使蔣益澧奏諸暨縣包村民包立身一門死難情形，詔交部從優議恤。疏略言：包立身於咸豐十一年十月，倡議集團禦賊，人争附之，遠近挈家往依者十餘萬人。賊屢以大衆擊之，輒爲所敗。誘之降，不從。同治元年三月，僞侍王遂糾湖州僞梯王，由富陽攻之，環村數十里爲營。立身以少擊衆，相持八九月，先後殺賊十餘萬人。自夏閒大旱，水涸，汲道爲賊所遏，又截其糧路，食不繼，闔村主客十餘萬人，舐糠飲血，無一降者。七月朔，賊用隧道攻之，村遂陷，從戰者悉陣亡，男婦老幼悉被害。立身與妹美英，率親軍數千人，死戰潰圍出，至馬面山，爲賊追及，圍之數匝，立身率衆鏖戰，中炮陣亡。美英手刃賊數人，知不免，遂自刎死。包氏殉難者十七人，闔村殉難官紳男女共一萬四千七十七人。包村之劫,爲吾越亘古所未有。立身本村甿,不識字,賊未至前歲餘,忽通書,言越將有變,即爲繕禦計。其起事也,跡甚詭秘,自言與仙人往來,村中築望仙臺以候之。衣冠皆用白,不設壁壘,縛籬落爲障蔽,賊不能入。每出戰,立身挺身大呼而前,不持兵,賊見之輒辟易,往往爲生擒去。越人皆謂有神助,益附之,然竟破滅。越中故家大族,多種滅無遺類。賊死者亦數萬。顧鄉人頗言其有異志,不以朝廷爲念云。

二十七日甲午　予生日。晴和。蓮舟饋蒸鴨、箬粽。下午詣松堂,又詣邁夫,并晤研孫,同坐小談。邁夫爲設茗食,見德夫書卷塵封在列,題識宛然,而人生已一世矣。追理言笑,邈若山河,相顧慘悽,日入而散。撰春聯云:『小游珂馬嬉春地;歸及鶯花上壽時。』作片屬珊士書之。夜作書致邁夫。比夕所夢,殊不可解。前夜夢行巫峽間,忽作一文,敘生平游跡,蓋千餘言,記其數語云:『居秣陵石城間數年,山水姚麗;作詩百餘篇,最有神解。』昨夕夢賦詩,題爲『鄰花欲避人』,得五言長律一首,亦記數語,有云:『春色不能藏。』又云:『墻日窺紅杏,庭風劃緑楊。』秣陵生平未嘗一至,鄰花之題尤不解所謂,非想非因,亦非病感,是何爲者耶? 是日,又揭案頭書跗四十册。作事既習,便不能止,亦藉以自虞,不覺勞也。

二十八日乙未　晴和。邁夫書來,饋食物四種,爲蓮子、芡實、薏仁米、冰糖,并借我錢百千,受之感動,殆難爲懷,即作復謝,犒來使四千。付王福料理年帳銀三十兩,錢百緡。邁夫來,談半日始去。予文字蹤跡,多與德夫相連,邁夫見予日記及與德夫往來牋札,輒流涕不止。予見交游中兄弟友愛如德夫、邁夫者,蓋無一二也。天留德夫以厲薄俗,亦豈不佳? 而夭折恐後,固何心耶? 得蓮舟書,即復。得宏疇書,即復。是日又題書跗五十四册,自是案頭殆遍矣。料檢井然,一勞永逸,貧士爲樂,不過爾爾。夜疾動。

二十九日丙申　陰寒，晨微雪。以蓮子、角黍饋珊士，珊士報以餳糕、蒸肉，犒來使一千文。以曼頭、年糕饋理庵。予以所集李翕《西狹頌》『宿好治鄭禮，餘事歌楚詩』十字屬珊士作隸書春帖。珊士寫『好』作『㺳』，寫『歌』作『哥』，此甚可厭。既是集字，必依原碑，且篆法可用古體，不宜施之隸楷，即欲從古，亦必本無此字，方以彼文易之，若『㺳』既爲訛體，而《説文》自有『好』字。至『玫』，本訓『人姓也』，而下引《商書》『無有作㺳』，以見古文之假借，是作『玫』已非，作『㺳』更誤。以『哥』爲『歌』，惟《漢書》有之。《説文》：『歌，詠也，或从言作謌。』而可部云：『哥，聲也，古文以爲謌字。』是『哥』特古文間有與『謌』通用者。許氏尚存疑詞，乃舍自古承用之字，而用誤書假借之文。《漢書》用『哥』作『歌』，是班氏簡略處，本不足爲法。此等賣弄古怪，幾爲笑柄，徒取駭於俗眼，亦貽譏於通人。珊士時蹈此習，予屢規之，而不能從，是其癖也。

閱孔顨軒氏《禮學卮言》，共六卷，精奥通博，多出名解。其卷二《禮服釋名》，推明《周禮》冕服之制，理董衆説，據義必堅。卷六《周禮鄭注蒙案》，俱摘鄭君所引漢注，以史傳證明之，補賈疏所未及。後有自跋，深以治經者不通史籍爲病，誠通儒之言也。顨軒卒時，年僅三十五，而經學之外，尤明律算，凡所著録，皆由心得。其《公羊通義》《大戴補注》二書，謹嚴簡潔，自成名家，真近世之顔子矣。平生頗惡宋儒，此書中論《儒行》云：『三代、兩漢賢者，多失之過，鮮失之不及。宋以後所稱賢者，多失之不及，鮮失之過。《儒行》一篇，皆賢者過之之事，宋儒謂非夫子語，豈其然哉！「儒行」云者，固言儒者之行，未嘗目爲時中之至行也。至於「道塗不争險易之利，冬夏不争陰陽之和」，殆亦和之至者歟？「見利不虧其義」，「雖分國如錙銖」，殆亦清之至者歟？東漢士君子，於儒行多有其一節；宋以後人，往往以不肖者之不及，貌爲中庸，而其流弊，志行畏葸，識見淺近，遂至去凡人間不能以寸。』其言痛快,足以起痌瘝。粤軒内行醇至,薦遭家難,遂以毀殁。賢者之過,可謂不負所言。後嗣貴盛,豈非天之報施善人歟?德夫每言及先生,輒自感歎,謂其年不可及,令人自愧期頤,豈知壽分亦在眼前。其當從先生於九原,欣然無恨乎?(此處塗抹)今日歲除,蕭然倍昔,牢漠之況,不能復與君同,枯對是編,曷勝欷悼!

朱厚齋來。(此處塗抹)付王福十月至十二月顧直二十四千,年賞十二千。鷊兒年賞十千。周宅門上劉福六千,賈兒二千,王升二千,趙禮二千,車夫二千,更夫三千,魁子一千;傅宅僕媪四千,邑館長班一千,衙門走使二千。還同興居酒錢一百十四千,福興居酒錢舊債四十四千有奇,新債未還。夜换户楣聯額,然燭守歲,久客不聊,凄然淚下。焚香遥叩先人,拜祝家慈福安。相國來辭歲。剃頭。終夕守歲,得詩二首。

甲子除夕守歲獨坐追悼德夫

淚光燭影年年事,今夕悲君不復同。地下差無逋券到,前期回首酒杯空。去年是夕飲君齋中。生盆夜色千家雪,爆竹邊聲萬里風。等是窮途人鬼判,獨將孤憤叩蒼穹。

乙丑元旦作

年撥冬鑪火,匆匆歲又陳。青編映新曉,紅燭接初春。老漸難爲客,貧猶可奉親。三年叨冗食,《周禮》『冗食』,鄭注謂『留治文書,若今尚書之屬諸直上者』,蓋漢時尚書有散屬,號冗官,其給食無常例,故謂之『冗食』。歸作太平民。

孟學齋日記乙集上

同治四年正月初一日至三月二十九日（1865年1月27日—1865年4月24日）

同治四年（一八六五）

同治四年歲在乙丑春王正月丁酉朔　微晴。眉批：是日酉初初刻合朔，天色温晏，晚益澄霽，日官奏風從艮地起。上午微見雪花。叩拜天地，遥賀家慈千秋百福。太恭人年六十一歲。慈銘年三十七歲。僧慧十歲。午坐車詣蓮舟談，逾兩時許。借得茹三樵先生《竹香齋古文》二册，步歸。珊士來。相詣相國賀年。國來賀年。周麟圖工部來，白楣孝廉來，何樞吏部來，查丙旭刑部來，潘觀保侍讀來，陳景謨同知來，高貢齡知府來，湯學海刑部來，潘曾瑩侍郎來，沈源深吏部來，張度兵部來，蔣保燮户部來，何桂芳户部來，研孫來，陳守和户部來，孫源中書來，林式恭刑部來，張聯第刑部來，朱福榮刑部來，胡壽謙刑部來，熊昭鏡刑部來，羅楷知州來，杜鳳治來，俱不見。閲孔顨軒氏《經學卮言》。夜搗朱砂印泥千轉，取紫泥吉兆，且習勞也。

初二日戊戌　晴和。

錢竹汀氏謂《説文》所收九千餘字，古文居其大半，間有標出古文、籀文者，乃古籀文之别體。如一、二、三之字，必先有一、二、三，然後有从弋之弌、弍、弎，而叔重乃注古文于弌、弍、弎之下，可知所言古文者，皆古文之别字矣。予謂此説不可通。叔重此書，固以東漢時俗體日出，至有馬頭人爲

『長』，人持十爲『斗』之字。乃依據小篆，附存古籀，以便學僮諷誦，故自敍有云：『今敍篆文，合以古籀。』是篆文皆从李斯之證。錢氏引其重文，每云『篆文或作某』爲比，則亦當云『古文或作某』，不應僅注古文也。蓋所稱古文者，若『古文《尚書》』之類，其自敍謂稱《易》孟氏，《書》孔氏，《詩》毛氏，《禮》周官，《春秋》左氏、《論語》、《孝經》等皆古文。而許氏時又有杜林漆書古文，是其所注古文者，皆謂諸經之古文，或本壁中，或本漆書耳。希部𦗔从二希，𧉽古文𦗔，《虞書》曰：『𧉽類于上帝。』巳部𢀳，从巳由，《商書》曰：『若顛木之有𢀳枿。』古文言由枿。言部譙，从言焦聲。誚，古文譙，从肖。《周書》曰：『亦未敢誚公。』或先稱古文，後引書；或先引書，後稱古文。兼有不復引書證而僅出古文二字者，如弌、弍、弎類也。又有云古文以爲某字者，如『㬎』下曰『古文以爲顯字』，『㫃』下曰『古文以爲魯衛字』，『臤』下曰『古文以爲賢字』，此皆言諸經古文之用假借字者也。

家从豭省聲，段氏以爲大疑。珊士謂『亥』古文作『[illegible]』，『豕』古文作『[illegible]』。許氏謂亥爲豕，故古文與豕同。亥从上，从二人，一人男，一人女，从乙，象懷子咳咳之形，故家从亥；亥、豕古文同，故亦作豕。其說甚新而確，可補段氏所未及。珊士近又據彑部之『[illegible]』，讀若瑕，豕也。謂家當从[illegible]聲，則非也。[illegible]既與家字體不類，且《玉篇》《廣韵》皆無此字，小徐《繫傳》本以此爲彖之古文。予又疑即豭之或體也。彑部：『彖，豕也，从彑从豕，讀若弛。』『彖，豕走也，从彑，从豕省，通貫切。』段氏謂蠡字、像字皆从彖得聲。然六書之恉，從無兩體比合，所从並同，僅省一筆，而聲義頓判者。《説文》十四篇中，亦無此例。阮氏元謂《易·繫辭傳》『彖者，材也』，材即裁，裁分也。《玉篇》引《説文》『彖，豕走挩也』，豕挩即分也。彖古音當讀若弛，音近于材。《説文》彖、彖二字之注，後人亂之。今本『彖，豕走也』，當云『彖，豕走挩也，讀若弛』。彖乃通貫切，豕也。近人番禺徐君灝云：『彖讀若弛，實先儒相傳之古音，劉瓛讀爲通貫切，乃聲之轉。《玉藻》「士褖衣」，鄭注「褖或作税，即《雜記》之税衣」。此音轉之明證。至彖、彖本爲一字，其一畫之多寡有無，筆跡相承，無關輕重。新安汪氏《説文繫傳》本尚無彖字，其爲後人所增無疑。蓋俗儒習聞《易》之彖讀通貫切，求之《説文》而不得，遂妄加增竄，不知通貫切爲弛音之轉，而義無殊，字無别也。至若豕走之義，其性實然，言豕則走義在其中，不必又造一字，如「馬，怒也，武也」，言馬則怒、武之義已存，不必又有馬怒、武之字也。』予謂：阮氏之辨彖古音，徐氏之辨彖、彖非二字，皆確當不可易矣。至彖之訓，自當爲『豕走挩也』。蓋彖上从彑，許氏謂『彑，豕之頭，象其鋭而上見也』；下从豕，許氏謂『竭其尾，故謂之豕』。立部『竭，負舉也』，然則頭鋭而上見，尾竭而下舉，爲走挩之象，比體合誼，無可疑矣。後人既妄增『彖』字，又移『走挩』之訓以屬之，而傳寫者又誤奪一『挩』字，殺舛不可讀矣。徐君言豕已有走義，不必又制豕走字，引馬怒、武之義爲證。然馬部『騁』云：『騁騁，馬怒貌。』則《説文》固有馬怒之字也。推之而馬自有迅駃義，不必又制馳、驅等字矣；虎自有怒義，不必又制虩字矣；牛自有奔義，不必又制犇字矣；羊自有羶義，不必又制羴字矣。此爲贅説，不可通也。

今日天氣温煦，如江南早春時，徹爐閉門，終日營營考訂經義文字，頗有所得。獻歲之際，車馬如雲，而作此生活，拙懶迂僻，京華軟紅中，當無第二人矣。駱文蔚刑部來。趙心泉來，潘曾綬京卿來，孫詒經檢討來，李鎬刑部來，胡蘭洲來，皆不見。

《説文》豕下有云：『按今世字，誤以豕爲彘，以彘爲豕，何以明之？爲啄、琢从豕，蠡从彘，皆取其聲，以是明之。』大徐以爲此語未詳，或後人所加。近儒錢氏坫改爲『以豕爲豕，以豕爲彖，何以明之？爲啄、琢从豕，蠡从彖』云云。段氏改爲『以豕爲豕，以彖爲彖，何以明之？爲啄、琢从豕，蠡从彖』云云。予謂錢氏所改固仍轇轕不明，段氏雖分晰，然不知彖、彖本爲一字，亦千慮之失。疑此當作『以豕爲豕，以彖爲豕，何以明之？爲啄、琢从豕，蠡从豕，皆軋其聲，以是明之』。戴侗《六書故》謂：『彖即彖字，直例切，蠡从彖，即从彖也。而當時俗書有作蠡者，故云「以彖爲豕，啄、琢皆从豕聲」，而俗或作啄、琢，故云「皆軋其聲」。豕音施是切，彖音直例切，有齒舌輕重之别。軋者，相傾軋也，與亂義近，與取字形似而訛。』據此，益可證彖之本音弛矣。

夜分風起。疾復動。

邸鈔：以萬青藜實授兼尹，蘇廷魁實授河南布政使，王正誼實授河南按察使，忠廉實授兩淮鹽運使。常清明緒奏十月二十五日擊敗回匪，伊犁解圍。詔：明緒調度有方，賞穿黄馬褂，餘升賞有差。陣亡之索倫總管阿木爾們、察哈爾領隊大臣托克托鼐，均交部從優議恤。此係二十八日旨。

張集馨奏静寧州高家堡之捷。山西河東道楊寶臣賞加鹽運使銜，六品頂帶；已革直隸按察使孫治以道員發往都興阿軍營差委，俱以慶陽籌餉勞，從文煜請也。此係二十九日旨。

初三日己亥　陰寒多風。殷宏疇遣僕來叩歲，賞錢兩千。曉湖來，濮蓉江來。吴松堂來。邁夫來。理庵來，賞其僕叩歲錢兩千。王鼎丞孝廉來，潘伯寅副憲來，丁蘭如來，尹承綸、王儀恂兩同司來，張香濤編修來，沈松亭來，章秋泉來，俱不見。今日邁夫來交盟牒，繼結昆弟之好。邁夫少予一歲，因書其牒後云：『此德夫之弟邁夫與予結昆弟之券也。』嗚呼！予與德夫締交于己未，德夫長予二歲，以兄弟相稱謂，顧未有盟券。庚申夏，予始書一通，納之德夫，迄今五年，終未報我，而德夫死矣。嗚呼！通譜之事，前代所無，兄事弟畜，未嘗須此。迨乎今世，薄俗不敦，遂以此爲人事，往往一面之頃，半酒之次，頓指天日，結爲孔懷。流品溷殽，輩行獶雜，轉背不識，累篋而焚。以予之稀簡交游，畏避聲氣，而平生所訂昆弟之契，蓋已不免梟獍魑罔焉，此德夫之所以不屑屑者乎？然以予兩人，家黨參關，有逾天屬，而竟闕此節，内外茫然，幽明之間，均有遺恨。爰告邁夫，補以續之。元方既没，更聯季方之交；次公可懷，益增孟公之痛。而况芋時感泣，并乏孤兒；柹實難期，竟符妖語。越山無恙，誰結子先之廬；德夫嘗欲居越。淮水長流，不斷桓嫠之淚。遺書在列，未竟丹黄；應舉積閏，終老茂秀。尚書散屬，遂爲銘旌之題；游子望歸，慘政載棺之覿。邁夫惇睦，不愧難兄。束帶敬於居常，進藥謹其侍疾。今原哀慟，遠過恒人，因篤友于，推誼所執，曲致愛敬，視予猶兄。嗚呼！昔者梁有崔、劉，唐有吴、富。祖思致殞，赴善明而繼徂；嘉謨云亡，促少微以一慟。愧非死友，有負神交。留此券書，傳之後嗣。庶使兩家子姓，常繩胏附之情；三世名稱，互識尊行之諱云爾。

初四日庚子　積陰沍寒。胡仲芬來。

閲《南史》。徐勉《戒子書》曰：『釋氏之教，以財物謂之外命，外典亦稱「何以聚人曰財」。』六朝崇尚佛教，以旁行書爲『内典』，以儒書爲『外典』，故此引《易·繫辭傳》而曰『外典』也。

六朝忠臣，當以袁粲爲首，而粲初爲侍中，領射督校尉時，以納山陰人丁承文貨，舉爲會稽郡孝廉，坐免官。簠簋不飭，賢者不免，所謂小德出入可也。

《宗慤傳》：『宗軍人串噉粗食。』此『串』字最古，串即毌之隸變。《毛詩》『串夷載路』，傳曰『串，習』，是假『串』爲『摜』。《説文》：『摜，習也。』引《春秋傳》曰『摜瀆鬼神』，今《左傳》作『貫瀆鬼神』。《孟子》『我不貫與小人乘』，亦假『貫』作『摜』，是古串、貫、摜通用也。《詩》鄭箋謂『串夷即混夷』，而《綿》之『混夷駾矣』，《毛詩》亦正作『混』。混，音昆，昆、串一聲之轉也。今俗訓習者作『慣』，非。

六朝惟散騎常侍、散騎侍郎有員外官，以常侍得珥貂，故置員外官，以寵朝臣之未得爲常侍者。

常侍既置員外，故侍郎因之，此皆虛授，不事事也。又有通直散騎常侍，則入直事事矣，而尚非真除，蓋有應得常侍而資淺者，始以授之。侍中珥貂，較常侍更華要，選朝臣高資有文學而兼風貌者爲之。宋孝武選王彧、謝莊、阮韜、何偃皆以風貌。齊明帝欲用陸慧曉爲侍中，以形短小而止是也。亦有侍中夾侍，庾杲之爲侍中夾侍，柳世隆謂齊武帝曰：『庾杲之爲蟬冕所映，彌覺華采，陛下故當與其即真。』王儉不可而止。夾侍者，猶常侍之通直，唐所謂裏行，今之學習行走是也。

東晉、宋、齊，揚州刺史皆宰相之兼職，梁代雖多以親王爲之，選授隆重，然非宰相之任職矣。故稱曰監州，不徑名刺史，如蕭景、孔休源，皆以將軍監揚州是也。蓋已與諸州刺史無大異，而寄任甚顯，得預機密，故景以近屬而謂之越授，休源至有兼天子之稱矣。

六朝以尚書僕射爲宰相，稱曰執法。執法者，猶言執政也，非中執法之謂。沈文季問單景儁右執法有人否，齊明帝遂以爲右僕射，王晏戲呼爲吴興僕射。文季曰：『琅邪執法，似不出卿門。』又朱異卒，梁武帝議贈官，或言異平生望得執法，乃贈尚書右僕射是也。然中書通事舍人之職，内綜機務，實執國柄，殆與唐代翰林學士號内相者同，惟多以雜流居之，又近漢之中書令。

六朝重北人而輕南士，故丘靈鞠欲掘顧榮冢，謂其引諸傖渡江妨塗轍也。王、謝、袁、褚、江、何諸族，子弟出身，便官秘著，王謝尤甚，即人材極凡劣者，亦必至大中大夫。而南土高門，如吴郡之陸之顧之張，吴興之沈，會稽之孔，舉辟得官，不過軍府州郡行佐書記，及王國侍郎、常侍之屬，他或釋褐奉朝請，或召爲國子生，惟張稷起家著作佐郎，稷子嵊亦起家秘書郎，此南士之僅見者。餘或爲功曹從事史，如賀琛、朱異，雖非望胄，亦是清門，而皆爲此職。其歷官也，中原高胄，至不屑爲臺郎。《王筠傳》：『爲尚書殿中郎。王氏過江以來，未有居郎署者，或勸不就，筠曰：「陸平原東南之秀，王文度獨步江東，吾得比蹤昔人，何所多恨？」』《江智深傳》：『元嘉末，除尚書庫部郎。時高流官序，不爲臺郎，智深門孤援寡，獨有此選，意甚不悦，固辭不拜。』王弘、王曇首一門，至不屑爲御史中丞。《王僧虔傳》言王氏分枝居烏衣者，位望稍減，僧虔爲御史中丞，曰：『此是烏衣諸郎坐處，我亦可試爲耳。』甲族由來多不居憲臺也。按《王准之傳》：准之除御史中丞，自曾祖彪之至准之，四世居此職。准之嘗作五言詩，范泰嘲之曰：『卿唯解彈事耳。』僧虔所指烏衣諸郎，蓋即准之家也。考南朝王氏，惟導之後最貴，導之後又以出於珣者爲最，弘與曇首皆珣之子，仍世台司，位望第一。王誕、王惠兩支，皆出於導子恬，宰相國戚，亦相繼於世。而誕從孫奂傳云：奂出繼從祖僕射球，諸兄出身王國常侍，而奂起家著作佐郎。顏延之撫其背曰：『阿奴始免寒士。』按奂曾祖穆，爲晉司徒謐之兄，祖僧朗，宋尚書右僕射，叔父景文，尚書左僕射，揚州刺史，而所繼祖球，即謐之子。球又繼爲宰相，乃已不免寒士之稱，兄弟至爲王國官，不能逮珣後一支矣。若王敬弘、王鎮之、王弘之三支，出於導從弟廙，王准之一支，出於導從弟彬，冑望又在誕、惠之下。《到撝傳》云：『王晏既貴，雅步從容。』撝『問曰：「王散騎復何故爾？」晏先爲國常侍，轉員外散騎侍郎，此二職清華所不爲，故以此嘲之。』晏即弘之孫也。沈文季亦誚晏曰：『琅邪執法，似不出卿門。』然晏從祖敬弘，爲宋尚書僕射尚書令，開府儀同三司。從父曇生，官亦至吏部尚書、太常卿，家門亦甚盛，而在王氏中，已爲乙族矣。

出身之美，秘著以外，推揚、徐二州迎主簿。《徐勉傳》：舊揚、徐首迎主簿，盡選國華，中正取勉子崧充南徐選首，梁武帝敕勉曰：『卿寒士，而子與王志子同迎，偃王以來，未之有也。』然甲族已多不肯就，南士則以此爲首選，其官至僕射者，沈文季、沈約、張稷、張充、沈君理、陸繕等，不過數人。其聯姻帝室者，惟陳文帝、後主兩沈皇后，皆吴興人。後主沈后父君理，尚武帝女會稽穆公主，然文帝娶沈后，在梁世時，文帝猶未貴達。君理之尚公主，亦在武帝鎮南徐時，其登台司者，惟沈慶之、章昭達，又皆是武人。章昭達，吴興武康人，與陳文帝有舊，以武功至開府儀同三司，宣帝時進位司空。其幾得僕射而仍失者，孔靖即孔季恭屢授屢固辭，孔奐已草詔，仍不行；張緒爲王儉所沮，餘無聞焉。《張率傳》：梁武帝詔率曰：『秘書丞天下清官，東南望胄未有爲之者，今以相處。』則南人之難得清職可知。吾越仕宦最顯者，惟孔靖、孔奐、孔休源，然皆不至台司執法。次則孔靈符、孔琇之、孔琳之、孔覬、孔稚珪、虞琮、孔範，皆至八坐，虞玩之、賀琛、孔登至九卿。其得封爵者，惟戴僧静，永興人，封建易縣侯。王琳，山陰人，封建寧縣侯，俱以軍功。戴法興，山陰人，以近倖得封吴易縣男而已。

六朝稱吏部郎爲通貴，其選授甚重，校他曹郎遠甚。按《南史》，有以御史中丞遷者，庾杲之、王思遠；有以侍中遷者，張緒；有以中書侍郎、驍衛將軍遷者，江智深；有以郡守行州事遷者，謝朓、陸慧曉；有以少府卿遷者，王僧孺。僧孺由御史中丞遷少府卿。而王思遠且上表固讓，謝朓至於三讓。朓傳言中書疑朓舊未及讓，以問沈約，約曰：『宋元嘉中，范(煜)〔曄〕讓吏部，朱修之讓黄門，蔡興宗讓中書，黄門、中書皆謂侍郎。並三表詔答。王藍田、劉安西並貴重，初自不讓。謝吏部今授越階，讓别有意。』而王錫以公主子，才名甚盛，年二十四，遷吏部郎，不敢拜，其華要可知矣。

尚書左丞爲糾轄之職，而資秩甚輕。賀琛爲尚書左丞，加員外散騎常侍，舊尚書南坐無貂，貂自琛始。何佟之爲尚書左丞，卒，故事，左丞無贈官者，特詔贈黄門侍郎，儒者榮之。此皆在梁武帝時，爲優儒之特典。

六朝人拜官，不特避家諱，父終此官者，亦不肯拜。謝舉爲太子詹事，以父瀹終此官，累表乞改。王儉爲侍中，以父僧綽終此職，固讓。陸繕兩拜御史中丞，皆以父任所終，固辭。此事唐以後無聞矣。

南朝頗重山陰令。《傅琰傳》云：『琰爲山陰令，著異績，後已官尚書左丞，齊高帝以山陰獄訟繁積，復以琰爲山陰令。後遷益州刺史，由令遷州，古所未有。』《顧覬之傳》云：『山陰劇邑三萬户，前後官長，晝夜不得休，覬之御繁以簡，自宋世爲山陰者，莫能尚也。』《江秉之傳》云：『爲山陰令，人户三萬，政事繁擾，訟訴殷積，階庭常數百人。秉之御繁以簡，常得無事。宋世惟顧覬之亦以省務著績，其餘雖政刑修理，而未能簡事。』蓋其時會稽爲東南列郡之首，嘗立爲東揚州，而山陰等於京縣也。《沈憲傳》：齊高帝以山陰户衆，欲分爲兩縣。

李芍農編修來，方子望樞部來，桑柏齋侍郎來，謝惺齋來，戴燮元、劉庠兩中書來。終日檢比書卷，上下往復，略不休息，頗甚疲困，至晚遂不能食。二更後，始作麵下之。四更疾動。

初五日辛丑　微雪，晦寒。吴俊卿、翟獻之兩工部來，朱厚齋來，傅駠同司來，許炳燾來。終日閲《南史》，方就訂纂，有一客來，久坐不去，破此工夫，甚爲可恨。

《孔覬傳》：『初，晉安帝時，散騎常侍選望甚重，與侍中不異，其後職任閑散，用人漸輕。』宋孝建三年，孝武欲重其選，於是吏部尚書顔竣以黄門侍郎孔覬、司徒右長史王景文應舉，既而常侍之選復卑，是則貂脚之名，不待唐代矣。侍中之選，華要日甚。《王峻傳》：峻性詳雅無趨競心，嘗與謝覽約，官至侍中，不復謀進仕。《陸慧曉傳》：慧曉已官五兵尚書領右軍將軍，朝議欲以爲侍中，王亮欲以鎮南兖州，王瑩、王志皆曰：『侍中彌須英華，方鎮猶應有選者。』《虞悰傳》：悰已爲散騎常侍、太子右率，齊武帝以悰布衣之舊，從容謂曰：『我當令卿復祖業，轉侍中。』朝廷咸驚其美拜。《胡諧之傳》：諧之爲都官尚書，齊武帝嘗從容謂之曰：『江州有幾侍中？』諧之答曰：『近世惟程道惠一人。』上曰：『當令有二。』以語尚書令王儉，儉意更異，乃止。可知其任貴重，亞于宰相。至唐遂爲宰相之加官，其積漸輕重，皆非一日也。

王、謝子弟，浮華矜躁，服用奢淫，而能仍世貴顯者，蓋其門風孝友有過他氏，馬糞烏衣，自相師友，家庭之際，雍睦可觀。謝密、王微，尤爲眉目，三代兩漢，如兩人者，亦不多得，讀其佳傳，爲之歎想。其餘亦多至性足稱，雖改姓易朝，略無忠節，顧不恤國，而能恤家，久據膏粱，要非無故。

孔靈符立墅永興，至三十餘里，包帶二山。賀瑒築室郊郭間，講授三《禮》，學侶三千餘人。此皆鄉邦盛事，雖雅俗不同，俱堪艷述，惜遺跡所在，無可想尋。

宋武帝之討桓玄，本欲于山陰起事，孔靖以路遠止之。見《孔靖傳》。其後宋、齊、梁之世，以會稽起兵者，孔覬、王敬則、張彪，凡三人。彪，梁之忠臣，死有餘烈。覬奉尋陽王討宋明帝，檄召諸郡，仗義執言。敬則以高武舊將，其時齊明帝誅高武子孫殆盡，興師伐暴，亦爲堂堂之舉。雖事皆不成，俱足千古。以視據地稱叛者，豈直霄壤相懸。所謂吾越乃報仇雪耻之邦，非藏垢納污之地也。

前代人呼江西人爲鷄，高新鄭見嚴介谿，有大鷄、小鷄之謔，常不解所謂，問之江右人士，亦都不知。按《南史・胡諧之傳》：諧之，豫章南昌人，齊武帝欲獎以貴族盛姻，以諧之家人語傒音不正，乃遺宮内四五人往諧之家教子女語。二年後，帝問諧之曰：『卿家人語音正未？』答曰：『宮人少，臣家人多，非唯不能得正音，遂使宮人頓成傒語。』帝大笑。又范柏年云：『胡諧是何傒狗？』此事《南齊書》不載。乃知江西人曰『傒』，因『傒』誤爲『鷄』也。又《顧琛傳》：宋世江東貴達者，會稽孔季恭子靈符、吳興丘深之及琛，吴音不變。知爾時吳、越，鄉語本同。

南朝學伍奢父子者兩事而皆效。沈慶之被殺，子文叔謂弟文季曰：『我能死，爾能報。』文叔死，文季揮雙刀馳去。蕭懿爲東昏所害，臨死曰：『家弟在雍，深爲朝廷憂之。』後梁武果起兵。又《隋書・王頒傳》：父僧辯爲陳武帝所殺，及隋伐陳，頒自請行，從韓擒虎先鋒夜濟，滅陳，發武帝陵，剖棺焚骨。此亦學子胥鞭屍者。李延壽入之《北史》，而《南史·僧辯傳》末，但云『頒少有志節，荆州覆滅，入于魏』。《梁書》亦同。竊謂此雖史家限斷之法，然頒仕隋，除此一事外，都無表見，宜附于《僧辯傳》，以快讀者之心。

南朝輕武人，晉桓温之貴重，而謝奕猶呼老兵，王述亦呼爲兵。沈慶之、文季父子，一家忠孝，爲宋齊間之冠，而褚淵以門第裁之，嘗於齊武帝前言文季有將略，文季諱稱將門，因此發怒。宗慤幼時言『欲乘長風，破萬里浪』，而其叔少文以爲滅我門户也。

夜至寅正始睡，五更腹痛。

初六日壬寅　大風，凝寒，終日如晦。始至齋中視七兒。馬春暘編修來，楊宗佶、何桂芳兩同司來。

閲《南史》，又札記十條：

何敬容爲吏部尚書，詮序明審，爲吴郡太守，政爲天下第一，固貴戚中之名臣。及爲僕射，詳悉舊事，勤于簿領，朝旰不休，蓋賢相也。《梁書》本傳深致褒美，略無貶辭，但云晉、宋以來，宰相皆文義自逸，敬容獨勤庶務，爲世所嗤鄙。傳贊引王敬弘身居端右，未嘗省牒，深以爲非。有曰：『望白署空，是稱清貴；恪勤匪懈，終滯鄙俗。』又曰：『何國禮之識治，見譏薄俗，惜哉！』其言最爲平允。《南史》既添出『拙于草隸，淺于學術，通苞苴餉饋』等語，又於『獨勤庶務』下加『貪恡』二字，又增出『苟既奇大，父亦不小』及丙吉、蕭何之對。《朱異傳》復以敬容與異並論，謂『外朝則敬容，内省則異』，操行各異而俱見倖。異傳云：『敬容質慤無文，以綱維爲己任。』質慤十字，似非惡語，何得謂之見倖？　觀敬容『先天而天不違』之對，非不知文義者。邴吉之問，即曰有之，亦出偶然之誤，不足爲口實。至陸倕狗父之戲，直是無賴惡薄語，史家何屑載之？敬容言侯景翻覆叛臣，終當亂國。又以簡文頻講老、莊，謂晉氏祖尚玄虛，胡賊遂覆中夏，今東宫復襲此，殆將爲灾。其深識遠見，高出一時社稷之臣，庶乎無愧。《南史》謂爲不學，極意譏笑，可謂無識。

山陰賀氏，自晉司空循，至孫道力，曾孫損，玄孫瑒，瑒子革、季，及從子梁太府卿琛，六世以三《禮》名家，爲南土儒宗。而《南史》瑒傳首載其伯祖道養善卜筮，遇一工歌女人病死，筮之曰：『此天帝召使歌。』俄頃而蘇，事極爲不倫。李氏好言神鬼，往往可厭，而此事尤荒唐無謂。眉批：《春秋正義》引賀道養云：『春貴陽之始，秋取陰之初。』是道養亦著經説也。又云：『宋太學博士賀道養爲杜氏《春秋左氏傳序》作注。』又可考見道養官位。《梁書》瑒傳但言祖道力善三《禮》而已。

《孔珪即孔稚珪，《南史》避唐高宗嫌名去『稚』字。傳》：父靈産，事道精篤，過錢唐，于舟中遥拜杜子恭墓，自此至都，東向坐，不敢背側。《南齊書》亦同。按《南史》此下《沈約傳》云：錢唐人杜炅字子恭，通靈有道術，東土豪家及都下貴望皆敬事之。靈産此事本不足載，既欲載之，何不移《沈約傳》中數語，入之《靈産傳》中，便覺分晰。今幾不詳子恭爲何人。

東昏潘妃死節事，見《王茂傳》，竊謂此宜附見《東昏褚皇后傳》下，以顯其節。褚后傳本有帝寵潘妃，后不被遇之語，附傳甚合，今在茂傳，但云潘玉兒，不云潘貴妃，幾令讀者疑爲兩人。《梁書·王茂傳》不載此事，《南齊書·東昏本紀》但言拜愛姬潘氏爲貴妃及爲市令一事而已。茂傳云：東昏妃潘玉兒有國色，武帝將留之，以問茂，茂曰：『亡齊者此物，留之恐貽外議。』帝乃出之。軍主田安啓求爲婦，玉兒泣曰：『昔者見遇時主，今豈下匹非類，死而後已，義不受辱。』及見縊，潔美如生。輿出，尉吏俱行非禮。乃以余妃賜茂，亦潘之亞也。

宋前廢帝同産山陰公主淫亂，帝爲置面首三十人。而《齊東昏褚后傳》云：東昏娶后無寵，謂左右曰：『若得如山陰主無恨矣。』山陰主，明帝長女也，後遂與爲亂。是宋、齊有兩山陰主，皆淫亂者。《東昏紀》但云與諸姊妹淫通，不言爲山陰主。

《江智深傳》云：父僧安，宋太子中庶子，少無名，從兄湛禮敬甚簡，智深常以爲恨。故宋孝武言江僧安癡人，癡人自相惜。此與罵袁粲爲袁濯兒，口吻如一，以袁濯爲揚州秀才早卒也。《通鑑》但言僧安爲智深父，而不載少無名云云，則癡人之語不明。

《張緒傳》言卒後贈散騎常侍，特進光禄大夫。緒生時已爲散騎常侍、金紫光禄大夫矣。宋、齊以後贈官與晉以前有别。漢、魏，晉多有贈本官者，蓋贈以本官章服印綬也。宋以後但有加贈，緒乃贈特進耳，而史家牽連書之。

齊高帝餉孔靈産白羽扇、素隱几，曰：『君有古人之風，故贈君古人之服。』明帝賜傅昭漆合燭盤，曰：『卿有古人之風，故賜卿古人之物。』梁昭明太子賜劉杳瓠食器，曰：『卿有古人之風，故遺卿古人之器。』凡三用此語，皆本於《魏志》太祖以素屏風、素憑几賜毛玠，曰：『君有古人之風，故賜君古人之服。』然殊病複沓。《梁書·傅昭傳》語與此同。《劉杳傳》不載瓠食器事。《齊書·孔稚珪傳》載靈産此事，但云『君性好古，故遺君古物』。

贈書之事，古今美談，蔡邕、王粲，艷傳人口。《南史》中有兩事：《王筠傳》：沈約每見筠文咨嗟，嘗謂曰：『昔蔡伯喈見王仲宣，稱曰王公之孫，吾家書籍，悉當相付。僕雖不敏，請附斯言。』《孔奂傳》：沛國劉顯深相歎美，執其手曰：『昔伯喈憤素，悉與仲宣，吾當希彼蔡君，足下無愧王氏。』所保書籍，尋以相付。

六朝愛尚辭華，競相標置，五字之美，襲譽終身。故沈約郊居築宅，風流所歸，齋壁所題，王筠十詠，而劉杳之贊，劉顯之詩，並命善書，列之此上。見王筠、劉杳、劉顯各本傳。他若柳吴興『木葉秋雲』之句，王融寫扇而恐遺；王文海『鳥鳴蟬噪』之聯，劉孺擊節而不已。是以聲華逾溢，浮藻相高，經術少文，廢而不講，遂至古學墜地，師法盡亡，漢儒醇樸之風，於焉盡變。若王仲寶者，少究三《禮》，尤善《春秋》，既宅台司，興厲實學，至於鈔何承天之《禮論》，存鄭康成之《孝經》，見《陸澄傳》。固爲一世表儀，諸儒領袖矣。

初七日癸卯　晴，稍和。下午偕允臣諸從遊廠市，至火神廟傍，晚歸。蓮舟來館。是日得詩二首。

人日出遊廠市歸悼德夫作

去年人日無酒錢，從君借書仰屋眠。今年人日貧猶昔，獨自題詩淚沾臆。年年烟景開帝鄉，黄壚吹遍春風香。孟公已化甕頭土，從此人間無酒場。鶴市偶然障方麴，俊馬高車怒相逐。眼底紛紛此輩存，撫棺誰向城南哭。凌雲一笑安在哉？江南千樹梅花開。夜夢邀君故山去，對飲花前三百杯。

乙丑人日寄曉湖

梅花人日草堂前，久客逢春倍自憐。尚有天涯兄弟契，幸過鄉里亂離年。酒香晝鼓村頭社，燈影青山雪裏船。爲語東風歸計準，南湖烟月占君先。

初八日甲辰　晴，風。作片并詩致曉湖，得曉湖復。剃頭。賞剃人老魯錢二千。曉湖來，清談竟日。傍晚偕曉湖、蓮舟遊廠甸，晤夏小笠。得莫星五去年十月關中書。署吏知會十五日陝西司團拜。

鄭錫泰工部來。夜洗足。

閲三樵先生《竹香齋古文》。三樵之學，淵源于毛西河，而依據許、鄭，特爲謹嚴。古文俊逸絜爽，亦出毛氏。文僅二卷，上卷爲考、辨、序、記之屬，下卷傳、誌之屬二十六篇，多鄉邦故事。《孝靖倪先生傳》敘无功學業極詳，可裨志乘。《王蓴庵傳》名燦，康熙甲辰進士，宰陝西甘泉縣，值吴逆之變，以節著擢延安府同知。《王成吾傳》《韓先生傳》《吴青于傳》《柴絜亭模墓誌》，皆梓桑文獻所關。《書單港獄》極言山陰令楊爲棫之賢，亦傳循吏者所必采，志郡邑名宦者尤不可遺。爲棫，湖南巴陵人，康熙丙戌進士。《家傳》三首，最爲佳作，其《宣教家傳》，言洪武中，里人有毁黄册事，獄成，坐戍遼東。謂洪武十四年從户部尚書范敏議，詔天下編賦役黄册，册凡四，一上户部，而布政司及府、縣各存其一。當明之初，懲元季廢弛，用法嚴，斬刈無虚日。毁黄册何事也，而僅得戍，此其爲罣誤從坐者無疑云云。

予家郭婆漊始祖員二府君，諱德賢，明初以舊授徵仕郎階，管黄册，洪武中亦以册毁戍遼東，蓋亦茹氏所謂罣誤從坐者。員二府君既戍，長子存一府君，諱惟誠，以諸生從往，遂世居遼東爲戍籍。而員二府君卒後，仍歸葬於越，今山陰郭西四里青田湖側，所謂花園墳者是也。次子存二府君，諱維□，亦諸生，爲予所自出之祖。而遼左一支，後遂無考。乾隆中，故河督漢軍李亨特守吾越，自言其先本山陰人戍遼者，時高叔祖曙亭中翰公，高資宿望，爲巨家領袖。曾祖兄弟群從二十四人，皆爲牧令秀孝，有名于時。河督求予家譜牒觀之，指員二、存一兩府君名曰：『是我祖也。當走信都中，取其家譜來證之。』而河督移守杭，未幾又遷去，終不得勘合。予聞漢軍李氏，俱出自明寧遠伯李成樑。按《明史》成樑本傳，言其先爲高麗人，似河督之言未足據者。嘗以語平景蓀，景蓀謂史傳亦不可盡信。予亦思河督爾時爲郡太守，何所求而冒附其祖，且欲撰僞譜以求合乎？此本固一大疑也。予同官有豫益者，爲漢軍李氏，常欲詢之，尚未果。因閱茹氏家傳，姑牽連記之於此。眉批：亨特祖宏，父奉翰，三世爲河督。宏以乾隆三十六年八月卒于南總河任，奉翰以四十四年正月由河庫道署南總河，尋爲真，父子相距七年。至嘉慶二年九月，奉翰由東總河遷兩江總督，九年十二月，亨特繼總東河，父子相距亦七年。

立春正月節。　初九日乙巳　丑初三刻十三分立春。晴寒。上午出門賀歲，經歷東西頭，共詣五十六家，往返顛頓，人馬俱疲，日下春歸。珊士來。珊士近官刑部提牢廳，昨日故御史富稼死于獄，五城御史搜驗之，得兩紙，訴冤枉，而臂上亦有字言禁卒詐錢狀，珊士當以失察被議，甚爲憂念。得謝杰生山左書。張御史盛藻來。夜疾又動。

邸鈔：詔：原任安徽寧池太廣道何桂珍前在軍營，備嘗艱苦，臨難捐軀；補用直隸州知州劉騰鴻鋭志討賊，無堅不破，因苦攻瑞州，中炮陣亡；候補遊擊雲南臨元鎮都司畢金科驍勇無匹，咸豐七年正月在景德鎮力戰陣亡。以上三員，均忠勇邁倫，大節卓著，加恩予謚，以彰忠藎。從曾國藩請也。太子少保尚書銜、原任太常寺卿、前工部尚書廖鴻荃卒。詔旨褒惜，照尚書例賜恤。《綱目》以卒書具官不具官爲褒貶，此最可笑。官乃當時朝廷所予，非朱子所予者，何得以其人輕而削之？　恩麟奏烏魯木齊提督文祺剿辦哈察回匪，進圖烏垣，途中病卒。詔：照提督軍營病故例賜恤。

初十日丙午　上午陰，午後晴。午進城，至曹長倭中堂、同鄉許滇生、朱桐軒兩太宰及珊士、胡梅卿、同司王思遠主事家賀年，往返東西二十餘里，作此録録，是亦可已而不已者。予素不詣堂官家，以倭公夙有清望，去年又爲太恭人書壽聯，故兩詣之。昨驅車西磚胡同，經一家門首，見有朱漆牌書户部正堂者，因問車夫曰：『是何人也？』車夫笑曰：『是户部羅尚書也，爺不識耶？』予亦笑曰：『當一詣之。』遂下車投一刺而出。司官不識堂官家，固爲異事，宜爲騶卒所笑。然予之投一刺者，尚以羅公有時名，又頗知予故也。許、朱兩太宰隨人寢興，無所輕重，雖有鄉誼，何足關懷？然予入都來，未嘗詣朱公，而朱公見鄉人時詢及之。去年既到官，因投一刺，朱公即報答。許公則去年先來投刺，故今年報之。蓋兩公皆不知李生爲何如人，而能若此，亦可謂下士者矣。珊士處小坐，并晤查耀庭，拜珊士太夫人而出。是日車中書所見二絶云：『翠翹珊絡錦貂裘，車壁深深映緑油。欲揭珠簾羞舉捥，爲君側面盡風流。』『長記秋波小注時，御街難得馬蹄遲。杏花宮體争先出，紅艷消魂第一枝。』行過御河橋，見凍水一泓，老柳兩行，夾河環抱。進西華門，望壽皇山，亭榭松柏，頗有故鄉之思。夕陽時出前門，又答客兩處而歸。童春工部來，不見。賞王升錢五千，酬其兩日前馬勞也。

十一日丁未　太恭人生日。小雨養和，朝野稱慶。相國來賀。允臣來賀。早起叩拜天地，遥祝千秋。得曉湖片。傍晚邀楊理庵、譚研孫、邁夫、蘭如、宏疇、蓮舟、松堂飲同興居，予招芷秋。（此處塗抹）

邸鈔：以記名提督陝西陝安鎮總兵成禄爲烏魯木齊提督。是日付芷秋叩歲銀四兩，從人八千，王升、趙禮拜壽二千，王福四千，鶴兒二千，魁子一千。

十二日戊申　早晴，午後陰，多風。許滇生太宰來，同司王思遠主事來，俱不見。傍晚允臣邀同其群從飲同興居，予招芷秋，周小田兵部招胖蕙仙，芷秋與蕙仙同度《思凡》一曲，又獨度《遊園》《絮閣》兩曲，清歌寵人，不啻九錫。二更始散。夜分後大風。

十三日己酉　凝陰極寒，北風凜烈，如嚴冬時。

蓮舟處借得嘉興錢警石訓導泰吉《甘泉鄉人稿》，凡二十四卷，卷一至卷六爲書札、題跋，卷七至卷九爲《曝書雜記》，卷十至卷二十爲題跋、序記、銘誌、雜文，卷二十一至二十四爲古今體詩，末附校書年譜。警石一生以校書爲事，其文大半言此事，不立門户，隨其所得，縷縷記之，雖學識有限，而謹慎可法。近時浙人著述，及收藏諸家多藉以考見。古今雜陳，罕所軒輊，一言一字，皆若恐傷人。其他文字，雖多冗拙，而性分真實，樂道人善，蓋有古人淳樸之風，不當以工拙論者也。嚴事其從兄衎石給諫，詩文學業，悉所禀承，於家世見聞，拳拳稱述，惟恐或遺。其門風孝友，家法謙謹，亦足垂型薄俗焉。

朱厚齋柬訂明日曉飲。白吏部桓來。點勘《南史》十葉。識録《漢書·外戚傳》錢校三事。《孝成趙后傳》錢補宜校『涏涏』，《丁姬傳》錢子萬校『及丁姬』三字衍文，《孝平王后傳》錢竹汀校第宫注。

邸鈔：陝西按察使張集馨革職，永不敘用。以記名按察使陳湜爲陝西按察使。先是，陝甘總督熙麟疏劾張集馨奸邪險詐，諂媚卑污。詔令陝撫劉蓉查奏。兹劉蓉疏言集馨結納多隆阿左右，託以取寵。多隆阿至西安，集馨遠赴十里鋪跽迎道左。提督馬得昭禦回匪有功，集馨以私恨劾之。署臬司鳳邠道劉鴻恩以集馨署藩司時欲用某私人署屬吏，持不肯行，又梗逆回撫議，集馨痛詆馬得昭，鴻恩又面詰之，集馨怒，遂具疏密劾云云。詔：馬得昭開復提督原官，劉鴻恩開復道員原官，仍留陝西補用。

十四日庚戌　晴寒。剃頭。殷宏疇來，爲出郎中注册，驗看印結兩紙，偕之同詣林藹人刑部交結銀，又答客兩處，日暮而歸。夜周文俊兵部邀同其群從文杰解元、麟圖工部及允臣兄弟，宴于景龢堂蕙仙家，予招芷秋，又有蒨雲、芷儂、梅五諸郎，擫笛微歌，三更而罷。芷儂見予若不相識，終席冰襟，不交一言。芷秋失歡，座客齦齦有辭。此輩周旋，固亦甚難耳。是日向結局支銀十兩，付王福零用五兩。

十五日辛亥　晨至午大雪，下午晴，寒甚。偕允臣詣文昌館，與諸同官團拜，演四喜班。芷秋演《鵲橋》《後親》兩齣，采菱演《拜月》《鬧月》兩齣。夜觀燈戲，至更餘歸。雪月晶然，燈爆間作，帝城佳節，轉益思鄉。方欲覓錢從秋君飲，爲消遣法，甫下車，大風忽起，乃止。朱學勤樞部來，倪承寬中表來。是日付本司茶房皮襖賞四千，年賞二千，皂隸年賞二千。夜歸後校讀《漢書·外戚傳》，臆改原文誤字一條。《孝成許后傳》『妄誇布服糲食』，『誇』字疑是『許』字之誤。辨正顔注三條。《孝景王后傳》：初皇太后微時，所謂『金王孫生女俗，在民間』，俗者，金王孫女之名也，《史記》徐廣注可證，顔氏誤屬下讀，言『隨流俗而在閭巷』，大謬。又《孝成許后傳》『毋若未央宫有所發』一條，『太后在彼時不如職』一條。又改正原書訛字二，汲板僞字三。風聲徹曉，舊疾連發。

十六日壬子　晴，嚴風奇寒。研孫、邁夫來談，竟晷而去。是日寒不能出手，去年隆冬無此苦也。夜更添一爐，熾炭燒之，始可讀書作字。燈下作稟母親書，致仲弟、十弟書，致沈瘦生書，將以後日託高次峰太守寄去。

十七日癸丑　晴寒。得陳葆珊書。朱厚齋來。午後詣龍泉寺爲德夫陪吊，送分資二兩。晤邁夫、葆珊、研孫、熊蓉堂、翟獻之、吴俊卿、戴少梅，偕獻之、俊卿至德夫殯所，撫棺話昔，相對愴然。復至禪室，觀壽山十六尊者相。日斜回車，詣千佛庵殷宏疇寓小坐，宏疇饋武夷茶一匣。答拜朱修伯樞部。送高次峰行，不值，以家書交其僕而歸。曉湖來，適余將出門，不及暢談。朱桐軒太宰來。

邸鈔：福建臺灣總兵曾元福奏去年十一月間礮斃逆首洪欉，臺灣全郡肅清。已革提督黄仁遺以去年七月攻拔崇仁縣功第一，開復原官，仍交軍機處記名，遇缺簡放。從沈葆楨請也。詔：醇郡王之第一子命名曰載瀚。

十八日甲寅　晴寒。感風鼽涕。

以《史記》校《漢書・外戚傳》。唐人李善之注《文選》，顏籀之注《漢書》，古今並傳，以爲絶學。然顏實非李比，兩注相斠，優劣懸絶。蓋李精通訓詁，淹串古義，顏濡染俗學，多昧本文。據《唐書・文苑傳》，言善注《文選》，釋事而忘義，書成以問子邕。邕謂宜事義並釋。善乃令邕補之，遂兩書並行。按今《文選注》往往兼釋事義，則已有邕注并入其中，而不復能別。師古之注《漢書》，本於其叔父游秦，故稱爲小顏注，而師古不標明游秦之説，遂令大顏之注，無從分別。故前人譏師古爲攘先善。是則《文選注》以父掩子，殆出北海之意，不失爲恭；《漢書注》以後攘先，竟成祕監之私，殊害于義。兩書非特疏密難同，亦且從違迥判。

十九日乙卯　晴寒。終日無事，亦不讀書，囈語夢行，甚爲無謂。此莊子所謂伯昏瞀人者耶？謝夢漁給諫來。

夜加朱《漢書・外戚傳》上卷畢，采附錢氏《考異》、王氏《雜志》數條，亦間有以私意校正者。如《李夫人傳》『弟子增欷，洿沫悵兮』，孟康曰：『洿沫，涕洟也。』晉灼曰：『言涕淚洿集，覆面下也。』師古曰：『洿音烏，洿下也。』案：『洿』當是『洟』之誤。『洟』，古或寫作『洿』，與『洿』字形似而訛耳。又『函荾荴以俟風兮』，孟注謂：『荾音綏，華中齊也，夫人之色，如春華含荾，敷散以待風也。』案：『荾』字即『葰』字。《説文》：『葰，薑屬，可以香口，从草俊聲，息遺切。』《儀禮》作『綏』，《既夕》云『實綏澤』，注：『綏，廉薑；澤，澤蘭。皆取其香也。』蓋『荾』从夋聲，爲正字，或从俊作『葰』，《説文》『从俊聲』，不若『从夋聲』之直截，故此『葰』爲或體字也。假借作『綏』，同音相借。俗作『荽』。《文選》潘岳《閑居賦》『蓼荽芬芳』，李善注引《韵略》曰：『荽，香菜也，相惟切，與葰同。』『荴』，《説文》作『蒪，華葉布也，从艸傅聲』。《漢書》李奇注：『荴，音敷。』是『函荾荴以俟風』者，正謂含香敷布以俟風耳，故下句作『芳雜襲以彌章』。孟以『荾』爲『華中齊』者，非也。《霍皇后傳》：『顯因爲成君衣補，治入宫具。』案：『衣補』二字不可解。據顔注謂『縫作嫁時衣被也』，則『補』字當爲『被』字之誤。《太平御覽》引此已作『衣補』，則宋時已誤，故各本皆仍之。又《孝宣許皇后傳》：『女醫淳于衍者，霍氏所愛，嘗入宫傳皇后疾，衍夫賞爲掖庭户衛，謂衍可過辭霍夫人行。』觀『可過辭行』語，則衍先尚未入宫也。『嘗入宫』，『嘗』字疑是『當』字之誤，而各本皆作『嘗』。又《孝景王皇后傳》『王夫人又陰使人趣大臣立栗姬爲皇后，大行奏事文曰』云云。案：『大臣』亦當作『大行』，不然，何以大行獨奏事，下又云『遂案誅大行』耶？而《史記》及各本俱作『臣』。

邸鈔：詔刑部尚書綿森、趙光會同都察院堂官，研訊巡視西城御史奎英私釋商人李姓一案。故事，都察院都御史、副都御史稱臺長，猶翰林院掌院學士稱院長，無堂屬之名。自新政以後，詔旨俱稱都察院堂官，於是載齡以都御史甄别給事御史矣，景霖以副都御史而令御史同名者政避矣。近日富稼以奏事不實，爲山東巡撫所駁，遂派管理刑部周中堂、步軍統領存誠與刑部都察院會訊，竟得其贓私狀。兹復派兩司寇會鞫奎英。蓋言官多不肖，滿員尤污雜鮮自愛，而上御極初，科道多率意言事，往往得美擢，勢張甚，朝廷亦有志裁之云。散秩大臣和碩額駙德徽病故，詔派鍾郡王賜奠，户部尚書總管内務府大臣寶鋆照料喪事，以壽莊和碩公主釐降未及一年，猝遭此故，加賞廣儲司銀一千兩。江寧將軍富明阿奏提督銜直隸天津鎮總兵安勇從戎十有餘年，功勳茂著，以防守六合，積勞成疾，于十二月十六日在揚州病故，請照提督軍營立功後病故例從優議恤。從之。

二十日丙辰　晴，稍和。剃頭。作片致殷宏疇。作書致李芍農，饋以武夷茶葉二斤。下午詣研孫，不值，賞其僕錢二千。詣邁甫，並晤研孫，邁甫邀飲同興居，研孫招小福，予招芷秋，邁甫招心蘭，晡時命酌，二更始散。是日諸郎形跡媟昵，頗異于常，芷秋倚予肩而歌，予雖亦酬答之，要仍凝然自處。此中風調，非今日士夫所知，東山、竹林庶幾可語。得芍農復。吴松堂來，不值。夜歸閲《説文》，至四更始睡。

二十一日丁巳　上午陰，下午晴。邁夫來謝吊。理庵來，乞爲其尊翁撰七十壽序。

夜作致潘伯寅副憲書云：『伯寅仁兄中丞執事：獻歲録録，未得晤言，維光寵便蕃，起居多福。弟自去臘中旬，德夫奄化，精意衰隕，殆不如前，動静旁皇，時若有失。平生朋友之痛，莫過於斯。執事昔爲平交，今爲曹屬，雅懷軫悼，諒逾等情。德夫嫉俗憤時，罵坐多忤，祝詛轇佛，竟至酷亡。然其至性沉潛，節亮慷慨，求之同輩，實爲寡儔。又忠于用世，遇事奮發，近會多故，益自濯磨，而生命蹇屯，卒不得效。遂欲窮經讀史，返爲樸學，近已定計，投劾南歸，事親著書，泯泯以老。虚己服善，謬欲相師。盡出所藏，委以審定。弟亦貧悴冗散，坐廢明時。方欲結伴青春，自淮旋越，與之買山築室，商榷古今，作太平之逸民，奉膝下之愛日。不圖瘥札，暴集斯人，病榻纏綿，天涯訣别。一斗散稍，遂畢君恩；三寸庳棺，歸覲老父。孝標絶允，并乏左芬；令嫺善文，空誄徐悱。官不挂于朝籍，名不列於鄉書。青山白雲，未定埋骨之地；素書丹粉，猶沾過手之痕。此則石闕之啼，過時不滅；黄檗之苦，入地愈深者也。伏念執事，愛材嘘植，微末不遺，況于德夫，素託投分。任昉龍門之遊，曾預昔坐；山公黄壚之飲，亦結曩歡。故略其生平，稍敘哀誼，塵于左右，定爲泫然增欷耳。所惜德夫近日，不甚作文，舊存詩篇，又鮮足録。今其弟邁夫，欲鈔其詩并時藝雜文，共爲數卷，屬弟甄次，將付棗梨。嗚呼！今天下士夫，皆不説學，有志此者，又摧折之惟恐不早，使其志業，一無見于後世，此尤可痛者矣！弟南返尚無定日，所處一席，昨已致辭。因未覓栖止，暫停邸中。附白不宣。』

二十二日戊午　終日重陰，晚雨，冰。爲子蒓具起復印結。周五文同邀聽戲廣德樓，不往。晡時坐車詣研孫，同至邁夫寓齋久坐，待邁夫歸，同飲同興居，予招芷秋，邁夫招心蘭，研孫招小福。周五郡丞亦邀其群從飲于此樓，隔壁相呼，往來兩處，皆居坐頭，此亦兩副李益矣。初更後，邁夫邀飲心蘭家，予仍招芷秋，研孫招小福，三更始歸。是日付老林下賞三千，芷秋車飯三千。連前夕。許庚身樞郎來。張聯第主事爲其尊人稱六十雙壽觴，送分子四千。

邸鈔：僧格林沁奏正月初三日河南髮捻賴文光回竄魯山，官軍追剿，敗於魯山城下。頭品頂帶護軍統令恒齡、都統銜副都統蘇倫保、二品頂帶吉林委營總保青、記名副都統委營總常順、哲里木盟公銜副管旗章京那木薩賴、昭烏達盟副管旗章京碩隆，俱力竭陣亡。營總富克精阿、精色布庫於賊匪抄襲官軍時，首先撤退，貽誤戎機，均在軍前正法。詔：恒齡等均交部從優議恤。沈桂芬奏山西潞安府知府一缺，管轄七屬，控扼太行，毗連河朔，地方遼闊，請改爲煩、疲、難三項提調要缺，由外揀員題補，不歸部送。從之。詔：復設淮揚河務兵備道，爲由外題補之缺，管理淮、揚兩屬，其海州一屬，仍歸徐道管轄，作爲徐海河務兵備道。從曾國藩請也。

雨水正月中。　二十三日己未　晴，風漸和。洗研。研孫、邁夫來，談至晚去。夜亥正初刻三分雨水節。初更後，允臣邀同其兄弟文翕、文同及群從幼巢解元等飲聞德堂荔薌家。予招芷秋，幼巢招芷香，張度主事招荔薌弟子吉祥。（此處塗抹）四更回家，五更始睡。

二十四日庚申　晴和，午後有風，微陰。爲芷秋作致其兄芷芬湖北書，又爲作致李刺史書。殷宏疇介嘉與沈庶常寶柟來。芍農柬訂二十八日夜飲。上燈時，得理庵片招飲毓興合，驅車詣之，同坐爲謝主事輔坫、童主事春等，予招芷秋，理庵招秀蘭、蘭森，童竹珊招芷香、采菱。芷秋歌吴歈小調數曲，謝主事和之，其樂，令人忘老。二更後歸。

二十五日辛酉　晴，風釀和，下午陰。研孫、邁夫、劉慈民來談，至晡後去。傍晚閱邸鈔選單，見孫予恬選知雲南陸凉州。予恬寒士，上有老親，得此惡地，深爲焦慮，即驅車詣之，并晤曉湖。予恬言事尚可爲，遂不坐而出，歸寓夜飲。

夜閲桂未谷《晚學集》。桂君小學專門，精于隸篆書，遍究其沿襲訛變，集中如《説隸》《玉篇跋》《集韵跋》《書陸氏詩疏後》《書爾雅後》《書廣韵後》《再書廣韵後》《答楊書巖論音况書》諸篇，皆小學淵藪，治六書者不可不讀。其他文考證，間有可取，而識見庳狹，又多措大氣。

爲相國撰李觀察壽聯、蔡兵部封君輓聯各一副。予自爲文字，頗異時趨，而相國屬予代撰，亦往往當意。蓋命意貴平，選言貴熟，而須出以老當，最忌求新求切，又必外面圓到，官場體裁風尚如是。德夫嘗稱予曰：『君文高者，前無古人；而低者，能委曲隨人意，所以不可及。』予亦常自詫，如王景舒屈曲屏風，能蔽風露。前日爲芷秋作書，成夸謂蓮舟曰：『此等筆墨，亦有一種工夫，非羌博士所知，是謂舍我法用卿法者。』倪葉帆舅氏來謝吊。

二十六日壬戌　晴和，下午陰。

偶至南園齋中，閲《秘辛雜事》，此書出楊升庵僞撰，同時胡震亨、國朝姚士粦皆按史傳駁其乖違數事，而士粦又謂其中造語似非後人所能假託。予謂描寫吴姁審視一段，自是六朝佳致，唐人小説高者間有及之。升庵深于六朝，故能最其雋永，不足致疑。然導媟宣淫，莫此爲甚，聰俊子弟，尤不宜觀。刻叢書者，往往收之，殊害風教。明人若湯玉茗譜《牡丹亭》，王弇州撰《金瓶梅》，雖雅俗攸分，蠱溺則一，文人好事，不免泥犁。升庵此書，因《隋書·經籍志》有『晉雜事』之名，依託而作。秘辛者，書部甲乙之目，而今刻者，俱作『雜事秘辛』，顛倒不通矣。

剃頭。爲吴松堂書横幅一方，即作片還之。作片致蓮舟，借《廣陵思古編》。得莫星五秦中書。

夜偕幼樵詣允臣卧内，行藥閑談。昧爽疾動。

二十七日癸亥　晴和，傍晚風。作片致邁甫，以代乞伯寅所書楹聯附還。與七兒象弈一局，此亦聞木犀香義耶？吴松堂來，邀同邁甫、研孫、蓮舟飲裕興居，爲作片代邀，研孫、邁甫俱以事不來。夜詣裕興居從松堂飲，予招芷秋，蓮舟招芷香，松堂招玉喜，更餘歸。予近日亟圖南發，而芷秋益妮妮纏人，此亦命中小蝎也。疾屢動。

二十八日甲子　晴。宏疇來交盟牒。宏疇少予八歲。芍農來催飲，傍晚赴之。同坐者，伯寅、香濤、子綬、楊賓石太常、馮孝廉及一翰林黄姓者，初更散歸。得孫予恬書。夜寒。

邸鈔：睿親王德長賞戴三眼花翎，挑在御前上行走。李宗羲署理兩淮鹽運使。忠廉病故。

二十九日乙丑　雪，至夜積寸許。相國以少司寇承恩侯恩齡所藏慶文恪公《聽泉圖》屬代題句，圖爲瑶華主人弘旿所繪，時在乾隆癸巳，文恪尚爲侍郎。題詩者，皇子五人，皇孫二人，劉文正、文清父子，劉文定、于文襄、嵇文恭、英文肅英廉六宰相，彭文勤、蔡文恭兩協揆，觀文恭觀保、曹文敏兩尚書，而袁子才爲之記。記末署年爲癸丑，稱文恪爲月田尚書，則去作圖時已二十年矣。少司寇爲文恪女孫婿，有跋文一篇，則去年吾友德夫所代作也，文字尚新，音容已故。尋想遺緒，對之淚流。雪夜無俚，戲與鸓兒象奕數局。

三十日丙寅　薄晴。連日疾動。胡梅卿、梅仙兄弟來。與蓮舟奕數局，屢敗。

二月丁卯朔　陰寒，雪。

《急就章》：『酤酒釀醪稽極程。』『稽極』一本作『稽榮』。王伯厚謂當作『稽𥟖』《説文》：稽𥟖，止也，木詘曲不伸之意。《本草》：枳，椇樹，江南謂之木蜜。其木近酒，能薄酒味，即積楸也。蓋象枳椇之詘曲爲酒經程，寓止酒之義。予謂『積楸』與『稽極』『稽檠』字俱形不甚似。按《説文》：稽，留止也，从禾。音古兮切，木之曲頭，止不能上也。《玉篇》音古溉、古兮二切，云亦作礙。又稽部：𥡴，𥡴楸而止也，从稽省，咎聲，讀若晧。然則『稽極』者，『稽𥡴』之誤。『𥡴』與『極』『檠』，篆形俱近似，故又訛爲『檠』。『稽𥡴程』者，言酒須有所節止爲程法也。《説文》：𠌶，草木華也。此華字皆當作𠌶，後人通用耳。蕐，榮也。自來言《説文》者，皆以爲二字音義相同，無所分別，俗作『花』字，而『𠌶』遂廢。予謂此二字，一訓草木華，一訓榮，許氏意自有別。且兩字既同，又非如人儿、儿，古文人字，兀、兒、兄皆从此。大大、亣，籀文大字，奕、奚皆从此。有古籀二體，各立偏旁之別，何必畫然分立兩部？蓋𠌶者，草木華也，魏晉間改制『花』字。蕐者，榮也，漢隸變爲『華』字。榮本訓桐木及屋翼，而引申爲光潤之義。《爾雅·釋草》云：蕐，荂也。蕐、荂，榮也。此是轉注。凡轉注者，必同意相受，而有所附益。榮者，荂之裨附義也。是蕐者，草木花之光，故引申爲光華義。草木𠌶之有光，猶人之有榮衛也。故曰『蕐者，榮也』。或謂蕐下有皣字从蕐，故蕐不得不別爲部。予按『皣』即『皅』之或體，亦作『蘤』，又作『葩』，皆訓草木白𠌶也，古亦假爲花字。《後漢書·張衡傳》『百卉含蘤』，注引張揖《字詁》云：蘤，古花字。《廣雅》：蘤、葩、菁、蕊，花，華也。皆同音通借。且其字从白，本當入白部，許氏因蕐之義，本別于𠌶。既立蕐部，故取皣字附入之耳。

午後大雪。幼樵招飲同興居，不往。夜雪，至二更後止，積三寸餘。

邸鈔：詔兵部查覈楊澍承襲輕車都尉原案。先是，降調通政使王拯奏參安徽巡撫喬松年門丁常杏洲招摇納賄、冒捐官職，詔令曾國藩察訪。嗣曾覆奏常杏洲後還本姓名曰楊澍，捐納同知銜知縣，有招摇迹狀。詔斥革楊澍官，革令喬松年驅逐出境。茲松年奏稱楊澍爲原任江南提督楊捷之後，因應募爲書手，變姓名爲常杏洲，並未充當門丁，後仍以原名加捐官職，並准部覆承襲楊捷輕車都尉世職。今既被參斥革，其所襲世職懇恩另揀合例人員承襲。詔：原任提督楊捷於康熙年間曾著勛績，功臣後裔自應仍留世職，以示矜全。楊澍所襲輕車都尉著兵部查明，如實係應行承襲，覆准有案，即毋庸斥革，云云。然淮人多言楊澍實充裔松年門役，頗銜權勢，亦非敏壯後人。以購得楊氏家譜，遂冒世職云。丁憂左庶子袁保恒以擅遞摺報，降一級調用。先是，保恒由驛遞疏條陳時務，並請入都與廷臣等議。朝廷以其不諳體制，下吏部議處。吏部議請照官員妄行條奏例，降一級調用，可否准其抵銷。御史張觀鈞疏言定例無言責官員妄行具奏者，降二級調用。袁保恒罪在無言責而擅發馹遞，應照此例比擬，吏部僅援官員妄行條奏降一級調用之例，舍重從輕，且與定例議處，有一事而兩罪名相因而至者，從其重者議處之例不符。詔再下吏部覈奏。玆吏部奏稱袁保恒係五品京堂，非無言責之官可比，請仍照原議。詔：袁保恒以丁憂人員，擅發摺報，并有躬詣京師與廷臣籌商定議之請，冒昧從事，殊屬不合，著降一級調用，不准抵銷。此事自是部中上下其手，蓋庶子固非無言責，而保恒既丁憂，則非有言責者矣。陰厚所私，自護前議，近時之錮習也。

初二日戊辰　晴寒。研孫、邁甫來。研孫與蓮舟圍棋，日入而去。夜閱《隋書·經籍志》，吾鄉章逢之撰此志疏證，爲一生精力所粹，錢警石曾鈔得其史部一册。不知人間尚有此書否？

邸鈔：楊岳斌奏調前任翰林院侍講鍾啓峋、前任御史竇垿赴營差遣。詔：鍾啓峋著沈葆楨催令迅赴軍營，毋稍延緩；竇垿係特旨發往貴州，該省軍務緊要，不准赴調。啓峋以侍講上書房師傅告養回籍，而爲督府檄調供其驅使，亦失儒臣之體。詔：令左宗棠查閱福建營伍，馬新貽查閱浙江營伍。

初三日己巳　晴，風，下午微陰。作片致予恬問官事。曉湖來。得予恬復。錢秋訪來。吴松堂來。夜得胡梅卿片，招飲景春堂，復片辭之。連日疾發憊甚，今早復動，故病不能出。爲相國作題慶文恪《聽泉圖》七古一章。

邸鈔：毛鴻賓奏十二月二十九日收復永定縣城，逆首丁泰陽竄入龍巖州。詔：廣東按察使李福泰賞戴花翎，餘升擢有差。馬新貽爲前任刑部員外郎邵懿辰請恤。詔：邵懿辰開復原官，照陣亡例從優議恤，從祀杭州昭忠祠，其生平事實宣付史館立傳，以表宿學而褒忠節。懿辰字位西，仁和人，由舉人官部曹，選爲軍機章京，以學問風節名於時。咸豐初，特命防河，被劾落職，歸名益重。辛酉粵賊圍杭州，助巡撫王有齡竭力守禦。及城陷，賊首素知懿辰名，執之脅降，懿辰罵不絶口，遂被害。聞其在圍城中尚著書不輟云。馬疏言，咸豐十年，杭城初次被圍，懿辰奉母避居紹興壽生埠，次年母殞歸葬，遂不肯出省門。賊再圍城，方著《禮經通論》未成，日食半菽，編訂愈勤。

題慶文恪公慶桂**聽泉圖圖今歸少司寇承恩侯恩齡侯爲文恪女孫婿也**代

通侯嗜古勤丹鉛，金題玉躞羅雲烟。家世金張珥貂蟬，錦屏絲竹紛滿前。愛好乃獨圖書偏，搜篋得此喜欲顛。婿鄉佳事今流傳，翳昔文恪佐樞璇。三世宰輔才且賢，承平黼黻乾隆年。優游退食娱林泉，瑶華繪事追熙筌。圖爲宗室瑶華主人所作。清流竹石都便娟，披圖示我情悠然。恍如身入清凉天，鳥啼花落空庭鮮。高齋春晝調琴絃，瓶笙百沸茶鐺煎。屋上琮琤落飛湍，耳根寒玉鳴濺濺。紅塵軒冕相拘牽，江湖歸夢心徒懸。對此静坐忘言詮，題詩聊結丹青緣。

初四日庚午　晴。剃頭。得殷宏疇書，借錢三十千，適無以應之，即復。作片致林藹人，問結銀。得邁夫、研孫書。研孫饋脂糕一苞，即復。得結局片，送到十二月分、正月分印結銀四十五兩，除前支外，付王福零用十兩，還德和四兩，付車錢三十一千。作書致趙心泉，得復。傍晚詣邁甫，同研孫小食，即邀二君同車至春華堂，從芷秋飲，并邀曉湖、予恬、松堂、蓮舟，二鼓始命酌，坐有小福、心蘭、吉祥、芷香、芷衫諸郎。三更散後，邁甫復邀同研孫、松堂、蓮舟飲心蘭家。予招芷秋，松堂招吉祥，蓮舟招芷香，五鼓始歸。是夕還芷秋開發十金，酒局四十千，下賞八千，賞車夫一千。

邸鈔：兩宫皇太后懿旨：命翰林院檢討徐桐在弘德殿行走，授皇帝讀。

初五日辛未　終日積陰晦寒。得劉慈民書，還所借《説文發策》。邁夫、研孫來談，竟日而去。

夜閲《廣陵思古編》，其中載儀徵方申所作《周易五書》自序文五篇，曰《周易互體詳述》，曰《周易卦變舉要》，曰《虞氏易象彙編》，曰《諸家易象别録》，曰《周易卦象集證》，皆謹守漢學，專明古法，條分縷析，提要鉤玄。其辨證精博，多足裨近儒惠、張之義，時亦正其疏舛，蓋近時《易》學互象名家也。惜其書未見，不知已刻否？汪氏附傳言申字端齋，本姓申，爲舅氏後，從方姓。性至孝，年五十，始爲諸生，旋卒，時道光二十年也。是經生之最窮者矣。

二更大雪。

初六日壬申　終日陰寒。理庵來。吴松堂來。丁蘭如柬訂明夕飲福隆堂，辭之。得殷宏疇片，言分刑部學習。

參閲隋、唐、宋三史《經籍》《藝文志》經子部。《唐志》錯雜紕誤，最爲無法。如云：『《韓詩》，卜商序，韓嬰注，二十二卷，又《外傳》十卷，《卜商集序》二卷，又《翼要》十卷。』夫三家《詩》固皆應有序，然《韓詩》之序，必非出于子夏。《漢志》言毛公之學自謂子夏所傳，則子夏之序僅《毛詩》有之，今諸書所載《韓詩序》皆與《毛詩》大異，《漢志》《隋志》皆不言《韓詩》有卜氏序，其誤一也。既有卜商序，又有《卜商集序》，不知其爲何書，漢、隋《志》亦並無『卜商集序』之名，其誤二也。《韓詩翼要》十卷，乃漢侯苞所作，而不别其名，其誤三也。又云《禮記正義》七十卷，孔穎達等奉詔撰；賈公彦《禮記正義》八十卷。夫『正義』之名，但屬孔穎達等奉敕所撰《易》《書》《詩》《禮記》《左傳》，故號『五經正義』。賈公彦撰三《禮》疏，並無『正義』之名，其誤一也。賈公彦撰《儀禮》《周禮》疏各五十卷，《禮記》疏亦五十卷，本傳可據，《宋志》亦不誤，而云八十卷，其誤二也。此外疏舛不一而足，如樊恭《廣蒼》二卷，顔延之《詁幼》二卷，皆梁《七録》所有，《隋志》已亡，而《唐志》乃載《廣蒼》一卷，《詁幼文》三卷。《廣蒼》雖《文選注》《後漢書注》尚有引用者，要非出于本書；《詁幼》則絶不見徵引，歐公何以知唐代有此二書乎？因慨《隋志》所載，大半已爲六朝人作，漢時人書，存者寥寥，《唐志》則唐人之書居什之八，《宋志》則宋人之書又居什之八矣。卷籍愈多，概可覆瓿，韓氏之《詩》，流傳最久，而竟亡于五代。孟氏、京氏、費氏、馬氏、鄭氏、荀氏、虞氏、陸氏之《易》，馬氏、鄭氏之《書》，王氏肅、崔氏靈恩之《詩》，馬氏、王氏、沈氏重之《周禮》，王氏之《儀禮》，王氏、孫氏炎、皇氏侃、沈氏、熊氏安生之《禮記》，賈氏、服氏之《左傳》，嚴氏彭祖之《公羊》，唐氏固、糜氏信之《穀梁》《唐志》尚有尹更始注《春秋穀梁傳》十五卷，案《隋志》言梁有今亡，此亦《唐志》不足信之一。至宋而無一存者，於是《易》則惟太極，《書》則惟僞文，《詩》則惟淫風，《禮》則惟《大》《中》，《春秋》則惟獄辭矣。

廣西司書吏禀請，初九日才盛館同官團拜。夜疾復動。連夕屢夢哭泣，淚漬衾枕。夢書謂夢哭泣則得飲食，近來方避酒食不暇，何容復夢？政以春日漸深，歸期未卜，鶯花上壽，又成虚語，思鄉轉深，遂致斯感。前夕忽夢足上帶雙金環，醒甚喜之，以爲佳兆。

邸鈔：詔國子監祭酒丁培鎰照料鍾郡王讀書。

初七日癸酉　淡晴。料檢德夫近年所致書札，得書四十七函，箋十一紙，片十七紙，外散棄者蓋已大半，爲之整比什襲，緘之於篋，其中或莊或諧，或潦草僅數字，或已塗抹狼藉，要皆根於至情，略無浮飾。大氏學問、道義之言居十之七，窮愁慰藉之言居十之三，愛惠周至，逾于骨肉，數年情事，一一可追。翰墨未乾，晤言宛在，重理一過，悲不自勝。夜詣允臣卧内，行藥閑話。允臣言昨在酒家遇芷秋，言明日爨演《尋夢》，屬必致予往。（此處塗抹）此郎攬人不已，正坐我命窮耳。因思去年四月識此郎時，德夫屢沮止予，謂芷秋性冷不可近，我輩以杖頭博歡，何苦相嬲？予終不聽。德夫知不可回，乃以他事激怒之，予亦不爲止。一日謂德夫曰：『人生今世，豈尚有行胸懷時，出門見人，輒生嗔怒，幸見一人而愛之，平生懷抱，便舉以相付。君不肯以酒邊片席地相饒耶？』德夫聞言，悄然自失。由是反從臾予，爲之作《沅江秋思圖後序》及《尋秋》詩。比試事將近，又勸止不出，試竣，謂予曰：『君非此不歡，何忍相攪？但囊錢易罄，須有節制耳。』入冬後，德夫見芷秋待予漸異于前，又謂予曰：『彼既親君，君寧能自遠？君非流浪忘歸者，何假人言？』嗣聞人有言及予者，輒曰：『彼所爲，非君輩所知。』或持以戲笑，則怒曰：『此何傷尊客者！』病危時，與予言猶時及芷秋，臨殁前一日，謂邁夫曰：『明日可偕尊客聽戲，晚間可共娱秋色耳。』顧予曰：『計君三日不見彼矣。』嗚呼！即此一事，在予與德夫，最爲游戲無謂之舉，然其迎距同異，相知以心，豈尋常朋友所能者耶？今沅江無恙，秋色益親，誰與宣寫微波，溯洄芳緒乎？因感允臣言，牽連記之。色相可銷，因緣不滅，水枯石爛，澄此情根。

驚蟄二月節。

初八日甲戌　早晴，上午陰。下午詣研孫、邁夫，皆不值。因偕蓮舟小閲廠市，順詣曉湖、予恬。晚間予恬邀飲富興樓，二更同蓮舟歸。夜戌正二刻三分驚蟄節。

邸鈔：以太僕寺少卿于凌辰爲大理寺少卿。内務府奏一等誠勇公德崇以弟和碩額駙德徽無子，請以子聯英繼壽莊和碩公主爲嗣，承祧兩房。許之。詔：聯英俟十三歲及歲時，照公主所生子例，給予和碩額駙品級，並令宗人府將此旨纂入則例。劉蓉奏甘肅逆回回竄陝西醴泉縣。正月十四日，提督彭基品等截剿于趙村，回匪由淳化返竄甘界，副將朱之南、參將艾傳泗、遊擊譚孝友等十一員俱力戰陣亡。詔：朱之南等均交部從優議恤。

初九日乙亥　終日陰寒，夜雪。付才盛館團拜公分十千。梳頭。夜松亭邀同曉湖、蓮舟、予恬、金少白舍人、胡蘭洲飲春華堂，芷秋及芷香、芷衫佐酒而已。二更歸。

邸鈔：翰林院侍講學士杜聯轉補侍讀學士，詹事府左庶子劉秉璋升補侍講學士。

署吏知會十七日陪祀關帝廟。

初十日丙子　晴和。作片致邁夫，問今日驗放事。殷宏疇來。吴松堂來。邁夫來，談至夜分去。

十一日丁丑　曉雨雜雪，終日陰。曉卧中疾又動。珊士來。作片致研孫，爲松堂邀飲裕興居。齒痛，小極多卧，不能看書。近來舊疾時發，尪瘦羸頓，更異於前。知好中頗有勸予速歸者。憶甲寅歲，予養疾蘿庵，亡友王孟調寄予詩云：『朋輩愁君死，窮經志獨遐。山居總寥落，世事況咨嗟。』迄今已閲十年，孟調淺葬京師，墓草蓋已五宿矣。予生小多病，家人常憂命不得長。本生先王父獨曰：『此子神氣有餘，必無它慮。』今侵尋離亂，犬馬之齒將及四十，家門衰廢，仕路邅回，一事無成，望實交隕。其亦褚彦回未及下壽，而家人謂其期頣不幸者耶？追尋曩事，感歎彌襟。夜詣裕興居，邁夫、研孫、蓮舟、松堂已先在，因招芷秋、芷香、心蘭諸郎同飲。（此處塗抹）更餘散歸。早睡。

邸鈔：兩廣總督毛鴻賓降一級調用，湖南巡撫惲世臨降四級調用。先是，御史賈鐸疏劾惲世臨等貪劣各款，命四川主考大理寺卿胡家玉、御史張晉祺往鞫之。嗣家玉等勘明覆奏，言惲世臨被參各款，如聽信婦人收受賍私，由賣花婆出入通信，任用同鄉張昆祁，招權納賄，添設代理員缺名目，覈減軍械價直，私改釐局帳簿，侵蝕公帑，用道員胡鏞、黄冕爲腹心等語，俱無確據。惟勞銘勛未開巡檢之缺，遽委代理臨湘縣事，實爲違例濫委；胡崧例應回避，胞兄隱匿不報。世臨兩次委署縣缺，又于鹽、釐兩局解銀加補火耗銀兩，信任張昆祁，令密查州縣劣蹟，致招物議。又前在常德府任内擅抽鹽釐，並不上詳，已屬任意妄爲。迨任藩司，始請巡撫批准立案，尤爲有心掩飾。兩廣總督毛鴻賓前在湖南巡撫任内，于勞銘勛、胡崧兩案，毫無覺察。又胡鏞請咨回籍，輒令繳回原咨，辦理税務，委署道缺，殊屬乖謬。候補道胡鏞前任澧州，捏飾失守情形，聲名亦甚平常。知縣張昆祁不知檢束才具，亦難勝民社云云。詔：惲世臨交部嚴加議處，毛鴻賓交部議處，胡鏞革職，張昆祁以府經歷縣丞降補，胡崧交部議處，黄冕業已開缺，毋庸辦理東征局事務。兹吏部議奏：惲世臨照不應重律加等議，降四級調用；毛鴻賓比照督撫將降調銓省人員委署別缺例，議降一級調用。均係私罪，不准抵銷。胡崧矇混取巧，降二級調用，不准抵銷。從之。世臨由吏部郎出守常德，旋以巡道超擢布政使，晉巡撫。湖南人多稱其廉幹任事，有撫馭才。然亦謂胡鏞、張昆祁皆宵人，世臨受其蔽云。以漕運總督吴棠署理兩廣總督，以兵部右侍郎彭玉麟署理漕運總督，以廣東布政使李瀚章爲湖南巡撫，以廣東按察使李福泰爲布政使，以四川按察使張兆棟調補廣東按察使，以記名按察使趙長齡爲四川按察使。玉麟再疏力辭，且請開兵部侍郎缺，棠亦辭兩廣之命，乃詔玉麟仍以侍郎辦理長江水師善後事宜。

十二日戊寅　上午晴，下午陰，有風。殷宏疇來，尚卧未起，逡遁而去。署吏送陪祀職名來。

閲《西京雜記》。此書託名劉歆所撰，葛洪所録，論者謂實出梁吴均之手。其文字固不類西漢人，且序言班固《漢書》全出於此，洪采班書所未録者，得此六卷。然其中如趙飛燕女弟昭陽殿一段，傅介子一段，又皆班書所已録，稚川之言，固未可信。至謂出於吴均，則未必然。觀所載漢事，如殺趙隱王者爲東郭門外官奴，惠帝後腰斬之而吕后不知；元帝以王昭君故，殺畫工毛延壽、陳敞、劉白、龔寬、陽望、樊育等；高賀誚公孫弘内服貂蟬，外衣麻枲，内廚五鼎，外膳一肴，弘歎曰『寧逢惡賓，不逢故人』；高祖爲太上皇作新豐，匠人吴寬所營；匡衡勤學，穿壁引光，又從邑人大姓文不識家傭作讀書；成帝好蹴踘，家君歆稱其父向。作彈棋以獻；王鳳以五月五日生；楊王孫名貴，京兆人；司馬相如將聘茂陵人女爲妾，卓文君作《白頭吟》；平陵曹敞在吴章門下，好斥人過，世稱輕薄，後獨收葬章屍，平陵人生爲立碑於吴章墓側，在龍首山南；郭威、楊子雲及向、歆父子論《爾雅》實出周公所記；張仲孝友之類，後人所足；霍將軍妻一産二子，疑兄弟先後；廣川王去疾好聚無賴少年發掘冢墓。《漢書》作廣川王去，去字不似名，疑作去疾爲是，然他無可證。諸條必皆出於兩漢故老所傳，非六朝人所能憑空僞造。又如記輿駕、飲酎、禳水、家臣諸制，尤足補《漢儀》之闕。其一二佚事，亦可考證《漢書》，如云衛青生子，有獻騧馬者，乃命曰騶，字叔馬，後改爲登，字叔昇，登爲封發干侯者；公孫弘著《公孫子》，言刑名事，今《漢志》有《公孫弘》十篇，此類皆是。黄俞邵序稱其『乘輿大駕，儀在典章；鮑董問對，言關理奥』者，誠不誣也。惟所載靡麗神怪之事，乃由後人添入，或出吴均輩所爲耳。

其顯然乖誤者，如云霍光妻遺淳于衍蒲桃錦、散花綾、走珠等，爲起第宅，奴婢不可勝數。按《漢書》言衍毒許后，出過見顯，相勞問，亦未敢重謝衍，且此時方有人上書告諸醫侍疾無狀，顯恐，急語光，署衍勿論，豈有爲起第宅厚相賂遺之理？又云廣陵王胥有勇力，常學格熊，後爲獸所傷，陷腦而死。按《漢書·武五子傳》，胥以祝詛事發覺，自絞死。又云太史公遷作《景帝本紀》，極言其短，及武帝之過，後坐舉李陵，下遷蠶室，有怨言，下獄死。按遷作《史記》，在遭李陵禍之後，《史記》《漢書》俱有明文，《漢書》又言遷被刑之後，爲中書令，尊寵任職，故有報故人任安一書，而云下獄死，紕繆尤甚。若果出叔庠，則史言均好學，將著史以自名，欲撰《齊書》，從梁武求借《齊起居注》及群臣行狀，帝不許，使撰通史，起三皇，訖齊代，均草本紀、世家已畢，惟列傳未就而卒。又注范曄《後漢書》九十卷，著《齊春秋》三十卷，《廟記》十卷，《十二州記》十六卷，《錢塘先賢傳》五卷，是叔庠固深于史學者，豈於《史記》《漢書》轉未照覆，致斯舛誤乎？蓋由漢代稗官記載，傳訛致然，故歷代引用，皆不能廢。其趙飛燕女弟居昭陽殿一條云『砌皆銅沓，黄金塗』，正可證今本《漢書·趙后傳》作『切皆銅沓冒黄金塗』，冒字爲涉注文而衍者也。

夜月頗佳。

十三日己卯　終日陰寒。小極無聊，讀書不嫥，乃媅晏樂，漸致婬色而廢，日貪娭而厭常，神弛則病愈深，形嫚則慾益熾，急宜自警，勿爲非人。

十四日庚辰　終日積陰。剃頭。邁甫柬訂十八日夜飲。松堂來堅十七日東麟堂之約。夜小雨。洗足。終日閲段氏《説文注》。

邸鈔：詔前任湖北布政使劉體重政績宣付史館，編入《循史列傳》。從沈葆楨請也。

十五日辛巳　晴。是日花朝新晴，與蓮舟商略嬉春以遣羈寂，因從德和錢鋪主肆靳姓者借酒資，得成遊事。爲蓮舟代邀邁夫、研孫夜飲同興居，各作片致之。邁夫再辭，再不許。傍晚詣同興居，同邁夫、松堂、蓮舟飲。予招芷秋，蓮舟招芷香，邁夫招心蘭，松堂招玉喜。更餘飯畢，邀諸君飲春華堂。付芷秋酒局四十千，下賞八千。四更散歸，得七律一首。

花朝日夜飲沅江館懷德夫兼示其弟邁夫鹺尹鵬

暖風明月趁花朝，旅節傳杯不自憀。並几茶香容語近，矮窗燈影向人嬌。交游已歎無陳重，歌舞何能遣沈翹。作達天涯暫行樂，人間地下可憐宵。

十六日壬午　上午晴，風，下午陰寒。邁夫來。宏疇來。研孫來。蓮舟邀夜飲春華堂，飯後赴之，（此處塗抹）二更先歸。具朝衣朝冠入城，至後門外關帝廟陪祀，致祭者定郡王。月冷風嚴，徙倚庭廡陛郎兩立。此苦差同向例郎員派壇廟陪祀，然資深者不復爲之。予以朝不坐、燕不與之人，傴僂廟廷，亦非神明所能鑒及，故去年三與此事，均託故不行。昨冬有事圜丘，以陪祀人希爲臺官彈劾，朝旨申飭，令自後從嚴參治。今不得已，强行免罪而已。自惟偃仰泥塗，牙咔居高，與侏儒爲伍，李生人材雖未若髯之絶倫超群，要亦英雄記中所不容見没者也。壯繆有知，必當竊歎。黎明始歸，車疲馬痛，慚我僕夫。

十七日癸未　晴。歸家卧至日中起。邑館告二十九日春祭。日昳時詣東麟堂，赴吴松堂之招。

子蓴新自山右歸，亦來赴飲。同坐者，蓮舟、惺齋、宏疇、高蘅畹封君、畢東屏編修，及妾人葉某。封君爲吏科給事中高延祜之父，年已七十餘，兩年前曾同飲于此，今日相見，備致殷勤。封君少爲諸生，家富好狎遊，今雖老，談及風月事，興猶不淺，然傴傴長者也。更初酒畢，宏疇邀飲芷香家，復偕子蓴、蓮舟、松堂、畢東屏詣春華堂。子蓴招蒨雲，畢君招芷衫，予招芷秋。二更後歸。

邸鈔：江西巡撫沈葆楨賞假三月回籍省親。布政使孫長紱暫護巡撫關防。吴棠、李瀚章均即赴新任，毋庸來京請訓。吴棠未到以前，廣州將軍瑞麟暫行兼署兩廣總督。李瀚章未到以前，布政使石贊清暫行護理湖南巡撫。欽天監奏謹擇本年九月二十二日，文宗顯皇帝、孝德顯皇后梓宫永遠奉安山陵。詔：應行典禮及一切事宜，令各衙門届期敬謹豫備。命工部尚書單懋謙赴盛京監修福陵，以都察院左都御史齊承彦兼署工部尚書。

十八日甲申　晴，午大風。鍾慎齋弟以會試至都，今日税裝，即偕王九如來訪，面致正月初五日家書。（此處塗抹）子蓴來。趙心泉以母喪來赴。邁甫來催飲，傍晚赴之，同坐者蔣鶴莊吏部、戴少梅、吴俊卿、劉慈民、熊蓉堂、陳葆珊、研孫諸君，更餘散歸。夜作稟家慈書，致季弟書、沈瘦生書。（此處塗抹）夜疾動。

邸鈔：御史丁浩奏本年正月十三日直隸廣平、順德，河南開封、歸德，山東曹州等處，均有震雷雨雹之異，請恐懼修省。答詔優納，並飭内外大小臣工，交相策勉，以弭灾沴。翰林院侍講胡瑞瀾、周壽昌俱轉補侍讀。司經局洗馬車順軌、左春坊左中允邵亨豫俱補授侍講。

十九日乙酉　晴，有風。慎齋、九如來。松堂來邀飲毓興合，辭之。夜同慎齋、九如、蓮舟飲子蒓家，話鄉曲近事。亂離甫定，紳士驕横，守令不才，猾吏益熾，奢淫相尚，告密成風，脂膏竭于蠹捐，衣冠自相魚肉，風俗之壞，百倍于前，深堪憤歎。二更歸。

邸鈔：惲世臨奏擒獲通賊之貴州清江協副將曹元興、于天柱，誅之。詔旨褒獎。

二十日丙戌　晴陰相間。曉卧中疾復動。得慎齋書，饋我茶葉兩匣，龍眼肉一匣。得子蓴書，饋我清水氈一領，野黨參一苞，即復謝。下午出門唁趙心泉。詣林藹人，不值。謁松堂、慎齋、九如、曉湖、予恬，俱晤。詣邁甫，不值。晚歸。松堂邀同慎齋、九如、蓮舟夜飲裕興居。予招芷秋，歷兩時始至，酒疲人倦，遂生恚怒，積其嫌釁，譙責交加，頓覺墜歡喜于大空，變面目爲羅刹矣。前後參觀，只堪一笑。更餘歸家。刑書趙光昨夕病故。聞駱越樵亦於是夕亡。

二十一日丁亥　晴。作片致藹人，支印結十金。慎齋、九如來。慎齋贈筆兩枝，九如贈洋參一苞，南箋兩匣。珊士來。曉湖來。剃頭。松堂來。以家書託興盛信局附差寄去，限一月到家，足費八金。付車錢二十八千，賞王升錢四千，付零用二十千。得邁甫書，言廿四日凌晨行。

邸鈔：劉長佑奏拏獲山東匪首蘇洛坤及教匪李孝山等，分别淩遲斬决有差。詔旨褒獎。詔：以鄭親王承志被參狎優一節堅不承認，令原參御史劉慶再行詳細覆奏。

二十二日戊子　晴。邁夫來辭行，尚卧，未晤去。理庵贈茶葉一苞，洋燭兩枝，即復謝，犒使一千。允臣邀飲時豐齋，日下春歸。夜詣子蓴家，飯畢，同子蓴、蓮舟、松堂至春華堂。蓮舟先令芷香設飲，予再令芷秋設飲，蒨雲兩爲酒糾，鷄鳴始散。付芷秋酒局四十千，下賞八千。（此處塗抹）是日，邁甫再來辭行，再不值。予自時豐歸，便道過之，亦相左。至椿樹胡同中途相遇，下車數語，不勝黯然。自德夫殁後，邁夫居其舊齋，朝夕相過，猶時時若德夫在者。此後形迹并銷，山河益邈，回想齋中，夜燈苦茗，文字談諧，百年之期，遽盡於此。詩人云：『死喪無日，無幾相見。』悲夫！

邸鈔：左宗棠、徐宗幹奏正月二十三日攻克龍巖州城，二十九日收復永定縣城。刑部尚書趙光卒。詔旨褒惜，照尚書例賜恤，命郡王銜貝勒溥莊帶領侍衛十員，即日往奠。賜謚文恪。光，昆明人。無子，先以族子某爲後，已得一品蔭，而邪侈無行，光惡之。更養一子，未立，而光卒。其女述光旨，逐其長者。

春分二月中。

二十三日己丑　薄晴。下午詣研孫小談。晚邀邁甫、研孫、慎齋、九如、子蒓、蓮舟、松堂飲同興居。有芷秋、芷香、蒨雲、心蘭諸郎，酒盡二十觥，二更散歸。邁甫醉甚，天涯此別，後會難期，故不惜爲故人强盡數杯也。夜亥初三刻九分春分二月中。

邸鈔：以都察院左都御史齊承彦爲刑部尚書，以兵部左侍郎曹毓瑛爲都察院左都御史，以前倉場侍郎畢道遠爲兵部左侍郎。

二十四日庚寅　薄晴。早起詣麻綫胡同送邁夫行，并交盟牒。同邁夫、熊蓉堂、陳葆珊、吴俊卿、蔣鶴莊至龍泉寺告德夫之靈，引紼起棺。邁夫號慟，余亦悲不自勝。去年屢與德夫相約出都，今日乃爲此別，幽明異路，從此長辭，瞻望國門，佇立流涕。日加巳，慘慘而歸，賦《金縷曲》一解，以抒悲感。趙心泉太夫人開吊，送分子十千。子蒓來。張孝廉冠傑來，胡兵部壽頤來，俱不值。夜又疾動。

邸鈔：詔：布政使銜福建按察使張運蘭照巡撫陣亡例議恤，於湖南、福建、廣東各省建立專祠，其生平戰績宣付史館立傳。伊子張恒湘俟服闋後由吏部帶領引見。從毛鴻賓、郭嵩燾等請也。鴻賓等疏略言：張運蘭自咸豐元年帶兵剿賊，轉戰江西、安徽、湖南、廣東、湖北等省，屢克各城。上此鴻賓奏帶赴粵，先後剿滅石逆餘黨李復猷及土匪鄧二尺七、陳仰古等，肅清粵省十餘年積患。去年八月間，赴援福建時，平遠、大埔之賊回竄武平，運蘭親督中隊馳至中尺迎剿，屢戰皆捷。因追賊深入，爲逆衆層層圍裹，總兵賀國棟、王明高先後陣亡，帳下親兵死傷略盡。運蘭身受重傷，爲賊蜂擁入城，罵不絶口，遂於九月十四日被賊支解而死。詔旨痛惜云云。未幾，左宗棠復疏請予謚，從之。以廣東南韶連道王德榜爲福建按察使。

金縷曲 送德夫柩出都

六載長安邸。共晨昏，淒涼蛩駏，賤貧兄弟。折脅斷支經九險，相慰惟君而已。正料理、故山歸計。誰分百年鷄黍約，竟蒼黄、訣別窮途裏。來世誓，可能記？　一棺寂寞城南地。幸相從、季方捧檄，重聯生死。君弟鵬，以鹽官赴都引見，在君歿前二十日也。轉盻雙贏馱轊去，慟絶素旌千里。祇形影、從今誰寄？慘淡國門皋復出，鎮悲風、寒日蕭蕭起。算此日，真歸矣。

二十五日辛卯　薄晴多風。王孝廉福琛來，不晤。松堂來。賈琴巖比部來。夜同蓮舟至桐雲堂赴松堂之招，山東田孝廉及家仲京比部同飲，予招芷秋，蓮舟招芷香，仲京招芷衫，三鼓歸。邸鈔：邊葆誠調補浙江寧波府知府，許瑶光補授嘉興府知府。

二十六日壬辰　晴和。慎齋來。松堂來。是日上换氈冠、絨領、白袖頭。邸鈔：恩麟、陶茂林奏十二月十六日解靖遠之圍，記名提督高餘慶中礮陣亡，副將謝萬年、王萬雙，遊擊王繼祥等皆死之。詔：高餘慶照提督陣亡例議恤，餘俱優恤有差。張由庚補授陜西延榆綏道。

二十七日癸巳　早雪，上午雪雹并作，或云是樹冰，下午啓寒。理庵來。鄉人俞孝廉觀光來。得芷秋書。治《説文》。夜飯後得松堂片，招飲聞德堂，二更始往，招芷秋、芷香同飲，三更後歸。付芷香開發八千。

二十八日甲午　晴寒大風。子蓴來。作書致芍農，爲蓮舟乞書便面。手録儀徵貴仲符《光武論》《晁錯論》各一首，方端齋《周易互體詳述自序》一首，俱從《廣陵思古編》中鈔出。得芍農復書。夜疾復動。

二十九日乙未　晴寒多風。得結局片，送到二月分印結銀十九兩五錢，除先支十金，得九兩五錢。予恬來。研孫來。松堂來。手鈔方端齋《周易卦變舉要自序》《虞氏易象彙編自序》《諸家易象别録自序》共三首。付車直十五千，王福零用四十千，鸛兒工直二千。

三月丙申朔　晴，風寒。連日疾發，腰却憊甚。慎齋來。子蒓來。得松堂片，招飲毓興合，不往。鈔方端齋《周易卦象集證自序》一首。

夜治《説文》，段氏於此書字字剔抉，直已無間可指，而書中从『畾』聲者凡十字，乃獨從大徐説，謂『畾』不成字，皆當作从『靁』省聲，則許書固無此例。且『靁』下明云『畾，象回轉形』，而下又有作䨻之古文，則『畾』爲古文『靁』字可知也。既有畾中有回之𩇓，則先有『畾』字，又可知也。近時滇人鄭子尹爲補畾、𩇓二字，皆古文靁者是也。此金壇千慮之一失耳。

初二日丁酉　晴和，小風。珊士來。作片致子蓴，辭明日晚飲。作書致芍農，致香濤，致子授，約明日飲同興居。魯芝友來，未晤去。松堂來。宏疇來。得芍農、香濤復書。得子授書，約明日飲萬福居。

邸鈔：雷正綰奏二月初一日親率提督譚玉龍、劉正高等攻克固原州城。詔：雷正綰入甘以來，所向克捷，此次進攻固原，立拔堅城，調度有方，深堪嘉尚。譚玉龍、劉正高均賞穿黄馬褂，總兵胡大貴、張在山均擢提督，餘升賞有差。副將熊觀國首先登城，裹瘡殺賊，力竭遇害，殊堪憫惻，加恩照總兵陣亡例，從優議恤。正三品蔭生左孝威加恩以主事用。孝威，宗棠之子也。

初三日戊戌　午前陰寒多風，午後晴和。作片致芍農、香濤、子授，改期初五。作片致理庵。作書致子蓴，託代購芷秋雜佩。得慎齋、九如書。幼樵約夜飲芷香家。江右尹湜軒孝廉來，以所著《詩地理考略》二卷見贈。慎齋、九如來。午後答訪芝友，并晤研孫，小談逾頃，遂詣萬福居，赴子授之招。同坐爲伯寅、芍農、楊濱石、孫萊山編修及餘姚何某吏部。自酉初設飲，訖亥始罷。予兩招芷秋，萊山兩招采菱，伯寅招采珠、芷儂，芍農、何某並招蒨雲。夜半詣子蓴、蓮舟家小坐，出詣春華堂，芷香適病，幼樵已歸，遂亦返寓。是日剃頭，换袒衣，去棉褲，皆所以祓除不祥耳。得芍農、香濤復書。聞安丘王菉友《説文句讀》《説文釋例》二書已呈御覽，其子某所進也。伯寅言《句讀》一書，備列衆説而折衷之，其用力甚精密，惜尚未得見。夜疾又動。

初四日己亥　晴和，可綿衣。午後詣蓮舟、子蓴，小坐，并詣春華堂視芷香疾。出至北火扇巷，答拜俞曉廬孝廉，復至炭兒胡同，晤曉湖、予恬。再詣春華堂，與芷秋茶話，贈以雜佩六事。復詣子蓴而歸。

邸鈔：勞崇光奏去年九月二十五日總兵馬如龍、道員岑毓英等克復尋甸州城，生擒逆首馬榮，誅之。十月十一日進逼曲靖府城，回目馬文升等開門迎降，遂復曲靖府，生擒逆首馬聯升，誅之。詔：雲南鶴麗鎮總兵馬如龍、道員岑毓英等調率兵練，力挫賊鋒，收復城池，殲擒巨憝，均屬勇敢過人，深堪嘉尚。馬如龍賞加提督銜，岑毓英賞加布政使銜，均給巴圖魯名號，餘升賞有差。沈桂芬奏請嚴禁山西人種植罌粟。詔：通諭各省督撫一律禁止。

初五日庚子　上午晴，下午陰，有風，是日暖，始换綿衣。得理庵書，復理庵書。晡後詣同興居，邀芍農、子授夜飲。予招芷秋，芍農招芷儂，子授招蒨雲，更餘散歸。聞是日召見芝翁及瑞芝生協揆，朱桐軒太宰，（此處塗抹）吴竹如少農，王小山少寇，桑柏齋、殷譜經兩閣學，以講官編修蔡壽祺疏劾議政王攬權納賄，議政王欲逮問之，兩宫怒甚，垂淚諭諸公，以王植黨擅政，漸不能堪，欲重治王罪。諸公莫敢對。太后屢諭諸臣，當念先帝，毋畏王，王罪不可逭，宜速議。商城頓首言：『此惟兩宫乾斷，非臣等所敢知。』太后曰：『若然，何用汝曹爲？異日皇帝長成，汝等獨無咎乎？』商城又言：『此事須有實據，容臣等退後詳察以聞。』且言『請與倭仁共治之』。太后始命退，諸公流汗沾衣。外間藉藉皆言有異處分矣。

邸鈔：詔：已革貴州提督田興恕任用匪人，玩視軍務，又殺無辜之傳教人文乃耳等數十人，殘暴任性，照勞崇光等所擬二罪俱發以重者論例，發往新疆，充當苦差，不准援免，並令迅速起解，毋任逗留。幕僚張茂萱、謝葆齡，俱發往新疆充當苦差。已革道員繆焕章、前署貴陽府知府多文，曲爲迎合，實屬荒謬，俱永不敘用。前署貴州巡撫韓超屢次奏留田興恕，實屬不諳政體，命吏部議處。從總理各國事務衙門請也。

初六日辛丑　上午晴，下午陰。夜來疾又動，憊甚。朱厚齋來。得故人孫子九元夜山陰書，言其三子皆經亂夭没，魯容生全家罹難，徐寶彝被執姚江，駡賊而死。感念存歿，悽惻彌深。憶癸丑爲社會時，寶彝尤傾至於予，嘗曰：『見蓴客，自恨十年來意氣蓋世，殆如狂病。』又曰：『使我早見蓴客數年，當不至以才子二字自誤一生。』嗣以子九及周星譽、星詒兄弟稍不滿寶彝，漸播惡言。予亦頗爲所惑，遂漸疏之，而寶意愛我益摯。今日者蓋棺論定，不負平生議論者，甚惟寶意一人乎？天涯潦倒，事業蹉跎，九原有知，慚我良友，悲夫！子九自言亂後家益貧，夙所爲詩，盡燬兵火。近假館授徒，重理故業，與新知兩三輩相唱和，又得詩二百餘首，將付剞劂。且惓惓於王平子遺稿，謀爲合刻越中，窮老不衰，名山自業。蓋子九天懷淡定，出於儔人；其昵二周，雖愧知人之明，亦緣長者之累。社中人品，固爲寶彝之亞也。

芝翁來，談頃，議恭親王事，以皇太后朱諭見示，有『妄自尊大，目無君上』之語，誦之悖然。王年少不學，闇於大體，積嫌蒙釁，遂取嚴譴。然以親賢重寄，決裂至斯，宜乎兩宮流涕，朝野駭愕。國家多故，殆非福也。蔡壽祺疏斥王驕盈貪墨，貨賂公行。昨日倭公等八人會議於内閣，召蔡質正其事，蔡惟指出薛煥、劉蓉二人，餘不能指實。今日諸大臣覆疏上，太后已先作詔以待，遂召見諸公，諭曰：『詔旨中多有别字及辭句不通者，汝等爲潤飾之。』芝翁添入『議政之初，尚屬勤慎』八字。太后又諭曰：『此旨即下内閣速行之，不必由軍機。』遂下詔，略云：本月初五日，據蔡壽祺奏恭親王事，查辦雖無實據，自出有因。恭親王議政之初，尚屬勤慎。迨後妄自尊大，諸多狂傲，倚仗爵高權重，目無君上，視朕冲齡，諸多挾制，往往暗使離間，不可細問。每日召見，趾高氣揚，言語之間，諸多取巧妄陳。凡此重大情形，姑免深究。恭親王著毋庸在軍機處議政，革去一切差使，不准干預公事，以示朕曲爲保全之意。以後召見、引見等項，著派惇親王、醇郡王、鍾郡王、孚郡王四人輪流帶領。特諭云云。倭公等受詔出，始召見樞臣文公等三人。今年氛翳彌旬，太白晝見，元象示警，殆非偶然。或者謫見於天，固緣偪上，今兹已應，庶無後憂。雖於國體有傷，猶爲斯民之幸。若蔡壽祺者，久滯詞曹，素無士行，行險僥倖，小人之尤耳。

松堂來。

初八日癸卯　晴，風，稍寒。日來小茶多卧，戲作篆字數百。是日，惇親王上疏言，恭親王事屬曖昧，徒以語言小失，驟予嚴懲，情狀未明，無以昭示天下。皇太后遂諭孚郡王及樞密文、李、曹三公，傳諭王公、大學士、九卿、翰詹科道，明日於内閣會議，以惇王疏及蔡壽祺原疏並發閲視，且令文公等述所受旨云云。蓋天怒已回，眷顧未替，内中多言恭王將復輔政，是非小臣所敢知矣。芝翁來請，夜談甚久，爲此事也。

邸鈔：詔：奉兩宮皇太后懿旨，宣示恭親王過失，斥退軍機處議政，盡奪一切差使。左宗棠疏陳福建按察使張運蘭殉難狀，爲請賜謚。從之，并詔其同時殉難之總兵賀國楨等三員交部從優議恤，副將尹定友等二十七員照例議恤，知縣沈田玉等三員從優議恤。凡三十三員均附祀張運蘭專祠。運蘭，湖南湘鄉人。咸豐三年，以文童隨故道員特贈内閣學士兼禮部侍郎銜、謚壯武王鑫，帶勇殺賊。鑫死後，運蘭領其衆，轉戰楚、粵、江、皖間，言兵法者，推王、張云。

初九日甲辰　晴和有風。朱厚齋來。作片約松堂明日飲春華堂。夜風止，月色澹然。松堂來。是日兩宮皇太后召見倭、周兩相國，瑞協揆，朱尚書，萬尚書青藜，基侍郎基溥，吴、王兩侍郎，殷閣學及樞密三公。太后諭倭公等九人，恭王恣肆已甚，必不可復用。曰：『即如載齡，人材豈任尚書者，而王必予之。』又曰：『惇王今爲疏争，前年在熱河，言恭王欲反者，非惇王耶？汝曹爲我平决之。』而諭樞密則曰：『若等固謂國家非王不治，但與外廷共議之，合疏請復任王，我聽許焉可也。』諸臣至内閣，各述所受旨則大異。是日押班者爲鍾郡王，乃各引王爲證，王言固皆聞之。諸公相顧色然，不成議而退。竊揣兩宫之意，銜隙相王，已非一日，退不復用，中旨决然。徒以樞臣比留，親藩疏請，驟易執政，既恐危中外之心，屢黜宗臣，又慮解天潢之體。攻訐出自庶僚，參治未明罪狀，劫於啓請，慚於改更，欲藉大臣以鎮衆議。且王夙主和約，頗得夷情，萬一戎狄生心，乘端要劫，朝無可倚，事實難圖。故屢集朝臣，審求廷辨，冀得公忠之佐，以絶二三之疑。而詘詘者，方且阿旨依違，私心窺測，惟求保位，誰復憂公？至今任姒之賢，絲綸之重，隨人改易，無所適從。乃猶歸過君親，以爲寡斷，是可流涕者矣。

清明三月節。　初十日乙巳　丑正一刻九分清明節。晨晴，上午陰，下午霧，欲雨。剃頭。得碩卿書，言昨日始歸。下午詣碩卿小談。詣研孫、宏疇，俱不值。詣子蓴、蓮舟。松堂邀同蓮舟晚飲毓興合。予招芷秋，蓮舟招芷香，松堂招吉祥。夜邀碩卿及松、蓮二君飲芷秋家。碩卿招芷馨，蓮舟招芷香，松堂招吉祥。二更後歸，付芷秋酒局三十千，下賞八千。夜小雨，五更有疾雷急雨。是日，會試題爲『孝慈則忠』兩句，『必得其壽』一句，『不違農時』兩句；詩題『蘆笋生時柳絮飛得飛字』。是日得詞一闋。

念奴嬌乙丑清明夜從沅江君飲和稼軒韵

病懷無賴，又歸期躭誤，禁烟時節。黯黯輕陰留薄醉，羅袖夜來寒怯。燭底新妝，尊前私語，一日都難別。東風心事，流鶯多半能説。　還記昔歲初逢，小庭今夜，正映濛濛月。彈指桃花回昨夢，恨事眉頭重疊。燕子光陰，杜鵑鄉里，愁把垂楊折。相憐南望，吴山天際如髮。

十一日丙午　曉雨，終日重陰多寒。作片致碩卿，爲芷秋取香水。得蓮舟書，約夜飲春華堂。夜飯後過研孫，邀之同車詣春華堂，從蓮舟、芷香飲，松堂招吉祥，研孫招小福，予招芷秋，蓮舟又招芷儂之弟子增寶。三更歸。

邸鈔：詔：今年庶吉士散館，試以策論。　瑞常補授總管内務府大臣，寶鋆佩帶内務府印鑰，惇親王管理欽天監算學事務，醇郡王調補正黄旗滿洲都統，奕山總理行營事務，官明管理火器營事務，景壽補授閲兵大臣，肅親王華豐補授内大臣。皆代恭王。　詔：本月二十日换戴凉帽。旋改二十八日。

十二日丁未　嫩晴釀和。同鄉周伯度巖來。伯度由刑部主事改官山西知縣，素精岐黄術。今日爲予按脉，言細而極静，是壽徵也，并許爲撰方製藥丸。朱海門侍御來。吴松堂招飲裕興居，晚偕蓮舟同車往，予招芷秋，蓮舟招芷香，松堂招玉喜，一河南知縣張姓者招小福，二更歸。夜疾動。

邸鈔：以肅親王華豐爲宗人府宗令。代恭王。

十三日戊申　午前晴，午後陰，大風。朱厚齋來。

邸鈔：詔：湖北布政使厲雲官開缺回籍，補行守制。以安徽按察使何璟爲湖北布政使。兩宫皇太后懿旨：皇帝讀書課程及弘德殿一切事務，著醇郡王總司稽查。醇郡王補授十五善射大臣，惇親王管理雍和宫事務，鍾郡王管理中正殿事務，孚郡王管理武英殿事務。以豫親王義道爲宗人府左宗正。

十四日己酉　晴和。小極多臥，隨意讀書。是日百僚在内閣會議恭邸事。寶森堂書賈以揚州阮氏《文選樓叢書》十二帙，共二十六種求售。日來正難顧此事，謝去之。二十六種者，《禮經釋例》十三卷，《孝經義疏補》九卷，《詁經精舍文集》十四卷，《疇人傳》四十六卷，《地球圖説》一卷，《述學》二卷，《溉亭學古録》二卷，《儀鄭堂文集》二卷，《雕菰樓集》二十四卷，附《寧梅花館詩文録》二卷，焦里堂子廷琥虎玉著。《積古齋鐘鼎款識》十卷，《呻吟語選》二卷，《揅經室詩録》五卷，《淮海英靈集》二十四卷，《定香亭筆談》四卷，《小滄浪筆談》四卷，《廣陵詩事》十卷，《石渠隨筆》八卷，《八磚吟館刻燭集》三卷，《恒言録》六卷，《愚溪詩稿》一卷，無爲張肇瑛、景華著。肇瑛，乾隆丙午江南解元。《安事齋詩録》四卷，儀徵貴徵仲符著。徵，乾隆己酉進士，官吏部考功司郎中。《讀書敏求記》四卷，《仿宋畫列女傳》八卷，《歷代帝王年表》一卷，《小琅嬛叢記》一卷，《華山碑考》四卷。皆文達及其子弟輩積年所刻，而文達之弟亨彙爲此書者也。内惟《雕菰樓集》焦里堂所著，《恒言録》錢竹汀所著，皆予所亟欲見而未得者。夜飯後研孫來，心齋來，談至二鼓後去。連夕疾動。夜半後大風橫甚。

邸鈔：以署兩淮鹽運使李宗羲爲安徽按察使。詔：本日豫郡王及降調通政使王拯、御史孫翌謀奏摺各一件，著王公、大學士、九卿、翰詹科道，彙同前日惇親王摺一併議奏。聞皆爲恭邸陳請也。都察院奏順天舉人徐啓謨呈報伊兄福建福州府遺缺知府徐啓文於同治元年二月挈眷由天津航海赴任，遭風漂没。詔：徐啓文及其妻李氏、女茀官暨家丁僕婦等均交部照例奏請旌恤。啓文，山陰人，大興籍，壬子翰林，由給事中外用。

十五日庚戌　午前晴，午後陰，風。得周伯度書，并丸方。吴松堂來。胡梅卿來。從書賈借錢氏《恒言録》、焦氏《雕菰樓集》閲之。

《恒言録》分吉語、人身、交際、毁譽、常語、單字、疊字、親屬稱謂、仕宦、選舉、法禁、貨財、俗儀、居處器用、飲食衣飾、文翰、方術、成語、俗諺有出等十九類，皆標方俗常語字，而引據子史、説部、詩文、語録各書，證其出處，大氐與翟晴江《通俗編》相出入。阮文達之子常生及烏程張明經鑑又爲補注所未備，前有常生序，言鄭氏箋《詩》『願言則嚏』曰：『俗人嚏云人道我。』注《禮》『夏后氏以揭豆』曰：『齊人謂無髮爲禿楬。』蓋『楬』即『髻』，而嚏則今人猶然。自服子慎《通俗》之文不傳，此道幾於絶響，非先生孰克成之云云。其言可謂有據。

《雕菰樓集》凡賦一卷，詩四卷，贊頌銘一卷，雜文十八卷。詩賦俱不足觀，文亦無古人義法，而考辨議論，多具卓識。如《四聲陰陽辨》，謂平聲有陰陽，猶仄聲有上去入，皆天地自然之音。或言仄亦有陰陽者，妄也。《宰孔論》，謂《春秋》得周之良臣一，曰劉伯蚠；得周之佞臣一，曰宰周公孔。蚠始平内難，後合十八國諸侯於召陵以制楚。東遷後二百餘年，以王臣奮發有爲者，蚠一人而已。諸侯不和，霸臣求賂，身死於軍，大業不就，可爲太息。宰孔當齊桓崛起東海，以尊周爲己任之時，乃僖五年秋，諸侯盟首止以定太子，孔爲惠王銜命，召鄭從楚，鄭恃王命，遂叛盟。桓於是日服鄭之不暇，而楚之無王益甚。後十數年，鄭始乞盟，爲葵丘之會。是時襄王深德齊桓，非孔之所能間，乃值賜胙而歸。道遇晉君，力詆桓之非，止獻之赴。夫葵丘之會，諸侯方虞天下之不來，晉來矣而孔間之，其不欲桓霸之成、王室之安明矣。向之爲王召鄭，非孔謀之而誰耶？內有劉蚠，外無齊桓；外有齊桓，內有宰孔。此周之所以不競也。《良知論》，謂紫陽之學，所以教天下之君子；陽明之學，所以教天下之小人。良知者，良心之謂也。雖愚不肖不能讀書之人，有以感發之，無不動者。讀文成集中，檄利頭，諭頑民，札安宣慰，及所以與屬官謀、告士卒者，無浮辭，無激言，真能以己之良心感動人之良心，使當是時，告之以窮理盡性之學，語之以許、鄭訓詁之旨，必不可也。《詞説》，謂學者多謂詞不可學，以其妨詩、古文，尤非説經所宜者，非也。人稟陰陽之氣以生，性情中必有柔委之氣，有時感發，每不可遏，有詞曲一途分洩之，則使清勁之氣，長流存於詩、古文。且經學須深思冥會，或至抑塞沉困，詩詞足以移其情而轉豁其樞機，則有益於經學不淺。文武之道，一張一弛，古人一室潛修，不廢弦歌，其旨深微，非得陰陽之理，未可與知也。《書韓文毛穎傳後》，謂昌黎作此文，當時多笑之者，柳州辨之，以明夫張弛拘縱之理，誠通儒之論。然人不能學昌黎，而類能學其《毛穎傳》；人不能服膺柳州他論文之言，而類能服膺其《題毛穎傳》之言。豈真以蜇吻裂鼻，縮舌澀齒之物可常服哉！縱易而拘難，張苦而弛便也。昌黎之前未有此文，此昌黎之文所以奇。有昌黎之文，踵而效之，則陋矣。故柳州重其文而未嘗效其作。蘇長公乃有《黄甘》《陸吉》《葉嘉》《杜處士》《温陶君》等傳，不憚再三爲之，其亦好爲俳矣。此皆名論可傳者也。其他考據尤多可取，不能備録。予別鈔其《周易用假借論》《説隅》《國史儒林文苑傳議》三篇，而最其略於此。

十六日辛亥　陰。剃頭。下午出門，詣子蒓、伯度、曉湖、予恬、慎齋、九如、王鹿亭、張穆莊，晤子蒓、曉湖、予恬、鹿亭，遇伯度於途，鹿亭處并晤馬春暘。慎齋、九如來，不值。松堂邀同子蒓、蓮舟、慎齋、九如、田小洲、柴礪堂夜飲毓興合，予招芷秋，二更歸。詣幼樵齋頭小談。

邸鈔：詔曰：朕奉慈安皇太后、慈禧皇太后懿旨，前據惇親王、醇郡王、降調通政使王拯、御史孫翼謀先後陳奏，恭親王雖經獲咎，尚可録用，當交王公、大學士、九卿、翰詹科道會同詳議具奏。兹據禮親王世鐸等、大學士倭仁等會議覆奏，並據内閣學士殷兆鏞、都察院左副都御史潘祖蔭、内閣侍讀學士王維珍、給事中廣誠及各科道等聯銜各摺，均以恭親王咎由自取，惟係懿親重臣，應否任用，予以自新，候旨定奪等語，所見大略相同。惟給事中廣誠等摺内所稱『廟堂之上，先啓猜嫌；根本之間，未能和協。駭中外之觀聽，增宵旰之憂勞』等語，持論固屬正大，而於朝廷辦理此事苦心，究未領會。雖前日面諭軍機大臣等，隨同孚郡王赴内閣傳諭諸臣，而科道仍有此語，實有不能不再行宣示者。恭親王誼屬懿親，職兼輔弼，在親王中倚任最隆，恩眷最渥。特因其信任親戚，不能破除情面，平時於内廷召對，多有不檢之處。朝廷杜漸防微，若復隱忍含容，恐因小節之不慎，致誤軍國之重事，所關實非淺鮮。且歷觀史册所載，往往親貴重臣，有因遇事優容，不加責備，卒至驕盈矜誇，鮮克有終者，可爲前鑒。日前將恭親王過失嚴旨宣示，原冀其經此懲儆之後，自必痛自斂抑，不至再蹈愆尤。此正小懲大誡，曲爲保全之意。如果稍有猜嫌，則惇親王等摺，均可留中，又何必交廷臣會議耶？兹覽王公、大學士等所奏，僉以恭親王咎雖自取，尚可録用，與朝廷之意正相吻合。現既明白宣示，恭親王著即加恩仍在内廷行走，並仍管理總理各國事務衙門。此後惟當益矢慎勤，力圖報稱，用副訓誨成全至意。

至在廷臣工，均爲國家倚任，惟當同矢忠赤，共濟時艱，毋得因此稍存疑慮，畏難苟安，致蹈因循積習。將此宣諭在廷臣工知之。

又詔：前據倭仁等奏遵旨查訊翰林院編修蔡壽祺摺內『挾重貲而內膺重任，善夤緣而外任封疆』二語，傳到蔡壽祺面訊，當據供稱薛煥、劉蓉行賄夤緣，係得自傳聞，應否查辦，伏候聖裁等語。朝廷登進人才，豈容納賄行私，致滋物議？薛煥、劉蓉或内躋卿貳，或外任封疆，均係朝廷大臣，如於蔡壽祺所參，不行查辦，何以重名節而振紀綱？著薛煥、劉蓉各將所指行賄夤緣一節，據實明白迴奏，以憑查辦。倘有一字欺飾，再經查出，定行從嚴治罪。

十七日壬子　晴和。詣魯芝友小談。作片致尹湜軒，致伯度，俱約二十日飲同興居。殷宏疇來。是日見新柳，慨然念德夫去歲言，春時此物最觸羈情，每一把玩，熒然欲涕。今故人已矣，我猶落託未歸，既痛逝陰，益悲孤旅。因賦二十八字：『三月燕臺楊柳新，風前珍重舊腰身。天涯淪落傷春客，猶自攀條憶故人。』眉批：見新柳憶德夫。洗足。傍晚詣毓興合，邀同鄉諸公車夜飲。予招芷秋，酒錢三十七千，付芷秋銀十兩，付車飯三千，酒館下賞四千。初更散後，詣春華堂與芷秋茶話，幼樵、芷香邀飲，允臣亦來。予嫌其坐客甚惡，逃席而歸，已三更矣。

十八日癸丑　陰寒。作片致九如，致理庵，辭今日龍源樓之飲。得伯度片，辭後日之招。陳葉封舍人來。夜同幼樵前燭深談，歷兩時許。幼樵性情真至，爲時流中所少見。其眷睞芷香，幾近癡癖，正可觀過知仁。幼樵爲相國從子，諸父皆貴顯，尊公獨不第早世。幼樵少孤貧，聞其母夫人教子甚嚴，節孝之報政當未艾。王揚廷自吴門寄絲帶一條來。

十九日甲寅　晴。研孫片招早食，已刻往，同芝友及其從子孝廉某小飲。作片致曉湖、予恬，約明夕飲同興居。作書致芷秋，約二十一日至廣德樓演《瑶臺》。下午，吊駱越樵之喪，送分子十千，晤賈琴巖。詣宏疇小談，宏疇貽予燕窩一匣，力辭之。（此處塗抹）予性坦率而自信太過，不樂受人言，交游亦無敢言者。去冬德夫病中，嘗謂予曰：『君氣節文章足蓋一世，然譽言日至，近來微窺君似有自足意，敢繩君者僕耳。恐我死後，君漸益矜傲，則爲學問之累不淺。他日幸思僕言。』予泣而謝之。（此處塗抹）詣王鼎丞、尹湜軒，俱不值。詣慎齋，亦未晤，傍晚歸。同鄉阮福昌曉林、竇霖雨農、柴汝金礪堂諸孝廉來，俱不晤。河南知縣張錫圭來，不晤。夜得芷秋書，堅廿一日之約。是日，買靴一稱，付銀二兩四錢有奇。付車錢三十千。

邸鈔：薛焕奏遵旨明白回奏，請簡派大臣查辦。詔：派肅親王華豐會同刑部都察院堂官，秉公查訊，務須水落石出，不准稍涉含糊。原派查辦之大學士管理刑部周祖培、刑部左侍郎王發桂及軍機大臣都察院左都御史曹毓瑛、刑部右侍郎恩齡、都察院左副都御史恒恩，俱著回避。薛焕、蔡壽祺均著聽候傳質。

二十日乙卯　陰曣。曉疾連動。慎齋來。得沈寬夫去冬粤西書。寬夫時攝羅城令，近移攝義寧，言嶺西州縣疲敝之狀，殆不可堪。同鄉王珊圃孝廉元灝來，朱厚齋來。松堂來，爲山東田孝廉約明日夜飲。碩卿來，贈絲帶一條。傍晚詣同興居，邀尹湜軒、魯芝友、周幼樵、孫予恬、理庵、曉湖夜飲。予招芷秋、芷衫，芝友招芷儂、天才，幼樵招芷香，理庵招采菱、蘭森。二鼓後散歸。

二十一日丙辰　晴暖。梳頭。午後詣廣德樓聽四喜部，邀慎齋同坐。芷秋及芷衫、芷雯、芷儂演《花報瑶臺》。『花報』者，《南柯記》中所謂啓寇；『瑶臺』者，所謂圍釋也。付芷秋爨演錢二十千，樓坐五千。晚同慎齋飲福興居，招芷秋及芷衫、芷雯兩郎。酒錢二十千，下賞二千，車飯三千。初更散後，詣桐雲堂赴田小洲孝廉之招，與芝友、松堂、蓮舟同飲。予招芷秋，芝友招芷儂，蓮舟招芷香。夜分酒闌，松堂復令玉喜設飲，予再招芷秋，蓮舟再招芷香，芝友招天才，四鼓始歸。是日付芷雯開發八千，送戲單人二千，皆借之芷秋者。

二十二日丁巳　陰風，薄暮微雨即止。是日海棠乍開，嫩陰增綺，柳叢榆莢，映帶姿妍，始有春事之樂。曉湖來。田孝廉兆瀛招飲毓興合，傍晚偕蓮舟僦小車赴之。予招芷秋，蓮舟招芷香，松堂招吉祥、玉喜，初更散歸。還芷秋錢十千，并屬寄還芷衫開發十六千。幼樵來夜談。夜疾又動。

邸鈔：以翰林院檢討徐桐爲翰林院侍講。

二十三日戊午　大風，晴。芝友來，尚卧不見。終日疲困多卧，往往睡去。下午，偶過南園，見稚花盡放，青草已長，數日不來，春光便爛漫爾許，不禁衰遲流落之悲。賦得《蝶戀花》一闋。幼樵邀至河東館聽燈戲，不往。夜疾又動。大風徹曉。

二十四日己未　晴，大風。幼樵來久談。阮曉林、雨農兩孝廉來，是日病甚，對之小極，客覺而去。芷秋約至慶樂園聽所演曲，不往。得謝杰生書，言家有一姬，欲爲予小星之贈，力辭之。田小洲孝廉片來，招夜飲毓興合，作片辭之。是日夜飯，僕人供黄花魚。北地此魚之至甚遲，較南中幾差三月許。『楝子花開石首來』之句，殆指北地而言。今日宮門鈔崇文門，始進此魚，而寒士食鮭，竟亦辦得，所謂『臣有玉食，害于而家』者矣。兩日疾動，喉痛中惡，綿惙不堪。户外狂風捲地，連晝達夜。海棠初開，便已狼藉。前日芷秋約予遊極樂寺看此花，未得酒錢，先辜花約，殊令人喚奈何耳。是日復賦《桂枝香》一闋。

蝶戀花春晚過寓舍南園作和六一詞

寂歷園亭閑幾許？驀地東風，一霎花無數。淚點年年無覓處，平蕪緑遍傷心路。　數日不來春又暮。病酒躭香，料理和愁住。墻外誰家聞笑語，夕陽獨下西墻去。

桂枝香

家山甚處。又畫舫夕陽，沿岸簫鼓。開盡緗桃粉李，菜花盈路。蕒絲緑遍湔裙水，問盈盈、鷗波誰主？幾時料理，漁蓑蠟屐，燕簾鶯户。　歎一霎、清明穀雨。正扶病將愁，難遣孤旅。兩日東風，添得黄昏凄楚。典衣賭曲金臺例，算了却、傷春情緒。玉荷燈下，暫時消受，映尊低語。

穀雨三月中。　二十五日庚申　巳正初刻七分穀雨節。晴，日昳後，風又起。作書致子蓴。慎齋來，留喫早飯。王九如來。松堂來。胡梅卿來，邀明日飲燕喜堂，辭之。幼樵來，約明日飲燕喜堂，亦辭之。是日病體未蘇，終日對客，倦甚不聊，此人生極苦事也。

邸鈔：曾國藩奏福建汀漳龍道彭毓橘因病未能赴任，懇請開缺，在籍調理。許之。以福建福州府知府胡肇智爲汀漳龍道。

二十六日辛酉　早陰，上午雨，午晵，下午又陰，時有小雨，晚晴。剃頭。下午出門詣李仲京、王珊圃、朱厚齋、阮雨農、阮曉林、李芍農、朱海門、張桓生、田小洲，俱不晤。詣子蓴，小談而歸。三更後又大風。

邸鈔：徐宗幹奏沈葆楨之母林氏在籍病故。詔：沈葆楨天性純篤，諒必籲請終制，惟江西地方雖就廓清，而福建漳州等逆未平，防務甚關緊要。沈葆楨自簡任江西巡撫以來，籌辦剿撫，整飭地方，悉合機宜，民情愛戴。當此邊防喫重之時，勢難遽令離任。沈葆楨著賞假百日，在籍穿孝，加恩賞銀五百兩，經理其母喪事。俟假期滿後，改爲署任江西巡撫，即行馳赴署任。該撫當仰體朝廷之意，移孝作忠，毋許固辭。

二十七日壬戌　晴，大風徹晝。曉臥中疾又動。田小洲來，不晤。作片致芍農，致海門，致芝友。蕭山沈成烈孝廉來，不見。宏疇來。得海門復、芍農復。夜風不止，攝病無憀，得詞兩闋。

一枝花

小別成躭閣。叵耐連宵風惡。海棠開幾日，又吹落。酒榼箏囊，辜負嬉春約。閑煞青絲絡。燕子歸來，爲誰搖動鈴索？　鑄就黃金錯。長是年年歡薄。舞裙歌扇底，恁飄泊。一樣燈前，獨自尊前寂寞。吹徹梅花角。陣陣餘寒，晚來都在簾幕。

秋波媚

玉驄慣憶鳳城東。春事夢雲中。無端拋撇，昨朝微雨，今夜狂風。　多愁多病還多別，歸計況匆匆。今年花落，明年花發，知復誰同？

二十八日癸亥　晴，大風。曉臥中疾又動。丁郎中壽祺柬邀四月四日顧祠春祭，以疾辭。午起憊甚，畏寒避風，得詞一闋。

琴調相思引

側側輕寒到被池。玉皇烟重卷簾遲。有誰憐惜，捱病過花時。　燕子泥香消永日，緑楊風軟見游絲。小欄紅煞，無地著相思。

蓮舟邀同陳未齋、阮雨農、王珊圃諸孝廉夜飯。初更後，子蓴邀飲春和堂，蒨雲不在。蓮舟邀飲春華堂，芷香醉不能出，予乃令芷秋設飲。在坐者，雨農及李仲京、柴礪堂、田小洲、吴松堂，皆不速客也。雨農招天才，松堂招吉祥，仲京招芷衫、芷雯，天明始散。

二十九日甲子　晴，大風不止。黎明歸寓，睡至巳初起。偕幼樵同車至春華堂，芷秋、芷香皆不在，遂同飲福興居，予招芷秋，幼樵招芷香，皆歷兩時許始去。幼樵謂入都來，醞藉之飲，此爲第一，當令終身不忘。晚歸，芝友招飲時豐齋，不往。是日得結局片，分得三月分結銀廿二兩六錢。付王福零用十金，還子蓴六金，還芷秋昨夕酒局三十千。

孟學齋日記乙集中

同治四年四月初一日至九月二十九日(1865年4月25日—1865年11月17日)

乙丑夏四月乙丑朔　陰風。同鄉單孝廉文楷來，不見。日來病甚，蓮舟勸服藥自療，并許代製丸方，天涯兄弟，感不能忘。幼樵來，談曲中事，娓娓可聽，自非深情人，那能爲此語。慎齋來談半日去。料檢平生所作詞，得一百一首，子蕁兄弟力勸付梓。此固小道，然性情所寄，不能自諱。他所著述，又苦重累，鳩工爲難。即擬先了此事，略施改竄，首禍棗梨，取譏通人，非意所屑。夜初更後小雨，雨前有九頭鶬翔鳴空際，往復數四，居人皆然爆竹禳之。

初二日丙寅　晴。晨過南園，徘徊花石間聽鳥聲，甚樂。步詣研孫，小談而返。曉湖來。偕曉湖、蓮舟詣子莼，談逾時歸。芝友來，不值。夜風又起，出飲毓興合，匆匆即歸。

邸鈔：大理寺卿胡家玉仍在軍機章京上行走。林式恭補授陝西道監察御史。詔：爲前江蘇候補道史保悠於無錫及順天本籍各建專祠。

初三日丁卯　晴暖有風。幼樵來談。錢秋舫來。殷宏疇來。得沈寛夫去年六月粤西書。傍晚詣謝惺齋，惺齋他出，見其夫人，坐話逾時而歸。田小洲招飲聞德堂，初更後赴之，招芷秋佐飲，三更歸。

邸鈔：以内閣侍讀學士丁紹周爲太僕寺少卿。三十日，吏科給事中高延祐補授内閣侍讀學士。

初四日戊辰　晴暖。尹湜軒來。作片致研孫。慎齋來。九如來。研孫來。日斜時偕研孫詣芝友小談而歸。幼樵來夜談。

邸鈔：肅親王華豐等覆奏蔡壽祺所指薛焕『挾厚貲而内膺重任』一節，連日傳到各員質訊，據蔡壽祺供稱，並無實據可呈，實因誤信風聞，遽行入奏，如有應得之咎，俯首無辭云云。詔：蔡壽祺所指薛焕行賄一節，業經訊明，並無實據，應如何辦理，仍著華豐等會同擬議具奏，先行完結。其所指劉蓉『善夤緣而外任封疆』一節，並著華豐等先行詳訊。蔡壽祺有無實據，仍俟劉蓉明白回奏，到日再行核辦。聞會訊日蔡壽祺供稱聞之給事中謝增，及質訊謝增，增言未有所聞，亦未嘗告蔡，蔡遂無詞。而薛焕猶不肯已，必欲究其誣枉，肅王等勸解之，始止。

初五日己巳　薄陰多風。作片致芍農，致宏疇，致松堂。下午小病，晝寢一時許始起。湜軒來。夜初更後曉湖、予恬、胡梅仙來談，至夜分始去。五更雨。

初六日庚午　早雨霽，午後晴。剃頭。陳葉封舍人邀早飲福興居，午初赴之。同坐者，曉湖、子蓴、蓮舟、仲京、梅卿、梅仙、礪堂。予招芷秋，蓮舟招芷香，葉封招小福，梅卿招小慶，梅仙招吉祥。飲畢，葉封更邀至廣和樓聽四喜部。采菱演《蝴蝶夢》《説親回話》兩齣，差强人意。日入後，至大外郎營回拜單孝廉文楷。再詣福興居赴宏疇之招，同坐者，子蓴及黄比部體立、黄庶常體芳、周工部若霖、施户部茂椿、董拔貢宏誥，皆浙人也。芷秋來，初更後歸。是日付車直二十三千。

邸鈔：以河東河道總督鄭敦謹爲湖北巡撫，以湖北巡撫吴昌壽爲河南巡撫，以河南巡撫張之萬署理河東河道總督。以倭相國劾張之萬不諳軍務也。

初七日辛未　上午晴，下午陰有雨，傍晚大風起，入夜愈怒。曉夢中舊疾大發。有客來，聒擾半日，甚不可聊。夜招幼樵閑話。

邸鈔：雷正綰奏三月十五日攻拔黑城子賊巢，殺賊三千餘人，生擒逆首黑虎等一百七十八人，誅之。十六日進克鹽茶廳城，生擒逆首田成吉等一百三十五人。詔：剿辦均甚得手，記名提督曹克忠、王得勝、周顯承均以提督儘先題奏，總兵陳問泰以提督記名簡放，餘升擢有差。已革提督成瑞首先登城，擒獲首逆，著准其免罪留營效力；已革按察使張集馨率部會剿，同克堅巢，著開復永不敘用處分，留營效力。

初八日壬申　晴，大風竟日。子蓴今日納采，請喫飯。黃卣薌來，不晤。得楊豫庭太守杭州書，言馬中丞以呂庭芷言，頗致傾挹於予，眄予南歸甚切。生無學術可以裨人，致此虛聲，良用自愧。得蓮舟片，催赴飲。海門侍御來。午後出門，先詣子蓴道喜，送周伯度山西之行，詣慎齋，答拜沈孝廉成烈。回寓易便衣，再詣子蓴，同蓮舟、琴巖、卣香、胡梅仙、阮雨農、松堂飲酒頗醉。胡梅仙邀夜飲聞德堂，二更同子蓴、蓮舟步往，梅卿及譚侍郎之子主事某亦來，予招芷秋，言病不能至，往視之。四更後自聞德借車歸。得陳葆珊書，約初十日天才家喫飯。

邸鈔：文麟奏漢、回逆匪圍攻古城，二等侍衛古城領隊大臣惠慶率衆堅守至八十餘日。二月初九日，賊以地雷陷城而入，惠慶死之。闔城兵民巷戰逾時，盡被殺害。協領噶魯岱等皆全家殉難。詔：覽奏曷勝憤恨！惠慶照副都統陣亡例從優賜恤，餘各照本階優恤。惠慶之一妻二妾二女、前任古城領隊大臣保恒之妻張氏及闔城官兵婦女均查奏請恤。

初九日癸酉　晴，大風。詣子蓴，不值。詣伯寅，久談。又詣（此處塗抹）而歸。再得葆珊書，改涌泉堂。幼樵邀飲福興居，辭之。作片致葆珊，辭後日之飲。作片致理庵，致湜軒，致慎齋，致曉湖、予恬，約十一日福興居會飲，等報。作片致允臣，取三、四兩月脩脯。得子尊片。研孫、芝友來。

邸鈔：御史載堉奏爲原任安徽巡撫蔣文慶請謚。詔令禮部查明具奏。後禮部覆奏，未及賜謚。詔令曾國藩、喬松年詳覈該撫事實以聞。

初十日甲戌　晴，風。曉夢中疾動。作片致伯寅，借以日記、詞稿及尹湜軒《詩地理考略》。珊士來。得壽玉谿去年六月桂林書。（此處塗抹）視脉，送馬錢四千八百文。昨日研孫、芝友來言，葆珊涌泉之飲，專爲予設，必欲致予往，不則改期。予初無復酒邊之興，既感其意，乃强應之。下午僦車出門，先視芷秋疾，後詣涌泉，坐客爲研孫、芝友及劉慈民、戴少梅兩舍人，卓友蓮吏部，主酒者蘭清，乃德夫舊眷也。昔遊可追，風流頓盡，爲之愴然。芝友招芷儂，慈民招芷香，少梅招倩雲，友蓮招絢雲，倩雲不至。肴饌頗佳，三更後歸。是日還芷秋開發六十千，付馬子錢十千，付零買十四千。

立夏四月節。　十一日乙亥　戌正三刻六分立夏。上午晴，下午陰，晚有黄色。晨起詣福興居，以是日約芝友等十五人，及蓮舟、梅卿、梅仙、松堂，爲終日之飲，聽填榜消息，有得雋者，饋酒直，俗所謂夢局也。巳刻命酌，予招采菱，芝友招芷儂、倩雲，葉封招小福，梅仙招吉祥，理庵招秀蘭，梅卿招小慶，酉初始罷。予坐芷衫車至春華，小坐啜茗。仍坐芷衫車至福興，張燈洗盞，再動夜酌。予招芷衫，蓮舟招芷香，芝友招天才，小洲招如意等二人，葉封仍招小福，梅仙仍招吉祥，至亥正始散。是日得雋者，子尊、理庵兩君，遂分任此局，計費一百四十千。予付采菱開發十千，車飯一千，芷衫開發八千，車飯二千，附車賞三千。得潘芾翁書。潘辛芝以母喪來赴。招幼樵夜談。幼樵眷戀芷香，殆無凡匹，惟盻一第，以爲永歡。近日將揭曉，一則質衣以極遊，一則誓神以禱捷，幾乎鏤心作字，釁臂盟綃。昨夕幼樵灑淚饋貲，豫爲訣别。予之返館，已過三更，滅燭而瞑，蓋將五鼓。幼樵排闥直入，告予此情。淚光熒然，猶浮醉頰；發言伊鬱，若不自勝。予亦愁人，愛其癡癖，頗冀得雋以遂所懷，乃緑幘在前，青衫已放，淡墨少相思之字，泥金成鑄錯之書，信乎情緣固招物忌者矣。

十二日丙子　晴暖。閲題名録，邑人錢秋訪、蕭山人沈成烈、杭人金少白俱與焉。族弟中第一百六十四名，此人浮薄，不似吾家子弟，竟升禮闈，殊非意料，益信殿纂公、司馬公兩世之遺澤長也，吾兄弟行始有成進士者，亦自可喜。補録昨日《經梁家園憶德夫》詩：『腹痛驅車地，談經隔夜臺。蓬蒿餘涕淚，風日異徘徊。造物終何意？斯人萃百哀。梁家園畔路，春色爲誰來。』眉批：《過梁家園德夫故居悽然賦此》。又《送春絶句》：『寂寂鈿囊閣縷塵，玉衾扶睡已經旬。果騮酒榼城南路，誰與攀花賦餞春。』眉批：《乙丑送春詞》。慎齋來。子蓴來，錢秋訪來。晡後大風又起，入夜晦霾。幼翹來夜談，（此處塗抹）酒食之間小作遊戲，乃至恐人移愛，再四致規，似此鍾情，豈云多覯？特記其語，以見幼翹賦性真實，專壹不渝。或以爲癡者，乃真癡人耳。得伯寅書，借湯狷庵《賴古齋集》，即作復數行，并昨日芾翁所借《中復堂集》付之。

十三日丁丑　晴暖，下午又大風。王福詣丫髻山，付香帛資八千文。作書致河東觀察楊鐵臣，爲尹湜軒轉寄詩學諸書。作致恩竹樵廉使山左書，致陳蓮峰鄴幕書。理庵來。遣鸕兒問芷秋病。復謝杰生書。得子蓴片。爲子蓴、秋訪具覆試投卷結。慎齋來夜談，更餘去。芾翁再來借《景紫堂全書》《學福齋集》，復之。四更疾動。

十四日戊寅　晴陰相間。午刻出門，詣理庵、子蓴、秋訪道賀，俱晤。詣九如、曉湖、鹿亭、予恬、芝友道慰，俱不值（此處塗抹）而歸。王福自妙峰山回。慎齋來夜談。慎齋近爲予營歸計甚力，以入都時往見家慈，家慈屬以必致予歸也。爲剡人周孝廉賓珍具揀選注册結。

昨日潘芾文來借沈補堂《蛾術堂集》，此書予久棄去，今日偶於它處檢得之，因復略閱一過。其於經史之學頗爲留心，文筆亦喜規模《選》體，而見聞寡陋，識議淺局，所作《皇清經解淵源録》《皇清經解提要》，疏漏紕誤，多可鄙嗤。《皇清經解外編》則鈔撮《四庫簡明目録》共十二條，蓋是偶然劄録，而門人誤刻之者，尤不必論。《群書提要》《周官識小》《左官異禮略》《群書雜義》《袁浦札記》五種，稍有心得。《群書提要》中論《孟子外書》爲秦漢人撮拾而成，列有五證，頗可據信。《袁浦札記》中具列邵氏《爾雅正義》中所引時賢說若干條，又增減改正監本者若干條，亦讀邵氏書者所當知。《讀經如面》《讀易寡過》《讀史雜記》《秋陰雜記》四種，不脱學究識見，鮮有足取。要而論之，補堂終老庠序，帖括授徒，乃能有志古學，窺測崖略。吾越近五十年來，設館聚講者，時文講章以外，豪無知識，間有一二能及律賦帖詩，已爲兼人絶學。補堂名譽，或反在諸人之後，而所詣如此，不可謂非豪傑之士。故宗滌甫師爲作墓志，極推重之。至其疏僇淺狹，終有村塾習氣。予甲集日記中稱之太過，恐後之論者以爲鄉曲阿好，故再論之如此。

夜二更後，幼翹來談，至四鼓去。幼翹至以芷香故，願留都待試教習，且擬捐京官，而力勸予歸。以予省覲之議爲必不可緩，可謂愛人以德者矣。

邸鈔：詔恭親王仍會同寶鋆總稽定陵工程。

十五日己卯　薄曛，大風。作片致碩卿。作片致芾翁，借以《蛾術堂集》。終日忽忽不憀，取《説文》閲之，倏然睡去。醒時日已西昃，槐景滿窗，稍覺心神清瑩。隨拈《説文》中字，參考《方言》《廣雅》諸書，以自消遣。雖無所創獲，亦得悟一二偏旁，此佛家所謂半字工夫也。夜月色淡而甚清綺，詣研孫談，二更歸。

邸鈔：詔恭親王仍在軍機大臣上行走。詔略云：朕奉皇太后懿旨，本日恭親王因謝恩召見，伏地痛哭，深自引咎。恭親王爲親信重臣，才堪佐理，既能改過自新，朝廷相待，豈肯初終易轍？恭親王著仍在軍機大臣上行走，毋庸復議政名目，以示裁抑。王其毋忘此日愧悔之心，力圖報稱云云。

十六日庚辰　上午晴，午陰，下午小雨，傍晚晵，夜雨，初更止。芾翁約明日飲宴賓齋。幼翹來談。同司周主事厚生來，湖南舉人，號梅軒。傍晚偕蓮舟詣其家，同子蕁、秋訪夜飯，二更歸。昨日方下詔於十八日駕詣大齋殿祈雨，時應宫、昭顯廟、宣仁廟、凝和廟，分遣惇、恭、鍾、孚四王。今日即降時澍，天人相感，可謂捷矣。二鼓後，又大雨以風。是日以銀一兩六錢購藤冠及氂纓。

十七日辛巳　風雨作凉，晚晴。梳頭。將出吊潘辛芝，覓玄衣不得，令車夫送去分子四千。晡前詣宴賓齋，赴芾翁之招，同席爲潘某觀察、朱某工部。觀察招倩雲，工部招絢雲，予招芷衫。薄暮，予先歸，諸郎尚未至。慎齋來，不值。夜詣幼翹閑話。閱《潛研堂答問》，此書探索不盡，而《爾雅》《説文》二卷，尤爲精深。

邸鈔：左宗棠奏自二月二十五日至三月十六日連破髮逆李世賢於漳州城下，殺賊至萬餘人。劉典又破汪海洋於奎洋，殺賊千餘人。王德榜亦敗賊於金沙，王開琳又敗之於永定城下，殺賊數千。

十八日壬午　晴暖。得芾翁書，還《蛾術堂集》。作片致子蕁，致慎齋。慎齋來。曉湖來。得子蕁書。爲子蕁、秋訪具殿試投卷結。下午，偕幼翹詣春華堂。芷秋疾已愈，遂設酒邀幼翹飲。幼翹招芷香，予并招芷雯。芷秋出蜜果瀹麵食客，清談至晚而歸。

夜閱《衎石齋記事稿》，心壺文章爾雅，議論篤實，而微嫌重滯。其《記强忠烈事》《記嘉定李公守漳事》《書某氏婦》，皆必傳之作也。《李烈女血書贊》以別體見奇，《硯貞心壺之妾別誌書磚》《殤孫瘞磚記》十殤誌銘書磚》，亦小文之有姿致者。

十九日癸未　陰涼。愼齋來。幼翹來談。碩卿來。下午步詣蓮舟談。晚偕蓮舟詣福興居，爲山東田孝廉餞行，并邀柴礪堂、陳葉封、胡梅仙、梅卿、阮雨農、吴松堂夜飲。予招芷衫，蓮舟招芷香，葉封招琴香，梅仙招吉芊，梅卿招小慶，三更後歸。今日愼齋力勸予歸，爲營行李之計，備盡心力。予以東道未通，又憚于涉海，同人亦多勸俟秋爽時行。予欲留愼齋同過夏，而愼齋執意徑歸，苦相要約。既畏暑後之勞，復慮歸期之阻，上負老親，下恚良友，真所謂進退維谷者矣。得伯寅書，還《中復堂集》。

二十日甲申　薄晴，又暖。愼齋來，留之早飯。愼齋已定議廿四日航海南旋，予決計以秋時行，愼齋甚爲悵邑，恐予不節於用，久益負債，將不得行，因諷予戒游自愛。自惟强仕之年，童心未化，至爲朋友之憂，良可笑也。幼翹來談。芝友來，研孫來。作書致芍農，託推星命。胡誦芬來。昔人謂『人生不可行無益事，作無益語，用無益錢』，予近日所爲，蓋不出此三『無益』者，歲月唐捐，深用愧悔。德夫已矣，愼齋又行，誰復真知李生乎？得芍農復。夜三鼓後大風，今年春夏間恒風不止，殆非佳徵。聞逆回已入嘉峪關，或其變亂之象與？舊疾大動。

二十一日乙酉　大風，終日薄晴。幼翹來談。得謝杰生書。剃頭。

作致孫子九書云：『二月之杪，王孝廉計偕來京，得吾兄元夜書，敬稔道履神澹，名山自娱，約而愈貞，老而益學，極平生之秘嘖，傳劫後之文章，領袖後生，巍然碩果。又眷念交舊，屬搜訪孟調遺詩，將以附致青雲，昌明吾道，具徵高誼，彌切依遲。承示遘亂倉兄，賢嗣夭奪，積修致鬱，理莫能宣。然羸博之痛，無害於神明；綿介之焚，不廢其嘯詠。益知子雲擬《易》，非與童烏；包咸誦《詩》，豈關青犢？

志氣恬定，自越常流者矣。寶衣喋血賊庭，蓉生闔門灰燼，固稱完節，終慘奇殃。生不齒於鄉書，死無分於廟食，好德之報，何遽至斯？追理曩襟，奚勝悽惻。弟七年在外，一事無成，溷濁浮湛，何堪告語？日下執友，惟得江右陳德夫一人，不幸去冬奄復怛化。王濛不得四十，崔曙并無一星。捐車笠於窮途，銷金石於盛際。悲哉！出無共形，入惟塊生。既蒲悴而柳歎，益蚤亡而駈危。是用託於詳狂，寄之媠嫿，則有吴門小草，京雒名花。以阿翹爲宗，同杜秋之字。容兒失其笑靨，謇姐遜其曼聲。時致尊前，相爲人偶。雖典衣倒篋，弗復恤也。鄉人素相往來者，珊士役於官事，叔雲久絶交期，此外人倫，亦鮮足述。弟初議春時南下，行李遷延，倏已入夏，陸阻寇熾，海逆颶炎。體羸僕單，不能于役，準遲金節，結束驪駒耳。孟調歸骨，事未有端，倘可鳩資以行，即當執紼助引，西鳧殘草，再奉告三帙。道遠心勞，厚維頤攝，臨楮鄭重，不盡欲言。』

夜三更後幼樵邀飲春華堂，不果往。五更始寢。

二十二日丙戌　晴，晡後忽大風，陰涼。得伯寅片，借《午風堂叢談》。胡梅卿、梅仙兄弟邀飲福興居，晚後赴之。芷秋來，予以其病新愈，不肯留之。梅卿招曼仙，梅仙招吉祥，阮曉林招燕香，葉封招琴香，杭人胡壺山招小荷，又有阮雨農、柴礪堂。三更散後，葉封更招飲春馥堂琴香家。予招芷香，梅卿、梅仙仍招曼仙、吉祥，曉林仍招燕香，昧爽始歸。幼樵是夜再招飲春華堂，不得往。

二十三日丁亥　晴，風。慎齋來，言將附標車於二十七日行，必欲載予俱返，恐予久將益困，已爲稱貸戚友，得二百金，力任抵家後設法代償。予始倉黄爲行計矣。吴松堂來。得伯寅書，謀爲予刻《霞川花隱詞》。作片致芝友。作書致伯寅，爲行李事。晡後詣研孫、碩卿，皆不值，至廠市小閲而歸。碩卿來。作片致子蕁，以絲帶、荷囊、表綃、朝珠爲其續昏賀儀。子蕁反珠，犒使二千。研孫來夜談。

初更後周小田邀飲景龢堂慧仙家，二更時偕幼翹及其兄子千郎中文俊同車赴之。予招芷衫，幼翹招芷香，子千招桂蘭，光山曹薌溪招旺兒。四更散後，幼翹更邀飲福雲堂燕香家。予招絢雲，子千招芷衫，小田招慧仙，薌溪仍招旺兒，汴人彭少蘭招桂蘭，天明始歸。

邸鈔：都興阿、穆圖善奏官軍分剿黃河兩岸竄匪，三月二十八日、二十九日副都統杜嘎爾等敗賊於平羅之黃渠橋，翁同書督率侍衛訥依楞阿等敗賊於固原紅柳溝，陣斬首逆僞西平王孫義保。

二十四日戊子　晴暖。慎齋來，予昨聞人言東省有警，屬慎齋詳訪消息，始定日期。作書致宏疇。得伯寅書，言與芍農俱薄有所贐，復書以行日未刻爲謝。

昨在廠市見有《爻山筆話》十四卷，粵西藤人蘇時學敩元所著。書賈言此君以會試入都，携此求售者，前有象州鄭獻甫序。其書先考經史，次及子書，次及文集，後附雜語，皆自抒所見。今日取閱之，雖見聞未廣，議論亦多有學究氣，其駁正《新序》中一條云「魯宣公，魯文公之弟也」，以「弟」字爲誤，則似未見《公羊》者。又謂太顛即太公，此吴斗南之妄説，前人已闢之。然其他考核，頗有細心。如據《博古圖》有單疑生盉銘，謂單即《春秋》所謂單子，單讀如善，音與散近，『單疑生』蓋即『散宜生』。按：單氏之出，杜氏、孔氏俱無所言，《春秋》文十四年，單伯始見於經，《公》《穀》以爲魯大夫姓單名伯者，固謬，謂成王封幼子臻于單，因有單氏者，其説始於羅氏《路史》，而鄭氏《通志》、馬氏《繹史》因之。然長源所據僻異，多不足信。竊疑周初功臣，散宜生爲周、召之亞，不宜其後無聞。散姓，宜生名，此孔、馬以來相傳古説。《金石録》有散季敦銘，王伯厚據堯妃散宜氏，謂散宜爲氏者，單文孤證，不足據也。蘇君此説，又合於古書聲音通假之法，殊爲創獲。

辨盤古之訛，謂此説起於三國時徐整《曆記》，其言怪誕，至梁任昉《述異記》，乃曰南海有盤古氏墓，亘三百餘里；桂林有盤古墓，今人祝祀云云。周秦古書，未有言及盤古者，而任氏言其墓，乃皆在桂林、南海，蓋猺人之先所謂『盤瓠』者，致訛而然。今兩粵土音，讀『瓠』字音與『古』同，猺峒中往往有盤古廟，猺人族類尤多姓盤者。以此徵之可信。予按：盤古之説，漢唐諸儒所不道，宋邵康節作《皇極經世》，始鑿鑿言之。馬宛斯《繹史》歷引《五運歷年記》《述異記》《三五曆記》諸書言盤古事者，而斷之曰盤古氏名，起自雜書，恍惚之論，荒唐之説耳。作史者目爲三才首君，何異説夢。蘇君證其爲『盤瓠』之訛，尤足破千古之惑。

辨戰國之宋爲戴氏所簒，據韓非子曰：『戴氏奪子氏於宋。』又曰：『司城子罕取宋。』韓非每論戴氏，必與齊之田氏並言。而《吕氏春秋》於宋偃之亡，亦曰『此戴氏所以絶也』，不言子氏，而言戴氏，其事甚明。《竹書紀年》云：『宋易城肝廢其君璧而自立。』璧者，宋桓侯也。易城肝，殆即司城子罕。眉批：案《史記·李斯傳》曰：『司城子罕相宋，身行刑罰，以威行之，期年遂劫其君。』與《韓非子·二柄》篇言『宋君失刑而子罕用之，故宋君見劫』者合。又《鄒陽傳》言『宋信子罕之計而囚墨翟，而國以危』，則戰國時宋有子罕之簒，其明證也。予按：易城肝，《戰國策》作剔成，其名義皆不可解。蘇君此證，既發戴氏簒宋之案，而以易城肝爲司城子罕之訛，亦甚近理。辨蔡三滅於楚，謂楚惠王之滅蔡也，蔡猶復建，更七十八年，至楚宣王時而蔡始亡。據《戰國策》言子發滅蔡，當蔡聖侯時。子發者，楚宣王之大司馬景舍也。《淮南子》言子發以宣王時滅蔡，以威王時獲罪出奔，其時世尤爲可據。楚宣王與梁惠王同時，當梁惠王會泗上諸侯，固猶有蔡焉，則蔡不亡於楚惠王時審矣。而陋者每溺於《史記》之説，反疑《國策》之文有誤，妄改聖侯爲靈侯，宣王爲靈王，幸楊倞注《荀子》，引《國策》此文，尚存其舊耳。此與前一事，皆考戰國時事者所未及留心也。

是日見禮部小金榜。狀元崇綺，正藍旗蒙古人。榜眼于建章，廣西臨桂人。探花楊霽，正紅旗漢軍人。國朝故事，旗人未有居一甲者，聞臚唱時，兩宮欲更之，讀卷大臣寶鋆尚書、綿宜侍郎皆順旨，吾鄉朱太宰獨不可，乃止。前科翁曾源以恩賜進士得大魁，朝野已竊竊私議，此舉尤可異矣。崇綺爲故相賽尚阿之子，咸豐初，官工部郎，以父逮問擬斬，并落其職。眉批：咸豐三年正月廿二日上諭：賽尚阿勞師糜餉，深負朕恩，著照裕誠等所擬，按律定爲斬監，俟秋後處決，伊子鑾儀衛冠軍使崇緒、禮部主事崇熙、工部主事崇綺、吏部員外郎崇絢，一併革職。今上登極，恩復兵部主事，年已四十餘。聞其人頗厲節好學，故鄭王端華其婦翁也。柄國時獨移疾不出，足跡罕至其門。近年有薦其理學經濟于朝者，蓋滿洲之佳公子也。然以賽相之釀成粵禍，重負國恩，幾亡天下，軍興以來言憤事者，以爲戎首。予嘗觀《顯皇帝實録》，當賽相督師廣西時，文宗手詔慰諭重疊，有過家人，而永安州一役，竟令窮寇逸圍，遂流毒四海，不可復制，每爲切齒痛恨。乃失事之後，既保要領，馴躋郡統，復一品官。今復及見其子爲天荒狀元，天道真有不可知者矣。

夜飯後，曉湖來，慎齋來。得碩卿書，言濟南戒嚴，清江以下，俱有賊蹤。幼翹來夜談。夜分即睡，舊疾復動。

邸鈔：劉蓉遞明白回奏，言起自草茅，未趨朝闕，親貴之臣，未識一面，樞密之地，未達一緘，請嚴究誣罔根由。另片奏蔡壽祺前在四川省城因把持招摇公事，經前署總督崇實參奏，奉旨驅逐回籍，後仍在四川自刻關防，征調鄉勇，收召匪目陳八仙等，聚衆横行。臣時在寫幕，宣言驅逐，該編修因挾私嫌造詞羅織云云。詔：蔡壽祺所參劉蓉善於夤緣一節，先經華豐等訊取供詞，亦稱得之傳聞，毫無實據，今劉蓉遵旨回奏各情，與蔡壽祺之供相合。蔡壽祺業因奏參薛煥不實，經吏部議，以降二級調用，不准抵銷，著從寬免其再行置議。惟劉蓉所稱四川各情，仍著原派之肅親王華豐等，傳到蔡壽祺研訊具奏。至朝廷聽言，必期詳審，劉蓉、薛煥既被指參，豈能不加訊問？轉致大臣名節，無由共白。今劉蓉摺内有請放歸田里等語，詞氣失平，殊屬非是，所請著毋庸議。

二十五日己丑　晴。理庵來，慎齋來，俱力言東道可行。慎齋并約三十日首塗。予意須竢五月初三，慎齋言當與杭人錢松浦商之。曉湖來。下午偕曉湖詣子蕁、蓮舟談，傍晚歸。得殷宏疇書，言將以三十金爲賮，復謝之。夜飯時，研孫來，芝友來。幼樵來夜談。二更後子千邀同幼樵、小田飲聯星堂桂蘭家，予招芷秋，芷秋以小極不至，幼翹招芷香，小田招蕙仙，迫曙始歸。是日作片致錢松浦郡丞，約定初三日啓行。

二十六日庚寅　晴陰相間。慎齋來。得季弟三月二十三日書，促予星夜南歸，即予二月廿一日專足所取復書也。子蕁以明日續娶，請予今日迎妝。剃頭。午詣子蕁家迎妝。下午詣潘星翁、芾翁、伯寅、芍農、宏疇、海門辭行，晤海門、宏疇，晚歸。車三千。夜初更後詣子蕁家，胡梅卿邀同葉封飲景春堂曼仙家。予招芷秋，葉封招小福。四更散後偕梅卿、葉封、予恬、厚齋、仲京、琴巖諸君，爲子蕁迎婦。兩得理庵書，屬爲代撰闈藝。

小滿四月中。　二十七日辛卯　巳正一刻四分小滿節。晴，風，晚小雨即止。卯刻偕梅卿、予恬、葉封及董比部學履爲子蕁襄花燭禮。巳初歸，倦甚小卧。星翁來。作書致伯寅，以詩集及《蘿庵小志》副本貽之。作片致慎齋，致琴巖，致理庵，致趙心泉。芍農來，以四金爲賮。得伯寅書，約明日過談。再得伯寅書，還詞稿。作書致星翁，乞畫《沅江秋思圖》《緑暗紅稀出鳳城圖》兩便面，并爲芷秋乞畫《紅豆將離》便面，饋以笋乾一筥，茶葉一合。幼翹來談。再作書致伯寅，薦鶼兒充長隨。鶼兒年幼而便了，頗知書，能圍棊，予甚憙之。今以予將歸，堅請隨行，而其母不許。予今日賞以銀四兩，并爲作書薦之伯寅及芍農、心泉諸君。鶼兒受銀泣下，予亦爲之愴然。傍晚詣研孫，研孫力邀予及芝友、慈民飲同興居，辭之不得，乃設計遁歸。夜疾又動。

二十八日壬辰　晴。作片致研孫，屬以詞稿代覓書手。慎齋來。海門來。碩卿來。伯寅來，以十六金爲贐，贈以《祁忠惠公集》。珊士來。得趙心泉書，約今日夜飲，辭之。從慎齋取二十四金。芝翁來，言今日新進士朝考，擬題『用忠正論』『書《貞觀政要》於屏風疏』『静者樂止水詩』，論題本李翺《論時政疏》四事之一，而內中本誤作『用中正』，遂據以出題，蓋所據爲古香齋袖珍本《古文淵鑑》也。近日垂簾故事，凡廷試命題，由軍機處呈進書籍取旨，兩宮折角數葉發出，派大學士於所折中擇題進擬云。下午詣廣德樓觀劇，芷秋演《琴挑》。晤曉湖及秦宜亭、劉慈民。芷秋、芷香、芷雯、燕香皆來。傍晚詣蓮舟、子蓴談。戌刻，詣芷秋話別，以十二金爲贈，并饋芡實、益智各一苞，夜歸。潘芾翁來，不值。周小田來，以心泉屬其邀予過飲也，不值。是日還芷秋酒局三十千，芷衫開發二十四千，芷香開發十千，芷雯八千，賞芷秋從人十二千，付車錢二十千。子千邀同幼翹夜飲春華堂，芷衫爲主人。予招芷秋，幼翹招芷香，天明醉歸。

二十九日癸巳　晴，晨大風，上午稍止。九如來。珊士來。得星翁書，還畫扇三柄，并贈撰句楹聯一副，箋紙一匣，即作復陳謝。慎齋來。理庵來。下午出門詣曉湖，以《漢書》及《邵青門集》爲別。晤胡梅卿。詣倪葉帆舅氏辭行。詣心泉，詣海門，俱晤，晚歸。相國餞行，聚其諸子從夜飲。是日國瑞六百里加緊報僧邸陣亡於曹州，陳國瑞不知下落，朝廷爲之失色。夜偕子千、幼樵閑話達旦。

三十日甲午　晴。作片致曉湖，致予恬。詣研孫談，贈以翁注《困學紀聞》一部，紫豪兩枝。理庵來，以五十金爲贐。遣王福詣慎齋，告以僧邸之變，東警益急，議改由海道行。謝夢漁給諫來。中表倪越湖來。同司陳瑞山來。珊士來。琴巖來。心泉邀同周小田飲時豐齋，晡後赴之，晤潘星翁、芾翁，傍晚歸。同司李篁軒邀夜飲，辭之。慎齋來。江寧錢松浦郡丞來。夜，幼翹邀飲春華堂，芷香爲主人，予招芷秋，周肖仙招芷儂，子千招桂蘭，三更散後。子千再邀飲聯星堂，桂蘭爲主人，幼樵招芷香、燕香，予仍招芷秋，天明始歸。得芍農書，爲予推星命，言其格爲日月夾命，五星逆生，耶律文正《乾元祕旨》中所謂『大格』者，當主奇貴，又謂逆格者多有坎坷不平之氣，以術料之，恐以氣節賈禍，他日到崇齋時，深宜戒慎云云。前説非所敢當，後説自易近理耳。是日剃頭。

邸鈔：國瑞奏本月二十四日欽差大臣科爾沁博多羅噶台親王僧格林沁由鄆城追髮、捻各賊，夜至曹州城西遇伏，力戰陣亡。詔旨痛悼，賞給陀羅尼經被，照陣亡例，以親王飾終典禮從優議恤，派乾清門侍衛克興阿等四人前往迎喪，給銀五千兩經理喪事，入祀京師昭忠祠，其死事地方及出師省分均建專祠。伊子布彥諾謨祜俟百日後即承襲親王，伊孫那爾蘇即承襲貝勒。杭州將軍國瑞於主將損失未能救援，著先行革職，暫護欽差大臣關防，戴罪剿賊。内閣學士恩承一併革職留營。山東巡撫閻敬銘、布政使丁寶楨均嚴加議處。詔：僧格林沁配饗太廟。詔：欽差大臣協辦大學士兩江總督一等毅勇侯曾國藩即赴山東一帶督兵剿賊，李鴻章暫署兩江總督，劉郇膏暫護江蘇巡撫。

五月乙未朔　上午晴，下午大風，晝晦，暖甚。潘芾翁贈斑竹烟管一枝，硃印吉字一方。王鼎丞孝廉來話别。鼎丞好學工詩，意氣儻蕩，不可一世，而獨心折於予。平時蹤跡亦甚闊疏，頃聞予已戒行，愴然來别。言君既去，都中不復可居，亦將束裝歸矣。又欲得予數字以爲思念。予甚愧志荒學淺，無能裨人，而益歎文字之契深切如是，爲可感也。理庵饋食物。犒使一千。曉湖來。慎齋來。九如來，爲具揀選、投供二結。幼翹邀夜宴春華堂，爲芷香作生日，予招芷秋，贈芷香二金，三鼓歸。是日定計泛海，以初六日發長安。

邸鈔：恭親王補授滿洲正白旗都統，醇郡王管理虎槍處事務。

初二日丙申　晴，風，暖。作書致芍農，致芾翁，致殷宏疇。得結局片，分得四月分印結銀二十二兩。午後入城，謁見房薦師徐蔭軒侍講，送贄敬二金。詣珊士，不值，贈以姚本《左傳》兩函，并洋參一苞。詣琴巖，久談而歸。珊士來，不值。予恬來。得研孫書，饋梨、橘各十枚，犒使一千。并爲書扇及鈔詞曲副本各一册訖。得芍農復。子千邀夜宴聯星堂，爲桂蘭作生日。予招芷秋，贈以金字摺扇一柄，賞桂蘭錢十千，三更後歸。五更有雷。

邸鈔：國瑞馳奏劉銘傳等軍已由徐州移營北上及棺斂僧格林沁情形。詔：該親王靈櫬到京時，親臨賜奠。

初三日丁酉　晨雷，終日陰曀，晡後小雨，夜雹有雨。珊士來别，饋食物、茶葉及洋燭。朱厚齋來。殷宏疇來，以三十金爲賻。胡梅卿來。子蕁來。孫檢討詒經來，不晤。作片謝研孫。朱桐軒太宰來送行，不晤。晡後出門，詣芝友、瑞山、子望、理庵、心泉、夢漁、鼎丞辭行，晤瑞山、心泉、夢漁。詣芷秋話别，再贈六金。詣松堂、子蕁、蓮舟，晚歸。乞蓮舟代書葆珊横幅。慎齋來。夜復疾動。署中送端節養廉銀來。

邸鈔：詔爲僧格林沁輟朝三日。

初四日戊戌　雨，早晚尤密。前月二十九日，上再詣大高殿祈雨。今日又下詔遴選光明殿道衆，在大高殿祈禱；遴選僧衆，在覺生寺諷經，均於本月初六日開壇。而明詔一頒，甘雨立應，天心可驗，朝野同歡。得吴碩卿書，饋杏仁、麻菰、冬菜、乾菜四包。犒使一千。得蓮舟片，邀明日午飲，即復。爲鼎丞書直幀一幅。葉封來。復碩卿書。碩卿來。芝翁請商議條陳軍務疏，其意欲舉吾鄉譚侍郎暫椽帥權。予素知侍郎外愎而内懦，絶不知兵，因力阻之，請改薦直隸總督劉君。又爲言昌黎韓黔撫才可用，芝翁竟從予言，屬蓮舟繕疏。晡後詣九如、若農、伯寅、松浦，俱晤，夜歸。得芍農書，即復。是日與松浦約，改初七日行。琴巖來，不值。

初五日己亥　晴暖。研孫來送行。慎齋來。芝翁來送行，以四金爲贐。濮蓉江來送行，饋食物四種。犒使一千。爲幼翹書便面兩事。張香濤編修來話别，逾兩時許始去。九如來。徐雲士學正來送行。雲士名承烜，蔭翁長子也，以恭勤公遺表恩得舉人。子蕁片來催飲，偕慎齋赴之，同坐爲山東李雨巖進士及秋訪、松堂、子蕁、蓮舟兄弟。夜坐子蕁卧内話别，二更後歸。得伯寅書，詢行期。理庵來，不值。夜五更疾動。是日還酒食錢四百千，賞周氏僕十八千，車夫二千，傅僕四千。

邸鈔：詔切責湖廣總督官文及前任河南巡撫張之萬、吏部左侍郎毛昶熙。以上年賊援湖北、河南，未能悉力剿除，令其遠颺貽害鄰境，致督師重臣戰殁，均交部嚴加議處。詔：欽差大臣協辦大學士兩江總督一等毅勇侯曾國藩現赴山東一帶督師剿賊，凡直隸、山東、河南三省旗緑各營及地方文武員弁，均歸節制調遣，如有不過調度，指名嚴參。國瑞奏内閣學士翼長全順、總兵營總何建鰲俱隨同僧格林沁力戰陣亡。詔：全順照尚書陣亡例從優議恤，何建鰲照提督陣亡例從優議恤。記名副都統翼長成保革職拏問，交閻敬銘嚴訊確情，從重定議，以不能救護僧格林沁，且二十五日夜間之戰並無成保在内，亦未身受一傷也。

初六日庚子　陰，傍晚雨。剃頭。理庵來。曉湖來。蓮舟來。松堂來。子蕁來。晡後詣碩卿、慎齋，俱不值。詣研孫，小坐而歸。桑柏齋侍郎來送行，不晤。馬春暘來送行，不值。殷宏疇饋磨菰一斤，犒使一千。慎齋來，言初八日準行。朱修伯樞部來送行，不值。夜得碩卿書，約明晚飲萬福居，即復辭之。初更後允臣邀至福雲堂采菱家，設酒餞行。贈允臣手批吴翌鳳箋注《梅村集》一部。予先偕幼樵詣春華堂，與芷秋話别，芷秋言昨夢送君至竇店，鷄鳴而别，不圖今日猶得見君。（此處塗抹）允臣自福雲作片來催，即偕幼翹往，適童竹珊偕楚人周御史恒祺在采菱卧室，亦邀予同飲。予更招芷秋，幼翹招芷香、燕香，子千招芷衫、桂蘭，五更始散。芷秋約予明日往别。

初七日辛丑　晴。曉卧中疾連動。謝惺齋來送行。作書致伯寅，以書籍兩簏寄存其家。作書致若農、香濤兩君，索還日記及所託書紈扇。作片致殷宏疇。惺齋饋食物四盤，即復謝，犒使一千。子蕁饋食物兩簏。午後出門，詣慎齋，並晤曉湖。即偕慎齋詣錢松浦小坐。出詣胡仲芬，爲慎齋謁選事。詣芷秋、芷香話别。芷秋贈太乙丹四枚。賞其僕八千。傍晚詣子蕁作别，晚歸。研孫來，胡梅卿來，孫子恬來，子蕁來，朱厚齋來，俱不值。得芍農、香濤復書，還日記、團扇。得伯寅復書。碩卿片來，再邀飲萬福居，夜赴之。坐有吴人四，碩卿先爲予招芷秋，又有芷儂、倩雲。予先歸，贈芷秋吴繡烟荷包一枚。蓮舟爲予整理行簏。二更後，幼翹邀至春華堂，置酒爲餞，芷香主局，子千、芷衫作陪，昧爽返寓。是日付朝珠佩件雜事錢一百五十千，付車夫錢六十千。

初八日壬寅　晴，晡有風雨，晚晴，夜雷雨。凌晨束裝，具車三輛。曉湖來送行。偕曉湖詣謝惺齋别。惺齋來送行。研孫、芝友、葆珊來送行。葆珊揭予齋壁所黏課程一紙去，曰：『留君此跡，以慰相思。』予與葆珊交誼甚疏，而能作此語，意甚感之。午刻，偕慎齋登車行，相送者，蓮舟、允臣二人而已。未刻，出齊化門十二里，令都中騶人穆二回去，賞錢八千。遂上征車，行十里許，至俞家匯饘。更行至張家灣，風雨暴集，旋止。晚抵通州馬頭宿。是日賦《出都門》七律二首，見後《南旋道里雜著》中。

初九日癸卯　晴，夜大風，雷雨。晨起行至河西初饘，日旰抵楊村宿。夜分雨又作，泥店燈昏，掩襟孤坐，驛卒輿夫，村歌間作。回憶都下酒邊婉孌，倚肩曼聲，頓有天上人間之感矣。五更疾動。是日得《雨宿楊村聞歌》七絶二首，見後。

初十日甲辰　晴。晨行二十里，抵蒲溝小憩，再行四十五里，抵天津河北，寓於文升店。剃頭。下午偕慎齋度天津關浮橋小遊，市里人物填溢，百貨紛羅，殊有都門氣象。薄暮返寓，作書致子蓴、蓮舟，致珊士，致伯寅，致趙心泉，致周允臣，以明日昧爽遣鸘兒回京，屬其携去。賞鸘兒銀二兩四錢，食物一篋，夾褌一腰。鸘兒涕泣叩辭，予甚爲傷感。

十一日乙巳　晴。鮑寅初來，爲胡仲孚刺史泰復邀同慎齋飲名慶園。津門酒家，布置華好，饌設豐美，較勝都中。下午復邀至慶芳園，聽重慶部，群優沓至，都不可堪。回首春明，不啻鈞天之奏、霓裳之舞矣。日斜曲罷，夜飯仲孚家，二更返寓。是日聞賊在曹州河岸，直隸總督劉君駐開州，與賊隔河相持。

十二日丙午　晴，熱甚。寓室隘甚，日景西昃，蒸鬱異常。是日輪船有名『行如飛』者至紫竹林，以十五日行，需直二十五兩；又有名『班馬士』者，已至大沽，以十七日行，僅索價十八兩。與慎齋及同旅錢松浦等議，附班馬士船行。下午詣人和廳，與長洲王樸臣、婺源滕春軒兩孝廉談，皆自京同行至滬者。連夜爲蚤蝨所擾，不得好睡，五更疾動。

芒種五月節。　十三日丁未　晴，熱甚。丑初三刻八分芒種節。下午胡仲孚來，邀同慎齋至其家夜飯。二更時與慎齋踏月歸寓，過估衣街，廊宇整潔，幾及二里，殊似吳之閶門，越之江橋。是日胡仲孚言，杭人近年來婦女插花于髻前，謂之『照鬢花』，人以爲『招兵』之讖；又喜以濃燕支塗頰，謂之『血灑』，此亦『天水碧』『拋家髻』之比也。

十四日戊申　晴，風，熱甚。移寓室稍近裏，依布帳蔽日，地亦少寬。以錢六百文買細葛小衫一製。是日聞班馬士船窄而不習于行，與同旅議，俟也蘇船至，約須十九日放洋矣。也蘇，夷人所新造者，聞以明日至紫竹林。得胡仲孚片，約今晚飲興盛館。王樸臣來，詢以吴中近事，言惠定宇氏有孫名恩韶，現宰浙江桐廬縣。宋于廷氏藏書甲吴下，亂後盡亡，于廷以庚申卒，其孫千里亦旋歿，宋氏遂無後。于廷所著《四書古義》《過庭録》《樸學齋古文集》及校刻《賈子新書》、《帝王世紀》、巾箱本《十三經注疏》，皆燬於火。陳和叔《宋史》稿本，向歸于廷者，亦成灰燼。陳碩甫氏《毛詩傳疏》板尚在無錫，其晚年專治《集韵》，尚未成書，稿本不知在何處矣。晚偕慎齋赴仲孚之約，飲饌頗佳，二更醉歸。

是日見初十日邸鈔：周祖培、全慶教習庶吉士。江寧將軍富明阿管理神機營事務。又見新進士授職單，楊理庵得庶常，傅子蓴得主事，族弟國琇亦分部學習，錢秋訪得知縣。

十五日己酉　晴熱，下午有風，頗快，夜小雨作凉。柴礪堂自都門來，得蓮舟書、吴勉齋河南書、鸘兒書。慈谿沈孝廉書賢邀同慎齋夜飲萬慶園，三更歸。是日傍晚，坐庭中讀《後漢書》，頗得佳趣。梳頭。

十六日庚戌　晴，小凉。昨夜感寒，又兼積暍，早起中惡，吐瀉交作。請王樸臣來視脉撰方。晡後坐肩輿進東門，訪鄉人陳葆畦觀察，聞同司何主事桂芳、鄉人張兵部度，隨尚書載齡至津收臨海運米糧，館于陳氏之鄰，亦投刺訪之，俱晤。傍晚，出北門返寓。夜作書致蓮舟，致允臣，託津人董姓者寄去。喫藥。

《後漢書·陳寵傳》云『弘崇晏晏』，章懷注：『晏晏，温和也。』引《尚書考靈曜》曰：『堯聰明文塞晏晏。』予按，『聰明文塞晏晏』，即今《堯典》文『欽明文思安安』也。此蓋是今文家語。范書《何敞傳》曰：『明公履晏晏之純德。』又曰：『陛下履晏晏之姿。』足見當時習用此語。晏晏，即安安，訓温和者非是。《郭躬傳》云：『父弘，習小杜律。』注云：『小杜者，杜周少子延年也。』按《前書》，周與延年俱著律令，而弘習小杜者，蓋以周持法刻深，延年稍平恕耳。故弘世傳法律，皆以寬平稱。而躬少傳父業，講授徒衆，常數百人。當時盛習經學，廣集門徒，以法家講授者，惟此一事。而徒衆如是之盛，亦近人競習刀筆者之濫觴也。

是日見十一日邸鈔：吾鄉杜學士聯升少詹事。平景蓀到京請安。

十七日辛亥　晴。與同旅議定，也蘇船價每人十八金，遣王福至寶順洋行付銀三十六兩。柴礪堂來，沈素庵來。仁和董孝廉慎行來。錢松浦邀晚飲萬慶園，初更歸。夜與王樸臣、錢松浦閑語，樸臣談東洞庭山劉貞女死節事。貞女名敏和，許字石時稔，未昏，時稔卒，貞女誓必死。父母告之曰：『石郎有母，汝可往事，勿遽死也。』貞女遂至石氏，奉姑以居，蓋十年。咸豐庚申夏，粵賊陷蘇州，時東洞庭固鄉人拒賊，守禦甚設，賊不能犯。閲歲餘，力竭，賊自山前入。貞女居山後，聞信欲自裁，其姑曰：『賊去此尚二十里，有鄉兵可拒戰，盍少俟之。』貞女乃盛服臨門前池水，語居人曰：『若等速去，悉力爲守禦計，我守此池，俟報决生死耳。』居三日，賊不至，人走相賀曰：『免矣。』姑遂挽貞女入室相慰藉。貞女詢人曰：『何以免也？』則曰：『率錢輸賊矣。』貞女躍起，哭曰：『是乃降也，降則此賊土，吾賊人矣。若輩男子，吾以爲三日中與賊决死戰耳，今若此，何用生爲？』姑與家人輩更進勸之，貞女即好謂家人曰：『我三日不入户，憊矣。若守視我，亦良苦，今可少休。』會日暮，遂各闔扉寢。翌日，貞女扉不啓，抉以入，則自縊已氣絶矣。有一紙，自書生死年月日云。陳葆畦來，不值。十九日送錢敬四金來，擲還之。

十八日壬子　晴。蜀人敖季和邀同慎齋、樸臣、松浦喬梓，晚飲聚慶園。夜歸，納凉天津橋。得胡仲孚片，言也蘇船尚未進海口。樸臣來夜談。

閲《國朝畫識》，嘉慶初南匯馮金伯治堂所著，前有錢竹汀、王西莊兩先生序。其書備列國朝人之能繪事者，分十七卷，得九百餘人，採取各書，兼及志乘，略載其生平梗概，始於王時敏，終於慈谿鄭大節。大節號籜垞，寒山先生梁之孫也，是爲第十二卷之末。與錢文敏、錢籜石同卷。第十三卷則寫真諸人，第十四卷沙門，第十五卷道士，第十六、十七卷閨秀，而附以女尼、女冠、女伎。其自序謂前之已入於《佩文齋書畫譜》，後之已見於《墨香居畫識》者，皆不復載。墨香，金伯所自號。蓋著此書後，又别成《墨香居畫識》，尚未得見其書也。

二更後有同寓者招盲女彈詞，爲之聒擾不得睡。

十九日癸丑　晴，熱甚。曉卧中疾復動。日斜後偕慎齋詣胡仲孚，留夜飯，二更時返寓。

是日見邸鈔：官文撤去太子太保銜，拔去雙眼花翎，降三級留任。張之萬降三級，暫留河東總督署任。毛昶熙革職留任。

二十日甲寅　晴。剃頭。王樸臣來，談次及近時吴人沈欽韓小宛博雅冠代，著書滿家。今所存者有《春秋左傳補注》《漢書疏證》《水經注疏證》《王荆公詩補注》《蘇詩補證》《范石湖詩注》諸書，皆手稿完整，惜都未刻。樸臣借得其《漢書》《蘇詩》兩種，其治蘇詩，尚在馮注未出之前也。沈君，嘉慶戊辰舉人，官寧國教諭，卒於道光庚子、辛丑間，其名氏見於包慎伯及劉申甫、顧千里諸君集中。予向知爲吴中學者，而不料其撰述繁富如是。乾嘉以後，樸學彌劭，潛心仰屋而名不傳者，正不少也。傍晚偕慎齋邀仲孚、松浦、樸臣、季和、素庵飲名慶館，初更歸。津門酒家，以此館爲第一，然饌設布置，俱不及萬慶園也。是夕，酒食費六千，敬菜賞二千。津門酒保，例於正設外進果羹四碗，食物四盤，杏酪人一鍾，謂之敬菜，其錢兩千。易銀一兩，計所費共四金，較之都中，價直相等。

二十一日乙卯　早晴，上午薄陰有風，下午雨，入夜蕭然頓凉。曉卧中疾復動。胡仲孚遣其子姪來候，并爲俞曉廬託兑銀十九兩。夜雨聲滴瀝，偕慎齋踞床對聽，翦燭忝衣，不勝旅泊之感。王樸臣來。是日聞也蘇船須以後月初旬至津，乃與同旅議，改附南潯船行。終日無事，隨筆評點范史、杜詩各數葉。是日得《津門雨夜夢德夫》七律一首，見後。

二十二日丙辰　晴。與同旅定議，以二十四日上南潯船，船價如也蘇。聞山東軍事甚急。胡仲孚約今晚飲萬慶園。王樸臣來。夜偕慎齋赴仲孚之招，飲畢後，沈素庵苦邀小游歌郎家，湫隘猥雜，人地相稱，回首京華，不異九霄笙鶴矣。出門後迷路，行二三里至東門，始悟而折回，三更抵寓。

二十三日丁巳　晴。取夷人船單來。偕慎齋詣素庵，小坐歸。王樸臣來。傍晚同慎齋、松浦、敉金季及松浦之子恒齋醵飲萬慶園。夜雷電交作，踉蹌而歸，及寓大雨。

二十四日戊午　晴，晡後大雷雨，入夜雨屢作。晨起料檢行李，令人擔負至天津關上河，以小船剥運抵紫竹林，上南潯火輪船。船高大可容二百餘人，住其玻瓈房内，與慎齋分上下床卧。同船有廣東人三，皆以年老賜翰林官者。李金和年九十五，得編修；黄錫爵年九十九，得編修；李壽棠年九十三，得檢討，皆略與酬應。又有李文星年九十三，蘇建仁年九十，亦粤東人，皆授檢討。五老同舟，亦浮海之佳話也。

二十五日己未　晴。有邑人王澍，字雨庵，來附船，新補廣東肇羅道，以佐幕起家者。上午，偕慎齋及松浦、恒齋喬梓登岸，行二里許，是日始聞新蟬。僦驢騎之，至歸賈胡得一酒家小食。食畢至協盛園觀重慶班演劇，有伶人劉雙喜者，天津樂部中之領袖也。皮屐牙梳，絶無舊院風韵，惟差有姿首耳。又有天壽者，演《取金陵》，庚申之歲，都下有作燕臺花史者，以天壽爲第一。常見其演《游園》《折柳》諸齣，聲藝頗工。今色貌既非，弦調亦改矣。傍晚詣胡仲孚家，夜飯，留宿。

邸鈔：左宗棠、李鴻章報收復漳州。

二十六日庚申　晴。早别仲孚，行二三里，復騎驢至紫竹林上船。午後開船，行經七十二沽，此爲桑乾、滹沱諸河入海之路，與《水經》所稱沽水自塞外入燕趙者不同。七十二沽者，以海口名大沽，而由紫竹林達大沽有七十二灣也。是日以感受風寒不快，夜身熱頭痛，舊疾復動。

二十七日辛酉　晴。晨達大沽，見僧邸所築礮臺，緬想經營，實維艱瘁，而中朝掣肘，北塘失防，雅志不伸，大局遂壞。迄今風雲猶在，星辰已頹，放佛囊規，爲之流涕。是日俟潮至午後出海，經黄水洋、清水洋。夜大風，舉舶顛簸。終日頭痛不快，多咳嗽。是日得《出大沽口感事述懷》七律二首，見後。

夏至五月中。　二十八日壬戌　晴。是日酉正三刻九分夏至節。上午抵烟臺，即之罘山也，屬山東登州府，兩岸土山赤立，樓櫓相望，爲東省之巨鎮，亦海口之要防。自大沽至此，凡一千一百九十里。夷人駐泊待客，至午後始行。海岸山阜，迤邐不絶，約七八百里。

二十九日癸亥小盡　晴。經黑水洋，舟甚欹側，同旅皆嘔吐，不能飲食。是日得《黑水洋觀日出》七古一首，見後。

閏五月甲子朔　晨霧，上午陰，下午晴。早見前面隱約復有山，已至江南界矣。頃刻至川沙，進吴淞口，午抵上海。計自烟臺至此，凡三千六百里。午後以小船剥運至洋涇浜，上二柏渡，更發擔足至大昌客店。寓其樓房一間，與慎齋弟聯榻。是日换小舟時，忽感熱發痧，腹痛作嘔，入夜未痊。蓋或輪船中羶穢水毒之氣，重以暍暑故耳。輪船之製，前爲玻瓈房，長五尺許，廣略如之，高亦相等，中設二十八床，以板隔之，上下相比，如鷄在塒，人氣熏蒸，犬羊爲伍，不能坐起，喫飯飲水，都非世味。玻瓈房之後，空一間地以置風筒爐扇之具，其後爲火爐，機軸中有四小輪，旁置兩大輪，後爲夷人住房，稍寬廣。兩旁又各有小房五六間，可以居客。上層設帳幔，置晷景，爲夷人瞭望之所；下層爲客艙，亦設床，或以木、或以鐵爲之；又下一層爲大艙，以居貨客，有賃其小房者，一間須五十金。其製船各不同，而大較相似。予所坐名『南潯』者，輪船中之鉅乘也。待客亦有禮，飲飪以時，海中入梅時無暴風，此行波浪尤静，又逢晴日，爲泛海所難遇。然猶腥穢狼藉，不堪終朝，冒險詭捷，自非正軌，後當切戒，勿再蹈之。剃頭。夜始苦螽。疾動。

初二日乙丑　細雨終日，凉可薄綿。晨起宿疾稍愈，復食。是日始喫楊梅、枇杷，戲謂慎齋：『比入江南，已有三樂：樓居，一也；初見梅雨，二也；得喫楊梅、枇杷，三也。』遣王福至泉漳會館問楊子恂，云自正月赴甬上，尚未還。錢松浦、恒齋喬梓來。終日閲《後漢書》，窗外梅雨時作。東坡詩云：『微雨止還作，小窗幽更妍。盆山不見日，草木正蒼然。』趙德麟謂非親至吴越者，不知此景，誠然。因占二絶句云：『林檎初澀枇仄杷甘，鄉味年來不自諳。篛笠筠籃青滿眼，又隨梅雨到江南。』『五月江樓尚怯風，滬城烟雨緑陰中。玉簫聲裏楊梅熟，恰映征衫發酒紅。』題爲《雨中至滬上作》，後改爲三首，見後。聞寧紹大水。

初三日丙寅　薄晴，傍晚微雨，旋止。早偕慎齋詣市中小食。午後偕慎齋步至豐樂園聽大雅部，蘇州崑班也，演皆南北院曲，《哭像》《分宫》兩齣尤悲激動人。至《喬醋》等齣，則回想芷秋、采菱諸郎，殊有仙凡之歎，政如觀内人軟舞後，陳太常立部伎矣。滬上聽戲，坐賦鷹洋三角，而供茗碗、果湯、瓜子、手巾，較都中爲便。晚歸。

初四日丁卯　嫩晴。慎齋雇定無錫快船一隻，船價鷹洋十枚，先付七枚，約至杭州段河橋，再付(五)〔三〕枚。午後，偕慎齋至四美園聽同福班，皆徽人歌簧腔，無一崑伎矣。夜歸。

初五日戊辰　上午薄晴，下午陰，傍晚大雨。王揚廷弟來，邀同慎齋飲新新樓，滬上第一酒家也。軒窗整潔，飲饌亦佳。午後復邀至小廣寒樓聽殷翠娘歌。翠娘，字少卿，吴門歌伎中有探花之目，容止莊雅，善於應對，畢兩曲而歸。發行李至船，付寓樓賃直鷹洋一枚，飯直四枚。下午偕慎弟步至上海縣署訪揚廷，并晤葛俊卿及縣令王蓮塘之子，夜飲署中。初更後，同至媚雲樓聽杜賽芳度曲。賽芳，字湘卿，歌場中目以第二，然不及翠娘也。曲兩終後，揚廷邀見其所眷某姬，三更回縣署，假榻宿。是日得《閏端陽日滬上過王揚廷邀飲夷場酒樓復同聽汪翠娘歌》七律一首，見後。

初六日己巳　上午晴，下午大雨有雷，入夜雨不止。王縣令之子邀飲新新樓。午後復詣小廣寒聽翠娘度曲。晡後，飲犀禪閣王寶林家。寶林爲滬上烟花之首，而姿致僅及中人，此間品題，亦難信也。晚仍回縣署宿。是日得《雨飲王氏犀禪閣聽殷翠娘歌洞仙歌》一首，見後。

初七日庚午　上午雨，下午晴。晨起別揚廷，偕慎齋坐肩輿出北門，至老閘口上船。午後開船，行經周太僕廟，晚抵黄頭鎮宿。鎮屬嘉定、青浦兩縣。初月出雲，晚烟沍水，燈火遠見，帆檣四鄰，蟲鳥之聲，隱起蘆葦，江鄉風景，又在目前矣。自老閘至此七十二里。是日得《黄頭鎮看月》五律一首，見後。

初八日辛未　曉微雨，終日薄陰，微凉。早開行，午經青浦縣城，下午經金澤鎮，晚泊蘆墟鎮，鎮屬吴江縣。自黄頭至此一百里。閱劉夢得《中山集》，《中山》序、記諸文，簡潔刻鍊，於韓、柳外自成一子。其《祭昌黎文》謂：『子長於筆，我長於論。以矛禦盾，卒莫能困。』王厚齋笑其不自量，未爲知言。傍晚偕慎齋登岸，至城隍廟小憩。廟右室有竹石，蓋承平時之勝地，今兵火後，頹廢盡矣。又過一人家，聞擫笛教歌，門前水緑如黛，與曲韵相蕩漾。度橋至野店，梳頭而返。是日舟入青浦，始見緑水，縠紋如綯，清暉可娱。又見鸕鷀、魚槮、菱蕩之屬，故鄉水物，殊足怡人。夜舊疾復動。五更後雨。是日得《舟入青浦界始見湖水》五古一首，見後。

初九日壬申　曉大雨，上午止，終日陰凉。早開船，入浙江界，水急下駛，逆流而行。詢之土人，言浙東上江諸郡山水暴發，下游尚然，吾越浸淫，更可想見。傍晚抵嘉興府城西門泊。自蘆墟至此，約五十餘里。秀州，浙西大郡，平時城外闤闠溢填，舟楫輻凑，緑楊如畫，朱樓接天。今則亂蕪敗礫，一片荒凉而已。夜雨。

初十日癸酉　終日密雨。昧爽開船，行九十里，傍晚抵石門，泊城下。是日得《雨中過秀州晚泊石門有懷》七絶二首，見後。

十一日甲戌　曉晴，午前復雨。昧爽開船，行二十餘里，遠見皋亭諸山。又三十里，至塘栖小泊。傍晚過臨平，野水荒蘆，敗垣間出，舊時桃李，無一存者。晚抵杭州大關外泊。是日計行一百八里。晚晴有霞，夜雨。

十二日乙亥　曉晴。晨進北關，水長盈丈，過橋甚艱。偕沓齋立船頭看西湖諸山，得一絶句，見後。聞紹興七處發蛟水没城闉，不勝駭愕。唐人所謂『近鄉心更怯，不敢問來人』，非久役者，不知此語。上午抵杭城段河頭，泊三橋下，寓沈宏遠行。遇孫蓮士，新自粤東歸，别來七載，萬里相逢，事出不圖，驚喜交至。蓮士今年四十一，須髮蒼然矣，語亂離奔走之狀，貧悴相思之苦，百感紛然，不覺盡晷。下午小雨即晴，晚又雨。偕昚齋冒雨步至箭橋天和館，小飲即歸。杭城亂後，荒廢特甚，惟清和坊及箭橋漸有市舍耳。是日始知紹郡山、會、蕭三邑於前月二十九日雨壞海塘，水暴長丈餘，由西而東，蕭山幾及女墻，居人無樓者，皆露宿屋脊。郡城亦僅不没三版，禾苗盡死，迄今浸淫，較己酉、庚戌間更甚數倍。此誠千古未有之劫矣！越人不吊，兵火甫定，離此奇殃，自縉紳士僉邪，風俗靡侈，大亂之後，怙而不懲，故洊厄貽凶，貽害種族，匪云天譴，實爲人祲，深堪痛憤者矣！

十三日丙子　晴熱，下午小雨。楊豫庭太守來訪，久談而去。鄉人施友山來，言柯山居人水高於竈，予家皆樓居，幸得無恙。蓮士以近年所作詩詞數十首見示，予贈以長歌一首，見後。

十四日丁丑　晴，熱甚，下午小雨，晚後大雨。上午出門訪豫庭晤談。又詣撫署訪吕定子編修，亦不見三年矣。座間，晤湖州太守李若泉，湖南人，率勇駐衢州者。出詣施友山，晤。詣紹興太守高貢齡，不晤而歸。鄉人王子蕃縣令來。子蕃，名錫康，與予同補弟子員者。作片致豫庭，借補褂。

小暑六月節。　十五日戊寅　午正二刻二分小暑節。晴熱，下午大雷雨旋止。定子來談，逾兩時而去。高太守貢齡來。午後謁馬穀山中丞，晤談。復詣定子而出謁蔣湘泉方伯，以病不晤。傍晚歸。王子蕃饋食饌。施友三送番金十枚來，昨託慎齋轉借者。夜疾連動。

邸鈔：沈葆楨固請終制，許之。以廣西布政使劉坤一爲江西巡撫。

十六日己卯　晨大雨，上午稍止，下午又雨。馬中丞來，以雨甚辭去。得定子書，屬書團扇，即復。施友三邀午飯，偕慎齋赴之。下午歸寓，復出詣杭守薛慰農，不晤。詣海塘捐局，晤豫庭、子蕃，久談而歸。中丞柬請明日晚飲。

十七日庚辰　終日陰凉，小雨時作。早送慎齋先渡江。族弟東巖來，不晤。鄰人張學藩來，言是候選知府，與舍弟輩素識者。過蓮士寓室談，晤傅節之。縠山中丞來催請，傍晚赴之。同坐爲定子及杭人譚廷獻等，更餘始散。杭守薛君時雨來，不值。

十八日辛巳　終日密雨，凉可衣綿。昨擬今早東渡，以雨不克。蓮士以佳槧《班馬字類》及舊鈔《沈下賢集》見贈，予受《班馬字類》，報以微波榭刻《五經文字》及《九經字樣》。作片致豫庭，還補褂。終日閲《鮚埼亭外集》。夜雨聲徹旦，作片致蓮士，借《穆參軍集》。

十九日壬午　雨至午稍止，今早又不得買渡，甚爲悵悶。

閲《穆參軍集》，凡詩一卷，文兩卷，僅二十首，後一卷爲附録遺事，前有祖無擇序及《宋史》本傳，後有南宋臨江劉清之跋。參軍爲尹師魯兄弟所師事，以古文倡其代，名與柳仲塗埒，而所作平衍疏冗，實鮮佳處。上陳觀察、劉侍郎兩書，干乞之辭，過於自卑。史言其任泰州司理時，以直獲罪，又極表其剛介之節，而兩書皆在貶謫之後，蓋亦苦節不貞者與？其稍可取者，爲《荅喬適問學文書》，有曰：『學乎古者，所以爲道；學乎今者，所以爲名。行道者有以兼乎名，守名者無以兼乎道。有其道而無其名，則窮不失爲君子；有其名而無其道，則達不失爲小人。』《上陳觀察書》有曰：『古所謂文武之道，蓋一道也，但治亂之用殊；所謂將相之材，皆通材也，由出處之寄異。』《送崔伯盈序》有曰：『士困窮而篤於學，庶民困窮而篤於利。然學之利久，或泰於身，或數世而弗斬；庶民日贏日陷，若坳坎聚潦，不注則涸，故少息則怠。』皆平實可味之言。《蔡州開元寺佛塔記》，前半言天下從佛之盛，由於聖人著禮明義以節生民之情，而不及死生禍福之説，佛於聖人之外，因民所惡欲而諭以死生禍福之報，禮義不競，故佛獨盛於時，議論亦甚好。《送李秀才歸泉南序》，小篇極有文情。要而論之，參軍才無過人，學亦不競，惟生崑體極盛之世，獨矯割裂排比之習，以文從字順爲文，而説理明確，尹氏、歐陽出而推尊之，故名遂震爍。猶唐人陳伯玉之詩，殊無真詣，而於舉世絺繪之時，獨爲古風，張曲江、李、杜起而崇奉之，名亦遂以千古矣。參軍詩更無名什，惟《過西京絶句》云：『西京千古帝王宫，無限名園水竹中。來恨不逢桃李日，滿城紅樹正秋風。』此本載代州馮如京評云『不減龍標』，固未爲允，然氣格殊不卑也。宋人説部，言其與丁晉公故舊，後以傲失歡，遂以『行不逮文』短之真廟，故成怨郄。而集中《聞報晉公自崖徙雷》詩云：『從來崖貶斷還期，聞徙雷陽衆共疑。却訝有虞刑政錯，四凶何事不量移？』則怨毒之心，亦太甚矣！

施友山來。剃頭。蓮士來夜談。

二十日癸未　薄晴。早起，别蓮士渡江。上午抵西興，暫憩來天成牙肆中，有殉難江蘇知縣田人熙之母，以茶果糕餌見餉，令其幼孫出見留飲，固辭之。下午買舟而東。傍晚入蕭山縣城，遂泊第四橋止宿，以自此抵郡途中時有盗警，不教夜行也。離家僅止一程，尚爲旅宿，不勝時事之感。越中此次水患，亘古未聞。今日自西陵來，見居室、塚墓多被決壞。聞水盛時，棺漂如筏，蔽流而下。蕭山之郛，浮没至頂，郡城大街，俱可行舟。不特稻秧無復遺種，果蓏之屬亦靡孑存，蓋藏所儲，皆餉海若。乃至棉花、菜油、秫釀，百物俱如一洗。亂餘之黎，何以存活？此又横流之加厲，劫灰之復然矣。自維一身轉側，間道崎嶇，甫得生還，復遭水厄。比遼東之歸鶴，城郭都非；學新亭之舉觴，山河頓異。政不必摩挱銅狄，俯仰市朝也。夜雨。是日賦《渡錢江》七絶二首，見後。四更後疾動。五更後開船行。

二十一日甲申　曉有雨，旋晴。晨起拴運已至衙前村，將入山陰界矣。龕山聳翠，梅雨時作，至錢清，漸開霽，望見湖上諸山。上午抵柯橋，水尚没街，橋梁半阻，因换小舟至柯山。叩見家慈，見季弟、三妹及僧慧。慈顔驟老，季弟已弁，而欣僧慧亦長可及肩，幾至各不相識。離别之久，何堪追思！是日慎齋適至，與沈瘦生俱在我家，留同午飯。下午偕慎齋至瘦生家見表姑母，慎齋旋别去，傍晚歸家。

二十二日乙酉

二十三日丙戌

二十四日丁亥

二十五日戊子　晴熱，下午大雨，有雷。從弟楚材來。

二十六日己丑　剃頭。

初伏　二十七日庚寅　晴熱。買舟偕瘦生、季弟詣郡城，由青田湖溯紅橋，彌然瓦礫，宗廟宅里，盡爲丘墟。禮有『廟焚，三日哭』之文，今惟瞻望盡傷而已。過横河，榛莽叢生，間有草屋一二，舊居迷址，不忍追尋。遂入西郭，泊光相橋，至族弟蘭如家，從姚寶卿家借肩輿，詣同池坊大妹家，午飯。飯畢詣塔山下二妹家。傍晚回至興文橋，風雨忽作。詣郡丞徐君臯，都中故識也，談至上燈後，冒雨返蘭如家。

二十八日辛卯　陰雨。上午至單港楚材弟家，下午歸。密雨，驟凉。會稽令詹君儀桂來，亦都中舊好。

二十九日壬辰　晴，熱甚。徐郡丞來。

三十日（辛）〔癸〕巳　晴。王子範來。楚材來，澄港人丁幼香來，姚寶卿來。近日，省郡灾異疊見：桂、菊、夫蓉、蠟梅俱盛開，辛夷、桃、李再華；紹郡山村，有物如狼食人；大風壞西郭外石碑，墮大善寺塔頂；（此處塗抹）民間比夜相驚，謂有鷄禍。省中捕得哥老會匪目，連及楚軍弁丁，搜誅數人，始稍定云。

大暑六月中。　六月甲午朔　卯初三刻十二分大暑節，晴，酷熱。剃頭。孫琴士刺史來，蓮士之兄也，名廷璐。

初二日乙未　晴熱。施友三來。

初三日丙申　陰雨。昧爽起，買小舟返柯山。

初四日丁酉　陰凉，有雨，傍晚大風雷，壞屋拔樹。

初五日戊戌　陰凉，晚晴。遊七星巖。

初六日己亥

中伏　初七日庚子　晴熱。曬行篋中書籍，料檢布置一過。剃頭，晚浴，六年不試此矣。夜偕季弟買舟入城，仍寓蘭如家。

初八日辛丑　晴，酷暑。

初九日壬寅　晴，酷暑，下午有雨。王叔彝觀察來，名慶勳，上海人，辦理紹興鹽茶抽釐局務。王子蕃來。王叔彝來，請明日晚飲。余輝亭來。

初十日癸卯　晴，酷暑。徐介亭郡丞來。山陰令張君廷璜來。夜赴王觀察之招，同坐爲蕭山人林御史式恭、蔣户部治金等三四人。

十一日甲辰　晴，酷暑。新守高君貢齡來，户部同曹郎也。

十二日乙巳　晴，酷暑。孫琴士來。王子蕃來。剃頭。疾動。

十三日丙午　晴，酷暑。姚寶卿來。

十四日丁未　晴，酷暑，下午雨後漸涼。王子蕃來，以山、會紳士公擬修塘派畝條款屬予審定，蓮士所屬稿也。閏五月之朔，西江塘决千餘丈，東江塘决五百餘丈，西塘屬蕭山，東塘屬山、會兩邑，而蕭山處上游，西塘决水，必自三江閘出海，則三縣均被其害，東塘决則害不能及蕭，故蕭人修西塘，山、會協助之。乾隆間，蕭出貲三之二，山、會助三之一；嗣山、會與蕭出貲均。至道光己酉之役，計畝率錢，蕭山凡田二十餘萬畝，山、會兩縣自山田外凡七十餘萬畝，蕭山畝錢二百，山、會畝百，則山、會所出，幾贏蕭之半矣。今之水，田苗盡死，又浸淫至四旬餘，已迫秋，補種者皆不活，民大困。予在杭州，曾於中丞坐上，請亟撥款修海塘，又請振，請平糶，中丞皆許之。而越人無繼言者，地方官又頗梗其議。比返越，遇故福建興泉永道秦君金鑑爲予言，宜請免糧派畝，捐以修塘。予曰：『中丞許振，許平糶，則免賦無待言。田既無穫，何能行畝捐？』秦君曰：『邑士大夫皆曰可。』予叩其言所出，則發於故湖南居州知府沈□□，故御史章□□、舉人周□□。三人者，固助官虐民，稔惡於鄉，鄉人所不齒者也。然秦君意在先蠲賦，則事猶未悖。而予數日前，先致書中丞及吕庭芷，復申前意。庭芷復書云：『中丞意以塘工代振，又檄故按察使段君光清視海塘矣。』未幾，秦君與沈元泰等議免糧不合，但議畝捐錢二百以修塘，衆大嘩。時新授紹興知府高君未蒞任，掾守李君請蕭山在籍御史林式恭、户部主事蔣洽金等至，與山、會紳士會議。林式恭等援己酉故事，蕭山畝捐錢四百，山、會畝二百。沈元泰等欲於二百中取三分修東塘，式恭等不許，遂鬨於郡衙。元泰等怒而歸，閉門不出。段君至館郡城三日，山、會紳士無一往見者，段君亦怒，欲還杭州。式恭、洽金皆各欲散去。於是，新守高君及王子蕃、孫琴士、余輝亭等，以予與林、蔣輩素識也，屬予調停其間，且請往見段君，釋其憾。予因語式恭等以鄉里爲念，弗以意氣敗事。式恭等遂留不去。而秦君及元泰等，皆往謁段君，乃議山、會畝捐二百外，更賦錢六十修東塘。秦君復申奏請糧議，式恭大愠曰：『此事必不可行。田既補種，焉可蠲賦，以欺皇上？倘御史有言，中丞豈能任乎？』洽金等與李攝守群和之，秦君噤不能語，遂各作色散。議迄不成，而秋汛已近，塘不築，補插之秧日益枯，民益恐。蓮士等乃議條略，屬予致之中丞，請先停征賦，勸畝捐而貸鹽茶，釐金四萬錢，亟召工興築，且欲公舉予與秦君綜其事。予以病辭，而上其議於中丞，并致書庭芷。傍晚偕季弟買小舟返柯山。

十五日戊申　陰雨。林侍御式恭來，蔣户部洽金來，俱不晤。得葛振卿上海書。兩得慎齋書。

立秋七月節。　十六日己酉　陰涼，時有微雨。是日亥正一刻一分立秋。是日先王父側室節孝張太太生日。節孝生於蜀，後返京師，年十九，以嘉慶壬申十月歸於先王父，次年癸酉正月始侍寢，二月先王父卒，時先王母倪太恭人亦無子，先贈公以再從子爲嗣，甫六齡，節孝與倪太恭人長齋撫孤，凡守節二十一年，及見慈銘與仲弟之生，以道光甲午二月二十日卒，月日皆與先王父之歿同。其生也，以乾隆甲寅，得年四十一歲。癸卯，先贈公爲請旌於朝，詔賜金表閭如故事。慈常欲爲傳略，以徵當世能文者之言，卒卒未逮。謹誌其概於此，俟後有述焉。偕瘦生買小舟至後梅湖訪慎齋，路由湖塘，山水映發，翠鮮萬狀，雖舊眷重逢，故人敘別，無此纏綿蘊藉也。出冰舍，買小食食之。午後抵後梅，凡四十里。慎齋言以十九日赴義烏訓導任。夜同瘦生歸。

末伏　十七日庚戌　晴。早詣瘦生家。午爲叔弟生日設祭。閲韓、柳集各數篇。此劫火偶遺者也，開緘撫玩，不勝惘然。舊所儲藏頗多秘籍，獨留此種，以現前塵片羽一鱗，蓋皆定數。作書致慎齋。詹月艭柬請明日午飯，辭之。

十八日辛亥　晴。得蓮士書，備論免糧修塘之事，凡數千言。鄭妹夫來。軍機中書邵君文煦來，不晤。

十九日壬子　晴，酷熱。浴。剃頭。得馬中丞書、吕庭芷書。

二十日癸丑　晴，酷熱，午後大風雷雨。詣安昌選桃葉，季弟、瘦生同往。上午放舟，熱甚，甫抵岸，大風驟至，夜宿馬氏鋪舍中。

二十一日甲寅　晴，酷熱。傍晚至顧氏家看一女子，沈姓，杭州人，年二十一，其姊爲顧氏婦而寡，迎其妹來佐家政。施友三僞爲假地置酒肅客者，出貲令其姊妹治具，延予往，得窺覘焉。夜半放舟歸。得蓮士書。族妹夫沈銓來，不晤。

二十二日乙卯　晴，熱甚。昧爽抵家。作書致徐介亭，致孫琴士。夜雨。五更疾動。王子蕃信來促即日赴杭州。

二十三日丙辰　上午晴，下午雨，夜陰。詣瘦生家，同姑母、阿僧午飯。得介亭復書、琴士復書。琴士催予明日赴杭。

二十四日丁巳　晴熱。閲新化鄒君漢勛《讀書偶識》。鄒字叔績，咸豐辛亥湖南舉人，從楚軍積功，官至同知，殉寇難。其學尤精三《禮》，所著述頗夥，已刻者有《春秋世家考》。其家世皆擅經學，楚南言博洽者，莫能先焉。予詢之徐介亭云。姚賓卿來，饋茶葉兩筥，筍乾一筥，彩蛋一筥，月餅兩匣，冰雪糕、巧果各一匣。晡後，步至土橋前看山，時夕景已陰，微風在水，巖壑交赴，極清深蒼翠之觀。柯山一隅，生所夙好，比賃其地，在山之趾。湖狹于溝，屋小如艇，蝓居湫雜，竈圊萃之，局蹜篳圭，不見山影，五步以外，糞穢塞庭。德非顏淵，頗憂陋巷；才慚曲逆，豈有轍車？祇增囚山之悲，絶少閑居之樂。今緣散步，始返曩觀。異日稍有餘貲，當相度斯地，營置草堂，必須面湖南，山名。背柯宕，左西澤，村名。右大洋。湖名。襟帶五橋，綿亘塘道。山靈有契，吾言不誣。傍晚，偕季弟、瘦生遊七星巖。竹樹纚纚，多染石色，紅薇數樹，獨明衆陰。晚歸。

二十五日戊午　晴陰相間。夜飯後買舟赴蕭山。

二十六日己未　上午晴，下午雨，晚晴。晨抵西興渡江，早食時至杭州城，寓下後市街。孫蓮士來。

二十七日庚申　晴熱，下午雨。訪布政使蔣君益澧，巡撫馬君新貽，俱晤。下午中丞來答拜，并柬請二十九日夜飲。剃頭。

二十八日辛酉　晴陰相間，下午雨。吕定子太史來。訪按察使楊君昌濬、前署紹興府知府楊豫庭、杭州府知府薛慰農、鹽運使高君卿培。按察以病辭，兩太守俱他出，惟高君晤。豫庭來，慰農來，俱未晤。

二十九日壬戌　上午陰，下午雨，瀟瀟作秋。作書致定子。運使來。中丞催飲，晚赴之，夜歸。舊疾連發。

七月癸亥朔　晴。布政來，不見。運副桑某來，不見。布政東請明日午飲。下午出門，詣楊豫庭、薛慰農，俱晤，久談。慰農出示其《雲烟過眼圖》，凡八册。時方日昳，陰雲黯黯，風雨驟集，因留坐閲，俟雨過而歸。得定子書。族弟東巖來。夜疾又發。

初二日甲子　晴，酷熱。方伯來催飲，上午偕秦友芝觀察赴之，設席後樂園，肴核豐潔。下午始散，詣蓮士寓。族弟東巖請晚飲，并邀蓮士、節子同往。夜留宿蓮士寓房，與節子談達旦。是夕作書致定子，并遣僕持刺詣中丞辭行。中丞刺來送行。

處暑七月中。　初三日乙丑　晴，酷熱。午正三刻處暑節。留居蓮士寓。作片致豫庭。王子蕃來。夜飯後豫庭來，張景藩來。

初四日丙寅　晴，酷熱。東巖弟饋笋乾、新栗，受栗返笋乾。蓮士以字學三書爲贈。三書者，宋郭忠恕《佩觿》、賈昌朝《群經音辨》、元李文仲《字鑑》也。張、唐、二徐以後，宋元之世，推三君爲精小學。然郭氏此書，已多沿訛洵臆之談。賈氏分别音義，雖非古人義異音同之法，然自陸氏《釋文》采集衆音，相傳已久，亦後人讀經者所不可不知。其末卷辨《字訓》得失，則持議謹嚴，實勝郭氏也。《字鑑》分别正俗，皆據《説文》，亦甚有師法。此本爲道光庚子漢軍楊霈，即張氏澤存堂本重雕之蜀中者。郭、李兩書，俱有訛字，不及賈書之善。楊字慰農，咸豐初官至兩湖總督。夜飯後王子蕃來。

初五日丁卯　晴，午薄陰，晡大風。晨起坐肩輿東渡錢江。上午抵西興，買舟而東，逆風大作，至西小江，幾不得行。平生乘舟，未嘗遇順風，作事邅回，即此可見。晚抵錢清，風稍止，立船頭看四山暝色。黄昏至太平橋，由阮社出三家村，更餘抵家。成《夜還柯山村居》五絶四章：『月落湖塘村，人問鴛央渡。静聽柔艣聲，摇入湖心去。』『淼淼大洋水，漁舟就烟宿。人語時弗聞，草際蟲聲續。』『纔經第五橋，已聞普照鐘。歸村不識路，惟指柯西峰。』『豆棚坐新涼，田家飯牛畢。柴扉就暝關，行人何時歇？』

初六日戊辰　陰。瘦生來。曬衣。剃頭。施友三來。

初七日己巳　先君子生日。晨晴，上午風陰微雨，午晴，下午雨。大妹、二妹歸晏。大妹挈兩女甥來，二妹挈一甥、一女甥來。鄭妹夫來。作書致高次峰太守。又致任友薌書，以友薌及王子蕃苦邀予主持塘捐局也。予在杭時，已再辭於中丞，頃復致書郡守，大略言：畝捐可行，然必不可派小户；秋成可望，然必不能望荒田。補種儻竟無收，其害甚於不種，免糧即難豫定，自宜先停征糧。又言：越中公事之多撓，紳士之不肖，或則閉門自大，故作聲價，有同賤倡之拒奸；或則攘袂争先，較及錙銖，有同惡丐之攫食。又言：予之力達其事於上游，始則致書，再則晉省，不敢自嘿者，所以盡公義；而力辭其任於當路，既避主局，又避與議，不敢自效者，所以便私情云云。施友三約至東浦看龍舟烟火，物色侍姬，以雨不果往。作致姚寶卿書。

初八日庚午　晴熱。閱伽陵詞。是日德夫生日也，記去年今日，都中風雨，凄黯作秋。予裁長幅書致德夫，勸其攝病頤養，深以輕怒忤俗爲戒。不料龔生之夭，即在眼前；禽慶之游，已虚今世。予幸成歸計，負累如山，不能自展。而德夫桐棺七寸，載旐南還。此日古寺荒村，羈停漢甸；昔時布韈青鞋，遍游會稽之約，已覺邈若山河。未識禪智山前，尚能辨墓田一片否乎？青山白雲，斯人宛在；隻鷄斗酒，設奠無從。追理囊襆，愴然曷制！

初九日辛未　晴熱。得鍾愼齋義烏書。

初十日壬申　上午薄晴，下午雨入夜。偕季弟及瘦生步詣湖南山遊蘿庵，附飯僧船至寓山，入青蓮禪院，謁祁忠惠公四負堂，午飯於方丈浄業堂。屢有俗客來，生暫借此作半日閑，有何因緣，苦相逼迫？且凡來者，皆致干乞，何所見聞，爲此非理？昔人言田居往還之樂，不足信也。夜雨聲達旦。

十一日癸酉　早雨，上午稍止，有日景，午雨又止。偕季弟詣瘦生，即同詣其族人柯溪别墅，登樂群樓。瘦生謀爲予暫居其地，竹木蕭森，山水明瑟，頗足閑居之樂。又步至汶里，賃華氏寓屋不成。

十二日甲戌　薄晴。上午偕瘦生、季弟同舟入城，至酒家喫麵。遣人向姚寶卿借肩輿，詣郡衙，晤高次峰及前守李樹堂，名壽榛，山西人，談逾兩時許，出。詣會稽令詹月艘、前山陰令臧可園、郡丞徐介亭、榷鹽茶使者王菽畦，惟臧君不晤。曛黑時，詣余輝庭小坐，詣姚寶卿家夜飯。鄭妹夫同孫子九來舟中相訪，不值。子九歸去，妹夫同夜飯，施友三亦來。夜初更後，至張亞娘家聽曲。

十三日乙亥　陰雨終日。昧爽放船，晨抵家。腹痛暴下。

十四日丙子　晴。以明日中元節，先祭先大夫。剃頭。

十五日丁丑　晴。季弟詣郡城謁太守，爲任修西塘事也。先大夫忌日，設祭，楚材弟來。祭曾王父母、王父母。中元節。得高次峰書。疏戚蔣錦沅秀才來。夜疾動。

十六日戊寅　陰雨終日。詣瘦生家閑話。族弟竹樓來。少帆來。蕭山沈秀才祖蔭來，新自廣西歸者，以潮州絹扇、龍鬚草席爲贈，言寬夫攝任義寧，尚可過日。連夜疾動。夜大雨。

十七日己卯　終日風雨，夜晴，終朝陰晦。

隱几讀書。偶閲王弇州《觚不觚録》，有論投刺用雙紅、單紅之别。内閣與司禮首璫，及六部尚書九卿與内閣，五部尚書九卿與冢宰，皆用雙摺紅刺云云。余在京師，惟見内閣與骨肉親王則用雙紅刺耳，餘皆不爾也。又云：百年前，翰林京堂諸公，使事還里，及以禮致仕若在告者，謁巡按、按察使、兵道，則入中門，馳甬道；謁巡撫、布政使、府州縣，則由旁門，走東階。蓋以桑梓之重，與持憲者有分别耳。而後來巡按、監司，漸不聽馳中門甬道，今遂無此事云云。今則惟部曹見巡撫，由旁門走東階入，馳甬道由中門出，謂之軟進硬出，以督、撫皆兼部銜故也。而翰林、京堂，至於編檢、庶常，雖謁巡撫，亦馳中門甬道矣。甚至七品九項京官，亦如部曹例，近且有以進士舉貢，以紳士自命，居然謁巡撫兩司，稱治晚生，爲京官體矣。予頃在杭州見中丞，執司官禮，用銜名紅帖，入旁門，止司道官廳，中丞開閣迎，予仍由東階進，而馬公甚傾挹，以爲何過謙乃爾也。

王子蕃來，夜飯後去。得秦鏡珊書。得蓮士書。

十八日庚辰　終日陰雨。從弟詩舫來，止宿。夜沈衡甫來，以早睡不晤。夜雨聲淒苦，頗憂秋水之至。

白露八月節。　十九日辛巳　子正二刻十三分白露節，浙江子正三刻十三分。終日陰多雨。作書致蕭山蔣湘舟户部。作書致慎齋義烏。得仲弟書，爲託詹月艭中選鄉試事，即復。作書致高太守。季弟赴義橋謁段臬使，爲修西口塘事。夜晴有月。閲厲樊榭《東城雜記》，敘次雅净，不止以考覈爲長。

二十日壬午　薄晴，晚小雨。連日疾動，憊甚。

閲《説文字原集注》，凡十六卷，乾隆中蔣和撰以進御者也。因元周伯温《説文字原》之舊，取許書五百四十部首之字，集録篆隸各體，以究其正變，而後列正篆、别篆、辨異三條以析其是非。雖未奥博，頗爲謹嚴，亦小學之一助也。末附《説文字原表》及《説》，本小徐《説文部敘》之説，謂《説文》部居字義皆次第相生，參伍錯綜，務通其説，因編次爲表，自相統貫。固未必盡得叔重之旨，而用心亦良苦矣。此書成於五十二年四庫館告竣之後，故未見收。

二十一日癸未　晴涼多風，頗極秋爽。下午微陰，獨行出村口土橋，小立看山。由西村過廟橋，循畦行，至第五橋，入一廢刹，名朝陽寺，小憩。山翠晴浮，漸有爽致。秋漲及岸，又值風浪，拍拍作聲。西景復朗，興盡而返，得五古一首。得朱海門侍御都中書。得王子蕃書、鄭妹夫書。妹夫以核桃、棗子、火脯、菸絲見餉。

前日沈蘅甫求爲其尊人露薌教諭撰六十壽序。教諭素惇厚，有長者稱，其次子寬夫，予與交契，此情不可違也。顧爲駢體則無暇，爲散體又苦無生發，今日適野意行，冀有所得，卒惘惘而返。昔賢以文字被役爲苦，良非虛言。姑提筆勉應之云：『壬戌，予在京師，與蕭山沈君寬夫相識，退然恭謹，如不勝衣，必知爲君子也。既又識其兄衡夫，夠夠謙畏。兄弟怡然，自相師友，益愛重其家法，謂必有所受者。顧與二君交，憺如也，未及以詢。癸亥夏，寬夫春官下第，乃欷歔謂予曰：「藻芬兄弟，束髮受書，以至今日，皆家君耳提面命之。家君内行肫篤，與人交，久而益敬，造次言動必於禮，事事詔小子以法。家君少爲高材生，文雋一時，老不得鄉舉，僅以年例充恩貢生，就教諭銓。平日舉所爲文法授藻芬兄弟，惟眄藻芬輩得成厥名，以償夙志。藻芬家貧，父子兄弟，淬學自勵，冀振其家聲。而今藻芬又被放，是不能率吾父之教也。吾父已老，藻芬自此亟謀禄仕，不能復事此矣。」予乃信衡夫兄弟之果有得於家教，而始知教諭君之品節問學，固宜有賢子以大其世也。嗣與其兄弟益親，而與寬夫尤密。未幾，天子詔擇舉人之資深有品望者，赴廣西以州縣用，寬夫與其選，遂往桂林。連攝羅城、義寧，以文學爲當路所知，駸駸向用。今年乙丑八月，當教諭君六十覽揆之辰，時厥配滕孺人適四十初度，衡夫自粵西歸，以廉泉丹砂慶其親，而予亦以謁告還里，衡夫屬予言爲壽。夫教諭君以純懿之行，約居獨善，垂裕後人，而今白首强健，所儷貞淑，相與有成。子孫份份，有學有仕，以視世之貴顯而旋即衰隕，或身尚在位而後嗣不肖，四顧自傷者，其豐悴爲何如也？又况教諭君神明堅固，年德日茂，行將拜几杖羊酒之賜。寬夫騰踔王路，瞬息銀艾，而衡夫將以其文連掇上第，兄弟貴盛，眉專燕喜。予且附于子弟之列，攝齊登堂，長奉一觴，以爲先生祝也。謹序。』

夜雨。

秋霽微陰獨行出村橋循野田度鑑湖第五橋至朝陽寺而回

積雨得秋霽，出門娱清暉。微步出村口，憺與山水歸。麗矚遠逾曜，濕翠近漸微。平橋若爲設，暫此收烟霏。新漲已及岸，田禾交風漪。循畦相蜿蜒，徑欲投巖扉。古寺始何代？日晻行人稀。緣流寄容與，目極孤禽飛。自維苦勞役，還山罕所期。及歸復多事，心賞輒我違。趣洽理斯愜，庶幾達者希。

二十二日甲申　陰雨終日。得傅蓮舟書。得沈曉湖都門書，沈寬夫五月中粤西書，恩竹樵廉使濟南書，周允臣書。詩舫來，瘦生來。

夜閱吴次尾《樓山堂集》、《粤雅堂叢書》本也。凡文十九卷，賦一卷，詩十七卷，前有周仲馭、侯朝宗、陳卧子、陳名夏諸人序。次尾以氣節經濟震動一世，集中史論五十九篇，持議侃侃，多有特識，如宋之陳同甫一流。時務諸策，亦忼慨如其爲人。其《國朝紀事本末論》一卷，尤有裨於國故。詩則粗率枯梗，非其所長耳。

二十三日乙酉　上午陰，下午晴。上午偕詩舫過瘦生家閑話。晡後季弟自義橋回，施友三同來。病眼兼感寒，身熱不快。

二十四日丙戌　晴。剃頭。作書致高次封太守，季弟上城送去。僧慧十周晬，祀先人。詣鄰居潘姓吊喪。傍晚至南塘閑眺，夕黛映照，病睫爲新。

二十五日丁亥　晴。早起束裝將西渡應省試矣，季弟遣舟子回，言郡局不肯發修塘錢。因偕瘦生坐船入城，午飯於大路酒家。下午從姚寶卿借肩輿，詣高太守，晚至塘工局訪章梓梁御史。夜飯於寶卿家，季弟、友三、瘦生、鄭妹夫同飯。初更時同至張家聽曲，五更返，宿姚氏。是日熱如夏中。

二十六日戊子　晴熱。章梓梁來。高次封來。夜偕瘦生、友三、寶卿、鄭妹夫、季弟飲張珊家，聽曲達旦，還宿姚氏。

二十七日己丑　晴熱。早偕瘦生、季弟飯於七星樓，飯畢登舟。作書致詹月艘，告以不赴省試矣。將出城，爲瘦生他事留住。偕季弟、瘦生詣張家茶話，還昨夕纏頭。詣王菽畦觀察，爲夏履橋徐姓事。傍晚詣張家夜飯，三更還舟。即出城，平旦抵柯山。

二十八日庚寅　急雨時作。上午偕季弟及沈雨巖同舟赴義橋，午至湖塘登岸，出至西跨湖橋眺賞。蓋湖塘爲山陰道上之最，此橋又其絶勝處也。縱欖巖壑，出納烟氣，倘能久住，奚啻登仙。夜抵所前，宿舟中，成《過湖塘》兩絶句。

二十九日辛卯　晴，熱甚。晨抵義橋。上午拏舟至漁浦，晤段廉使，江中停舟，略談而别。晚宿義橋。

三十日壬辰　上午薄晴，午晴熱，下午大雨數作，晚大風雨。晨晤段鏡湖廉使，令季弟任修麻溪壩瑞字號土塘十七丈有奇，深三丈有奇，廣二丈。外字號土塘十七丈有奇，深二丈八尺，廣二丈四尺。具狀支錢二千串。上午自義橋回舟，至中村，大雨忽至。抵九曲，又雨。抵湖塘，大風，泊舟。二更抵家。得傅節子書。是日痔發，夜疾屢動。

微雨中過湖塘二首

八載歸來認舊湖，青山無恙繞村廬。稻花大放菱蓬緑，一幅閑居奉母圖。越人呼菱之根葉曰菱蓬。

西跨湖橋雨到時，偏門外有跨湖橋，故此以西名。四山烟景碧參差。白雲忽過青林出，一角斜陽賀監祠。

八月癸巳朔　薄晴，大風。上午詣葶薺灣祝沈衡夫尊人露薌翁名守謙六十壽，送禮一番金，晚至安昌施友三家夜飯，三更歸。

初二日甲午　風雨凄冷，下午益横厲，入夜尤甚，水驟長三尺。瘦生來，同宿山樓。

初三日乙未　上午雨稍止，下午漸晴。同季弟、瘦生進城，泊四牌樓下登岸，至倉橋沈氏味經堂閲書，購得《山陰縣志》一部，知縣河南徐元梅所修，歙人朱蒼湄員外撰輯者也。又借得《曝書亭集》《湖海樓詩集》《質園詩集》《譚友夏集》。剃頭。陳耕莘饋酒席，夜具舟邀桃葉，出偏門，泊太守廟下，清談竟夕。

秋分八月中。　初四日丙申　巳初三刻一分秋分節。晴。晨送桃葉歸，移舟泊至大寺前，步至月池坊視大妹及妹夫，遣人從姚寶卿借肩輿，從藹如借輿夫，訪詹月艭、孫琴士，俱晤。詣塔山下視二妹及妹夫，留午飯。下午訪山陰令張夢周，傍晚返輿宿寶卿家。鄭階平具饌爲予招桃根，不至。聞秦友芝觀察於二十八日病故。

初五日丁酉　晴熱。季弟赴義橋開塘工，瘦生返柯山，予留姚氏。晡後訪高次峰太守及王子蕃，俱晤。楚材弟來。夜寶卿具饌爲予招桃根，又不至。鄭妹夫子霞及其群從蘭舫兄弟，更爲予别招一歌者，絃索方動，予已倦甚，就卧，遂各鮮歡，天明散去。

社　初六日戊戌　晴熱。少梅弟來。（此處塗抹）夜早卧，有雨。

初七日己亥　晴。品芳弟來。夜寶卿、階平具饌，少梅爲予招雅娘，傍晚時至。瘦生、子霞、蘭舫亦俱來。予作片紙招蘭如弟同聽曲，徹旦不瞑。（此處塗抹）

初八日庚子　晴。呼舊傭作騰雨來，屬其修視先王父母、先君殯屋，予以番金一枚。下午有山中人來，言巖桂已花，遂載桃葉、桃根遊梅山寺。（此處塗抹）日晡後，放舟出西郭，黄昏到寺，丁幼香具酒食。二更後與兩姬分房宿寺樓。

初九日辛丑　陰。早起至寺門閑眺，返入佛殿，踞蒲團静坐。逾時，楚材弟來，同至澄港訪丁幼香。出詣陳鳳樓表兄，復回梅山。幼香遺饌相款，復邀至其家，觀群玉班演劇。部頭玉枕素以色藝名，十餘年前，予曾賞以一詞者也，今亂離潦倒，年亦長矣。蘭如、品芳、少梅諸弟亦來，予令玉枕演《入夢》《尋夢》，賞番銀兩枚。夜幼香即其家盛設待客，枚戰盡歡，年來此樂不易得也。飲畢，復登舟，觀劇達旦。

初十日壬寅　晴熱，夜雷大雨。午移舟至皋步，祝屠夢巖姑夫六十壽辰，楚材、品芳、子霞、蘭舫俱往拜，主人苦留。至夜五更，辭姑夫登舟，天明，（此處塗抹）泊單港。

十一日癸卯　雨。楚弟邀至其家午飯。下午回舟入城（此處塗抹），同子霞、蘭舫至月池坊，宿（此處塗抹）子霞樓中。

十二日甲辰　薄晴。張寶卿來請今日午飲。剃頭。詣秦氏吊友芝觀察，唁鏡珊。鏡珊請十八日陪吊。晤任友薌。詣張寶卿，賀其嫁女之喜。姚寶卿來，不值。下午同子霞詣姚寶卿家，蘭舫、階平同往。蘭如弟來。（此處塗抹）作書致季弟臨浦。夜月甚佳，早卧。十日來不得好睡，今夕却又姑負佳月，可惜耳。

十三日乙巳　晴。書屠姑夫壽聯及蘭舫楹聯、摺扇各數事。爲雅娘作小字便面。子霞、蘭舫爲予治具招珊娘來，楚材、蘭如、丁幼香皆適至，夜月甚佳，絃索倍韵。（此處塗抹）客散後，天已將曙，遂不復瞑。

十四日丙午　晴。（此處塗抹）東巖弟來。品芳、少梅弟來。王蓮伯孝廉來，乞題《愛蓮圖》。作書致楊豫庭太守。小帆弟來，妹夫蘭舫來。（此處塗抹）

十五日丁未　上午晴，午有小雨，下午復晴。得孫子九書，并惠新詩七律一章。作復子九書。是日以番銀四十餅奉家慈，爲還子霞舊債也。高太守送酒來。下午治具，借蘭如新製畫船至梅山寺賞月。青山紅袖，翠管銀燈。湖烟四圍，亂以茶火；松翠萬丈，盪之酒波。幢石支箏，幔雲傍鬟。秋桂墜雪，紛其蕙襟。春人簇筵，圓於璧月。平生此夕，第一回也。席間賦七律一章。五更酒散，徹旦不瞑。（此處塗抹）

中秋夜泛舟至梅山寺對月設飲聽伎人彈琵琶

泥金畫舸載桃根，璧月團欒滿寺門。榻畔茶香依翠鬢，燭邊山影落清尊。泉圍曲几花都亞，露冷燒槽玉自温。容易百年逢此夕，青天碧海總銷魂。

十六日戊申　上午陰，下午雨。留梅山寺。晡後雨中理曲，予倚榻擁書聽之。此中意味，難得解人，賦詩云：

雨中梅山寺聽度曲

瀟瀟歌不歇，茶熟更香殘。雨意催絃潤，泉聲繞指寒。秋花依翠磴，薄蘚上紅欄。鬢影禪床畔，楞嚴自在看。

族弟東巖饋酒席。夜雨達旦。

十七日己酉　風雨。留梅山寺，終日坐山樓看風雨。得句云：『四壁松聲風裏寺，一樓秋色雨中人。』書友芝觀察挽聯：『捧袂在吳山，薇省酒闌成隔世；七月初同飲於蘄方伯所，後遂不相見。露襜遍閩海，橋船人至説清風。』夜雨。喫香積饌。

十八日庚戌　小雨，至晡稍止。遣王福以燭楮、挽聯吊友翁。留梅山寺，静極無事，批閲《湖海樓集》及《質園集》。

寒露九月節。十九日辛亥　申初二刻六分寒露節。終日多雨。鄭妹夫來。五日來留梅山寺，閲《質園集》及杜牧之文，以篋中携書寥寥，又不能出寺游，殊有蕭寂之感。得中丞照會，請予督修西江塘。夜雨不止。作書致季弟臨浦。風潮黦衣。

二十日壬子　秋陰靉然。藺如以舟來迓，將束裝矣，楚材召珊姬之母來與議身價，以珊姬欲委身於予也，議未成。王叔彝觀察偕其賓佐王蓮伯、朱知府諸君携酒食至寺相款，遂不入城。妹夫回去。夜與王君飲畢後，持燈送諸君上船，烟水濛濛，寺影遠出，船舫漸去，燈火可分，此江村送客夜色可圖者也。夜分客散後，雨復至，偕珊姬坐小樓，倚燭而聽，松竹愔愔，山氣倍静。玉溪詩云：『何當共剪西窗燭，却話巴山夜雨時。』浪仙詩云：『夜半無人松竹静，獨聞山雨到來時。』雖各有領悟，皆是静時消受也。惜所對玉釵鬢影，尚未解個中言語耳。

二十一日癸丑　陰。剃頭。仍留梅山寺中，桂花盛開。傍晚與珊姬坐佛殿外蒲團閑話。兩日來楚材弟具饌。

二十二日甲寅　新晴可喜。寺僧隱松餉剡山茶葉一苞。幼香餉本山抽心莽二苞。同珊姬坐丈室桂樹下閑話，時正輖飢，藉此當一餐香積。蘭如以舟來迓。下午同楚材、幼香入城，仍寓姚竇卿家。賞寺僧番金兩枚，丁氏僕番金一枚，蘭如舟人番金一枚。鄭妹夫來。

二十三日乙卯　晴和。上午出門詣高太守、詹會稽，俱久談。詣張山陰，不值，午歸。詹會稽、張山陰來。下午坐庭中看書，江氏《疏》方數葉，忽姚氏逐瘈狗喧滿十室，遂輟去。出詣大妹，小食。傍晚歸。瘦生來。

二十四日丙辰　陰晴相間。鄭階平來，得季弟臨浦書。品芳弟來，鄭蘭舫來。作書致山陰張令，爲姚氏取逋銀事。得高太守書，饋肴饌十器，即復謝。品芳餉午飯。少梅弟來，添餉夜饌。蘭如弟來。表叔顧春園秀才來。

二十五日丁巳　晴。與張氏翁媪議珊姬身價，許以番金四百枚。張令處取銀百五十兩來。得季弟臨浦書，并塘工帳目一紙，即作復書，并帳寄去。

二十六日戊午　晴和。得孫蓮士武林書。孟生慶綸來，執贄門下，饋酒兩壜，醃腿一對，肴饌一筵。犒使者番金兩枚。作書致高太守問病狀。作書上馬中丞，又作長牘致吕庭芷，以庭芷將有北行也。得高太守復書。作復蓮士書。夜邀品芳、小梅諸弟飲，楚材弟、鄭妹夫、竇卿、介平同席。（此處塗抹）

二十七日己未　晴。下午詣大妹閑話。晚與張氏翁媪成議，以金花紅箋書券一紙來呈。翁名文元，媪廖氏。鄭妹夫貽佛手柑一盤，却之。夜小雨即止。遣王福至柯山告家慈。

二十八日庚申　上午陰，下午晴。以肩輿僕從送珊姬還家辭訣，傍夕回來，張翁犒輿從三番金，仍還之。詩舫弟來。

二十九日辛酉　晴。遣王福至紫馥庵問玟。作書致傅蓮舟，致沈長衡。作書致季弟臨浦。品芳弟來。寨下故人茹子薌來。品芳餉夜飧。寶卿爲取箱廚、床帳、桌椅來。

三十日壬戌　晴。季弟昨夜自臨浦來城，上午同鄭妹夫返柯山去。故人孫子九來，留飲暢談，以新詩一册見示，多有佳什，絶句尤工。得殷宏疇書。沈某秀才來取書直，付以《山陰縣志》《湖海樓詩集》價一番金。剃頭。夜爲品芳改所作長短句。品芳少失學，近始讀書，學爲詩詞，頗有思致，吾家佳子弟也。自書房中楹聯，集成句云：『蛛絲燈花助我喜；蘭苕翡翠爲其情。』又爲梅山寺僧隱松書聯語云：『簾外松聲傳水唄；佛前燈影過山雲。』夜中小雨。

九月癸亥朔　上午小雨，下午陰，傍晚小雨入夜。上午出門詣郡守，并晤王叔彝觀察，相與久談，午歸飯。叔彝來，不值。得海門侍御六月初五日都門書。鄭妹夫自柯山回，言昨日傅蓮舟來。又前日鍾吝齋自義烏歸，來視予。錢清童編修福承兩次見訪。蕭山沈衡夫來謝壽言，饋酒兩罎，醃腿一對，受酒返脯。下午訪叔彝久談。夜雨。

初二日甲子　上午雨，下午晴。得中丞書。爲人書便面五。

初三日乙丑　薄晴。得吕庭芷書、王子蕃書。從蘭如借船，下午同寶卿赴臨浦。夜至柯山，見家慈。初更雨作，同瘦生、寶卿宿舟中。是日沿湖漸見紅樹。日落時至青田湖買菱。

霜降九月中。

初四日丙寅　終日雨至夜。早起經所前，上午抵臨浦上岸，至山陰街塘工局，晤季弟及施友三等。下午季弟同寶卿等，詣寺山下測量塘工。沈雨巖來。夜早睡。酉正初刻十四分霜降節。疾動。

初五日丁卯　夜雨，至曉漸疏，上午稍止，午後有薄曦。上午坐江船至義橋，晤段光清。光清入施某言，謂予以氣凌之也，甚不平於予，酬應之間，頗形簡寞。予詰之，光清遂肆忿詞。予始亦怒，繼與從容辨折，光清亦奪於理，不復能言，乃曰：『我過矣。』此亦待横逆之法也。光清爲人始末，已具予《越縵堂日記》庚集中，兹不復論。下午回江船置飲，船伎有名招娘者，頗能昵人。晚别季弟，至内河，登故舟，同寶卿還郡。初更雨作，終夜有聲。

初六日戊辰　雷雨數作。早至後梅湖訪慎齋，留早飯。詣錢清笞拜童啓山侍講，不值。午至柯山見家慈。下午回舟。日落時至青田湖黄家村，見前日賣菱者仍在湖采菱，復買之，并還以前日錢。晚抵城寓，賞舟人番金三枚。高次封太守來，不值。珊娘之姊金閏娘饋蒸鷄，又以金錢八卦、繡羅卷袖貽珊娘。夜授珊娘《合歡花》詞一首：『昨宵疏雨隔天涯，今夜燈花共一家。妾身願作合歡樹，郎心莫似菖蒲花。』夜雨至旦。

初七日己巳　曉雨，上午稍霽，西北風驟起，頓寒。太夫人至城，居紫馥庵。作書致施友山及季弟，促其上郡，將質證義橋事也。施生鬼蜮可惡，亦緣季弟年少疏略，致構斯釁耳。折柬致王菽畦觀察，高次封郡守，山、會兩邑令，約以十五日飲酒。作書致沈蘅甫。朱雲甫郡丞來。雲甫，名其昂，寶山人。

初八日庚午　晴寒多風。爲人書楹聯五副。作書致楊豫庭。高次封來。遣王福、騰雨勘田禾。

下午同楚材弟至紫馥庵省太恭人。（此處塗抹）孟生來請明日謁六陵。（此處塗抹）

初九日辛未　曉晴，上午雨，午漸密。剃頭。作書致傅蓮舟。再遣王福、騰雨視田禾。蓮舟來，言族弟國琇分兵部學習，子蕁亦分兵部，楊理庵、馬春暘俱丁外艱。是日孟生本約先詣攢宫，後至其家聽戲，今日雨，不得登山，下午從蘭如借舟至黄墩涇就孟生飲，同席爲王菽畦、朱雲甫、丁吉生、楚材。夜即門首聽戲，二更後返舟，五鼓入城。是夕雨聲甚苦，天氣寒如冬中。鄭妹夫送朱漆盤桶等件來。

初十日壬申　曉雨漸疏，午後霽。侵晨返寓，蓮舟别去。鄭妹夫來。是日浙闈榜發，山、會得雋者二十八人，戚好無一預者。譚侍郎從子寶（琛）〔琦〕、杜學士子致泰皆以官籍得舉。折柬致余輝庭、孫琴士、胡梅卿、梅仙兄弟約十五日午飲。又邀丁幼香、吉生兄弟，鄭階平、海槎、子霞、蘭舫群從，姚寶卿、沈瘦生、孟厚甫及蘭如、品芳、少梅、詩舫、楚材諸弟夜飲。子霞來。

十一日癸酉　晴。遣王元至柯山取綿衣小裘。山陰張令來，尚卧未起，因辭去。季弟及施友山、馮輝如帶工頭兩人來。少梅來。（此處塗抹）東巖自杭州寄姬人鬟花、頭繩、面粉、翦刀來，作書謝之。子霞來。是日製新床被褥成。（此處塗抹）蘭如弟來，不晤。

十二日甲戌　薄晴，稍和。作書致蓮舟，慰其落解。作書致瘦生。作致三妹書，寄去杭花一對。折柬招傅節子十五日午飲。（此處塗抹）得屠夢巖姑夫書，薦僕人陳明。（此處塗抹）仲弟來。（此處塗抹）

十三日乙亥　晴陰相間。上午詣紫馥庵省太夫人。便道詣輝庭，不值。高太守送禮來，喜燭二斤，鞭爆千個，喜酒兩壜，醃腿一對，龍眼、蓮子各兩筒，杏仁、海米各兩封，受燭及酒，犒使者番金一枚。族姪維濟來。仲弟送影宋刻《姜白石詩詞合集》來，困學樓舊物也。（此處塗抹）夜張寶卿來，不見。

十四日丙子　晴和。上午詣紫馥庵省太恭人。作片致輝庭借桌椅。屠夢巖姑夫來。鄭蘭舫及蘭如、品芳、少梅諸弟送花燭喜酒、大小春爆來。從海槎貰米一石。借姚氏廳堂懸燈。自書外室楹聯云：『簾前翠竹三生石，鏡裏紅芙百福人。』又爲孟生書聽事楹聯，隱松僧書屏障四幅。蘭舫來。瘦生來，饋酒兩壜。王子蕃來。夜蘭如來，少梅來。（此處塗抹）剃頭。

十五日丁丑　晴和如春。早起祀神。（此處塗抹）又香、葆卿、階平、楚材送榮華堂清音一部來。施友三來。丁吉生、饋酒兩壜。幼香兄弟來。幼香送白銅手爐一對，錫火鍋一對，磁瓶一對，茶碗一對。詹會稽來，送番金十二枚。張山陰來，送酒兩壜，花燭一對，鞭爆一千。蓮舟來，送番金一枚。屠夢巖姑夫來。潘和軒來。饋酒兩壜。孫琴士來。傅節子來。孟生來，送天青緞套綾裏一領，酒兩罏，燭一對。鄭海槎來。饋酒兩壜。蘭舫來。蘭如來。品芳來。少梅來。王子蕃送包頭，手帊、烟袋、被料、脂粉來。瘦生送床鏡兩面。馮輝如送玻瓈風燈一對，鏤銅小重爐一枚。陳丹愫送壽字錫香合一枚，鏤花錫香合一枚。得余輝庭書，饋燭四斤，鞭爆一千。張寶卿及族叔熊飛饋酒兩罏。大妹來。午請客兩筵，請姚葆卿姬人及大妹、珊姬一筵。王叔彝來。夜請叔彝、詹月艘及蓮舟、吉生一筵，請幼香、葆卿、友三、瘦生、子霞、蘭舫、海槎、階平、楚材弟一筵。留蘭如、品芳、少梅同孟生夜飯。二更樂輟客散，惟蓮舟止宿。夜半雨作。（此處塗抹）

十六日戊寅　終日陰雨。留蓮舟清談。賞僕人陳元兩番金，徐松一番金，潘升一番金。下午，詣紫馥庵省太恭人。慎齋來。王子蕃來。留慎齋、蓮舟宿。夜雨聲徹旦。（此處塗抹）

十七日己卯　雨。蓮舟去。作書致三妹，附寄内子兩番金。珊娘以香粉四包、燕脂十帖貽三妹，以包頭、燕支貽大妹。作書致瘦生。下午愼齋別去。饋葆卿、階平、子霞、楚材酒各兩罌。詣山陰張令及余輝庭，皆晤。賞王福、王元兄弟番金各兩枚，賞騰雨番金一枚。夜雨聲不絶。爲葆卿父子責善事，作書致張令。是日疲茶殊極。

十八日庚辰　初晴。得張令復書。王子蕃來。族叔梅坡來。少梅來。得王叔彝觀察書，并送繡段、挽袖、裙面、繡緺、長短手帕來。孫琴士送通草鬢花、緑緺小帕及挽袖、裙面來，受帕、花。復謝叔彝書。還春燕樓酒債三番金。還王福日用七番金。夜偕季弟詣紫馥庵省太恭人。

立冬十月節。　十九日辛巳　酉初三刻四分立冬。晴。幼香來。遣舟人至柯山取架上書。得沈蘅夫書。下午詣詹月艭、高次封，俱晤。付王福日用一番金。夜月甚寒。作書致月艭。得月艭復。喫牛乳。

二十日壬午　晴。得愼齋書，并惠京粉兩合。詩舫弟來。作復愼齋書。王揚廷來。付紬段錢十三番金，又還子霞代帳七番金，付王福日用一番金。日來所費不訾，大有餓死之憂。今日愼齋書來，力勸歸柯山村居，當與瘦生商之。倘得如所計，即日携眷賃樓小住。青山紅樹間，曉簾初捲，霜日晶明，鬢影鏡光，相爲嫵媚，勝於元微之萬樹桃花中看水精簾下梳頭矣。書此數語，亦如餓人畫餅，痼疾夢瘳，聊解愁結耳。

二十一日癸未　陰寒多風。得揚庭片，約後日過談。愼齋來。族叔梅坡來。下午偕詩舫弟詣資福庵。家慈回柯山。季弟赴臨浦修塘。付塘款番金三十枚，船飯費番金兩枚。付金福犒賞四番金。（此處塗抹）今晨梳我頭。夜作書致月艭。金生福延來。

二十二日甲申　陰寒如昨，上午有微雨，下午多風。作片致輝庭還桌椅。作片致楚材弟，送以醃鴨及通草花。作片致族叔梅坡，爲姚氏追船事。謝陳掌櫃代書昏券兩番金。蘭舫來。詩舫弟回去。夜作書復沈蘅夫，託陳丹愫轉寄。作致季弟臨浦書。

二十三日乙酉　曉雨，上午稍霽，午後陰，傍晚小雨，夜又雨。晨起剃頭。傅節子送繡段、奩物四事來，即復謝。午出門詣戚族各家謝賀。詣王叔畦觀察談。視大妹、二妹、薛氏姑、表妹，晚歸。付王福日用一番金。得慎齋書。品芳弟來，幼香來，俱不晤。夜詣輝庭談，雨作而歸。比以納姬事，奔走借貸，略不得閑，又苦酬應紛紜，終日與俗子伍，案上散帙，至不一開。

昨夕今晨，稍理清坐，因取《譚友夏合集》閲之。其集爲《嶽歸堂新詩》五卷，《鵠灣文草》九卷，《嶽歸堂已刻詩選》八卷，諸稿自序附諸名家序一卷，共爲二十三卷，詩文皆分體編録，中有評點，每卷首分標徐九一、張天如、楊維斗、錢吉士、顧麟士、楊子常、周勒卣、張受先、周介生、錢彦林、朱可若諸人姓名，而皆副以吴郡張澤草臣，蓋皆出此人手也。

竟陵之派，笑齒已冷，秀水朱氏至比之泗鼎將沈，魅彪並出，爲明社將屋之徵。予幼時，見坊本有選友夏游記數首者，竊賞其得山水之趣。及閲所評《水經注》，標新嘬奇，時有解悟。前年在京師，見所選《詩歸》，雖識墮小慧，而趣絶恒蹊，意想所營，頗多創得。因謂盛名之致，必非無因，纖鉅高卑，視所成造。要亦秉其夙悟，運以苦思，執專門之巨規，樹益時之壁壘。而小道易泥，欹器懼盈，縱驚流俗之觀，益來識者之垢。根本不實，窪水即乾，吹毛索瘢，遂無全體。衆棄之藪，莫櫂其翹；千喙一談，竟從擯絶。今日閲其全集，總其大凡。詩則格囿卑寒，意鄰淺直，故爲不了之語，每涉鬼趣之言。而情性所媾，時有名理；山水所發，亦見清思。惟才小氣粗，體輕腹陋，俚俗之弊，流爲俳偕。故或片語可稱，全篇鮮取；披沙汰石，得不償勞。見斥藝林，蓋非無故。至其散文之病，差亦同詩。傳誌諸篇，立言無體，幾爲笑柄，多類稗官。而書牘序言，頗有意致；銘辭游記，尤可取裁。敘泉石之奇，能超形想；寫友朋之樂，足散人懷。銘或具體於東坡，記多得力於酈注。其以蔡清憲爲師，鍾退谷爲友，皆有古人之風。亮節直言，庶乎無愧；潔情遠韵，亦自足多。世人平心觀之可矣。

今最其文之佳者，如《游玄嶽記》有云：『澗上置橋，高壁成城，相圍如一甕，樹色徹上下，波聲爲石所迫，人不能細語。桃花方自千仞落，亦作水響。』又云：『衆山紛紛委於壑，松柏如隨其山下伏，然與荇藻不異。』《遊南嶽記》有云：『入丹霞寺，棟宇飄摇，若欲及客之身，自此以上，雲霧僦居，冬夏一氣，屋往往莫能自堅。』又云：『指隔山上封寺，道有級路，趾斜垂若蟻緣；人與雲遇于途，雲不畏人，趾窮坦然得寺。亭午弄旭，澹若夕照。』又云：『上祝融峰頂，數人各據一石，晴漾其裏，雲縫其外，上如海，下如天，幻冥一色，心目無主，覺萬丈之下，漠漠送聲。』又云：『久之雲動，有頃，後雲追前雲不及，遂失隊。萬雲乘其罅，繞山左飛，飛盡日現，天地定位。下界山争以青翠供奉，四峰皆莫能自起。遠湖近江，皆作絲縷白。』又云：『宿上封寺，雲有去者，星月雍然，罄聲不壯。』又云：『善遊嶽者先望，善望嶽者逐步所移而望之。雨望于淥口，月望于山門，皆不見。都市乃得見之深于雲一紙耳。將抵衡，觸望莊栗，空中欲分天。又望于縣之郊庵，雲頂一二片定者，的的見縹碧。又望于道中，萬嶺皆可數，然是前山，非郊庵所望縹碧者也。』《初遊烏龍潭記》有云：『有舟自鄰家出，與閣上相望者，往來秋色上。』《再遊烏龍潭記》有云：『電與雷相後先，電光煜煜入水中，深入丈尺而吸其波光以上于雨，作金銀珠貝影，良久乃已。』《三遊烏龍潭記》有云：『殘陽接月，晚霞四起，朱光下射，紅在蓮葉下起。已而盡潭皆頳，明霞作底。』此皆寫景之妙者也。《退谷先生墓志銘》有云：『退谷改南時，僦秦淮一水閣，閉門讀史。每游人午夜棹回，曲倦酒盡，兩岸寂不聞聲，而猶有一燈熒熒，守筆墨不收者，窺窗視之，則嗒然退谷也。』《三十四舅氏墓志銘》有云：『農暇或一至予家，問吾母安否。夏月，稻登場，必遺以新。仲秋月圓酒熟，必寄予兄弟。每過予家，則教以安分行樂。予兄弟往拜舅室，見其與婦喬孺人，子女四五人，所畜童婢二人，料理鷄塒牛圈，屋茆釣緡，寬然無辱于擔石之中。應酬不煩，王税不逋，貴不知敬，富不知羡，若以今世士大夫稍能知苦樂安危者，聞舅氏事，豈有不竊歎者哉！』《求母氏五十文説》有云：『春兄弟六人，百畝之田，三尺之童，母乘其俱出析之。曰：「非兒曹意也，吾見魏氏數世同居，子孫不知世務，卒以此憒懦，落其家聲，徒存義名無補。且吾所爲析者，使諸婦不凌雜耳。」其母妹兄弟同食，如故人直供。一日薄暮，取酒相對，談學業世事，母亦喜出聽，自出餅餌蔬醴，佐春兄弟啖。兄弟中有求益者，母喜曰：「吾乃見汝曹争食，家中長若此可矣。」』此皆寫情之真者也。其《退谷墓志》有云：『但以愛人慧巧，不肖者因而呈身，濫入交遊，詢懟齮齕，皆叢於此，亦可爲士大夫不慎之戒矣。』於已殁之友，直著其失，尤晚近所難。銘贊之佳者，《端石研銘》云：『無旁無足，無口無目。墨易生如蓄，水自出如瀑。大人書之金如玉，野人書之石如木。』《連環研銘》云：『石田蒼蒼，一區二唐。』《女士程辟支所繡觀音頌》云：『騰騰白光，一針所始。何以髮之？既結旋委。稽首審聽，瓶搖新水。春閨無怨，絲絲神理。幅帛莫增，捫如其指。送大士行，月出烟止。』《宋繡觀世音讚》云：『我聞繡佛，慎哉劈絲。離朱晨曦，目午則疲。蓮花瓣瓣，紫竹枝枝。視手中綫，觀音在茲。』造語工雋，頗能具體六朝矣。其詩五言亦有可取，後日當再摘鈔之。

二十四日丙戌　終日陰雨，無事。

二十五日丁亥　雨。得陳丹愫書。施友三自工所來，言寺山下改道修塘之説，爲土人所持。因作書告高太守。友三回工所，作書致季弟，附之去。是日在友人所見《寄雲上人詩集》，後有續刻數篇，予所未見者也。其《蒓客過募梅精舍話别》詩有云：『談玄客去茅庵冷，窗外梅花共此心。』讀之悵黯。予與寄雲爲方外之交，山居十年，多共笠屐。寄雲每得句，必請予改定，再三乃已。其集將登木，又獨求予序之以行。予入京師，有《懷凡公》詩七律一章，又追和其送行七絶三首，未及寫寄而越亂作，寄雲遂歿于亂中矣。窮子還家，化人先去。靈徹斷金英之采，已公無茅屋之留。睹此遺文，追尋昔契。燒猪煮笋，流連緇俗之間；調水買山，商略烟霞之表。松枝捉麈，鵲尾提爐。凡舉勝緣，相期歸老。而劫塵未滅，慧業先成。遠公含笑於盧循，道安償債於苻氏。桃花入度，桑下坐忘。篇偈猶新，風流永絶。木叉鉢化，茶毗塔空。擬怨别於惠休，異吐呪之羅什。竹窗火後，黯黯定雲；梅子圓時，明明愛月。爰題長句，以釋恒情。

小雲栖凡公與予爲方外之友别後七年久已怛化偶閱其募梅精舍詩集多及鄙人撫卷觸欷賦此當輓

佛火蒲團世外身，講臺合眼了前塵。到門鍾磬誰相款？繞塔梅花尚自春。别後詩篇多憶我，歸來俯仰獨傷神。祇應夢裏王文度，重見平生竺道人。

二十六日戊子　陰雨。予前選擇袁中郎詩爲摘句圖，附之《越縵堂日記》辛集。比日因雨少閑，復取友夏詩詳細點閲。其原篇無大疵者，稍爲删節；其一二語可采者，爲之摘句，並著於篇。庶公安、竟陵，真面盡出。泯選家之異同，戒世人之輕薄。平生愛護古人之心，亦可共見矣。

蔡敬夫先生賦寒河二詩見寄奉答二首選一

杳杳吴越路，從此門前踏。我歸欣有所，河光資伏臘。天陰濕素練，月上瀾玉塔。雖曰流不返，林居有吞納。茆屋圍長堤，水火自相匝。溝池界爲垣，春流歸無雜。桐卉覆鷄鳴，渡口聲颯颯。兄弟成鄰里，賓朋如老衲。倚樹時不冠，人逢無拜答。庶幾桑者心，泄泄猶沓沓。此下節去二句。饒有雋語，質直處亦自儲太祝一派來。

西山道中念馬仲良邀晤今日

一路把君詩，過門不及訪。數月慕山光，展期未暇往。歎我事事然，後時多存想。楓柿紅高秋，微涼天氣廣。安能城中坐，徒受喧塵享。山亦喜人來，不聞罪今曩。君子物表心，豈不嘉空朗！稍近空情，而灑脱自喜，亦似香山。

西山還馬仲良以詩見簡復寄數句

不甚急君晤，良由平素深。反覺故識人，尚多速見心。此下節二語。十年蘊形影，水月默相尋。此下節二語。良覿今可遂，常恐洩幽襟。此下節四語。杯酒涼秋天，漠漠山還吟。鷄鳴見君子，我懷如空林。芟去蕪枝，迥然孤秀。結韵神來。

馬仲良邀餞同茅孝若賦亭皋木葉下

秋風帶早寒，吹君鄰家樹。葉葉望遠吹，在君階下遇。木與葉相别，飄焉墻瓦赴。颯沓散秋迴，非爲霜所誤。四語冗滯。如何故人影，看作霜天路？是夕燈外菊，同心照遲暮。

坐卧碧岑上，星辰立燈中。《西山烟磬閣》。天寒雁鷺多，野水自移釣。《答潁川張同甫》。

周伯孔移家湖岳堂招集兄弟友朋歌姬觀湘漲因具舟泛河遍歷湖蕩諸處下泊萬樓鼓吹大作分韵記事得原字

空湘待春雨，薄旭照湘渾。卜築聚風騷，魚鳥入高門。堂幽宜晚坐，舟事沿芳蓀。欲知所歷妙，信棹覓溪村。柳絮點濁醪，野香行岸根。小灣水夜長，前者濶平原。勿謂湖岳遠，厥勢如吐吞。一醉古人到，重游安可論。静秀似柳。

吴聖初許以園林見借讀書同茂之先往觀之因題壁

兩峰寒照眼，委巷露茅室。信步窮高下，不知徑所出。阡陌太縱横，頓使城郭失。千竿修竹林，潤滑含雨質。春光與晴光，此中恍難必。結侣先結懶，閉門志則一。静對野塘間，以待花事畢。『千竿』四語寫竹林中光景可思，『潤滑』五字體物工妙。

虎井

披榛求山泉，寂寂入遠境。山泉出山濁，不如在山井。紆曲斷行人，蘚氣斂碧冷。上無幹與欄，下無瓶與綆。淺汲不盈盂，微月生盂影。坐對茗床間，色味深以永。鐘磬善護之，幽庵正隔嶺。

南湖十一月二十四夜月

明月涵南湖，湖中皛雁呼。霜氣結亂聲，能使明月孤。明月平湖水，水明光未已。奇寒欲作冰，冰成寒不止。《江湖小集》中當家之作。

夜次陽暹同夏平尋山

静人真可偕，高趣晚無逆。人家殘漲後，初乾沙紋迹。軟步過秋草，寂寂林下宅。宅邊如有徑，諒爲兹山闢。微茫犬吠顛，向下人聲積。高處天地靈，長江動空碧。一燈磬杳然，嶺爲溪所隔。不必詣其所，惆悵亦有獲。結處淡不可收，直到古人神境。

遊九峰山二首選一

衆山作寺圍，群松作山護。纏綿青翠光，山欲化爲樹。根斜即倚磴，枝隙已通路。陰雲貫其下，常令白日暮。藤刺裹山巔，飛鳥慎勿度。

園中

寂寂向何處？一園相昏曉。有塘自能深，鹿眠春雨少。光風吹二月，生滿萋萋草。細花布野黄，裙帶知之早。結語騷雅，胎息六朝。

玉華洞

黑雲埋地底，烟霧不得結。潛與炬同入，以此爲日月。陰濕沁空冥，初火照難徹。傴僂尋石隙，容光隨曲折。石笋亂棕櫚，拂音皆清越。自懸高下乳，彬彬相錯列。疊成八褶紋，龕影窈古雪。萬象不可窮，閑坐石上閲。『潛與』以下四語，奇崛如韓。

大西洞

奔湍肅然清，流作谷中籟。陰崖暗相轉，不出寒火外。誰其覆載之，深廣自映帶。石色想周秦，蒼然不待繪。如見所藏書，簡質安用汰。一吸精液還，始落白雲界。『陰崖』十字，險健似東野。

玉田洞

數日穿壁屋，潛身元氣間。輕舟愛新水，近洞生餘寒。一泉鳴深黑，終古音可觀。以石爲起止，與沙相更端。微明露崖末，過此亦知寬。『輕舟』十字，雋語可思；『微明』十字，神似大謝。妙在截然而止，有不盡之意。

從敬夫先生泛舟登塔至別日作

行舟是別舟，泛眺已非昨。長歎春水前，山花棹外落。舟歸路不歸，悵矣尋靈嶽。『長歎』十字，自然秀逸，極似右丞。

子將山居幽甚是宋人方圓庵遺址與李長蘅嚴無勑同過

杳杳一溪水，隨我上空林。可見人境外，青山本易深。幽士縱遠步，息之以清音。籬邊菊疏放，爲閣納青森。園丁不掃葉，永然懷冬心。一坐仰松竹，泉浮山乃沉。往來古今色，前山石陰陰。說理名雋處，自有深造。以上所選五古，佳處顯顯，何減古人？其病在每篇時雜一二習氣語，又往往上下語不相應，如『籬邊菊疏放』下云『爲閣納青森』此類是也。

『叩户久不應，開門知春寒。』《清凉寺訪謝少連》。『離人不可爲，細雨先上舟。』《别伯孔於長沙》。『太霽挹山情，將無失爣怳。』《衡參同異》。『身在一溪行，旁見數溪轉。』《泛苕水至夾山漾回舟》。

得舍弟書自老母晨昏外惟報園中竹笋荷花喜賦二首選一

數行親健外，原不似家書。頗見平安久，真由誦讀餘。粉霜開晚笋，香雨溢新蕖。寫寄風塵裹，寥寥鼻眼虚。此以題目可愛存之，詩亦不俗。

憶五弟正則

一時忽不樂，五弟近何如？臨别曾相訂，未痊當寄書。幸因書不達，遥揣病當除。寂坐賓筵上，魂驚夜叩閭。

同王明甫過謝吉父

起從城上看，城外水光明。漸近伊人宅，園門開晚晴。竹陰殘雨落，簾影一階平。歲暮此中隔，全無歌吹聲。

方廣有梁海惠尊者洗衲石在泉中

日下寺峰静，水流橋路深。清暉向前去，奇影自相沉。以我倚松意，知師洗衲心。聲光融萬物，不獨在長林。

遊西山歸示孟誕先

必自寒溪返，青蒼非一情。涼螢光草色，微磬立泉聲。又有江村火，映予山路行。懷坡亭上望，寂寂覺前生。

得伯敬南中書三首選一

人傳君病甚，亦覺久無書。近始來音旨，中仍略起居。藥香諸佛下，歸志一官初。我信田園好，山川或未如。

『途中行一月，馬上度重陽。』《送二兄北遊》。『臺與夕陽平，同來爲晚晴。』《登清涼臺》。『松小風吹壁，水明星下灘。』《北庵》。『山氣養身輕。』《烟磬閣》。『秋聲隨步去，月影與林來。』《夜過野庵》。『近秋通月性。』《九峰》。『日月光難遍，江湘氣盡歸。』《洞庭湖》。『鐘後寺如安。』《月坐法相寺門》。『萬嶺氣如暇，一湖烟有餘。』《孤山》。『閣燭摇眠鷺，庵鐘定薄霜。』《草堂》。

友夏佳篇，蓋已盡此，七言則無一善者。又其平生與鍾伯敬爲生死之友，酬贈最多，而鮮有合作，豈用意之過，遂盡墮習氣語耶？秀水《詩綜》僅登友夏詩一首，是亦過矣。

是日下午稍霽。令圬人製小竈。付王福日用三番金。瘦生偕其從叔雨巖翁來。從昌安葉氏鋪賒錡釜三事。蘭如弟來。孟生來。留蘭如、瘦生、孟生夜飯。兩三日來，天氣熱如春中，夜間有蚊。

瘦生言柯山有燕復來，巢人家幾滿。濱湖漁者言今年尚無雁至，可異也。夜分後雨聲滴瀝達旦。

二十七日己丑　終日苦雨。鄭妹夫來。夜大風作，寒雨聲益緊，喧騰達旦。

二十八日庚寅　大風驟寒，雲陰不散，雨霽間作，午後力晴，風益勁。高太守來。作片致味經堂，還《譚友夏集》《商質園集》。作書致王子蕃。付王福一番金，以錢六百文買錫虎子。是日寒斗甚，始換珠毛小裘，頗有温鑪綿帽之思矣。夜風徹旦。

二十九日辛卯　西風勁，晴，冰凍寒甚。日高春起，依檐坐暄，閲《姜白石詩》。季弟自臨浦寄芋一簍來，以半分鄭妹夫。鄭妹夫來。族叔梅坡來。少梅弟來。作書致季弟。

鷓鴣天　題王叔彝觀察《山陰道上圖》四首

春到山陰湖水生，游人争愛鏡中行。茶烟楊柳千家雨，燕子桃花十日晴。　蘭渚酒，禹祠鶯。放翁《禹祠》詩「萬人歌吹早鶯天」。不堪風景憶承平。畫船簫鼓嬉春返，一路樓臺直到城。

夏裏山陰總似秋，清凉五月足句留。亂蟬古木多藏寺，曲水修篁半結樓。　村落静，野塘幽。藕花多處便停舟。披襟别有風前思，閑向桑陰看飼牛。

秋後山陰事事宜，湖山清瘦最宜詩。白蘋風細分漁火，紅樹烟疏颭酒旗。　菱罫錯，蓼灘欹。放船偏愛夕陽遲。江村雁到黄花滿，正是人家打稻時。

冬日山陰景物殊，寒鴉流水稱蕭疏。『寒鴉數點，流水繞孤村』，少游越州詞也。千巖霜月傳僧磬，萬樹梅花壓釣艫。　商茗器，貯風鑪。泖湖生計未全輸。剡中留賞今年雪，重繪君家訪戴圖。君將以督運事離越返淞，故云。

南旋道里雜詩：

《五月初八日出都門作七律二首》《夜宿楊村雨中聞歌七絶二首》《天津雨夜夢德夫七律一首》《出大沽口感事述懷追悼故帥僧王七律二首》《黑水洋觀日出七古一首》《梅雨中至申江七絶三首》《閏端陽節滬上遇王揚廷弟邀同鍾慎齋弟飲夷場酒樓復同聽汪翠娘歌七律一首》《曉泊嘉定黄頭鎮看月五律一首》《舟入青浦界初見湖水五古一首》《雨中過秀州》《晚泊石門有懷七絶二首》《進杭州北關見西湖諸山七絶一首》《武林喜遇孫蓮士自端州歸七古一首》《渡錢江七絶二首》。附詞《洞仙歌·雨中飲滬上王氏犀禪閣聽殷翠娘度曲追感舊游》《大江東去·過嘉興吊程壯烈公》。

五月初八日出都門作

温風拂拂起刀環，攬轡依然寂寞還。豈有聲名驚日下，祇期身世老田間。入貲司馬仍歸蜀，棄傳終軍又出關。差喜白雲思漸慰，一鞭萬里指吴山。

夕陽還望鳳城闉，天際觚棱獨愴神。尚荷朝廷容冗吏，暫將名字託詩人。七年南北重回首，予以己未五月入都。百劫滄桑感此身。行李平安眠食穩，問持何事答君親。

夜宿楊村雨中聞歌

荒村柳外夜鵶啼，壞壁塵昏覓舊題。一例淒凉燈畔雨，可能還到鳳城西？

戍柝三更作意催，村歌斷續爲誰來？泥墻野店瀟瀟裏，獨自銷魂第一回。

天津雨夜夢德夫

旅店燈昏對短檠，故人相見似平生。同歸竟負當年約，後死徒傷獨夜情。千里魂來淮戍黑，五更夢斷海潮驚。聯床聽雨前期在，腸斷空階點滴聲。

出大沽口感事述懷追吊故帥僧王

七二丁沽勢蜿蜒，千秋渤澥靖風烟。由來碣石稱天險，誰遣神州不自全？苑牧漸侵回紇馬，商胡翻恃島夷船。可憐好片金湯地，忍話崦嵫築館年！

萬里風生舶艍開，茫茫極目事堪哀。可知廢壘三年戍，曾得賢王百戰來。草木已生盤馬地，風雲猶護晾鷹臺。匈奴未滅精靈在，夜半波濤走怒雷。

黑水洋觀日出

整理者按：《黑水洋觀日出》一首，底本僅存標題。

梅雨中至申江

春申城畔卸征帆，夢裏朱樓路尚諳。烟樹濛濛吹笛路，又隨梅雨到江南。

盧橘含桃取次遲，盧橘實非枇杷，今借用之。年來鄉味不禁思。鵓鳩聲裏絲絲雨，正是楊梅上市時。

茗艼情懷黯淡中，熏衣生怕熟梅風。分明襟上離人淚，併向今朝發酒紅。

閏端陽節滬上遇王揚廷弟邀同鍾沓齋弟飲夷場酒樓復同聽汪翠娘歌

鯉魚風裏泊葺城，寥落相逢幾弟兄？醽醁又傾重五節，琵琶初聽第三聲。翠娘琵琶爲吴中第三手。香依鏡檻夷花艷，音接茶鐺海唄生。誰分他鄉今日醉，紅樓江上不勝情。

晚泊嘉定黄頭鎮看月

一抹江南月，相看倍有情。村深燈火出，橋斷野烟生。亂柳穿螢影，叢蘆起蛤聲。清暉知不厭，多謝照歸程。

舟入青浦界初見湖水縠紋碧鮮喜而有作

七載客都下，所乏惟清泉。一泓偶如玉，愛好忘餐眠。及今泛遼海，曼衍浴百川。浩蕩固云足，色相初未專。朝來入青浦，始絶黄流緣。泖湖匯兹地，澄波生遠天。塵眯頓爲洗，緑照雙瞳鮮。逌然媚行客，導與輕舟先。悠悠態能悟，涓涓聲或傳。儼若相勞苦，問答無與宣。微雨一以至，縠紋散衆妍。魚柴點磯星，菱塍界渚烟。遥見菰蒲根，時泊鸕鷀船。水物漸可即，遂覺淵理全。寄謝紅塵客，寶此碧嬋娟。

雨中過秀州晚泊石門有懷

夏水生時雨不收，秧田瀰瀰歇耕牛。緑楊漸長居人少，一路蟬聲過秀州。

自别秦青斷酒尊，黄昏擫笛倍銷魂。可知今夜三千里，細雨孤帆宿石門。

進杭州北關見湖上諸山

百戰臨安劫後塵，湖山都换舊時身。多情只有黄妃塔，猶自含烟待遠人。

武林喜遇孫蓮士自端州歸作長歌贈之

滿天梅雨江水平，林檎落枝䳇鳩鳴。我自北歸子南返，相遇各在臨安城。七載别離慘無色，重趼星霜異鄉國。吹篪乞食不復聞，萬里相望等悽咽。憐君故是碧眼孫，平昔意氣凌昆侖。彈文一落俯對簿，夢中局縮排天門。黄巾百萬下吴會，礮雨屍林晝如晦。草間躡迹探妻孥，夜遁賊營托獠喙。端溪瘴水蒸蠻雲，魑魅白日嬉人群。荔支如火得飽啖，吐詞織遍花桶裙。即今滄海漸填塞，幕府征南大平賊。努力生還都有時，握手相看頓非昔。君鬚鬑鬑頗欲髯，我亦羸瘦凋朱顔。相逢忼慨無慰藉，歷刼不死非衰孱。兵火之後乏元氣，漆室私談急調劑。志業豈爲飢寒輕？和平差免鬼神忌。越人新召陽侯灾，海水高過無諸臺。薄田一頃盡蛙窟，遑能衣食營蒿萊。造物此中當有意，共君早定千秋計。敢謂吾道恃此身，須識文章本餘技。王郎早死孫郎衰，謂孟調、子九。帳中人物空徘徊。安得青山一弓地，白雲相約著書來。

渡錢塘江

江身如帶一舟杭，近指西興便解裝。七載亂離人九死，居然今日渡錢唐。千巖突兀墮襟前，刼後蛾眉尚自閑。却憶黄塵京輦下，馬頭開扇看西山。

洞仙歌雨中飲滬上王氏犀禪閣，聽殷翠娘度曲，追感舊游。

薄游如夢，又墜鞭扶路。爛漫江湖暫歸去。認春申城郭，楊柳冥濛，剛恰是、簾幕家家梅雨。金尊停幾日，重問當筵，到處流鶯换前度。花裏小分樓，屏格玲瓏，還淺試、春葱弦柱。問曲裏、瀟瀟幾時休，記檀板銀燈，那回情緒。

大江東去過嘉興吊程壯烈公

整理者按：《大江東去》一首，底本僅存標題。

孟學齋日記乙集下

同治四年十月初一日至十二月二十九日（1865年11月18日—1866年2月14日）

同治四年乙丑冬十月

冬十月壬辰朔　晴冰，無風。坐暄看書，時有客至。鄭妹夫來。族姪某來。仲弟來。作書致山陰令張夢周，爲丁氏魚葹事。

初二日癸巳　先王母倪太恭人忌日。晴，風稍和。早起買舟詣柯山村居省家慈。瘦生來。拜祖母忌日。晡後自柯山回舟，晚入城。

高太守送書幣來，請主蕺山書院講席。夜作書致高太守云：『次翁公祖仁兄執事：今日自柯山祀先歸，奉到聘書，命主蕺山書院，惶恐無地。弟一老秀才耳，品行學問，無一足言，何敢謬主名山，濫受羔雁？況蕺山一席，向屬鉅公，非齒爵兼尊，不能矜式鄉里。弟雖闇劣，豈昧斯情？然前奉中丞之賜函，既承執事之面諭，弟不汲汲固辭者，實以處境奇貧，老親菽水，都無所出，勢不得不藉筆舌之耕，爲潔白之養。故五月間初謁中丞，中丞意欲留弟省垣，忝預謀議。弟揣分量材，祇宜以簡寂自處，即面乞一小邑書院，爲糊口之資。乃蒙中丞雅意憐才，過相期許，一聞孫編修之殁，即以此席爲言。又荷執事雅意周旋，忘其固陋，直排衆議，將以幣書。進退維谷，莫知所措。弟讀書無似，然於學問文章，性所酷好，頗思出其所得，與英俊相切磋。蕺山又絃誦所歸，自子劉子創證人社以後，鄉賢僑彦，疊主皋比，先哲清風，夙所私淑。幸值執事爲郡山川重秀，菉竹蔚興。蕺山有菉竹亭。弟依藉主人，下帷山上，琴書互答，童冠與偕，仰其束脩，歸奉甘旨，杜門不出，亦足終身。但以久次諸生，而儼然課三舍士；以銅臭貲郎，而抗顔爲一郡師。竊恐衆口沸騰，將使中丞失知人之明，執事有輕聽之過，而益重弟以僭越之罪。是以捧書躑躅，流汗沾衣；還望直言相規，俾無失足。君子愛人以德，弗以賤況爲懷，遂忘審度，則受賜多矣。翦燈觀縷，率臆不宣。』高太守送聘敬八番金來，犒其使者一番金。

初三日甲午　晴和。狹猔湖魚人張某、蔣某等，送斷蟹一簖來。孟生饋蒸羔一具，復書謝之。作書致高次封，饋以蒸羔及熟蟹四十螯。孟生來。付王福日用三番金。得高太守復書。爲王叔彝觀察題《山陰道上圖》，填《鷓鴣天》詞四闋，别存稿。夜作書致叔彝及族弟品芳。

初四日乙未　晴和。始與張姬即新竈買薪自爨，以前兩月食于姚氏。從瘦生借挂鐘一具來。令梓人製外房風門，今日成。午飯後出門拜姻丈張魯封員外，不值。拜蕺山監院周一齋孝廉、唐雪航教授，晤周君。又賀中表章厚甫歲貢傳坤得鄉舉，晤其從兄舉人傳墀。賀王杏泉訓導英瀾次子繼香得鄉舉，杏泉病不能見。傍晚歸。付轎夫錢七百文，付前日季弟赴臨浦船錢一番金。品芳來。犒姚氏僕婢錢四陌。

小雪十月中。　初五日丙申　未正三刻二分小雪節。晨晴，上午陰，下午雨至夜。遣王福詣柯山，付家用六番金，取書籍、裘帽數事及飯米、茶葉來。作書致傅蓮舟。午詣鄭氏視大妹及妹夫。飯後詣蘭舫，至晚冒雨歸。王福自柯山回，携到太夫人所賜蒸鳧、鯉魚乾。付王福日用十三番金。王杏泉遣使來謝。

初六日丁酉　陰和。鄭子霞、蘭舫來，留飯終日。唐雪航教授來。得秦鏡珊書，并贈漳州印泥一合，即復謝。孫琴士來。周乙齋來，不晤。楚材弟饋燖肉、燖鳥各一合。付余氏英洋錢廿枚八角，作銀十四兩，此秀才余芹家都中匯款也。英洋錢者，近十年來始出，銖兩視舊所行番金益輕，其面文爲鳥形，幕文亦與舊異，咸豐之末，惟行上海及廣東耳，今徧於江浙矣。致二妹番金一枚，充食物之饋。付王福日用英洋錢一枚二角。

初七日戊戌　上午陰，下午晴，仍暖。馬春暘來，余輝庭來，俱未晤。剃頭。陳薌鄰明經來。夜西北風起。

初八日己亥　薄晴，又寒。作書上馬中丞，別存稿。張方生來，不晤。夜作書致朱海門，約千餘言，不存稿。鄭妹夫來。以燭二斤、春雷十枚、鞭爆一千，賀寶卿眷屬至新居。

初九日庚子　晴寒。季弟自臨浦回。施友三亦來。品芳弟來。寶卿饋酒肴一席。作書致杭守薛慰農。作書致楊豫庭，近連與豫庭兩書，皆爲寶卿轉薦僕人也。作書致沈蘅夫，并英洋二十枚，合銀十四兩三錢。屬代還其戚濮姓。作片致張漊俞氏子舉人俞覲光之子。并英洋錢十枚，合銀七兩一錢五分。此與濮氏錢皆都中匯款。付標弟薪水英洋兩枚。付王福日用英洋一枚。楚材弟來。友三送綿布幃一張來，施之外房。

初十日辛丑　微晴，多寒。翁巳蘭來。蕭山鍾小泉寶英來，蔣橘仙拔貢孝先來。小泉，荏山學使之兄；橘仙，湘舟户部之子。課僕糊窗紙。丁幼香來。作書致巳蘭，招之小飲。餘姚黃裳副貢來，不晤。孫琴士片來，問何日赴西塘。巳蘭作片來邀飲春燕樓，辭之。令季弟送還族弟穎堂英洋兩枚。前從穎堂取省試津帖洋十四枚，今盡抵義田束修洋十二枚，故還其二。夜雨。比日訓應紛煩，人事語言無一可記，甚有逃俗之思。

十一日壬寅　雨。少梅弟來，請爲其叔母書主，以事辭。翁巳蘭偕黄菊人副貢來，寶卿爲留午飯。予屬巳蘭書楹帖三聯。一内室聯語爲『梅殘燭燼疏窗雨；雪冱香濃小閣雲』，是程松圓詩句；一外房聯語爲『（此處塗抹）；隱几風開種樹書』；一七星巖聯語爲『（此處塗抹）；房櫳花發雨中山』，皆本松圓詩，而改其上句云。（此處塗抹）付王福日用一番金。付金媪十月分傭直四百五十文。鄭妹夫來。蕭山沈庶常成烈乞撰其母夫人八十壽序。

十二日癸卯　微晴。梳頭。上午詣高次封，爲商寺山沿修塘改道事，不能決，午歸。章厚甫孝廉來，不晤。以春雷、鞭爆賀姻丈陳子峰之子娶婦。蘭如弟來。楚材弟來。仲弟來。張魯封丈來。高太守來。付王福日用英洋三枚，付内用一枚。傍晚從蘭如借舟赴臨浦，友三、季弟同往。

十三日甲辰　上午薄晴，微暖，下午陰。晨至臨浦。上午詣寺山下勘塘，午飯于工局。下午訪鍾小泉，不值。訪蔣湘舟，晤談。晚仍回工所飯。夜雨有霰。蔣湘舟來，談至更餘去。予返宿舟中。疾動。

十四日乙巳　風雨終日。在工所，邀蔣湘舟來，與寺山村孔氏議改道事不成，始定計即漫口施工。夜集工所司事人役，申明章程。更餘仍返宿舟中。五更開船。是夜雨稍止，復寒。

十五日丙午　上午細雨，下午晴，終日大風，舟幾不得行。坐艙中，閉置悶甚，擁衾閱陳伽陵詩。午起坐，加墨一卷許。窗風旁射，寒不可忍。下午過柯橋沽酒，飲盡一卮，已至高橋矣。傍晚入城。鄭妹夫爲置檐際竹溜，王福裝風門玻瓈窗亦成，自此室中始稍可居矣。得孫琴士書。付船夫英洋三枚。付廚夫酒席英洋十一枚。夜作書致高太守，言修塘事。顧傭媪徐氏月錢四百五十文。

十六日丁未　晴。得沈衡夫書，言濮姓匯款，今年得再付一半足矣，不必盡償，以予近况爲念也，此情可感。王杏泉來，用帖刺，具公服，其禮甚恭。鄭妹夫來。傅蓮舟來，留之午飯。孫琴士來。族叔梅坡來。品芳弟來。工部主事譚寶琦以新舉鄉試，柬請今日飲酒，不往。

十七日戊申　薄晴。剃頭。鄭妹夫來，即買舟同至柯山省太夫人。由偏門遡東跨湖橋、杏賣橋、三山、壺觴村、清水閘、陳灣、壜釀村、西澤，抵村居，此南塘道也。夜與妹夫宿瘦生樓中。是日付王福日用英洋一枚，付内子家用英洋一枚。作書致施友三，屬以晝夜督車塘水。

十八日己酉　晴。家慈詣陸家埭三棚橋上外王父母墓。同妹夫、瘦生遊七星巖，又遊普照寺，瞻禮石佛，八年不到此矣，彈指滄桑，低眉如故，峨峨金象，黯黯香臺，摩足攀襟，贊歎無已。午飯於巖室，遇王葝畦觀察偕其子弟來遊，坐談而别。晡偕妹夫回舟，由後西澤、丁港潞、南魚瀆、魯墟、青田湖，出霞川橋，入西郭門，傍晚抵寓。付兩日小船錢四百文。族叔梅坡來，不值。孫琴士、傅節子俱遣使來約過談。楚材弟來，請至單港聽夜戲，不往。表叔顧春園來。傅蓮舟柬請二十九日樂讌。

十九日庚戌　晴。上午步詣孫琴士，邀之同詣傅節之午飯，並邀子九來，談至日暮。偕節子詣秦鏡珊，晚歸。仲弟來，不值。楚材弟餽辣茄醬一器。唐雪航教授送蕺山肄業生童文卷共一百七十二本來，（此處塗抹）生員文題『君子信而後勞其民』四句，童生文題『輿梁成』，詩題『巖花候冬發得冬字』。節子處借許尚質《釀川集》及《鮚埼亭外集》卷四十二至卷四十七來，以舊所藏是集闕此六卷也。將覓人鈔補之。

夜閲《鮚埼亭集》第四十二、四十三兩卷，皆論史帖子。謝山最精史學，於南宋、殘明尤爲貫串。閥閲之世次，學問之源流，往往於湮没幽翳中搜尋宗緒，極力表率，真不愧肉譜之目。其論楊陸榮《三藩紀事本末》及吴農祥《嘯臺集》、邵念魯《思復堂集》，頗極詆諆。《與紹守杜君札》力辨王遂東之非死節，而極稱余尚書，自是鄉里公論。杜守名甲，嘗刻《傳芳録》，於有明越中忠臣，皆繪象系贊，而有遂東，無武貞，蓋未以謝山之言爲信也。

付薪錢英洋一枚。

大雪十一月節。　二十日辛亥　微晴。作書致節子。得節子書，以《明季稗史彙編》借閲。稗史者，文秉烈《皇小識》，顧炎武《聖安本紀》《行在陽秋》，紀永曆事，或謂劉湘客作。眉批：吴江戴笠，字笠耔，著《行在春秋》與此不同。傅節子嘗見戴書鈔本有一條云永曆緬甸之報至，延平王鄭成功率諸遺臣上謚號曰昭宗匡皇帝，此他書所未載者也。朱子素《嘉定屠城紀略》，亦名《東塘日劄》。夏允彝《幸存録》，夏完淳《續幸存録》，鄧凱《求野録》《也是録》。俱紀永曆十二年以後事。無名氏《江南聞見録》，紀乙酉五月南京迎降事。瞿共美《粤游見聞》，紀隆武始末及永曆繼立事。黄宗羲《賜姓始末》，此《行朝録》中之一種，紀臺灣鄭氏事。華復蠡《兩廣紀略》，亦名《粤中偶記》。瞿共美《東明聞見録》，紀永曆二年至四年事，與《粤游見聞》相接。應廷吉《青燐屑》，紀史閣部事。無名氏《耿尚孔吴四王傳》，王秀楚《揚州十日記》十六種也。此書壬子、癸丑間曾一閲之。《聖安本紀》及夏氏二《録》閲之凡三次，《賜姓始末》《揚州十日記》閲之凡兩次，今皆不能記憶矣。

作書致仲弟。上午詣漓渚金釵壠上曾王父母墓，午後始抵山下，雇竹舁登山，松楸不長，封兆無恙，賞管墳人錢百文，酒一壺。夜還城，居舟中閲《鮚埼亭外集》第四十四卷至四十七卷畢，又閲《明季稗史》《烈皇小識》至《也是録》，共八種。施友三來。是日巳初二刻十二分大雪節。

二十一日壬子　上午晴，下午陰，有風東起，旋小雨。上午詣亭山下蔣家漊，在亭山雲陰。祭先王父母殯宫。王父殯此五十二年，未營馬鬣，此小子平生莫大之罪也。祭畢回舟，出何山橋，入鍾堰，至塘埭祭先君子殯宫。祭畢，召佃人范姓，屬以守視，自今冬始，每年給錢四百文，先付百錢。先君殯宫左附王父側室節孝張太太，右附弟婦陳孺人，地在偏門外里許，逼近南塘，兵火之中幸無他故，今夏大水没至屋梁，孤露無成，禍及體魄。嗟乎！三世未葬，一錢不名，茫茫斯世，誰爲郭代公、范純佑乎？晡初回舟至婁港，泊興教寺前，冒雨入寺，感念寄雲上人經樓久扃，法徒已絶。訪其募梅精舍，扁額無存；舍外老梅，亦半枯死；竹樹淒黯，雨聲愔愔；少作徘徊，嗒然而出。下船飯畢，解維行至四王廟前，泊舟詢隱秀庵遺址。是庵予舊爲作記者也，近有優婆尼構室以居矣。傍晚入城，詣族叔梅坡，小談而歸。

舟中閲《江南聞見録》至《青燐屑》共六種畢。稗史中，《烈皇小識》《聖安本紀》兩書，固卓然可傳，次則鄧都督之《求野録》《也是録》，事多覈實。都督扈蹕從亡，終始永曆，故聞見最真。其人忠義之士，故議論亦甚平正；惟頗貶李晉王，則全謝山已非之矣。又次則瞿行人之《粤游見聞》及《東明聞見録》，敘次潔浄，雖首尾不具，似非完書，而自隆武之立至永曆入滇，大書分紀，歲月井然，傅稷耔謂兩書實本一書，傳鈔者誤分之，而標名亦遂歧異，其言是也。《江南聞見録》直市井之書。《兩廣紀略》爲無錫華復蠡所作，首敘其罷官居粤所見唐桂變亂之事，次記督師丁魁楚及洪天擢、歙人，進士，永曆初爲高廉雷瓊巡撫，降於我朝，後又隨李成棟入明，授吏部左侍郎。李綺松江人，進士，永曆初爲御史，降我朝，後亦隨李成棟入明，授以廣東提學道。三人始末大略，皆全無體裁者也。鄧凱，江西吉安人。瞿共美，江南常熟人，瞿忠宣之族弟也。

付王福日用英洋一枚。

二十二日癸丑　晴和。王揚廷來。東巖弟來，爲狭猻湖魚人送靴帽，固却之不得。瘦生來。作書致雪航教授，爲書院課卷事。作書致周乙齋舍人，屬代覓范氏《詩瀋》《三家詩拾遺》，茹氏《周易小義》《周易二間記》《越諺釋》，潘氏《左腴》諸書。作片致孫琴士借中裘。作片致蘭如弟借船。仲弟來。以橘蔗一合饋大妹。以魚人所饋靴帽還鋪家，爲珊姬取縐紗包頭六尺，三妹取玄縐抹額一條，僧慧取金刺棉帽一頂，予自取珠絨大帽一頂，共計直錢三千六百有四，尚存錢一千六百八十八文。（此處塗抹）爲蕭山沈嘯梅庶常母夫人撰壽聯云：『西清種桃以奉壽母；東陽分葉遂爲慶門。』吴興沈氏分葉不分房，六朝人語也。予既不爲作壽序，故書此聯贈之。

二十三日甲寅　曉微雨，上午陰，午後晴。上午詣湖鼎村沈氏拜壽，由柯橋北行，溯瓜渚湖，出安昌鎮，至時已下午矣。晤嘯梅庶常及其兄孝廉成枚。曛暮回舟，夜半入城，犒船夫錢八百文。

舟中閲《行在陽秋》《續幸存録》《吴耿尚孔四王全傳》《揚州十日記》。王秀楚《揚州十日記》極詆史道鄰，夏忠節、節愍兩《録》中亦深不滿之。應棐臣爲忠正幕僚，其著《青燐屑》亦有微辭。諸君目擊時事，俱非私言。然忠正人物自足千秋，不因諸書而少損。蓋忠義之性，感人者深，才不勝德，亦復何害？且無論史公、高興平固名賊也，翻山鷂之禍，《青燐屑》痛言之，而渡河兩疏，睢陽一死，古今感悼。永曆之李晉王，亦翻山鷂比也，而以一身結有明殘局，與元之王保保等。鄧凱身與共事，其著《求野録》雖加詆諆，然於永曆戕後大書晉王李定國薨，又述其聞永曆之耗，擗踴弭哭，且言其墓至今春草不生，足見死重泰山，公論不滅者矣。

得高太守書，約今日往塘工局，與段光清議修塘事。有故孝廉陳菘圃之妻，持啓來乞振恤，僕輩辭之。菘圃，名延壽，邑之清水閘人，年少有才，喜任事。癸亥正月，夷兵之復紹興也，菘圃爲寧紹台道史君致謂往來夷營中，許以克越則重幣相報，及既克，菘圃隨軍人入城，當事者括所有，不足償，菘圃乃創議以城中儲粟及木石器物，盡估直斥抵，故主者不得過問，越人恨次骨。菘圃恃夷人勢，頗自矜炫，當事亦惡之。時左宮保爲浙撫，專任剿賊，雅不欲用夷人，聞紹興之捷，頗不悦。而越中官民率言陳孝廉通夷，占越人産，臧私狼藉。宫保怒，遂按其事。菘圃瘐死獄中，然實無一錢，朋好爲作啓斂金以葬，且謀恤其母妻。予與菘圃故不識也，壬戌之秋，朱海門南歸，予以三十金屬朱君携歸爲老母饘粥，朱君以屬周雪甌，雪甌以屬菘圃，菘圃爲宛轉達之，其情可感。身處涸轍，未能有濟，當助涓滴，以報其人。楚材弟來，不值。

二十四日乙卯　晴和。東巖弟自張墅饋蒸鴨，作片謝之。作書致楚材弟，告以處世持身之道，凡八百餘言。吾家門户日落，越俗又極懷之時，群季少年，不知檢飭，此可深憂者也。作書復高太守。作書致傅節子，還《明季稗史彙編》，借《荆駝逸史》及《思復堂集》。王揚廷來，不晤。作片致陳丹愫還筆研。日晡後，偕姚竇卿至倉橋街閲市，買得元李仁卿《敬齋古今黈》。又由西營至三道街閲市。三道街，丐户所居地也，在月池坊之右。回詣鄭氏視大妹，晚歸。

得節子復書，并《荆駝逸史》《邵念魯集》。《荆駝逸史》起李遜之膚公《三朝野記》至鎖緑山人《明亡述略》共五十種，道光中，吴中以聚珍板印行。乙卯春，周素人自京口購歸，予借得遍閲之。素人將行，以此寄予架上，後爲節子借去，今遂歸節子矣。《思復堂集》，丙辰之冬曾於倉橋書肆見之，未及買成，爲蓮士購去，常置懷念，此又别一本也。兩書所紀，皆滄海之事，今日睹此，如對故人，而桑田又一變矣。劫火所遺，彌堪珍惜。朱天麟之謚『文靖』，劉同升之謚『文襄』，皆僅見於《東明聞見録》，劉謚他野史皆作『文忠』。柳如是之死，袁簡齋、趙甌北之詩，皆謂其聞南都陷，勸牧齋自裁，牧齋不應，遂自縊。不知其何所據。觀《錢氏家變録》，知其事全無影響也。柳之死，因家難而就縊，不失爲殉夫，較之死國，無甚優劣，東澗愧之多矣。吾鄉俞夢厂《筆記》所載，與《家變録》同。夏存古《續幸存録》言弘光時，柳氏冠插雉尾，貝胄騎馬入城，作昭君出塞狀。全紹衣《鮚埼亭外集》言柳隱歸牧齋後，遇宴客仍出勸觴，恐皆非實。計六奇《南略》至謂牧齋令其侑阮大鋮飲，大鋮贈以珠冠一頂，牧齋命拜謝，遂坐近阮側，幾于滅燭，皆所謂下流之歸也。

夜閱三山何是非印甫《風倒梧桐記》，亦《荆駝逸史》中之一種，所記皆永曆建國時事也。名既纖俗，記亦全是小説體裁，然描畫小朝廷一時沐猴文武，頗爲盡致，於五虎尤不堪。香山何吾騶及吾鄉嚴起恒二相，亦深致詬斥。然於嚴之死，終以完節許之；吾騶降清，則笑駡不已矣。『五虎』中尤痛詆『虎頭』之袁彭年。彭年者，郎中宏道之子，崇禎中歷官部科，爲宜興私人。及宜興敗，遂力攻之。福王時，以建言謫外，任浙江按察司照磨，頗負直聲。隆武時，任廣東學道，李成棟破廣東，彭年迎降，仍原官，署布政使，復隨成棟降永曆，官左都御史。挾成棟勢，嘗恐喝永曆有『惠國公五千鐵騎』之言。又降於平南王尚可喜，求降爲同知自效。固反覆小人也。金道隱雖險躁，終是氣節之士。是書言『四虎』逮訊時，堡獨大呼二祖列宗，《行在陽秋》亦言之。金爲仁和人，稱『虎爪』者也。李成棟反覆盜渠，國朝入《逆臣傳》，然其一死，堂堂烈烈。是書稱其爲人樸實，不妄言笑。瞿行人《東明聞見録》極詆成棟，而亦謂其大節可取，鐵甲立水，正氣懔然。寧夏王封與何忠誠中湘之命，同日並下，不以老韓同傳爲嫌，是以君子貴晚蓋焉。起恒，字震生，隆武時，已由衡永副使擢户部侍郎。而是書謂永曆以其儀觀有相狀，遂由道臣拜相，所言亦誤。明季吾越忠臣，全謝山謂余忠節死監國之難，實爲甲申之倪、施、周三君子，乙酉之劉、祁二君子後勁。而嚴忠節與何忠誠繼爲永曆死，遂結明局。忠誠，本山陰之峽山人，以戍籍貴州者。《記》中最誤者，如敘沙定洲雲南之亂，林佳鼎三水之戰，皆大謬。野史之不可信，此等是也。

二十五日丙辰　晴和。季弟令阿福來取綿被。得周一齋書。王孝廉繼香來見，并持其尊人杏泉柬請初一日陪客。閲《敬齋古今黈》凡八卷，以經史子集爲次，皆考索之學。《四庫提要》極稱是書，謂宋人自王觀國、洪邁、王楙、王應麟外，莫能抗衡。今觀其書，議論雖多平實，而不脱學究氣，説經亦時墮宋人雲霧，論詩文尤迂拙，惟考訂諸史訛誤處，間有可取耳。以視容齋、厚齋，殆相懸絶。以《曝書亭集》及《古今黈》還書賈。爲沈雨巖撰《募造柯巖亭館啓》，不起稿，寫畢，即作書交王叔彝觀察，以觀察自任此舉也。

二十六日丁巳　晴暖如春，下午地潮。余輝庭來。品芳弟來。中表陳鳳樓兄來。爲王蓮伯孝廉題《愛蓮圖》七絶二首，不起稿。（此處塗抹）夜飯時鄭階平來，楚材弟來。

二十七日戊午　陰。沈雨巖丈來。瘦生來。作書致王菽畦，爲瘦生約初六日七星巖餞行。作書致王蓮伯，託轉致陳菘圃家一番金。家慈入城，居資福庵，賜慈銘鱶魚脯及棗丸。下午詣資福庵省太夫人。作片致蘭如弟。付王福日用五番金。付家用四番金。

夜閲《荆駝逸史》。《逸史》凡五十種：《三朝野紀》七卷、江陰李遜之著。遜之，字膚公，忠毅公應昇子，自稱江上遺民。是書起太昌庚申八月，訖崇禎甲申三月，紀三朝時事，前有遜之自序，此本經李申耆手校。《啓禎兩朝剥復録》三卷、貴池吴應箕著。應箕，字次尾，國朝賜謚忠節。是書起天啓四年六月楊忠烈劾魏奄二十四大罪，訖崇禎元年十月倪文焕等五虎提問，用大書分注法。前有忠節子孟堅寄孫蘇門書。《聖安本紀》六卷、崑山顧炎武著。聖安者，隆武所上弘光尊號也。用大書分注法，又有發明。首有亭林自序，校《明季稗史》本爲多，蓋别一本。《所知録》三卷、桐城錢澄之著。澄之，字飲光，號田間。是書上卷爲《隆武紀事》，中、下卷爲《永曆紀年》，前有自作凡例。《行朝録》六卷、餘姚黄宗羲著。卷一爲隆武紀年、贛州失事、紹武之立，卷二爲魯紀年上、魯紀年下、舟山興廢、日本乞師、四明山寨，卷三爲永曆紀年，卷四爲沙定洲之亂、賜姓始末，卷五爲江右紀變、張元著先生事略，元著，張煌言字也，卷六爲鄭成功傳，前有自序。《懿安事略》、丹陽賀宿撰。宿，字天士。是書辨熹宗張后無陷賊事，以舊奄王永壽之言爲據，書僅三葉。《熹朝忠節死臣列傳》，亦吴應箕著。傳趙南星、高攀龍、繆昌期、顧大章、袁化中、周朝瑞、周宗建、周起元（六）〔六〕人，前有小序，傳後有論。據序謂有十六傳，而其子孟堅跋謂逸去魏大中、王之寀、周順昌、黄尊素、李應昇、萬燝六傳，楊、左二傳已刻入前集。《恩恤諸公志略》一卷，武進孫慎行著。所志爲楊漣、左光斗、繆昌期、李應昇、周順昌、周宗建、趙南星、周朝瑞、高攀龍、魏大中、顧大章、何士晋、王之寀、薛敷政、葉茂才、袁化中、萬燝、張汶、劉鐸、吴裕中、周起元二十一人，不作傳體，故云『志略』，前有自序。《東林本末》三卷，亦吴應箕著。上卷爲門户始末，中卷爲東林本末，下卷爲江陵奪情、三王並封、癸巳考察、會推閣員、辛亥京察、要典三案。皆作論體，前有自序，或稱《東林事略》。眉批：吴忠節《樓山堂集》卷七刻『江陵奪情』以下六篇，而於『江陵奪情』篇題下注曰『以下東林本末』，蓋未全之本也。『辛亥京察』分上、下篇，與《逸史》本同。要典三案，《逸史》標題但曰『三案』。今據《樓山堂集》補『要典』二字。《念陽徐公定蜀記》，長洲文震孟著。記天啓元年徐如珂以川東兵備副使平樊龍之亂事，僅二葉。《平蜀記事》，常熟錢謙益撰，亦記徐如珂事。《攻渝記事》，徐如珂自記其事，此與《平蜀記事》皆僅三葉。《全吴記略》，長洲楊廷樞撰。記天啓六年三月，周順昌被逮，吴民擊死官旗，徐如珂時爲光禄卿，請顧秉謙保全蘇州事。僅二葉。《袁督師斬毛文龍始末》，興化李清撰，體如日記。《孫高陽前後督師略》，江寧蔡鼎著，記孫承宗事。眉批：蔡鼎，隆武中用爲軍師，見《行朝録》《所知録》等書，皆謂其妄言術數，自請督師，一戰而敗。然《黄漳浦集》有疏薦之甚力。《車營百八叩》一卷，高陽孫承宗著，前有自序。孫謚忠定。《孫愷陽先生殉城論》，亦蔡鼎撰。愷陽，即忠定也。論僅四葉。《荆溪盧司馬殉忠録》，宜興許德士著。記忠肅公盧象昇戰死事，稱其弟象觀同訂。《汴圍濕襟録》一卷，汴人白愚著。愚字警凡，記闖賊圍開封河决事。其書分初圍、二圍、三圍，皆以四字標題，而分注其事。前有周亮工、湯開士二序及愚自序。《孑遺録》，桐城戴田有著，此即方望谿所稱宋〈潛虚〉，記崇禎中桐城禦寇始末，旁及時事，前有王源序及田有自序。《崇禎癸未榆林城守紀略》，亦戴田有著。《甲申保定城守紀略》，亦戴田有著。《甲申忠佞記事》，鎮江錢邦芑撰，記甲申諸臣事，僅四葉。《甲申紀變録》，亦錢邦芑著，紀都城之變，僅四葉。《遇變紀略》，不著作者姓名，自稱聾道人述，紀甲申都城之變，同御史涂必弘從逆奔逃及歸本朝事。《滄洲紀事》、尚寶丞程正揆著。正揆字端伯，記其奉使至滄州，遇變南奔，復回滄州倡議殺僞官反正事。眉批：程正揆，弘光時以諭德降清，授光禄寺丞，官至工部侍郎，著有《讀書偶然録》十二卷，《四庫提要》謂正揆在明官尚寶司卿，而顧亭林《聖安本紀》大書左右諭德兼翰林院編修等官。程正揆、李景濂、劉正宗、張居迎降。案：李映碧《南渡録》，正揆先官尚寶司卿，後官右諭德，是以京堂改坊局者也。《僞官據城記》、泰安王度撰，記甲申四月僞知泰安州史可保據城事，僅二葉。《歷年城守記》、亦王度撰，記明末泰安六次被寇事，亦僅二葉。《北使紀略》、陳洪範撰，紀其南都時以左都督同侍郎左懋第奉使至北事，洪範私輸款於攝政王，賣左蘿石，得自脱歸，遂爲北朝反間，南都破，入浙，力勸潞王降。及兵至，遂迎降。相傳其死見蘿石爲厲，是固罪不容誅者，此記乃其南還時飾辭自文之作。《弘光朝僞東宫僞后及黨禍紀略》、亦桐城戴田有著。力言北來太子及童氏之僞，而謂當時歸怨弘光帝之昏庸。餘姚黄宗羲、桐城錢秉燈至謂帝非朱氏子，此兩人皆身罹黨禍者，大略謂童氏爲真后，而帝恐事露，故不與相見。此怨懟而失於考矣。又言太子在北爲周奎所告，召舊臣識之，謂爲真者，皆死，太子絞殺于獄。都人皆言其謀出於謝陞，圍其宅而詈之，陞不安，請告去，尋死。自言見錢鳳覽爲厲而殺之。錢鳳覽者，會稽人，大學士象坤之孫，亦言太子爲真被殺者也。又謂《順治實録》載周奎出告太子事。《乙酉揚州城守紀略》、亦戴田有著。《揚州十日記》、王秀楚著，與《稗史彙編》本同。《東塘日劄》二卷、嘉定朱子素著，記侯峒曾、黄淳耀據嘉定拒大兵事，即《嘉定屠城紀略》也。《江陰城守紀》二卷、長洲韓菼著，紀乙酉閏六月江陰陳明遇、閻應元兩典史同士民守城拒大兵事，用大書分注法，所書殺三王事，皆不覈。《江陰守城記》、許重熙撰，僅五葉。眉批：許重熙，在崇禎時以撰《五陵注略》等書，爲誠意伯劉孔昭所糾革職。時孔昭以誣劾祭酒倪元璐爲妄冒封，因并及許，論者以爲倪公今之韓愈，許得與之比類同毀，其視許已不輕矣。《平吴事略》、不著作者姓名，自稱南園嘯客，輯紀乙酉大兵下江南削平諸郡縣事。《甲行日注》八卷、吴江葉紹袁著，自稱流納木拂，記乙酉八月二十五日，自吴江避亂出行，至戊子九月二十五日止。紹袁以工部郎行遯爲僧，木拂其釋號也。其行日以甲辰，故曰『甲行日注』。《仿指南録》、安福范康生著。康生字訒軒。紀丙戌三月至十月與萬元吉、楊廷麟等守忠誠府事。忠誠府者，隆武以贛州苦守，詔改郡名者也。康生官中書舍人。《閩遊月記》二卷、華廷獻撰，記隆武事。《劉公旦先生死義記》、不著作者姓名，自稱吴下逸民撰，記長洲劉曙死義事。曙，崇禎癸未進士，以吴兆勝株連，爲巡撫土國寶所殺。《航海遺聞》、汪光復撰，記魯監國事。《風倒梧桐記》二卷、三山何是非著，紀永曆事。《江變紀略》二卷、新建徐世溥著。世溥，字巨源，記金聲桓、王得仁南昌反正事。《兩粤夢遊記》、吴縣馬光著。光字涑庵，崇禎己卯開徵辟特科，由監生試授廣西永寧州知州，永曆時官至全永巡撫。是書自記其己卯試北闈至壬辰歸家之事。光爲丁魁楚所薦，記中類于張公同敞有貶辭。又言永明王爲賊所獲，在道州禁中，光時知全州，與楊總鎮突圍救出，護送至粤東。後由嶺西副使入朝端州，永曆召對，極謝當日護救始末，爲五虎所厄，僅升太僕少卿。又言爲清兵所執後，以辛卯二月初一日送全州安置。當時改用建丑正，故是日實爲元旦。皆他書所未見者也。前有許楚、陸世廉、何謙貞、吴迪等七序。眉批：他書皆言救永曆道州之囚者，爲廣西總兵征蠻將軍楊國威遺將焦璉破城出之，無稱及馬光者。《粤中偶記》、華復蠡著，即《兩廣紀略》。《庚寅始安事略》、瞿元錫著，紀瞿式耜留守桂林殉難，其孫昌文赴桂改葬事。其書稱忠宣爲先太師，全謝山謂當是留守族人，然觀末段敘昌文事，竟似昌文自撰，不可解也。《入長沙記》、丁大任撰，記其於順治癸巳隨偏沅袁巡撫赴湖南事。稱謂猥鄙，所敘皆風前細瑣之語，毫無關係，不足存者。《錢氏家變録》、虞山錢孫愛輯。錢謙益死後，其族子錢曾挾其族人故副都御史朝鼎之勢，向孫愛脅取財産，凌虐備至，柳如是自縊，孫愛及其妹唱之官，常熟令瞿四達亦爲具揭，孫愛因裒集門狀、公案、公約、書揭及柳夫人遺屬爲一書。孫愛字孺飴，牧齋幼子。柳夫人生一女，嫁趙氏，遺囑云示小姐。是年爲康熙甲辰，其女年已十七矣。錢曾，字遵王，即著《讀書敏求記》者也。《平定耿逆記》、武定李之芳著。之芳字鄴園，謚文襄，自記其爲浙江總督時討平耿精忠事。《四王合傳》、吴三桂、尚可喜、耿仲明、孔有德四王也，與《稗史》本同。《明亡述略》二卷。不著作者姓名，自稱鎖緑山人，述記崇禎及三藩事，前有自序。實五十一種，而總目稱五十種者，蓋以《車營百八叩》附於《孫高陽前後督師略》。然《百八叩》有二卷，篇葉頗夥，《督師略》僅寥寥數紙，不得取彼附此。其他所取，亦頗雜糅，且校刻訛脱，編次無法。稱爲陳湖逸士所輯，藝柿山人重校，卷首有陳湖逸士序，言諸書皆得之陳文莊無夢園土中，蓋躗言也。

得余輝庭片。

二十八日己未　晴暖如中春，不能衣裘，下午風起。剃頭。鄭妹夫來。午詣資福庵省太夫人。

得王揚庭書。作書致傅節子，致秦鏡珊。得節子復書。以番錢一枚買龍眼七斤。得季弟臨浦書。

二十九日庚申　雨。作書致蓮舟，并番金兩枚，令王元送去，以是日爲子蕁釋褐稱賀也。附去蘭如、輝庭、揚庭、節子、寶卿賀儀各一番金。作書致馬春暘。作書致季弟臨浦。付王福一番金，買冰糖、棗子、燒酒。

閱李膚公《三朝野記》。是書見聞質實，議論亦平允。膚公身爲黨人之子，故敘璫禍情事，尤爲詳盡。其言崇禎朝事，多與文秉烈《皇小識》合，蓋俱得之家世傳聞者。惟敘國變事多誤，如李明睿疏請南遷，乃其自爲文飾，並無其事。李國楨匹馬至闕，言守城狀，亦係南都時諸勳貴爲之影造，而是書皆載之。又崇禎辛巳，召舊輔周延儒、張至發、賀逢聖三人，至發獨堅辭不出，而是書謂上意專在周，故張、賀二人到不久即罷去。又楊嗣昌實病死，而是書謂其自縊。皆事之未覈者。又以張獻忠爲病死於蜀，尤當時傳聞之誤。他如稱張捷在逆閹時，强立不倚；稱張縉彦初擢兵科，嚴切任職；又稱捷南都之死，大節皎然；而於張國維頗有微辭，於方岳貢痛加詆毁；又極貶袁崇焕，深以擅殺毛文龍爲非。皆非確論。至謂周延儒雖與馮銓同年相好，然涿州柄政時，宜興方家居，丙寅之獄，諸賢以忤璫被難者，宜興皆力爲援救，貽書涿州，規以大義，一時同志皆稱之，虞山輩獨絶之已甚，激成一番水火。又謂葉向高初議遼東經撫事，未免以門墻私昵，左袒王化貞，至事敗而悔之晚矣。逆璫用事，福清竭其才智，與之周旋，乃既不能得於内，又無以解於外，惟有一去謝責。身爲元老，委蛇中立，而欲收無咎無譽之功，豈可得乎？又謂韓爌持正有餘，剛斷不足，其定逆案，多有未盡。又謂蒲州忠厚拘謹，不能仰副聖恩，所言俱得好惡之平。又謂崇禎初年，上崇尚天主教，徐，上海教中人也，既入政府，立進天主之説。是徐光啓之主張邪教，由於迎合上心。此《明史》及諸書所未及言者也。

三十日辛酉　雨。詣資福庵省太夫人，太夫人詣隱修庵未還。楚材弟饋肴饌四器。作書致高太守，爲寺山塘口支工費事。秦思泉水部來。思泉新以葬母南歸者。付王福日用一番金。付買蓮子、榧子及零用一番金。夜風。

乙丑冬十一月

十一月壬戌朔　風雨淒冷。詣王杏泉賀喜，送禮一番金。詣徐介亭郡丞，病不能見。開床頭甕小酌之。付王福買食物一番金。蘭如弟來借數珠。

初二日癸亥　陰風寒甚。上午詣資福庵省太夫人。作書致施友三臨浦，爲領款事。作書致節子。得馬春暘書，得孫琴士、蓮士昆季書，約明日晚飲，即作復。得節子復書，以殘本《勝朝殉節諸臣録》及李瑶所輯《恤謚考》借閲。下午，再至資福庵省太夫人。王杏泉柬請明日午飲，辭之。

閲錢田間《所知録》。田間本名秉鐙，隆武時授推官，永曆三年己丑，由禮部精膳司主事，應臨軒特試，改授庶吉士。次年授編修。及永曆自梧州奔南寧，錢不及從，後遂爲僧，改名澄之。是書凡三卷，上卷《隆武紀事》，中、下卷《永曆紀年》，至庚寅十一月奔南寧而止。自言於辛卯春留梧州時，編輯是書，戊子以前粤事，皆本諸劉客生日記。客生，名湘客，陝西人，由諸生薦舉入官，永曆中以詹事兼副都御史，亦『五虎』之一也。田間言是《録》所紀，較諸野史爲確，洵然。其議論亦多平允，與袁特立彭年字、劉客生、金道隱堡字皆爲交契，而敘『五虎』事，頗無恕辭。可知其持論之公矣。其力稱嚴忠節，固以師生之誼，而忠節立身本末，要自可觀。至於李成棟、李元胤、高必正，皆致褒美，尤贊新興侯焦璉，蓋焦之功，固桂林第一，二李及高，力闢晚蓋，皆有過人者。惟稱金道隱上書孔有德，請收瞿、張二公屍，詞氣慷慨，信其非懼死而逃於僧者，則以與金素厚，爲之曲飾，全謝山已笑之。至謝山謂弘光非朱氏子之言，出於是書。戴田有亦謂田間與梨洲皆有此説。今考《録》中無此語。其自敘謂弘光朝蒙錮黨之禍，匿周仲馭家複壁中，耳目俱絶，亂後始過白門，於先朝勛戚口中，得三欵案，遂作傳提詩三首紀之。又於同郡覆國之奸，謂阮大鋮。本末素悉，今惟紀其里居大略，乞降後死仙霞嶺事，皆得諸同時共事者之口，今是《録》皆無之，則此本非完書矣。弘光爲僞一條，當在紀阮奸事中。

初三日甲子　薄晴，寒甚。早起具舟送家慈返柯山。王杏泉來催飲，辭之。

閲《行朝録》。梨洲自言著此《録》至數十種，今此本僅六卷，凡十三種，自非完書。其中《魯紀年》上下篇，紀監國事最爲詳盡，然止於己亥六月上遣官祭光禄寺卿陳士京，時爲順治十六年也。其《隆武紀事》《贛州失事》兩篇，多與錢飲光《所知録》同。梨洲嘗稱《所知録》爲可信，故是書多取之。《江右紀變》于題目下自注云『太倉陸世儀道威述』。道威，世所稱桴亭先生也。足見梨洲此書，自江東外，多得之他人，故全謝山跋謂其『《桂藩紀年》一卷，道遠傳聞，最多訛錯』也。惟於魯監國祭陳士京下小注云：『後遭風溺於海，或云爲鄭成功所沉，蓋忌者誣之。』此十九字，似非出梨洲之筆。梨洲具知鄭氏海外之事，《録》中有《賜姓始末》及《鄭成功傳》兩篇，無容不知監國之令終。且何至踵楊陸榮之謬，以此疑讕加之成功哉！其每篇之下俱有論，以『史臣曰』三字冠之。議論慷慨，音節嗚咽，多可諷誦。梨洲當日推爲古文大家，然予觀其《南雷文定》，雖氣魄雄大，而蕪冗不翦，又喜用詞藻，不脱明季習氣。是《録》諸論，獨往復頓挫，有良史之風。全氏跋見《鮚埼亭集外編》，摘其訛誤八條，援證最確。予謂其尤誤者，如紀永曆元年，以北兵日逼，桂王自梧州西奔，謂瞿式耜妾媵衆多，逗留梧江。按瞿公方自肇慶疾趨梧州追王，及至，而王已西上，遂馳赴桂林。乃以妾媵逗留誣忠宣，此語爲是書之累不小。

傍晚詣月池坊視大妹及妹夫，小坐，喫茶酪、餛飩。旋至西咸歡河赴琴士昆仲之招，節子亦來，談至二更歸。（此處塗抹）王元自柯山取裘衣、書籍數事來。

初四日乙丑　晴和。陳子峰之子來，尚卧不見。下午詣余輝庭談。孫蓮士來。

閲《聖安本紀》，以崇禎十七年四月史可法等誓師勤王起，至乙酉十一月魯監國上弘光帝謚曰赧皇帝，太子謚曰悼皇帝，潞王常淓謚曰閔王止。其書有附録，有發明。據亭林自序，謂是書作于與崑山葉氏構難避居之時，意在深誅馬、劉之奸，故仿紫陽《綱目》，斤斤以書法爲主。又仿之作發明，不特與本紀之名不相應副，而踵《春秋》胡傳之陋，拾尹起莘輩之唾，頗近無謂。且動引經傳以譏二奸，亦迂而不切。固由寧人少年所爲，猶不脱明人學究氣也。惟紀事差爲詳備，行文亦爽健可取。其譏史公等勤王之舉太緩，爲不急君父之仇；譏張有譽不力辭中旨計相之擢，皆責備之名言。

久不治《説文》矣，擬自明日長至起，復稍稍理之。

初五日丙寅　寅初初刻十四分冬至。陰寒，小雨。祀竈。祀地主。祀曾王父冬至十一月中。母、王父母、先君。閲《説文》第五篇段注。輝庭來。付王元日用一番金。

初六日丁卯　晴陰，冱寒。王觀察蔭棠來，不見。觀察，安徽人，新來越榷鹽茶代王莜畦者。余輝庭來。品芳弟來。季弟自臨浦來。高太守柬請明日晚飲。瘦生來。下午詣高太守、張山陰，俱久談。傍晚答拜王觀察而歸。孟生來請初十日爲其父題主。點閲放翁詩。夜閲《説文》第六篇木部段注。

初七日戊辰　陰寒，微雪。閲《説文》第五篇段注。山陰令張夢周來。傍晚詣郡衙，赴高次封太守之招，同席爲周一齋舍人，唐雪航教授，山陰學博沈君，會稽學博季君、關君，二更歸。付輿夫錢六百文。

初八日己巳　陰寒。剃頭。族弟小帆來。鄭妹夫來。仲弟來。王揚廷來。鹽茶監稅史太守致煒來拜，不晤。張夢周柬請明日晚飲。有書賈携書兩部來，一爲《歷代名賢年齒考》，湘鄉易宗涒著。宗涒，字公申，乾隆丙辰召試鴻博。其書分類編輯，首爲祥徵，次爲始生，以下自一歲至數百歲，以二十一史爲主，遍及子、集，采取頗博。一爲高似孫《剡録》，嘉慶中嵊令李某新刻者。批閲蕺山課卷。晚邀揚庭、子霞、階平及季弟飲春燕樓，餞揚庭滬上之行也。二更歸。揚庭大醉。

初九日庚午　陰晦。作書致蓮士。作書與仲弟。秦鏡珊來謝吊。族弟穎堂來。得蓮士復書。莫意樓郡丞元邃來。蓮士來。節子來。晚詣山陰縣署赴張君之招，同席爲周一齋、余輝庭兩舍人，莫意樓郡丞，譚子韓工部，何冶鋒職員，二更後歸。批閲蕺山課卷。

初十日辛未　小雨。陳菘圃之母來，送船錢二百，令其向王蓮伯取前日番金。坐船詣篁墩涇，爲孟厚甫之祖父題主。夜雨宿舟中。批閲蕺山課卷。

十一日壬申　陰。晨至攢宫山步，泊舟登山，爲孟生祀土神，并送其祖之葬。午後回舟，批閲蕺山課卷。晚歸城居。會稽典史王桐來謁，不值。夜批閲蕺山課卷。

十二日癸酉　雨。章厚甫柬請十九日爲鄉舉之宴。鄭妹夫來，蘭舫來，俱不晤。作書致蓮士。周孝廉寶瑛來，不見。得蓮士復。夜雨聲沉沉，似秋春時。是日批閲蕺山課卷畢。生員取何丙鑅爲第一，童生沈鳳墀爲第一。

十三日甲戌　小雨。以書院課卷交監院唐老師。鹽茶局移交修塘費一千貫來。品芳弟來。得王蓮伯書。季弟赴臨浦工所。前任通政使王少鶴拯來。鄭妹夫、蘭舫來。蓮士來。得輝庭片，約十六日公餞王菽畦。今晨梳我頭。

十四日乙亥　薄晴甚寒。蘭如弟以舟來迓，遂同群從輩至三山石堰，與各村佃人議租額，夜始定議，畝收三分。二更歸。品芳弟來。鏡珊片約十五、六日來談。（此處塗抹）付王福日用英洋十二枚。

十五日丙子　上午陰，下午雨，入夜漸密。王菽畦觀察來辭行，不晤。山陰訓導沈君拱樞來，不晤。以米票廿七紙計米四十七石二斗二升援衢州米捐例，爲季弟報捐從九品，不論雙單月選用，作書託品芳料理。輝庭來。孫生賨仁來。琴士之子。蓮舟來。午出門答拜莫意樓、沈丹卿、即訓導拱樞。史慕韓，即鹽茶監税同知史煒。俱不值。答拜王少鶴通政，晤談。答拜會稽王典史。詣秦鏡珊，不值。詣詹月艛邑令，晤談。詣上望坊張氏視二妹，晚歸。夜飯後孟生來謝，饋禮物八色，受酒兩罈，腿脯一對，彩蛋、冬笋各一小簍，犒使者一番金。丁吉生同來，留飯，并及舟從。

夜閲孫文介《恩恤諸公志略》。其論左浮丘頗有微辭，謂其力救熊襄愍，至有書干内，爲之行金，四遠群凑，爲魏逆所持。夫力救襄愍，非無卓見，若爲之干内行金，則似非忠毅所爲矣。又極言方從哲之奸，每以德清與魏逆並論，德清不失爲長者，而文介爲是言者，蓋魏忠賢定三案時，紅丸以文介爲首，文介固嘗以弑逆之罪加德清者也。三案定而文介坐戍，故切齒於德清，自不足爲公論。又深以王之寀不得贈恤爲思陵初政闕典，然王公爲人，他書皆有貶辭，思陵但爲復官而無加典，蓋亦采公論者。文介亦以三案爰書，坐王爲梃擊奸黨之首，與己之獲罪正同，故深痛之。惟言周忠介締姻速禍，爲可不必，則平情之言也。其文字甚拙劣，無體裁，而自序比於韓、歐，亦令人失笑。

夜雨達旦。

十六日丁丑　曉雨聲甚密，上午漸止。品芳弟來。輝庭來。金少白舍人曰修來。族叔梅坡來。

夜過輝庭家，與少白、輝庭談，至二更後歸。閱吴次尾《東林本末》，議論忼爽，令人想見國士之風。

十七日戊寅　陰寒。鄭妹夫來。族弟穎堂來。王芾南觀察來。觀察，泗州人，曾官户部者。爲張夢周邑令撰縣庭楹聯云：『四境闢花封，溯秦漢六朝，輿版獨包郡治，即此後稽山析壤，户田賦税，常爲七邑觀瞻，際兹時井里重完，綏輯方新，敢但説催科報國；千秋紹棠蔭，記沈劉二傳，史書迭著風猷，問當年鑑水流芬，政事文章，猶有萬人歌詠，幸今日典型可接，清勤自厲，正不須理譜傳家。』又中廳聯云：『居室喜新成，願遍環百里桑麻，斯人共芘；鳴琴期無訟，但静對四山屏障，終日垂簾。』作書致秦鏡珊，致孫蓮士，致張邑侯。

十八日己卯　晴。秦思泉來，不晤。沈瘦生來。品芳弟來，付以錢四十三千四百文，爲買米票價，又部飯銀六兩五錢一分。作書致季弟及施友三，屬以慎重塘工事。閱《思復堂集》，全謝山譏念魯爲學究，頗抉摘是集之謬誤。念魯腹笥儉隘，其學問誠不足望謝山津涯，而文章峻潔，則非謝山所及。夜飯後，仲弟來。

小寒十二月節。　十九日庚辰　戌正初刻十三分小寒節。終日凝陰。剃頭。付王福日用英洋兩枚。季弟自工所寄雙鳧來，畜之。以錢四百賀章厚甫作筵。下午坐小舟詣蓮士小坐，同至節子家，遇鏡珊，夜飯後歸。鄭妹夫來，金生來。二更後微雪。

二十日辛巳　陰。有陶堰人陶某來謁，不晤。王揚廷來辭行。作片致節子，并還《思復堂集》。念魯私淑梨洲，自任傳姚江之學，尤勤勤於殘明文獻，旮拾表章，不遺餘力。雖終身授徒鄉塾，聞見有限，讀書不多，其所紀載，不能無誤。要其服膺先賢，專心壹志，行步繩尺，文如其人，前輩典型，儼然可想。鮚埼以『固陋』二字概其一生，其亦過矣。至以王遂東爲不食而死，陳玄倩爲山陰産，鮚埼皆糾其繆。然禮部死節，越人相傳，孤竹名庵，采薇署號，揆其素志，蓋已不誣。或江上之潰，適遘寢疾，固非絶粒，不失全歸。死際甚時，無待引決，首丘既正，夫亦何嫌？自不得以生日稱觴曖昧之事，妄疑降辱。太僕里籍，向無定著，《明史》以爲會稽，《齒録》以爲仁和，（據崇禎丙子同年録。）而祖居山陰，亦載於録，正命小赭，始終是鄉。迹其生平，居杭可考者，惟與陸鯤庭相許一事，是則鮚埼杭有後人之説，滄桑遷徙，亦未足憑。舉此二端，正不得謂紀事之疏也。第八卷有史論十數篇，皆言明事，中有予六世祖殿纂公評語，蓋亦相交契者。

薄暮遇輝庭、少白談。夜微雪似雨。騰雨至魯墟余家岸催租。

二十一日壬午　陰寒。作書致節子，爲與樗里王氏絶昏事。得周一齋片，送來范蘅洲《詩瀋》及《三家詩拾遺》各一部，即復。

閲《書契原指》，邑人陳致熼所撰。其書初集十四卷，題爲『歌吟篇』，依許氏五百四十部首之字，爲之申釋，而後系以一詩。二集十八卷，題爲『演贊篇』，以筆畫多寡爲次，自『乚』字始，『龘』字終，共一千七百九十一字，每字下首列許氏《説解》原文，次演説其義，而後系以一贊。曰歌吟者，謂效邵堯夫《三皇五帝吟》而作也；曰演贊者，取許氏敘文演贊其志義也。致熼自謂由『、』『主』兩字而悟書恉以示人明德爲本，遂盡以陰陽大道、天象人事詮釋文字。觀許氏干支數目等字之訓，亦取五行象數、陰陽方位爲言。書契初興，自參造化，後來孳乳日多，諧聲轉注，遂以偏旁爲引申之端。

致熼所解，如『丿』（謂从、从厂，、謂陰，厂抴也。陰道右行，至未位而捩轉向左，故著其右戾之形也。音殀，書家八法謂之掠。）『乀』（謂从、者，陽、也。陽道左行，至巳位而捩轉向右，故著其左戾之形也。許氏説丿曰『右戾也』，象左引之形，則乀下曰『左戾也』。下亦當有『象右引之形』一句，疑今本奪去。音弗，書家八法謂之磔。）『厂』（謂指七政及恒星皆不及天行之速，其向東抴引之象，明明可睹，故許氏謂抴也，明也。音曳。『乁』謂指天行左旋，至巳轉復向右入地，周流不息也。音移。『乚』謂从反乙，乙音軋，乙爲自奎至軫十四宿之象，於黄昏全見，則天下皆春，故乙爲玄鳥。以玄鳥至春分而見也。全隱則天下皆秋，故反乙爲匿，指此十四宿之全匿也。音隱。『丶』謂此與丨同意，言有生之丶也。許氏謂有所絶止，丶而識之者，言此丶妙不可識，惟於有所絶止之時，丶而識之，乃見其隨識而住也。丨音衮，爲上下通也。上下通者，大道之性。『丶』『丨』兩文，密傳性命之學。『厶』謂从丶从冂略斷。丶有所絶止，丶以識之也；冂象太極。有所斷者，言于識此天理之時，有所間斷，即成厶象，而爲奸衺也。『幺』謂从二丶、二口相續之形。厶篆作[illegible]，幺篆作[illegible]。『入』謂从丨分左右入地形。丨者，上下通也，言天地陰陽之性，從上分入于下也。『亼』謂从入者，陰陽從上俱下；从一者，道也。陰陽與道混而爲一，是謂三合。『内』謂从冂者，冂，覆也，象大口上半圈形，言陰陽分左右入于冂内也。『兩』謂陰陽兩入于冂下子位，合成一性而再造歲功也。其訂正此字之从丨从从，金壇段氏已言之。『干』謂从一者，地也；从反入者，出也。陰陽出于地上，即爲反入而有所犯也。篆作[illegible]。『辛』謂陰陽到入而干上爲罪也。篆作[illegible]。『幵』謂許氏云从二干對構上平者，以文从二[illegible]，而平其上作干，故訓曰平也。徐楚金不得其解，遂謂幵，但象物平而無義，誤矣。『乂』謂从丿爲右戾，則陰從右旋而左引；从乀爲左戾，則陽從左旋而右引。此指大道陰陽歲歲南北交錯往來，如芟乂衆草不盡也。故乂亦爲治。『无』謂从乙，入天之西北隅。乙者，太乙之氣也。太乙常亡匿于天之西北隅，而天下事物遂莫不因之從有歸無也。『止』謂从丨下行而匕機分從之之象。丨下行者，即許氏所謂引而下行，讀若退者也。天地之性下行，匕機亦相從入地，而爲來歲復生之機，如草木之出必有址，人之行必有足也。匕，古化字，到人爲匕。『屮』謂止爲足者，天行至冬至止足之處，反止爲屮，則謂既過冬至，復反乎止處，向左邊蹈其故迹而出也。音撻。『彳』謂从二乙。太乙之氣，從寅位小步而上相連至卯辰兩位，而成東方春三月之象。音敕。『亍』謂彳爲太乙從寅卯辰小步而上；反彳爲亍，則謂太乙從申酉戌反步而止。『行』謂指天行一依乎太乙之氣，一彳一亍，如人之步趨相從，合觀彳、亍兩文，而天行可知矣。『廴』謂亦从三乙，言太乙之氣，其前往者固已三屬相連，上升至于辰位，而後來者則猶在亥宮相繼進步，如行路之甚長也。音引。『夊』謂从人从乀。乀者，流也，指赤道度之流轉，言大道生物之機，常隨赤道度夊夊遲曳而行，往復周流，終古不息也。音吹。『夂』謂从夊略變其體，作人向前而乀微退于後。人向前者，謂天行之速；乀微後，謂赤道之遲。赤道較天行微有不及，積漸相觀，遂如天行在前，而赤道從後至也。音致。『久』謂从夂復變其體，作人愈向前，乀愈退後形，言赤道與天行遲疾不及之數，積之既久，遂覺相距甚遠也。故曆有歲差之法。『丂』謂从一从乃省。一猶地，乃象氣之出難，言大道至三冬之候，伏氣地下也。音考。『亐』謂从丂爲藏其氣，从一爲一一舒布其氣，言大道之氣，于一藏之後，復舒亐而出也。『㔾』謂丂爲氣欲舒出，上礙于一，乃冬至天行在地下之氣，然立春以往，則漸出矣。反丂爲㔾，則謂呵止之，使此氣終不得舒出也。音呵。『屮』謂从丨上行，从乀𠂆分左右到轉而出。丨上行者，即許氏所謂引而上行，讀若囟者也。乀到轉而左出，謂陽從寅位出地；𠂆到轉而右出，謂陰從戌位出地。蓋天地之丨性上行，陰陽即各從左右分出，而萬物皆隨之以出，如草木初生，兩邊即有枝莖也。『𠂇』左本字，謂从屮作自寅向午旋轉形。蓋萬物之中生，各隨大道，自寅位起向午旋轉，此爲東方發育之事，如人之有左手也。篆作□。『又』右本字，謂从屮作右轉之形。蓋大道生機，過午以往，即當復歸地下，萬物因各隨之右轉，如人之有右手也。篆作□。『之』謂从一丨合爲上象（此直云从丄可矣）；从𠂆乀到轉，分左右錯迭而上。蓋丨性分左陽右陰交錯而上，愈出愈大也。篆作□。『也』謂从口从匕。口指大圍，即太極之周行者；匕謂變化，言大口最下一處爲萬物匕生之户，如女陰之能産育男女也。篆作□。『齊』謂从二，从三入，从三到入。二謂地，三入謂陰陽入地，三到入謂陰陽出地。言陰陽之出入至齊平也。物類感陰陽之氣而成熟齊平者，莫如禾麥，故許氏以禾麥吐穗上平訓之。篆作□。等字，其言左右旋轉之位，陰陽生配之理，皆有微悟。説行、止、左、右等字，謂本于天道，理亦近然。太乙九宫之説，出於《乾鑿度》，雖或斥爲異端，而許氏説戊、己兩字亦言中宫，《月令》又明載九宫之象。蓋其由來已久，取以説字，未必果符初恉，要亦足備一説。説乙、乚、夊、夂、久等字，以星之進退行度爲譬，雖似新奇而有至理，固非六書之通訓，自成一家之心得。説『之』説『齊』，頗爲精確。其尤近理者，如『凶』謂从乂，乂古文五；从凵，凵音坎。乂爲五行，凵爲張口。言陰盛如張口吞噬五行之象，而大口毀壞，兩儀不分也。『亞』謂从二，从兩乙相背。二者地數，爲生萬物之母；兩乙，猶陰陽善惡也。言人物各有此陰陽太乙之氣，動而相背，即有善惡之分，次弟之等也。二字，説義甚精。又以句股法説『宁』，篆作[illegible]，謂此即曆算家所祖，于圈内作六等邊切形，以句股求正弦之法，文當从兩、，从六等畫。兩、爲南北極起算處，六等畫象各弧六十度之正弦，半之即爲十二弧，各弧三十度之正弦。宁者，謂今周天三百六十之積度，而明辨其理與數。故許氏曰『辨積物也』。實爲發前人所未發。此其可取者也。

至若日月、雲雨、星氣及干支、數目等字，皆起于最初，明有形象可指，而概謂从某从某，則顛倒矣。謂『[illegible]』字象參七星及觜三星形，『乃』字象弧九星形，『弟』象斗宿牛宿形，『尸』象北斗七星形，『㔽』象箕宿及糠粃一星形，『匚』象女宿形，『弋』象牛宿六星形，則怪誕矣。於後出之字，强配陰陽取形聲之文，横證性理，附會牽合，甚且援引奇門壬遁，推步占驗，以及形家之堪輿，道家之丹法，支離穿鑿，愈失其真。蓋其爲人，頗習天文、曆算及醫卜、相地之術，而讀書寡陋，又錮于學究之識，動以先天皇極揣測沮蒼。其《歌吟篇》名既不經，詩尤無謂，塵鄙之狀，噴溢行間。

卷首有《自述賦》，蓋效顔黄門《觀我生賦》而作，通篇以故廣西巡撫周之琦爲主，以其素依巡撫幕下，故細述其宦蹟，稱爲大賢。此則措大習氣，不免通人之嗤耳。致熼字小雲，邑之花涇人，布衣，嘗館於族人家爲童子師。予與素識，向以村夫子視之。今觀是書，雖鄉壁虚造，憑臆自專，所得者鮮，而冥搜之功，自不可没。又聞其辛壬間，曾與鄉人起義殺賊，固亦晚近之孤學，村塾之奇士矣。予深喟夫越中人士，素昧小學，近日科第愈盛，識字愈稀，而潛心著述者，樸學弗彰，姓名泯没。致熼終身韋布，訓蒙自給，考索文字，裒然成書，而村野驅烏之流，未辨偏旁，儳拾青紫，轉以馬醫夏畦之學笑之，是人心風俗之深憂也。蓮舟前日持此相示，屬予記其大凡以傳其人。予甚愧其言，爲窮一日夜之力，遍觀而劄記之于此。

夜雨，飲酒微醉，小劇，傷指甲。

二十二日癸未　上午微雨，午後風雨凄密，入晚愈甚。唐雪航教授選望課肄業生童卷來。秦鏡珊來，不晤。沈嘯梅庶常來，不晤。陶某再來，又不晤。瘦生來，鄭妹夫來，蘭舫來，丁吉生來，孟生來饋糟蟹一瓻。作書致蓮士，爲孟生與蓮士族人孫濤相訐訟事，予以孟生願送錢五百貫與孫氏平，屬琴士、蓮士兄弟居間。爲瘦生書楹聯賀一徐姓得鄉舉云：『孝穆文章，宜在臺閣；伯進年齒，早與公車。』對句用《後漢・左雄傳》中事，皆切合徐氏者也。夜蓮士來。

二十三日甲申　上午陰，午晴，下午又陰。章厚甫孝廉來，不晤。作片致少白、輝庭，饋以野梟一對。得蓮士書，即復。得季弟書。今晨梳我頭。付王福零用英洋一枚。騰雨赴單港及白魚潭催租。

二十四日乙酉　晴。令騰雨詣柯山，以龍眼火酒一瓻奉家慈。出門答拜王觀察蔭棠，不晤。訪徐郡丞壽椿，不值。答拜莫意樓同知，晤談而歸。丁吉生來。作書致高太守，爲塘工領款事。仲弟來。孫子九來，談至晚去。得高太守復書。夜得蓮士書，即作復。作致季弟臨浦書，致蓮舟書，并還陳小雲《書契原指》。作致澄港陳鳳樓表兄書，爲代售數珠事。致丁吉生書，爲孟生事。

二十五日丙戌　終日寒陰悽栗。得蓮士書。王芾南觀察來，不晤。徐介亭郡丞來，不晤。

二十六日丁亥　早晴，上午陰，下午大雪，入夜積五寸許。陳鳳樓來。付王福日用一番金。上午買舟詣柯山，下午抵家，見家慈。瘦生來，與料理王氏絶昏事。族弟穎堂來，請廿九日喫喜酒。

二十七日戊子　晴。午詣壽勝山，步訪沈曉湖家，見其兩弟及小郎艮官，留飯，晚入城。秦鏡珊來告閩行，不值。得節子書，蓮士書。遣族弟幼香及騰雨赴白魚潭、單港兩村收租。付柯山家用一番金。

二十八日己丑　晴。今日曉湖嫁女于陸氏，送以荷苞、手帊、匙袋、脂粉等物。作書致曉湖之弟子琛秀才。作致節子書，致蓮士書，致從弟詩舫書。鄭蘭舫來，以其戚施姓餘姚争田事，求爲直之。固辭不得已，乃作書致翁巳蘭，屬爲平理。詩舫弟來。蓮士來。比日貧甚，居恒戚戚不怡，而人事沓至，多以不情之請，强於聒擾。固知閉户，大是難能。既污元規之塵，又厭宣明之面。胡母張㚎，反誣不疑以盜金；趙壹通書，乃累杜密以請託。名紙作束，甚煩僕夫；麵糊累盆，亦苦竈婢。此殆人間之地獄，林下之孽海矣。郭外收租。

二十九日庚寅　晴。剃頭。慎齋弟來。蓮舟來。午詣詹會稽，賀新移縣廨之喜。詣族弟穎堂家，賀續娶之喜，送禮洋錢一圓。下午歸。章崑生之子同知某來，不晤。慎齋來，共夜飯。會稽幕客陸冀良來。余家岸收租。作書致季弟臨浦。

三十日辛卯　晴。施友三來。蓮士來。詹月艭來，不晤。丁吉生來。孟生來。比日録録，皆爲孫、孟息構事，甚可厭。作書致蓮士。付日用兩番金。夜閲《樓山堂集》。比來窮甚矣，高門無請醫之事，新墓無可諛之人。一字酬縑，固云非望；雙鬟捧爵，誰聞戲言。莫輦北海之金，空愧中郎之色。然文章架子，不敢倒也。因取昔年所刻《賣文通例》，重改定之。畫餅充飢，敝帚自享，博笑而已。

一廟碑、神道碑：散文一百六十金，駢文二百金。如至戚深交而家非有力者，散文減四十金，駢文減六十金。

一墓志銘、墓表：散文百二十金，知好減四十金；駢文百六十金，知好減六十金。其家計殷足者，散文百金，駢文百二十金；至戚密交各再減二十金。族人無服者，以交情厚薄論，厚者視密友例，疏者從知好例；有服者，視至戚例。

一壽序：散文八十金，知好减半；駢文百金，知好减四十金。自五服之宗及三黨至戚外，親族皆從知好例。不識面者，以凡人論。駢文，雖五服之宗，三黨之戚，亦不應。

一序記：照壽序例。

一代撰官書序文，或高文典册：須鋪張者，例皆用駢文，其價如廟碑例。

一其人有爵位，而公論不予者，不作；有隱慝者，不作；其人非讀書，而亦無卓行者，不作。

一婦人壽序，非高閥華封，年七十以上，及有節行者，不作。

一以壽文轉獻達官要人者，雖出至親密友之請，亦照例價。

一知好而極貧者，爲其先人求作碑志序記，或乞壽文榮其親者，不在此例。或餉佳籍、古琴、古研、古墨，及佳卉、名石、佳釀，均可。

一爲知好作志銘，任情所至，不在此例。

一代人作館閣進擬表賦，照壽序駢文例，雖知好不减價。其賀大禮，或官書告成奉進之表，如廟碑駢文例，知好减四十金。

乙丑冬十二月

十二月壬辰朔　陰寒。得蓮士書，即復。金生來，丁幼香來。族弟樌來請夜飲，辭之。魯墟、余家岸收租。再得蓮士書。

初二日癸巳　晴。步詣秦鏡珊，并晤任友薌，午歸。周一齋來。晡後詣月池坊視大妹，晚歸。以錢二百文於書鋪買得茹三樵先生《周易二閭記》三卷。

吾鄉茹氏之《易》，范氏之《詩》，皆不專家法，而説義通博，令人解頤，其源流所自，則近出毛西河，遠接季彭山，蓋越學之可名者也。三樵、蘅洲兩先生，皆乾隆甲戌進士。是科經儒林立，得人最盛，顧多力宗漢學，主張許、鄭。兩先生當時聲華闇然，鮮相稱引，而著述卓卓，皆能成一家言。范氏《詩瀋》及《三家拾遺》，幸得登《四庫》。茹氏《易》學凡六七種，竟以後出見遺。今鄉人亦鮮有知兩先生姓氏者矣。前日從周乙齋舍人乞得范氏書，今復得茹氏此書，不禁狂喜。茹氏之《易》，舊時予俱有之，又有《尚書未定稿》及《越諺釋》諸書。范氏之《詩》，先得而早失。據府志本傳，范氏自二書外，尚有《易説》二卷，《書義拾遺》七卷，《四書貫約》十卷，《夏小正輯注》四卷，《家語證僞》十卷，《韵學考原》二卷，《今韵津》五卷，《史漢義法》十卷，《史記蒙拾》三卷，《廟制問答》二卷，《刑法表》四卷，《南中日札》四卷，《文集》二十卷，皆未刻。眉批：《夏小正輯注》四卷已刻，丁卯八月，予見之杭州書肆。今越中亂後，凡昔日盛行之書，皆不可得，無論未出者耳。

付家中舊債三十番金，又柯山家用四番金，又錢四百二十文，付米債六番金，又買米四番金。石堰、三山、亭山、塘埭收租，薄田十雙，以今日畢收，共得穀四十餘石，王税未輸，仰俯何賴？先生休矣，誰饋卒歲之糧；吾道非耶，且喫今朝之飯。家慈上城居資福庵。

初三日甲午　飛雪時灑，入晚爲雨。作書致蓮士，并還《樓山堂集》。會稽訓導陳政鍾柬請初五日作鄉舉之筵，并送闈卷來。姻姪馬炳榮典史來。作書致季弟及施友三臨浦。詣資福庵省太夫人。得節子書。遣騰雨及族弟瑢赴單港徵魚租，不得。付王福日用兩番金。夜雨。得蓮士復書，并借得《三朝要典》八册，此書於丙辰之秋曾閲一過，今十年矣。初更後雨，復爲雪，積地寸許。

大寒十二月中。　初四日乙未　未初一刻十三分大寒節。上午陰，下午雨雪間作。大妹夫來。重立王考側室節孝張太太神宝，以遭亂被毀也。謹書樣字，并記生卒梗略，付手民刻之，先與以番金一圓。夜大雪。

終日閲《三朝要典》，共二十四卷，始于萬曆乙卯，訖于天啓丙寅，凡梃擊八卷，紅丸八卷，移宫八卷，前有天啓御製序，後有總裁閣臣顧秉謙、黄立極、馮銓三序。其書仿《明倫大典》編年纂輯，凡諸臣奏議、朝廷詔諭，俱以次録之，而後加以史臣之論斷。先爲要典原始，以三案由於争國本，故首載册立始末，而終載丙寅三月工部侍郎崔呈秀三案本末一疏。總裁三人外，副總裁者，施鳳來、楊景辰、孟紹虞、曾楚卿四人。纂修者，徐紹言、謝啓光、余煌、朱繼祚、張翀、華琪芳、吴孔嘉、吴士元、楊世芳九人。初擬名曰『從信鴻編』，又曰『三大政記』，後定今名。其中議論，顛倒陰陽，喪心狂吠，固不必論。

要而言之，梃擊之獄，謂門禁疏虞，守衛單弱，前星之居，宜申警備是也。而坐獄戚臣，指爲刺客，則必無之事。巡視御史劉廷元奏稱迹似風顛，貌實黠猾，其亦言之慎矣。而王之寀一揭，多有不可解者，柏木棍、琉璃棍之言，皆一時妄説。且既云有心有膽，嚴刑不招，何得見飯低頭，懼于餓死，是其敘述已極支離，雖未必教導之僞辭，要不過風顛之譫語。乃陸大受直攻鄭國泰，至有『乾坤何等時』之語；何士晉至欲與國泰約，責以全家保護東宫，此直非情理所有。而劉廷元始疏言張差情境叵測，宫門何地，守衛何在，竟使奸徒闖入。再疏言張差所供，老公姓名，大宅住址，豈遂不可窮詰？東宫天下大本，乃令亡命匹夫揶揄庭除，將恐叢荆聶于肘腋，環戈戟于衽席，是未嘗不危言聳論。乃後反以疏中有風癲二字爲廷元罪案，不亦過歟。

紅丸之獄，方德清之票擬李可灼賞銀養病，誠誤也。而孫文介突以弑逆之罪加之，戎政尚書黄克纘奉詔具疏，據目見之事爲平情之言，其意甚公，義甚正，而薛文周等醜辭詆之，其初廷臣交章論劾，猶止及李可灼之不宜賞也。至惠世揚始援趙盾不討賊，許世子不嘗藥之例，以弒君之罪劾德清矣。至文介而直謂可灼之案爲從哲所進，遂請正德清弒君之法矣。且光宗之殂，其始不過咎文昇之洩藥，可灼之紅鉛也。至曹珍而謂與梃擊同一奸謀矣。至傅宗皋而謂鄭貴妃屢進承奉所致矣。至焦源溥而請奪鄭養性之都督矣。至王之寀而謂用藥即通夷之術，通夷即梃擊之謀，共一綫索矣。至張慎言而謂深宫之中，狐媚蠱惑，男戎不勝，再設計于女戎矣。至魏大中而謂梃擊非張差之意，固國泰之意；洩藥非崔文昇之意，固鄭養性之意矣。夫宫闈之事，人所難言；君父之終，名所當正。而以無端之曖昧，歸獄先朝之貴妃。珍之言曰：『二十年來，忠臣義士受杖受謫以争册立，此屬久蓄異志，實不意其猝遽之中，敢爲陰蝕之計。陛下豈謂先帝三十日之崩，真爲哀毁所致乎？』宗皋之言曰：『鄭貴妃以皇祖宫嬪，輒遣往先帝御前，沾沾以承奉爲名，今查浹月以來，所屢遣者何人，所承奉者何物，何以致先皇于寢疾，于崩殂？』源溥之言曰：『封后之命不得，而進冶容；張差之棍不靈，則投以麗色之劍；崔文昇之藥不速，則促以李可灼之丸。先帝欲諱言進御之事，遂甘蒙不白之冤。』大中之言曰：『自乙卯之梃不中，而至藏酖毒于女謁。俟元精耗損，憊不可支，而蕩以暴下之劑，爍以純火之鉛，所以彌留而不可起。以數十年忠肝義膽所羽翼之元良，一旦戕于二賊之手。』諸公所言，常人猶不堪之，况君父乎？夫女謁致病，至覥也；諒闇之中，色蠱致死，大逆也。光宗方自飾以哀勞成疾，而諸臣力破之，其亦太不爲帝地矣。至楊忠烈當泰昌大漸時，疏劾崔文昇誤用洩藥，有『不願與此賊醫俱生』之語。明代奏疏，似此激烈者，不一而足。而後日詹事公鼐，則請以此疏紀爲一書，傳之久遠。科臣魏應嘉則稱此疏九廟有靈，且爲震悚，不亦標榜太過耶？次輔蒲州之揭，德清退後之五疏，尚書黄光纘之辨疏，敘述當日情事，覼縷甚明，詔旨亦再三言之，而諸臣必欲以謬悠之言加人洟減之罪，蓋三案中最爲苛刻無理者矣。

移宫之獄，似乎防微杜漸，國是攸關。然有明一代，絶無女禍，選侍亦未有垂簾聽政之萌。楊忠烈之請亟避乾清，是也。而大聲疾呼，奮髯擊柱，蓋師韓魏公厲聲徹簾之意。然魏公此舉，本詭中庸，曹后還政英宗，非由挾制，大臣奉詔，正可從容，屏後見衣，毋乃太遽？忠烈效之，益愎加厲，乃左忠毅復首疏革其已進貴妃之封號，而云『行于先皇，則伉儷之名猶可；行于殿下，則尊卑之稱斷斷有不可者』，是何説耶？貴妃之封，泰昌再三面諭廷臣，禮部已進儀，司天已擇日，嗣皇承命而行之，何所妨礙？而忠毅必請收回遺命，令仍守選侍之職，是導子以背父矣。且云『武后之禍，立見今日』，何其言之太甚耶？又云『當年郭春女得幸，外邊猶能傳之，無得多生侈願』，何其詞之輕肆耶？而張潑遂疏言選侍素讎聖母，以泰昌之諭封爲誤命矣。曹應魁遂言選侍進先帝銀五百兩，求討皇上與之看管矣。事益不情，言益非體，黄光纘以先帝爲何如主之言，御史賈應春請保護選侍之揭，皆天理人情之至論也，而周朝瑞遽謂繼春喜樹旌旗，妄生題目，反復揭辨。孫文介復力攻德清爲黨護選侍，楊忠烈疏陳始末，旋疏乞歸，其初疏未免過涉張皇，其繼疏又似迹鄰要挾，而一時之附和者，皆侈大其功。周宗建則曰：『二十年不得見天子之臣，而護駕直宿，猶是九卿科道；兩朝逼匹后之妃，而移宫清禁，終因言路諫官。』方震孺則曰：『文武捧護，亦雲龍風虎之一奇。』毋亦誇詡非分歟？移宫可也，而先則逼迫踉蹌，至屏絶其輿從；旋則逮訊奄豎，且拷繫其所生。律以《禮記》『父有愛妾，終身敬之而不衰』之文，諸君子固將何以自解也？繼春之援孝宗善待萬貴妃，泰昌善待鄭貴妃，黄光纘之援宋仁宗待劉氏益厚，及無以孝和皇太后爲漢之許后，皆不刊之論。

王業浩所疏請四事，尤關于國體君德甚大，此固不能爲東林曲護者也。况彼黨中，請究梃擊者，有亓詩教、牟志夔、朱童蒙；請究紅丸者，有傅櫆、安伸、温皋謨；請究移宫者，有傅櫆、王紹徽、阮大鋮。皆同東林之議。而王之寀之被謫也，阮大鋮亦薦之；賈繼春之被詰也，周宗建、張慎言、高弘圖皆救之。是兩造亦未甚判涇渭也。善乎崇禎初倪文貞之論三典曰：『争梃擊者力護東宫，争瘋顛者計安神祖；主紅丸者仗義之言，争紅丸者原心之論；主移宫者弭變于幾先，争移宫者特平于事後。各有其是，不可偏非，既而楊漣二十四罪之疏發，魏廣微輩門户之説興，于是逆璫殺人則借三案，群小求富貴則借三案，經此二借而三案之面目全非矣。』其言可謂深得是非之平者。

予感魏閹之禍，曠代所無，六君子、五君子詔獄之慘，觀《碧血録》諸書所述，千載而下，令人酸鼻。嘗細推其故，而知諸君子當日之取禍，亦不爲無因也。明代士夫，尚意氣，寡讀書，如孫文介之稱《春秋》許止例以論德清，誠大謬不然者。事君之義，就養有方，非事親比。《曲禮》所云『君飲藥，臣先嘗』者，謂左右内豎之臣耳。况許悼公之藥，由止而進，故聖人律以弑君；泰昌之藥，觀李可灼刑部供狀，本末甚明，即欲强坐德清以引進之罪，要不得謂即德清之藥，亦不得責德清以先嘗。而以寢門之侍疾，歸獄綸扉；以道路之傳聞，滅人門户，是誠何心哉？觀文介所撰《恩恤諸公死事略》，自謂錫山有二忠臣，蓋以己與高忠憲也。此亦甚非賢者之言。嗚呼！魏奄之惡，莫甚于以封疆羅織諸賢；而封疆之獄，莫冤于楊忠烈、魏忠節兩公。一則首劾經臣，一則力持大辟，而俱坐以重賄。吾又反覆思之，而歎文介此舉，實階之厲也。德清之拒可灼于内閣，出閣揭于懷中，固已衆目共見，及十三臣召見乾清，光宗言及可灼，而德清謂未可輕信，此于形迹之間，豈猶有疑者？文介不疑援不切之經，懸坐以大逆，則亦何責于應元、顯純輩耶？王心一平生行事不甚可詳，好事要功蓋非過論，應城鷹鸇之性，嫉惡過嚴，力猛氣矜，失于審度，一時同志，持正有餘，而昧于成功不居之義，矜張過甚，遇事風生，往往自取盛名，不諱國惡，或更逆億以快觝排，雖曰愛君，無辭植黨。嗚呼！攻三案者，潰敗決裂，吾不屑言之矣！五虎、五彪等之犬彘，《春秋》責備，不能無嗛于諸賢耳。故詳論之，爲後之觀者擇焉。

初五日丙申　陰。族弟嘯巖來。以錢四百文賀陳訓導。得高次封郡守書，即復。郡署號房吏送新曆來，賞錢二百文。慎齋來。族弟榞來謝。詣資福庵省家慈。孟生來饋雙雉。付買蓮子、冰糖一番金。付王福醫藥一番金。孟生柬請初十日其子彌月喫湯餅。

初六日丁酉　晴陰相間。得周一齋片，送來書院束修錢一百千，賞使者一番金。孫生星華來，蓮士之子。沈秀才寶源來，不晤。慎齋偕其婦兄陸柏堂來。作書致季弟臨浦及施友三。金少伯舍人來。慎齋來夜話。

初七日戊戌　雪。付買薪錢二千五百五十二文，每束重七斤，直錢二十二文，凡百十六束，自花涇來者。鄭蘭舫來，得翁巳蘭復書。丁幼香來，爲單港魚人乞弛租。慎齋來。下午雪益甚，坐肩輿至資福庵省太夫人。夜雪積二寸許。再爲蘭舫作致巳蘭書。

初八日己亥　早陰，上午雪，終日陰。族弟東巖爲狹猺湖魚人來饋魚十尾，酒兩甕，豕兩膊，段紬一襲，不受，强留之去。作書致季弟臨浦及施友三。饋大妹夫雉一隻，魚兩尾。饋姚葆卿魚兩尾。珊娘饋其家魚兩尾。買小兒銀釧、銀鈴各一事，付直英洋一枚，計錢八十九文。以貽孟生之子。付王福日用一番金。付王元工直兩番金。

初九日庚子　陰和。作書致季弟臨浦及施友三。品芳弟來，蓮舟來，胡梅仙來，輝庭來，蘭如來。夜作書致馬中丞，爲寺山塘工事。

初十日辛丑　早微雨，上午晴暖，下午陰。詣少白、輝庭談。張氏妹甥藕官來上學，饋以果餌。

族妹夫沈長蘅來。作書致高太守，并託寄馬中丞書。得太守復。傭人仰虬、沅花詣柯山村居，載簟入城，付船錢二百六十文。付王福日用兩番金。夜詣資福庵省太夫人。初更後小雨，丙夜後漸有聲。

十一日壬寅　陰。作片致王杏泉，請爲家慈診脉。閲舊時日記，至去年今日，是德夫訣絶之辰，追念黯然，爲之掩卷。姚寶卿招同金少白諸君午飲。杏泉來，偕至資福庵，爲太夫人定方。杏泉云是濕熱症，宜清理，并撰治痔兩方。蓮舟來。夜剃頭。

十二日癸卯　晴暖。鄭妹夫來請喫齋，辭之。丁幼香來。都下館僮徐鹿來叩謁，予以錢四百文。從弟詩舫來。秦鏡珊來。得蓮士書。孟生送酒肴一筵來，犒以錢六百。付王福日用一番金。

十三日甲辰　晴暖如春二月時。早詣資福庵省太夫人，大妹及妹夫亦來。作片招少白、輝庭、杏泉、琴士、蓮士及姚寶卿午飲。下午復請杏泉至庵，爲太夫人改撰方。少梅弟來。茹子薌來。仲弟來。付王福日用一番金。

十四日乙巳　晴暖，可御薄棉，柱礎津潤如黯天。詣少白、輝庭，閑話半日。晚大雷電，辟歷數震，風雨沓至，終夕淋浪。作書致季弟及施友三。瘦生來，饋焆鳥二十隻，不晤。

十五日丙午　寒雨，夜滴歷不止。施友三自工所來，得季弟書。顧春園表叔來。王杏泉來。嘯巖弟來。

十六日丁未　晴，風。上午詣資福庵省太夫人。仲弟來。夜與施友三、姚葆卿、仲弟共飯。爲梅山寺僧書便面三。

十七日戊申　陰寒，傍晚雨霰。爲人書楹聯兩副，直幀一幅。金少伯來言今晚即行。作片致王杏泉，乞爲家慈改藥方。詣少伯話别，并晤輝庭。傍晚至庵省太夫人。輝庭邀夜飲爲少白餞行，作片辭之，并致少白書。令傭人仰虬回去，付工直番金一圓，錢二百。夜大雪。得二妹夫張景韓廣州書。

十八日己酉　密雪終日，風寒凛然，窮愁特甚，夜晴。黄昏雪猶大作，人定雨除星見。閲《説文》。

立春明年正月節。　十九日庚戌　辰初三刻二分立春。晴冰。昨夜山、會童生院試案發，族弟壽銘、族兄壽嵩、孫生星華俱得隽。下午詣庵省太夫人。嘯巖來。即壽銘。付王福日用一番金。付王元兩番金，爲内子買歲物。

二十日辛亥　早晴，忽雪大作，旋止，終日陰晴多風，冱寒。遣傭人願驊具舟送太夫人返柯山。族伯柏塍來，留共午飯。郡丞徐介亭來。作書致楊理庵庶常慈谿，唁其丁外艱。

二十一日壬子　早晴，終日積陰，釅寒。詣月池坊視大妹及妹夫，午飯後歸。蓮士來，蓮舟來，俱不值。得少鶴通政書，告二十三日爲粤西之行。鄭妹夫來。蓮舟再來。詣輝庭閑話。晤張魯封丈。作書致蓮舟。上燈後蓮舟又來，旋去，以其鄰人有事，屬予周旋長史間也。予與蓮舟交誼甚摯，而此事殊難料理，寧得罪于朋友，無構怨于官司，他日當知我心耳。夜又作書與之。前日託鄭妹夫貰得稻米一石五斗，黏米一斗，今日還直五番金又錢六百。

二十二日癸丑　晴嚥無雲。傭人騰雨自工所來，得季弟書，付以番錢壹百圓。出門詣王少鶴送行，不值。詣蓮士賀其郎君入學。呼縫人爲張姬製複襦、半臂夾袿各一。比日窮甚，萬難卒歲，而室人以此不急之需苦相聒誶，且勉應之。其衣料半爲舊有，半從人乞貰，付買帶飾闌干之屬一番金。作致少鶴通政書，并作書致妹夫張景韓于廣州，託通政轉寄。夜得少鶴復。爲族弟小帆賣田事，詣輝庭談。

二十三日甲寅　晴。少梅弟來。蕭山蔣拔貢孝先來。丁幼香饋魚四尾，受之。作致朱海門侍御、潘伯寅副憲都門書。以魚兩尾貽二妹。作書致傅蓮舟。夜祭竈，以爆竹送之。付王福日用三番金。買綿花、紐扣、闌干之屬一番金。

二十四日乙酉　晴和。品芳弟來。徐禄來辭行，再作致伯寅書，屬賫去。孫生星華來。季弟等自工所回，付船直一番金。仰虬饋黏稷粉半斗，報以二百錢。蓮舟來。族弟嘯巖來。偕蓮舟詣輝庭。晤馬春暘。

二十五日丙辰　上午晴，下午風陰。剃頭。作書致高太守。沈蘅夫秀才來，不晤。下午答拜徐介亭郡丞、蔣橘仙拔貢，俱不值。詣王杏泉，謝爲家慈醫治，小談而歸。傅節子來。蓮舟來。蘭如弟來。族兄壽嵩來。夜疾動。

二十六日丁巳　陰。作與商城相國箋及致允臣書。鄭妹夫來。付王福日用三番金，又采買歲物三番金。夜得徐介亭書，即復。洗下體及足。

二十七日戊午　予生日，晴曣天清。卯刻起，祀歲神，放爆竹。再得介亭片，借書，以伽陵、質園兩家集借之。鄭妹夫詣柯山。付王福、王元叩喜錢八百文。付王福日用一番金。高太守、張山陰各饋歲物，俱不受，犒使者六百錢。得節子書。得蓮士書，并贈惠州石刻東坡笠屐小像，即復。作致沈曉湖都門書。令傭人願驊回去，付工直兩番金。付縫人一番金。是日和煦，而感寒小極，夜服款冬、蘇葉湯。作書致鍾慎齋。王少鶴自杭州寄所作《龍壁山房詩詞集》來。

二十八日己未　上午晴和，下午陰。得高次封郡守書。得沈蘅夫書。作書復郡守，復蘅夫。以珊婭纏臂金二兩五錢，託鄭妹夫從他氏質四十番金。作致詹月艘會稽書。梅山寺僧隱松饋歲物四種，受燒桃，犒舟人二百。濮某來，付還都中匯款二十番金。蓮舟來。張廣川來，不晤。傍晚買舟返柯山村居。輝庭來，不值。王子範來，不值，强留所饋歲物四包而去。

二十九日小盡庚申　陰。祭竈。祭高祖上舍府君、祖妣周孺人、生祖妣傅太孺人、曾祖孝廉府君、祖妣倪孺人。詣瘦生家。侍家慈飲屠蘇酒。付家用三番金，内子壓歲一番金，零用四百錢，阿僧壓歲四百錢，僕嫗壓歲七百錢。下午還郡城。孟生送饋歲禮十二番金。祭竈。祭地主。祭先祖茂才府君，祖妣余孺人、倪孺人，側室節孝張太太，先考中憲府君。付王福日用及各店年帳共三十五番金，又錢八百五十文。付姚竇卿賃廡兩番金。付王福工直四番金，王元工直兩番金。賞王福、王元壓歲兩番金。珊娘賞錢八百文。付徐嫗壓歲錢四百，姚氏嘉官壓歲錢四百，姚氏婢僕壓歲錢四百。付换錢十番金。

孟學齋日記丙集上

同治五年正月初一日至五月二十九日（1866年2月15日—1866年7月11日）

同治五年（一八六六）

同治五年太歲在丙寅春正月建庚寅

元日辛酉　上午陰，午後雨，寒。太夫人年六十二歲。予年三十八歲。早起叩拜天地、祖宗，叩拜祖父母像、先君像。高次封郡守來，久談而去。凡賀客到門不見者，皆不記。

閲《問經堂叢書》中所輯《世本》，及雷氏學淇所輯《世本》。問經堂本云是錢氏大昭原本，孫馮翼更增輯之，孫氏星衍爲之審定付梓，已極詳慎。今以與雷本相較，則雷本遠出其上，不特所增幾兩倍，而證校精覈亦復過之。孫氏先以《作篇》《居篇》，次以《姓氏篇》《王侯大夫譜》，共四篇。雷氏分爲七，曰《帝繫》，曰《王侯譜》，曰《卿大夫譜》，曰《氏姓篇》，曰《謚法篇》，曰《居篇》，曰《作篇》，更爲詳晰，而次第亦較得宜。乾嘉間，東南名儒接踵，然北方之學，若雷氏者，孤學深造，絶無依傍，自闢蠶叢，正不得以家法少之也。

初二日壬戌　晴和。鄭妹夫及其從兄海槎表妹夫來拜先祖、先君像。品芳弟來拜像。輝庭來拜祖母像。蘭如弟來拜像。賞陳禄錢二百。下午出門答賀高太守、張山陰、王觀察、徐郡丞、王杏泉。至西郭叩拜六世祖殿纂府君、妣樊太君、太高祖横川府君、妣祁太君、陶太君像，及諸宗人家賀年。詣鄭妹夫家賀年，見大妹、范氏表妹，及兩妹夫，晚歸。步詣輝庭家賀年，并拜像。

閱范左南太守《詩瀋》。《四庫提要》謂其學出毛西河，而持論斟酌于毛《傳》、朱《傳》之間，頗爲平允。然其中從毛駁朱者爲多。惟略于考據，多論文義，而時出新意，異于前人。雖涵詠詩辭，往往有得，究不免空談測臆之病，非説經家法也。其首二卷爲總論，較平實可傳。

初三日癸亥　上午陰，下午雨。早買舟詣黄家村清水閘本家。上午至柯山叩拜高、曾兩代像，叩賀太夫人。午飲于瘦生家，慎齋來，季弟及沈雨巖同在坐。夜歸，舟中閱《鮚埼亭外集》。族孫壽昌來。

初四日甲子　雨。農占『春甲子雨，撑船入市』，深可憂也。族弟嘯巖來。少梅來。族兄渭亭來。族弟穎堂來。夜作書致都中陳珊士刑部、譚研孫工部，俱甚草草，相知素深，不在多言。夜雨。

雨水正月中。　初五日乙丑　寅初三刻浙江寅正初刻七分雨水節。上午陰，下午晴暖，地潤。上午出門拜客，至欒樹匯頭孫氏視從姊，上望坊張氏視次妹，廟寧橋孫氏家拜大姑母像，見中表大嫂，仰盆橋馬氏拜二姑母像及祖姑像，見中表三嫂，獅子街金氏家拜余氏曾外王父母像。離家七年，洊經兵火，舊姻單落，里宅遷移。薛、馬兩姑家子姓殀霣垂絶，其世深爲悵悽。傍晚歸。族弟竹樓來。表姪馬丙鑅來，施友三來，孟生來，俱不值。付轎錢四百文，賞孟生之僕叩歲番金一圓。夜雨。寄柯山家用兩番金。

初六日丙寅　小雨，暖不可裘。柱礎津溢。鄭氏來告，大妹昨夜舉一子。妹歸鄭氏已十年，連産四女，今得男，可喜。遣人還王子蕃所饋歲物，子蕃復遣人送來，受茶兩小簍，餘固辭之，并作片謝。犒使二百錢。孫生子静、子宜兄弟來。以米麵、糖霜貽大妹。作片致王杏泉，約同詣樊浦。夜半後雨。

初七日丁卯　早霧，上午晴暖。作書致少伯，以寄京華故人書六封託附去。作片致輝庭。剃頭。鄭妹夫來。晡後坐小舟至西郭見族祖母紀孺人，留茶餌，晚歸。

初八日戊辰　早驟雨數作，終日陰雨，峭寒。鄭氏分洗兒喜果來。竹樓弟來，不晤。馬春暘來。《後漢書·方術傳》，昔人譏其載費長房、薊子訓、左慈等事，語涉不經，有乖史法。然范氏於《華佗傳》末，明言漢世異術之士甚衆，雖云不經，而亦有不可誣，故簡其著者列于傳末，其下列泠壽光、唐虞、魯女生、徐登、趙炳、費長房、薊子訓、劉根、左慈、計子勳、此人傳僅四十五字，所紀祇自剋死日一事，前人謂即薊子訓，蔚宗誤仞爲剛人者，是也。上成公、解奴辜、張貂、麴聖卿、編盲意、壽光侯、甘始、東郭延年、封君達、王真、郝孟節、王和平等二十二人。原本蓋皆聯綴《佗傳》之後，並不提行，故雖事涉怪異者，亦采附之，不足爲蔚宗病也。其以前之王喬，人事杳冥，亦宜附厠費長房、薊子訓之間。惟傳中所載郭憲、謝夷吾、李郃、樊英、廖扶、公沙穆六人，不宜厠之術士。郭憲風節觥觥，爲時名卿，李郃、樊英、廖扶、公沙穆皆儒者。郃歷任三公，有忠臣節；英以處士負重名，與郭憲皆當入列傳；夷吾所至政績尤異，穆治縣有神明之稱，皆當入《循吏傳》；扶操履粹然，宜入《獨行傳》。蔚宗紀郭憲之異，祇噀酒滅火一事，樊英亦僅稱其嗽水滅火，則欒巴亦有此事，何以入之列傳乎？至夷吾之覘人將死，郃之占知使星，扶之豫測歲荒，穆之先備大水，尤不得以術數概之矣。

夜姚寶卿招同明州賈客數人飯。

初九日己巳　晨陰，旋震雷風雨，終日淒凜。上午坐舟至澄港，飯于丁氏兄弟。飲畢至陳鳳樓表兄家拜祖姑像。傍晚至單港楚材弟家，望拜本生曾祖父母、本生祖父母像。夜出大灘，風雨横甚。尋下寨村茹子香家，迷不得路而歸。舟中讀《説文》。

初十日庚午　終日陰雨，寒甚。遣僕請張廣川來，與商議寺山塘事。予此舉雖爲章□□、羅□□兩僉人所中，然去秋受役，實高、李兩太守强之，深悔爲人所賣，而施某之不肖，舍弟之無能，亦咎有自取也。鄭妹夫來。晡後買舟詣柯山，夜抵村居，付家用番金一圓，又錢四百。齒痛。初更後大雪。

十一日辛未　太夫人生日，微景雪消。傍晚返城寓。病齒，至晡後漸差。付小船錢三百文。付王福買食物一番金。

十二日壬申　寒陰薄景。先王父亭山管殯人徐姓者來，犒以錢二百文。族弟小帆來拜像。作書致子九。梳頭。戲與姬人賭擲骰子。得子九復。孫生星華書來乞撰試藝。夜有月。五更雨。

十三日癸酉　終日密雨，潺湲不止。蘭如弟請飲喜酒，不往。孟生來，以番金四圓爲太夫人壽，却之。犒其舟人二百錢。蓮舟來，不晤。高太守柬訂十五日夜飲。夜叩拜祖父像，然燈供湯圓。俗以今夕爲上燈夜，詩賦家謂之試燈。夕供湯圓，則吾家舊例也。上虞王淦同知來。

十四日甲戌　早雨，上午少止，晡後又雨。比日頗讀《説文》，而麦越乏端緒。付王福買食物一番金，又换錢一番金。雨入夜復漸密，初更後，雪霰雜作，屋瓦檐霤間颯沓不絶聲。昔臘今春，雨雪積滯，近日更有淫潦之憂。老農皆言今歲仍有大灾，天時如此，深恐其驗。夜讀《後漢書》。

十五日乙亥　晝夜苦雨。得族弟嘯巖書。孫氏從姊來拜像，留午飯，付輿夫錢三百二十文，傭媪賞錢二百文，小船錢百文。傍晚至郡齋赴高太守之招，肴饌頗盛，同坐爲周一齋及府學唐老師、山陰學師沈君、會稽學師關、陳兩君。初更歸。以上元夜叩拜祖父像。付轎錢二百八十文。松林朱之瑗秀才來，不晤。

十六日丙子　淫霖不止，水長尺餘。丁汝賢秀才來，不晤。下午雨小住時，過輝庭小談，冒雨歸。

付王福買辦一番金。夜作書致詹月艭，致高次封郡守，致王少鶴通政。雨聲達旦。

十七日丁丑　終日雨不絶。遣王福以舟將牲醴肴饌至上塘漊，代祭先大夫殯屋，付守殯佃人范姓錢二百，又糕、粽各八枚。祭畢，詣柯山迎二妹歸其家，付船錢三百四十文。内子亦附舟返南街馬氏。珊娘之姊金閏娘遣媪來饋燕鷄、燖肉、棗、栗，受棗及鷄，犒以錢二百八十。鄭蘭舫嫁妹，遺以繡鞶領及粉脂。鄭妹夫來。得高太守書。以酒一甕賚珊娘之父。夜詩舫、楚材兩弟來拜像，留飯。付船錢二百文。今晨梳我頭。

十八日戊寅　雨不絶。楊理庵庶常來。拜先君子像。族弟東巖來，饋肉及鴨，俱却之。族弟嘯巖來，俱不晤。午祭祖父，收像，徹供具。付换錢一番金。

十九日己卯　雨除趣晴。陸冀良來。茹子薌書來，求爲薦入山陰令君幕，不得已，爲作書致張夢周。爲理庵撰其贈公樹人先生墓志銘，别存稿。得張山陰復書。聞漢陽告警，寧國亦有捻氛。付王福日用兩番金，予其母酒一罎。

驚蟄二月節。　二十日庚辰　丑正一刻浙江二刻七分驚蟄節。上午晴，午陰，下午小雨，入夜趣密有聲。上午步詣理庵寓，以誌文與之。理庵將由滬入漢，以今日行。族兄壽嵩來，渭亭來，族弟嘯巖來。作片致蓮士，借《毛詩注疏》。得蓮士復。剃頭。是日謄黄宣布，去年十一月恩旨減免山、會、蕭等縣錢糧。

二十一日辛巳　雨不絶聲。郡守禁屠。得蓮士書，以明何氏楷《詩經世本古義》借閲。楷字元子，福建漳人，崇禎中爲御史，負直聲。後仕南都，至户部侍郎。入閩，升尚書。閩亡後卒。此書以時代先後爲主，顛倒次第，始于《公劉》《行葦》諸篇，謂在夏少康之世，此明人割裂古書之妄習，雖多存古義，采取頗富，而支離鹵莽，得不勝失。蓮士來書謂其頗涉武斷，誠然也。前有范文忠、林蘭友字操聖、曹學佺字尊生三序。予最不喜明人經説，因遂還之，并以《三朝要典》屬轉還節子。即作復書，言《毛詩》之學，以《注疏》及吕氏《詩紀》、嚴氏《詩輯》爲之綱，近時有合刻嚴、吕《詩説》者，于廠市見之，甚佳。以國朝陳氏《稽古編》、胡氏《後箋》、李氏《紬義》、馬氏瑞辰《傳箋通釋》爲之緯，他書可不讀矣。顧亭林《聖安本紀》載南都降臣有户部右侍郎何楷名，而黄梨州《行朝録》、錢田間《所知録》皆言其入閩爲户部尚書，掌都察院，以忤二鄭請告歸，爲盗截其一耳。欽定《明史》因之。蓋僅于降表僉名，而未嘗迎附者也。

二十二日壬午　寒陰，霏雪，下午趝止。爲高太守撰《祭寺山江神文》。文皆四言，頗老到周密，不存稿，即作書致之。得蓮士書，爲令子求撰試文。夜星見。

二十三日癸未　霽景趝呈。得高太守復書。金生福延來，饋冬笋、采蛋各四小簍，受之，犒使四百文，爲出題目一紙。族伯柏滕、族叔熊飛來，留共午飯。爲孫生作院試制藝，題爲『女爲《周南》《召南》矣乎』。此固小技，然所作殊有經義精華，非時文家所知者也。存《越縵堂外集》中。

二十四日甲申　晴日照耀，雨久矣，得此如景星慶雲。曬祖父像。曬穀。蓮舟來。王子範來。慎齋來。孫生子宜來。慎齋來，留共夜飯，更餘下船去。慎齋言以二十八日赴義烏。

二十五日乙酉　陰。詹會稽五十壽辰，饋以酒兩罎，作片致之。詹君固不受。作書致蓮士，得復。令圬人理屋漏，付錢二百。季弟來，施友三同來。得慎齋柯山書，言今日同瘦生詣州山爲予賃屋矣。得金少伯杭州書，言即日赴京。得蓮士書，論召邵、豳郊、岐郊字義。予已將下柯山，不及備復。傍晚與季弟等同舟詣柯山，初更抵家。夜飯後携燈步至社廟戲臺下，小立而返。二更後雨作，丙夜趝滴歷有聲。

二十六日丙戌　上午趣晴。午飯後買舟詣清水閘族人家，即滋湖桑埭李賣橋，由常禧門返城寓，付船錢二百。仲弟來。夜閱趙寛夫孝廉《寶甓齋札記》，其考《左傳》服注與鄭説不同一條甚詳覈，據《世説新語》云：鄭康成盡以所注《春秋傳》予服虔。餘鮮可取，蓋多記誦而乏心得者。寛夫，名恒，仁和人，道光辛巳舉孝廉方正。眉批：阮文達《學海堂經解》：凡舉宏博及孝廉方正者，皆謂之徵君。此非也，二者皆唐、宋科目之一，非由徵辟，安得以徵君稱之？況孝廉方正正宜以今時俗之稱舉人者當之，其舉也爲恩例所應有，尤與宏博異。孫淵如稱江叔澐爲孝廉，是也。

二十七日丁亥　晴暖。得高太守書，言今日中丞至越，請予往見，即作復。令縫人製紺緞二茸褂，付買纕紐帛材一番金。《説文》謂『紺者，深青揚赤色』，蓋即今之天青緞，字見《急就章》。今人以《説文》無『緞』字，或假用『段』。近日貧甚，而尚製衣。表者，去冬狹猔湖魚人所獻；裏者，昔年商城相國所贈者也。爲嘯巖弟作院試製藝，久厭此事，乃猶爲人所强，可哂也。柏塍伯來。夜至四牌漊，謁馬中丞于舟中，談逾時而別。舟即借之族弟蘭如者也，付轎錢三百文。今晨梳我頭。

二十八日戊子　薄晴。作書致張漊胡仲孚孝廉。鄭妹夫來。柏塍伯來。族兄渭亭來。中丞來。付薪錢一千二百有奇，計爲東六十四。王杏泉來，爲姬人診脉撰方。付縫人工直四百八十文。夜飯後，步詣杏泉，送其明日金華之行，并晤令子芝生孝廉，二更歸。

二十九日己丑　晴暖。梳頭。上午步詣鄭妹夫小坐。出詣蓮士，留午飯。同詣節子，談至晚歸。沈瘦生來，饋越王峥玉露霜兩匣。

三十日庚寅　晴暖，幾不可衣綿。爲瘦生撰《七星巖募建祠屋疏》，別存稿。得子九書，約下月初三日，偕其社中諸子來談。以乾魴、采蛋遣金媪往饋金閏娘。購得萬季野氏《群書疑辨》一部，又《世説新語》一部，錢六百文。兩書皆紙槧甚惡，《世説》尚是吴人袁褧刻本，而浦江周某重刊者。此書自劉應登删改原注，孝標本文遂無完本，最爲恨事。至明世書賈託名王弇州兄弟，以《語林》删補之，而臨川原本亦罕見於世矣。袁氏原刻，都中僅一睹之。

二月辛卯朔　終日晻曀，午大風，傍晚雨。沈瘦生來。大妹遣僕媪來言小兒彌月湯餅。紹協副將謝君永祜來見。謝，湖南人，字青芸，以軍功積官至總兵巴圖魯。下午步詣張廣川晤談。夜雨聲趣密。

閲萬季野《群書疑辨》，共十二卷。自一至三皆考論經傳，卷四雜論古今喪禮，卷五論周正及《春秋》《孟子》，卷六爲《禘説》及《居室祔廟遷廟考》，卷七爲《歷代廟制考》，卷八辨石鼓、石經及古文、隸書，卷九雜論字學、書學，卷十辨崑崙河原，十一、十二雜論宋、元、明史傳記。萬氏兄弟之學，頗喜自出新意，充宗所著《儀禮商》《周官辨非》諸書，多立異説，而精悍自不可廢。季野較爲篤實，其經學尤深于《禮》，其史學尤詳于明，所作《歷代史表》已成絶詣。此書得失，山陽汪文端一序已盡之。大氐以第四及十一、十二三卷爲最精。論喪禮一卷，酌古禮以正時俗凶禮之失，皆切實可行，不爲迂論。論史兩卷，具有卓識，惟深譏元之劉因，痛詆明之張居正，則尚考之未審。其論《禮》好違鄭注，論《春秋》好闢《左傳》，皆與充宗相似。至於極言古文《尚書》之真，而詆《盤庚》《周誥》爲不足存，力駁《毛詩小序》之謬，而謂二《南》、《國風》皆未删定，則近于猖狂無忌憚矣。汪序謂其間有考之未詳者，有勇于自信者，蓋謂是也。

初二日壬辰　日景晧出，午後更清曬，天氣輕寒，可藓鼠裘。剃頭。下午答拜謝副戎，晤。詣高太守，久談，傍晚歸。謝總戎以楹聯乞書。徐郡丞送去秋分校房牘來。作書致季弟。付轎錢二百八十文。

初三日癸巳　上午陰，下午雨，入夜檐溜潺潺。以去臘所質姬人金釧託鄭妹夫换銀，續得番錢十二圓，錢二百四十文，以兩圓及餘錢借妹夫。閲《群書疑辨》。太夫人入城居資福庵，午後冒雨趨省，以冬笋一簍、棗子一苞饋庵之優婆尼。孫子九偕山陰王詒壽學博、會稽馬賡良上舍來。王字眉叔，馬字幼眉，俱以所作詩文來贄。子九亦出近作相商，同留小飲，至晚去。夜孟生來，以息訟番錢百枚，託代付孫氏。

初四日甲午　上午晴暖，午後陰，濈雨乍零。鄭妹夫來。王賡廷孝廉來，不晤。作書致蓮士。下午詣賡廷，小談歸。姬人詣資福庵省太夫人，以冰糖、蓮子、冬菜各一苞爲獻饋。孫生星華來，以孟氏番金交之去。夜再得蓮士書，俱復。料理都中積年往還箋札，焚棄六十餘封。二更後雹風雨交作。

春分二月中。　初五日乙未　寅初二刻浙江三刻十三分春分。輕陰晚霽。王鹺尹燕賓來，不晤。此君辛卯副車，久宦于粤，素無交分，而今日來言在都相識，殊不能記憶矣。下午詣庵省太夫人。遣王福携書至柯山，爲鄭妹夫借沈瘦生錢，付船錢二百文。謝總戎以書來謝書聯。

初六日丙申　薄晴濈雨，方有春陰之美，傍晚忽雷雹大雨，終夕瀧瀧，水長尺許。聞諸山花事已繁，南鎮禹陵嬉春甚盛。昨僕人言古城山中桃李將就苓殘，未辦游貲，又值風雨，不勝逝景之感。嘯巖弟來。仲弟、季弟來。蓮舟來。琴士之子子静娶婦，是日并爲蓮士之子子宜作入學喜筵，書聯賀之云：『中春良辰迎新婦；高門弱冠舉秀才。』又爲季弟書聯賀一陳姓入學云：『百軸贈文有家法；三試得元繼科名。』用唐陳拾遺、宋陳康肅事，皆切其姓也。

初七日丁酉　終日寒雨不絶聲，入夜稍止。

閱《説文》，洪氏頤煊言《説文》字下或有注闕字者，蓋是二徐校訂時所闕，非許氏本文。按：其説甚是。即如假借之假，六書之一事也，此其音義不容不詳者，而《説文》入之又部下，注曰闕，可知非叔重舊本如是矣。許氏于大字、人字皆分兩部，以偏旁所從，有籀文、古文之別也。自、白同字，僅省一筆，亦分兩部，《玉篇》合大字爲一部，段氏譏其致古籀偏旁殽亂不分。予謂《玉篇》實六朝俗學，即如《説文》白部之者，从白从𣥜聲。𣥜，古文旅，而《玉篇》入之老部，與耇、耋等字一例。眉批：《玉篇》既爲唐孫强所改竄，而宋人復增益淆亂之，希馮之真亦不可得見矣。然如者入老部，必是原本如此。夫者从老，是何義乎？後人以其書時代未晚，尚存古義，故尊奉之，不知希馮爾時不過徇俗之書也。

仲弟回去。

初八日戊戌　晴寒。料理鄭甥彌月湯餅事，付曼頭、糕麵、燭爆兩番金，鈴環一番金。下午至庵省太夫人。

初九日己亥　薄晴多陰。早起詣賀琴士、蓮士兄弟。即至鄭氏，抱沛甥剃胎髮，午飲於鄭，晡後歸。詣庵省太夫人。得王詒壽秀才寄贈七律兩章，頗楚楚有致。

初十日庚子　嫩晴。早起小食，同季弟楚材及族人詣謝墅，上六世祖殿纂府君、祖妣樊太君墓。舟出偏門，見山色遍青，菜花麥翠，錯繡田陌，一二緋桃，吐華滿樹。數日不來，春光乃使姚麗如許。畫船簫鼓，風景不殊，而村郭破殘，劫火之痕，歷歷可指，彌令窮士增欷，恨人觸涕。傍晚歸，詣庵省太夫人。

十一日辛丑　晴暖。日長頗宜讀書，而經史不具，無可考索。雜閱《日知録》《養新録》《讀書叢録》等書，略少端緒，猶賢于博弈而已。表叔顧春園來。詣庵省太夫人。王頫廷來，不晤。

十二日壬寅　微晴多風，寒甚。姬人詣偏門錢醫診脉，下午歸。得蓮士書，即復。是日中寒，身熱不快，傍晚就卧。夜五更雨。

十三日癸卯　風雨甚寒。得蓮舟書。作書致王頌庭，爲姚寶卿今日赴上海，將附書揚庭也。得頌庭書。作書致揚庭。得蓮士片，即復。楚材弟來，約十五日游南鎮。付傭人鶚穀錢四百廿。

十四日甲辰　小雨，至上午止，傍晚溦雨又作，夜雨。季弟詣單港拜文昌會，分資三百文。閱孔顨軒氏《公羊通義》。作片致蓮士，借《毛詩》鄭箋、《孟子》趙注、《東華録》諸書。下午至庵省太夫人。得仲弟書，即復，并作書致三妹。得蓮士復書。

夜閲《東華録》，湘源蔣良騏千之撰。凡三十二卷，起天命元年，訖雍正十三年。曰『東華録』者，以國史館在東華門内，乾隆三十年重開史館，千之充纂修官，故以『東華』名之。其書編年紀録，毫無觸迕。據自序謂惟以《實録》紅本及各種官書爲主，遇闞分列傳，其事迹有關朝章國典者，以片紙録之，信手摘鈔，久之遂成卷軸。故其書斷爛錯雜，往往挂一漏十，有首無尾。蓋翰林諸臣，分纂列傳，例以鬮拈名氏，隨所得者爲之，今則由提調派分矣。向傳是書語多詆誣，故奉令禁，凡民間所妄談國家草昧隱秘之事，謂皆出于此中，蓋無稽之言，不可得而詳也。家藏舊有兩部，未及詳覈，在都見鈔本，或無甚增損。

十五日乙巳　早雨，上午晴，午後陰寒。剃頭。楚材弟來，邀同季弟及族弟竹樓、小帆、鄭妹夫等詣南鎮。出東郭門，泊舟禹廟前，順至覆釜山下，祭外太高祖傅成玉公墓及曾祖姑陳氏墓。午至南鎮祠，林宇不改，景物可念。返入禹祠，摹岣嶁碑，一晌而還。晚至鴬湖鳳皇山下石泉庵小泊。是日村社演劇，舟楫甚繁。初更歸家，付傭人舟錢二百。

十六日丙午　晴。太夫人還柯山。季弟詣轂婆漊上太高祖墓。姬人詣偏門就醫。作書致高太守，致徐郡丞。傍晚過鄭氏妹家。夜雨。

十七日丁未　晴陰相間。得徐郡丞書。得高太守書。同季弟、鄭妹夫飲後街一酒家。施友三來，饋以酒一罎。作書致沈蘅夫。蘭如來。謝副戎乞書名戳。付庖人治上墓牲饌兩番金。

十八日戊申　晨小雨，上午晴，終日多風，薄陰。上午楚材弟來，邀同季弟詣鴬湖狀元橋，上本生曾王父墓。回舟至偏門外李家漊，祭大伯父、二伯父殯宫。泊舟小雲栖前喫飯，飯後入寺小步，再至寄雲上人募梅精舍。梅已過花，緑葉滿樹。復至西舍一院，見昔年與社中諸子集凡公房，詩幀猶留壁間，彈指已一星漢矣。道林久化，文字徒留，又增平生腹痛耳。周星譽所作募梅疏啓亦尚存。晚自西郭换小舟歸寓。夜半密雨。

十九日己酉　雨有雷。得沈瘦生媷人書，克游七星巖之期，即作復告以桃花已落，且俟上巳前後賞陌上草熏。付王福買上冢禮物二番金。作片致蘭如弟，付修表錢二百文。

清明三月節。　二十日庚戌　辰正初刻十三分清明節。雨有雷。偕季弟、楚材弟、鄭妹夫詣鍾堰上塘漊，祭先君子殯屋。又至亭山之陰，祭祖父母殯屋，晚歸。付船夫錢五百四十文，鼓吹舟二百四十文，上塘漊管殯人二百四十文，亭山管殯人二百四十文，單港船一百文。是日早，杲杲日出，上午雲合雨集，祭先君子時雨甚，幾不克終事。

二十一日辛亥　雨。作書致張廣川工所，付守工舍人一番金。沈瘦生來約二十六日飲七星巖，即爲作片約徐介亭。夜得孫蓮士書，凡千餘字，皆言貧苦之狀，其意不過消遣而已。

二十二日壬子　陰寒，晚雨。是日新補諸生迎送入學。族兄松皋、族弟嘯巖來。孫生星華來。

族祖母紀孺人至資福庵來，請議繼孫事。族弟竹樓來。小帆弟饋肴饌四器。付换錢兩番金。

二十三日癸丑　終日風雨。早偕陳鳳樓表兄、楚材弟，詣漓渚金釵嶺上曾祖墓，午至山，風雨甚厲，幾不克事。下午回舟至徐山，叩見二伯母，見詩舫弟婦，夜歸。付船夫錢六百文，鼓吹舟錢三百廿文，鼓吹人一番金，單港舟錢一百六十文，山轎錢六百文，守墓人錢二百文，張徹人錢五十文。是日舟中鳳樓言魏默深牧高郵時，不能理事，終日著書，每聽獄，輒搔首不能語，往往至夜分，吏胥皆散去，乃罷。於聽事之旁障以紙簾，爲一小室，日坐其中，作淡墨細字，遍滿几上。室外有金橘樹二，一日，有小兒上樹，争橘墮地死，家人犇告之，猶摇筆不答。生多寓揚之善因寺，爲高郵時亦時詣之。所著書草稿皆藏寺中，積至兩屋。一日至寺，寺僧方爲其祖僧作齋供，見所懸像，貌大類己，遂得心疾，盡焚兩屋之書。惟在高郵刻書數十種，嘗見其《元史新編》，稿帙完整，尚未付梓也。

二十四日甲寅　雨。張廣川來。作書致高太守。以錢二陌賀松臯兄，此予家舊例也。太夫人詣馬山山棚橋，上外祖父母墓，夜至郡城，宿資福庵。

二十五日乙卯　晴，下午陰。上午詣庵省太夫人。剃頭。楚材弟、丁幼香來。高太守來。步詣張廣川談。詩舫弟來。作書致徐介亭，約明日同遊柯山。

二十六日丙辰　風日晴和，今春第一佳日。早起得介亭書。上午坐小舟詣柯山。傍午抵家省太夫人。即至巖所，晤瘦生及安昌人徐芝香。巖中尚有緋桃、白桃數樹，殘花未苓。亭午，介亭亦至，遂同登八封壇，眺賞移晷，春望之美，殆甲稽陰。自歎塵俗裹人，勝游多缺。去年返里，訖將及期，始見此一日之閑耳。下飲于巖室。下午同遊普照寺瞻石佛，復至寓山青蓮寺，謁四負堂祁忠惠公像。啜茗于净業堂，薄暮各散，予返柯山村居。

二十七日丁巳　上午晴，午陰，下午又雨。早起自柯山坐小舟詣張漊，賀胡仲孚孝廉娶子婦，並晤周子翼孝廉。下午還城寓。付兩日小舟錢二百四十文，付糴米一斗錢四百一十文，付傭婦徐氏顧直一番金。夜雨達旦。

二十八日戊午　雨終日不絶。

閲《張燕公集》，内有《謝賜鍾馗及新曆表》，足見小説言明皇晝卧驪山夢稱鍾進士者，固妄説也，與新曆並賜在冬至時，又與今時用之端午者異。表中及鍾馗者，惟『屏祛群厲，繪神像以無邪』二語，蓋莫考其所始矣。燕國文博雅有勁氣，其《駁行用魏徵注類禮表》云：『今之《禮記》，是前漢戴德、戴聖所編録，歷代傳習，已向千年，著爲經教，不可刊削。至魏孫炎始改舊本，以類相比，有同鈔書，先儒所非，竟不行用。貞觀中，魏徵因孫炎所修，更加整比，兼爲之注。先朝雖厚加賞錫，其書亦竟不行。今行冲等解徵所注，勒成一家，然與先儒第乖，章句隔絶，若欲行用，竊恐未可。』又《改撰禮記議》云：『《禮記》漢朝所編，遂爲歷代不刊之典。今去聖久遠，恐難改易。』云云。皆獨具卓識，有功儒林，後世若俞東老、吴草盧輩，顛倒割裂，蓋未聞此論者也。其《贈别楊盈川箴》云：『才勿驕恡，政勿苛煩。明神是福，而小人無冤。畏其不畏，存其不存。作誥於酒，成敗之根。勒銘其口，禍福之門。雖有韶夏，勿棄擊轅。豈無車馬，敢贈一言。』深得古人贈言之義。盈川時輩先于燕公，而其辭如此，尤非晚近所能。『才勿驕恡』四語，切中盈川之病。

夜雨達旦。

二十九日己未小盡　早雨，上午趣止。詩舫弟來，邀同楚材、季弟、九弟詣謝墅，祭本生王父母殯宫，皋步屠姑夫亦至，夜歸。嘯巖來。是日郡守禁屠。得沈蘅夫書。上塘漊佃人范增益送守殯文狀來，賞酒錢一百。以錢二百及金頂一枚賀嘯巖。

三月庚申朔　晴。謝總戎來賀朔。鄭妹夫來。梳頭。蘭如、少梅兩弟來。

初二日辛酉　晴，微陰。族祖母紀孺人來，請至資福庵議立嗣事。付王福采買上冢禮物兩番金。

初三日壬戌　晴，下午風。早起偕詩舫、楚材、錦甫、季弟、族姪等，詣木客山華家搭，上高王父母墓。上午泊舟何山橋小亭俗停，看村士作畫。是日春暄極妍，舟楫甚盛。日晡後歸。付守墓人錢四百八十文，酒兩大壺，付鼓吹人錢一千二百卅文，付船錢六百廿文，鼓吹舟錢四百文。夜閱《公羊通義》。是日湖桑賽會，欲往觀未果。

初四日癸亥　晴。族祖母紀孺人偕柏塍伯、石湖叔來，爲乞季弟嗣安甫叔也。留飯，下午去。付庖人四番金。付騰雨去冬傭直五百文。夜剃頭。以酒兩罎、醃脯一雙，賀山陰張令娶子婦。張令受酒返脯。季弟詣柯山，迎太夫人入城居資福庵，三妹同來。付船錢二百六十文。布政蔣益灃擢廣東巡撫，代郭君嵩燾也。按察楊君昌濬擢布政，糧道，王君凱泰擢按察。

初五日甲子　晴，下午大風。早起往賀張令，晤高太守。上午偕太夫人、三妹、季弟、張姬同舟至單港，邀楚材弟及弟婦雲姑，同至玉山斗門看賽會。下午，獨行市中觀燈。至斗門張神殿，俗呼老閘者也。皇甫政鑿兩山置八閘，開湯公三江之先，其功不在禹下，而太守聲績至今爛然，觀察于此竟無一椽之祀，先河後海，其可弗思？遊寶積寺，登玉山文昌閣，聞有祁止祥先生『手持雲漢』扁額。夜泊鵝市觀燈。

初六日乙丑　晴，午微陰，申初三刻十分穀雨節。晡後微雨，晚雨，人定時止。昨穀雨三月中。

夜半移舟泊浮橋，徹旦不眠。侵晨登岸，再遊寶積寺，登玉山文昌閣。下山行市中，至萬安橋，返舟喫早飯，看龍舟競渡。午移舟萬安橋，船雍不得行。傍晚返單港，夜入城。付船人一番金，零用一千文。舟中酒肴薪米皆楚材備辦。徐介亭來，不值。

初七日丙寅　上午陰，午雨，入夜趣密，夜檐溜聲達旦。柏膢伯來，同至庵，爲紀孺人立嗣孫事請之太夫人也。午同至西郭見紀孺人，商議作繼書。穎堂弟留午飯。傍晚顧小舟詣徐介亭晤談，夜歸。胡仲孚舍人來，不晤。

初八日丁卯　早溦雨，上午霽。張夢周來謝，不晤。得介亭書，借綿褂，即復。得仲弟書。（此處塗抹）孫沛亭來，乞代催孟生餘直。三妹來，與姬人手談，夜以舟送回庵，月甚好。

初九日戊辰　春暘極麗，始有烜燠之觀。家慈返柯山。爲子九、詩舫弟、秦秋伊、賀某書便面各一。

閲《春秋繁露》抱經堂本，凡十七卷八十二篇，最爲足本。近儒趙敬夫、錢溉堂、盧召弓等校之者十三家，然尚有訛錯不可讀者。《玉杯》《竹林》《玉英》三篇名，皆與其文不類；《俞序》篇名，尤不可解。自由後人掇拾分裂所致。又全闕者三篇，并其名亦失之。董子之學，由《公羊春秋》根極理要，旁通五行，可以見之施用。此書所載如《求雨》《止雨》兩篇，蓋三代相傳古法，非同術數。後儒昧于陰陽，遂輕議之。豈知聖人之言天道，多以人事之近者求之。如《周禮》《月令》所稱，皆有至義，固不可爲少見多怪者道也。其説《春秋》，尤獨得精意，何氏《公羊》之詁，多出於此。歐陽永叔譏其王者大一元之説，惑于改朔；黄東發譏其以『王正月』之『王』爲文王，及『宋襄公由其道而敗』之語，于理不馴。此皆《公羊》家語，非董子所創。至程文簡詆其辭意淺薄，則猖狂之言，更不足論矣。

初十日己巳　晴暖。梳頭。爲孫沛亭作書致孟生，媷舟人去，不值而還，即作片復孫。作書致詩舫弟。作書致顧春園表叔。蓮舟來。余輝庭來。詩舫弟來。傍晚微雨乍寒，夜小雨。

十一日庚午　多陰，晚雨。顧春園表叔來，王芝仙孝廉來。輝庭來。詩舫弟來。鄭妹夫來。孫沛亭饋酒兩罎，茶六苞，受茶四苞。

十二日辛未　嫩晴微陰。楚材弟來，柏塍伯來，紀孺人來。晡後，偕楚材詣顧七叔，不值。同視孫氏姊，留夜飯。更餘，月下坐小舟歸。是日傍晚遊趙氏廢園，荒池一泓，廢山半石，墮甓照暮，喬柯記春。其偏尚有臺榭一二可識，以門毆之，不得入。夜自華巖寺歸，沿流月下，居人多捕魚以嬉，此風景之可樂者。得傅節子書。

十三日壬申　晴燠，漸有夏意。子九來。同詣資福庵視三妹。夜同鄭妹夫、楚材、九弟、季弟、姚葆卿飲後街酒家，月色如晝。剃頭。

十四日癸酉　晴燠。付王福零用帳件四番金。三妹來。爲鄭妹夫書便面一。閱《公羊通義》。夜送三妹還庵。

十五日甲戌　上午晴雨不定，下午陰，傍晚雨，夜雨有聲。閱趙寬夫《春秋異文箋》，其説多主左氏，於古人文字假借通用，考證頗博。蓮舟來。付王福買菸草豕膏、修風燈一番金，傭媪牙儈二百錢。邸鈔：太子少保禮部尚書軍機大臣李棠階卒。以兵部尚書萬青藜爲禮部尚書，左都御史曹毓瑛爲兵部尚書。

十六日乙亥　早杲杲日出，上午復陰，午晴。紀孺人來。王頫廷來。作書致山陰張令。始食櫻桃、蠶豆。越俗呼蠶豆曰羅漢豆，而呼豌豆曰蠶豆。

十七日丙子　晴暖。丁又香借《漢書評林》來。偕五弟送季弟至紀孺人家，爲祖免叔生員治之後。紀孺人者，族祖父宗學教習釗之繼室也。教習公于予祖爲從祖昆弟，教習之父明經壎僅一子，教習無子，先立從祖昆弟之子治，繼立從祖昆弟之子淞，皆與先大夫爲緦麻兄弟。治又無子，紀孺人選于族，乞季弟以爲之嗣。予以佋穆雖順，族屬大疏，禮文已孤，不爲人後。季弟之意，尤不謂然。而孺人請之不已，且邀宗人更迭爲言，引義達情，哀切備至。予重違其意，始禀命于太夫人，强而許之。而衰宗不振，薄俗難敦，競爲蠢頑，恥言禮義。下田七十，老屋三間，遂起投骨之争，幾成剥膚之訟。富非巴氏，乃競穴于清臺；地異宏微，欲分租于謝舍。自慚無似，不能以讓化人；徒玷家聲，有靦面目而已。是日，入夜始得祭先及見于尊輩，行禮有差，族人尚有言予不署繼書。初更歸。

十八日丁丑　晴暖。腹痛不快。梅山寺僧隱松來，饋新笋六束，佛前燼燭一苞。新任紹興府照磨嚴國泰來謁。梅山船錢二百，本家送酒席船錢二百。付家用兩元。腹痛暴下。

十九日戊寅　早陰，上午雲日埃䏻，午雨，趣密有聲，入夜稍止。詣陳釀堰看龍舟。下午返柯山。

二十日己卯　早陰，午晴。自柯山坐舟至曇釀堰看龍舟。復登岸，步返柯山，買小舟還船看競渡。山水之光，自相映發。晚歸。

二十一日庚辰　晴。大溲七八次，腹痛邕堨不得下，已成利矣。食薑椒。高太守來，不見。付王福零用兩番金。

立夏四月節。　二十二日辛巳　丑正二刻浙江三刻十分立夏。終日埃䏻。腹痛不食。仰鼇饋蠶豆、豌豆各一籃來，與以錢二百。高祖蕪園府君生日設祭，從弟輩偕來散胙。作書致高太守。

二十三日壬午　晴熱，下午風。高太守來，不見。利止小食。紀孺人來，饋茯苓糕、蔗支、楊梅、燒酒。得高太守書，致馬中丞意，屬撰敷文書院碑記，並太守乞撰送蔣中丞巡撫廣東詩，饋番錢三十圓。即作復，辭銀。以含桃、藷蔗、葧臍、《爾雅》謂之凫茈，《説文》同。糕餅問二妹。夜再得高太守書，送番金來，不得已受之，即復謝。是日剃頭。

二十四日癸未　晴熱，僅可單衣。高祖忌日設祭，從弟輩偕來。夜風雷有雨。付王福零用兩番金。飲燒酒，以鷄轂佐之，味大佳。鷄轂取伏卵之未出者，毛骨半具，胚胎尚渾，越俗呼爲喜蛋，與櫻笋並美一時，而他處鮮知取食者。

二十五日甲申　雲陰埃曁，熱甚，時有小雨。梳頭。以縐帊及繡緞、脚襱遺族妹鳳姑佐嫁具。鳳姑，族叔治之女，將以明日嫁吴融□氏。

《説文》：『襱，綺踦也。』《方言》：『袴，齊魯之間謂之䙣，或謂之襱。』郭注：『今俗呼袴踦爲襱。』是則今婦女之脚襱矣。『緞』字見《急就章》，近人以《説文》無此字，假『段』字爲之。然『段』字《説文》自訓『椎擊物』。『緞』出史游書，不得謂非古，其義雖與今所謂緞者殊，要是組訓之類，與其假『段』，何如假『緞』乎？《説文》一書，古人製字本意，藉以考見，其有功來學，固不可勝言，然經典假借，相承已久，從宜從俗，昔訓所昭，但心知其意可矣。吾友陳珊士、孫蓮士兩君，皆憙《説文》，每以隱僻之文施諸箋札，予屢規之。試思許君手創此書者也，據其書，象似之象應作『像』，而許君稱象形者皆仍作『象』；減省之省應作『㣿』作『媘』，而許君稱从某省者皆仍作『省』；『重疊』之『重』應作『緟』，多部：多，緟也。糸部：緟，增益也。而許君稱重文者皆仍作『重』。可知祭酒惟示人以書契之指，未嘗盡劈人以反古也。後人讀書，好駭俗目，自是學古之癖。

夜雨小凉。

二十六日乙酉　陰凉。作片致徐介亭，致余輝庭。爲人書扇面三。付日用三番金，付七星樓酒責兩番金。夜風雨凉甚，點閲孫子九《退宜堂詩》。

二十七日丙戌　上午陰凉小雨，下午晴。爲人書便面一。下午詣資福庵省太夫人。晡後返，散步河瀕，時宿陰乍開，晴景甚媚，門前卧龍山色，滴翠孕烟，鮮奪蛾緑。先莊簡公罷相後，嘗居新河，有詩云：『家山好處尋難遍，日日當門只卧龍。』及今故址雖不可考，蓋不出望江樓、妙明寺東西半里之中。予嘗欲題所寓曰『洞霄舊宅』，以莊簡居此時，方以大觀文章祠洞霄宫也。喬木莫存，牽船無定，苟營栖隱，終在谿山。瑣瑣牙郎，廡難久賃，暫亭弱累，式景先芬。略志因緣，永傳寓蹟。晚詩舫弟偕其戚孫仿雲來，鄭妹夫來，同留夜飯。

二十八日丁亥　晴暖。爲高太守作《送蔣君益澧巡撫廣東》七律四章，不存稿。以櫻桃、蓮子獻家慈，以櫻桃、鶏胎問三妹。食櫻桃、鶏胎。櫻桃老矣，味甘而趣敗；鶏胎香美，風味佳于蒸豚。傍晚過隔河，小沼一泓，平橋五尺；高樹仄景，豐草晚陰；右挹龍山，左映壞塔；取色以暝，即境可娱。爲人書便面一。

二十九日戊子　晴暖。作書致高太守。紀孺人來。得太守復。梳頭。下午詣庵省太夫人。爲王秀才詒壽點閲《縵雅堂詩》。秀才字眉叔，才情清雅，律絶近體頗華秀，近明之何、薛、皇甫諸家。還濮氏都中舊債六番金。以梅子作菹，和以薄餳，色緑而鮮，風味致美。至梅子黄時，便大减矣。

夏四月己丑朔　輕陰溦雨，傍晚趣零。作書致蓮舟，致仲弟。戚子馬丙鑅來辭行，饋以采蛋兩簍。夜雨聲瀟瑟，達旦不止。

初二日庚寅　早雨，上午晴熱。得高太守書，言初五日赴省，即復。爲馬中丞撰《敷文書院碑記》，别存稿。傍晚詣庵省太夫人。

初三日辛卯　晴熱。作書致高太守，以《敷文碑記》託轉致中丞。族祖母紀孺人來，饋蠶豆一筐，鴨彀十枚，梅子一盤，鷄雛六隻。得高太守復。剃頭。以鴨彀八枚、鴨卵十枚問二妹。詣庵省太夫人。晚間洗足。

夜爲馬上舍賡良點閲《拙怡堂詩》。上舍字幼眉，其詩讀書尚少，未能成家，然才致清新，近體具有作意。如：『小樓梅子雨，深隴麥花秋。』『銀蟾一夜滿，秋夢萬家圓。』『暗壁落秋夢，孤燈生旅情。』『雪深春氣斂，風勁夜窗疏。』『霜花團野屋，月氣壓秋燈。』『人行衰草寒烟外，山在斜陽積雪中。』『十里鶯花京國夢，數聲風笛故人情。』『春風都是乍來客，江館喜開新種花。』皆佳句也。《同人集草堂喜賦一律》云：『自愛草堂静，花開好舉杯。爲何春已半，始見酒人來。我欲題新句，還應發舊醅。風光君莫負，猶有未殘梅。』通首一氣如話。絶句如：『名園憶别無多日，又有花開待客看。』『夜半詩情清似水，半簾明月一房燈。』『小樓春雨蕭蕭夜，江北江南正落花。』俱有雅人深致。

初四日壬辰　薄陰微雨，入晚趣密。閲姜白石詩。爲人書紈扇一，便面二。付王福零用一番金。是日澣帳，適逢雨，夜不得乾，遂露床以寢，比趣苦蚊，亦是小厄。夜雨聲瀧瀧達旦。

初五日癸巳　早雨，上午趣晴，下午雨又數作，晚晴。閲《結埼亭外集》。蓮舟來。

初六日甲午　晨陰，上午晴熱，下午又陰，早晚俱有微雨。早起偕鄭妹夫、楚材弟、季弟、詩舫弟、孫仿雲同舟出西郭門觀競渡，泊於霞頭沈氏父子進士坊下，舟楫雝滯，曦景甚烈，欲拔舟出青田湖，不得。下午稍有風，遠望隔湖山色，青翠朗發，已極夏木濃美之觀。傍晚坐小舟歸。夜雨。

初七日乙未　凉雨，下午檐霤瀧瀧，入夜如綆。閲蔣氏《説文字原集注》，元人周伯琦有《説文字原》一卷，取五百四十部首之字，增減迻易，自爲一書；蔣氏則一仍許氏之舊。其書兼收古文奇字，下逮隸楷，先系以字之正義，次以别義，又次以辨正，用力甚勤。惟所據《説文》尚是誤本，又時惑于周伯琦、楊桓諸人不根之説，故多有舛背耳。夜雨聲達旦。

小滿四月中。　初八日丙申　上午溦雨，午晴。申正初刻浙江一刻七分小滿節。治《説文》，以私臆訂正臣、叀、良三字原解，具所著《説文舉要》中，玆不載。梳頭。張姬以今日浴佛，送椽燭至資福庵爲供。得慎齋義烏書。下午詣庵省太夫人。付初六日游資三番金。

初九日丁酉　輕陰小雨。呼傭人譽穀。糶米一石，得錢三千七百文。治《説文》。付家用錢六百，爲甥姪輩買食物。

初十日戊戌　上午雷震大雨，午後漸霽。太夫人返柯山，季弟、張氏妹同去，具舟送之，并載去僧慧飯米一石五斗。雜治《爾雅》《説文》《玉篇》。比日時若中惡，精神流漂，讀書甚不得間。爲人書便面二。下午，昃景照庭，携枕卧閲唐人王、儲、岑參、常建、劉眘虚諸家詩。日來晴雨不定，地氣津潤，已有黴意，頗于室中熏香辟之。

十一日己亥　晴熱地潤。剃頭。付傭人譽穀錢一千零廿二文。紀孺人來，饋豌豆、笋乾。丁幼香饋糟魚兩瓶。終日閲《鮚埼亭外集》。夜雷雨。

十二日庚子　陰雨不定，柱礎蒸溢，竟是黄梅雨矣。前日柯山船未歸，作書問季弟，遣王沅專賫去。終日閲《鮚埼亭外集》。予嘗謂國朝人著作，若全氏《鮚埼亭集》、錢氏《潛研堂集》，皆兼苞百家，令人探索不盡。次則朱氏《曝書亭集》、杭氏《道古堂集》，亦儒林之鉅觀，正不得以鴻詞之學少之。稍附論識。

十三日辛丑　早雷雨，上午小雨數零，午微晴，下午雨，凉風去濕。終日無事，閱《鮚埼亭外集》，

十四日壬寅　風雨如晦，又有霪潦之憂，下午稍止。讀《韓非子·十遇》《孤憤》《説難》《説林上》《説林下》共五篇，是吴山尊學士影刻宋乾道本，後附顧千里氏識誤。宋刻之足重者，以鮮誤字。此本奪繆不一，而學士一仍之，顧氏多有是正，乃不以分屬每篇之後，而别爲一書。使其書或失，則何所取正，又何責乎宋本而汲汲摹之也？乾嘉以後，儒者好傳古本，每失之愚，此類是矣。

十五日癸卯　晴，下午陰。高太守來。詣月池坊鄭氏妹，即歸。作書致孫子九，還諸君詩詞稿。作書致傅節子，借《明史》。得節子復，以《明史》殘本五十一册借我。讀《韓非子·難一》《難二》《難三》《難四》《六反》共五篇。糶米一石，得錢三千五百八十。今晨梳我頭。

十六日甲辰　微晴。得張廣川書，言已續修寺山塘，於初旬興工。爲作書致高太守。

讀《韓非子·内儲説》上、下，《外儲説》左上、左下、右上、右下，《五蠹》，共七篇。《韓非子》中徵引古事，多有『一曰』云云，此是後人附記之語。而《儲説》内、外篇，皆先列數義爲綱，而後舉共事以爲之證，疑原本每條下即分系其事，後人傳寫，如朱子所定《大學經傳》例，遂易其次，遂妄題曰『右經』『右傳』，而於每條傳上標一二三四五六字以識别之。《内儲説》先最舉七術、六微之凡，而《外儲説》無之，蓋亦是傳寫脱去。此當在唐以前，其遂并則似宋人所爲耳。《儲説》之體，以一義聯綴數事，後人連珠之作，實仿於此。

（此處塗抹）紀孺人來，屬爲輸去年税。作書復張廣川。買薪五十六束，錢八百有奇。

十七日乙巳　上午陰，下午小雨，甚涼，可重綿。跋《韓非子》一通。此本亥豕重貤，多有顧氏所未正者，蓋影刻時，又不無訛失矣。注本漏略，尤多誤文，幾不可讀，蓋宋槧之最劣者。暇當借《太平御覽》等書校之。閱《明史》郭子興、韓林兒、徐壽輝、陳友諒、張士誠、王保保、陳友定、元梁王諸人傳，后妃、諸王、公主傳。壽輝傳附友諒傳首。得高太守書。爲紀孺人上稅。

十八日丙午　天晴無雲。偕姬人詣越王峥歐兜祖師道場，早食時，開船出西郭門，泛青田湖，出湖桑村。上午至柯山省太夫人，邀季弟同行。午抵湖塘，泊西跨湖橋下，訪魏氏賃屋，不得。當道行，穿九曲港。傍晚至芥塘，泊舟登岸小游。行一里許，水曲如帶，山影逼谿，綠見石底。得一小橋，小停，望夏履橋炊烟而返。夜半後，大風斗起，山木狂吼，疾雷駃雨，併集一時。旋止，月出如故。舟中梳頭。

十九日丁未　晴暖，下午大風。早起偕姬人、季弟坐木椅，山人舁之，行平地三里許，登山石級斗上，曲嶺盤互，竹樹蔽虧，多不見日。旁矚百里，湘湖、錢江，朗列眉睫。食時抵深雲寺，謁祖師于佛殿右箱。真身不壞，香火多情。按府、縣志，深雲庵在山陰縣西七十二里新安鄉，元元統三年建。歐兜祖師爲至正間人，本賣菜傭，悟道不娶，入山一年，即化去。而越人訛稱爲懊惱祖師，云本錢唐賣魚者，因妻有所私，憤而出家。傳有『板竹烏鴉叫，錢唐門未開。懊儂出門去，歡喜進門來』一詩。毛西河《越王峥寺田碑記》言：『師以元至正間從錢唐來，其師雪庭授以橙，屬曰當向月行，即越峥隱語也。』眉批：西河又言，師結茅於峥之顛。暨以萬曆十六年鹽官鷹窠頂僧寶峰，與其徒慈舟開山伐石，架木繚樊爲精廬，前祠越王，請大藏諸經，設寶坊弆之。　今寺僧於龕前供一牌，題曰『宋重建深雲善住禪師』。考祖師不名善住，亦非宋人，而寺始于元元統，在元順帝時，何得謂宋時重建？蓋善住爲此寺開山之祖，去歐兜證道時不過一二十年間。順帝元統之號止于三年十月，是年即改號至元元年，稱後至元，至六年十二月止，次年正月改號至正，又歷二十八年而元遂亡。歐兜爲至正間人，未必定在末造，以十年爲計，相去亦僅十五年耳。歐兜或即爲善住弟子，寺僧不知世代原流，瞢昧遂至以牛頭配馬脯，可發一笑。胡雲持先生有《尊者道場銘》，亦未敘述本末，今山中亦無此碑。後日當再加博考，爲補片石耳。佛殿之旁爲十間樓，今已圮。樓下有寶峰禪師像。寶峰爲明代重建深雲者，其人亦無可考。寺據崢之脊，高視群峰，寺門外有潭一泓，傳有斷尾魚、斷尾鸁。山後云有篆刀竹，皆不可得見。欲訪葛慶龍仙人洞，土人謂去寺僅里許，其石像已無有，遂不果往。問走馬岡、洗馬池、淬劍石，則無知者矣。巳刻下山開船，午至柯山小亭，晡後入城。胡仲孚來，不值。得傅節子書。得徐介亭書。付舁輿錢一千又九十文，船夫酒食錢二千文，香燭錢五百文。是日成卜宅湖塘《買陂塘》詞一闋。

二十日戊申　晴。梳頭。中表倪三兄來。胡仲孚來。作書致徐介亭，饋以枇杷、糟魚。沈瘦生來。

二十一日己酉　陰晴相間。鄭妹夫來。王菽畦觀察來，不晤。節子來。剃頭。遣王元至各村徵去年逋租，無所得。

二十二日庚戌　晴暖微陰。閱《明史》正統、景泰、天順、成化四朝諸臣傳。作書致沈蘅夫，致陳丹蘇，致五弟。

二十三日辛亥　晴有風。得張廣川書。下午出門，詣高太守晤談。答拜王菽畦觀察及嚴照磨，王鹺尹燕賓。蓮舟來，不值。傍晚三弟、五弟及孫仿雲來，共夜飯。夜作書致子九，屬三弟明日携去。作復張□□書。□□，邑之大駔，庚申、辛酉間，與杭人胡雪巖操奇贏，各挾術相欺詐，銀價旦夕輕重或相懸至數百千萬，錢法以之大壞。商賈遂共煽惑爲觀望，主軍需者至持餉不發。胡倚故巡撫王壯愍，而張與前知府懷清昵，益樹勢傾軋。越事之敗，實繇兩人。及壬戌歲，左宫保在衢州，將治辛酉九月越人毆死廖知府事，訪主名。越人有不善□□者，入其名，遂上章名捕。□□罄貲數萬緡，事得白，家以之落。顧□□頗勤儉，粥粥爲恭謹，以故官吏之牟利者皆喜之。故按察使段光清、前守寧波大營貨殖與之狎。今鹽運使高卿培本小吏，亦深相結。去年西塘役興，光清承巡撫檄主其事，遂專任□□，以爲非是莫能辦。及冬，巡撫命卿培勘工役，又獨賢□□，巡撫亦才之。而越人之董是役者，若故辰州知府沈元泰及章嗣衡、周以均等，益與朋比相親愛。高太守者，忠謹人也，亦信之。予亦以爲能，遂以季弟所修寺山塘未訖工者，屬蒧其事。蓋所費不過二三百緡錢，而□□故侈其役需千金，又爲所修磧巖塘工補索千金，屢屬予言之太守。會光清已罷去，卿培不得按察使亦失勢，元泰等遂疏□□惡之于太守。今日，太守爲予言，□□是兩截人。吁！是可以觀世變已。故順文書之。胡雪巖者，本賈豎，以子母術游貴要間。壯愍故以聚斂進，自守杭州至撫浙，皆倚之。遂日驕侈，姬侍十餘人，服食擬于王者，官亦至監司。左宫保初至，欲理其罪，未幾復寵，軍中所需，皆倚取辦，益擅吴越之利。杭之士夫有志行者，皆賤之，不肯出共事，故益專。其材蓋出□□遠甚。□□，名□□。雪巖，不知其名。此輩名字無所别，故不必辨，亦牽連記于此，以驗其他日之敗。

芒種五月節。二十四日壬子　晴陰相間。秦鏡珊來，不晤。辰初二刻浙江三刻十二分芒種節。梳頭。爲人書便面一。閲《惲子居文集》。

二十五日癸丑　晴。舊鄰居舟人姚十來，饋雕胡黄瓜，乞以予官題其船避徭役，固謝之不得，此可謂黄頭櫂舩唱赧郎矣。作書致馬中丞。蓮舟來。閲《卷葹閣文集》。

二十六日甲寅　晴。早食後詣鄭氏妹，即偕妹夫詣傅節子談。下午詣觀音橋孫氏從姊，夜飯後歸。

二十七日乙卯　薄晴微雨。作片致節子，還《明史》二十九本，借《四庫總目》殘本及《勝朝殉節諸臣録》。詣秦鏡珊，小談歸。仲弟來。

二十八日丙辰　晴，晡後陰，傍晚小雨。仲弟病，爲延醫下藥。紀孺人來，饋枇杷。蓮舟來。作書致五弟木寓。

閲《四庫總目·子部》。《總目》雖紀文達、陸耳山總其成，然經部屬之戴東原，史部屬之邵南江，子部屬之周書倉，皆各集所長。書倉於子，蓋極畢生之力，吾鄉章實齋爲作傳，言之最悉，故是部綜録獨富。雖間有去取失宜及部敘未當者，要不能以一疵掩也。耳山後入館而先殁，雖及見四部之成，而《目録》頒行時，已不及待。故今言《四庫》者，盡歸功文達。然文達名博覽，而於經史之學實疏，集部尤非當家。經史幸得戴、邵之助，故經則力尊漢學，識詣既真，别裁自易；史則耳山本精於考訂，南江尤爲專門，故所失亦鮮；子則文達涉略既徧，又取資貸園，彌爲詳密；惟集部頗漏略乖錯，多滋異議。

得楊理庵四月廿二日臨平書。得沈寬夫前年十月義寧書。

二十九日丁巳　晴。先本生王父忌日，今歲值年是詩舫弟，寓家徐山，不得往祭爲恨。安昌人徐春沅職員來。具舟遣王元送仲弟返柯山。紀安人來。

三十日戊午　早雨，終日薄晴。作書告貸三處，未得。

五月己未朔　雨。家慈上城，寓資福庵。還張湊俞氏子都中匯款洋錢十七枚，又錢五百有奇。

鄭妹夫饋塘西枇杷一籃。剃頭。

閱《明史》申時行、王錫爵、沈一貫、方從哲、沈㴶、張四維、馬自强、許國、趙志皋、張位、朱賡傳。時行至㴶爲一卷，四維至賡爲一卷。傳贊深貶時行等五人因位取容，掩飾避事；而於四維等六人頗存恕辭，謂其時言路鴟張，賢否混淆。其所抨擊，非爲定論，是其分卷之意，固有等差。然長洲、太倉，要爲賢者，宜加四明、德清一等。以建儲一事論之，兩公調護，實爲首功。

蓋輔臣之責與諫臣異，明代臺省，狃於積習，以直諫爲名高，而人主骨肉之間，非可輕試，册立大事，英主所諱。以唐宣宗之明察，且有懼爲閑人之言；宋仁宗之賢，而當建儲受賀，泫然泣下。况神宗有貴妃之寵，愛子之私，而一時曹郎科道，不知審度，貿然陳請，罔顧投鼠之忌，助成市虎之訛，指斥宫闈，發揚隱諱。幸而定陵素行姑息，性又寬厚，鄭妃無武惠之讒，司禮無優施之術。否則以小臣之無禮，激君上之怒；以外廷之妄言，釀妃匹之仇，其禍將有不可言者。然非長洲之老成持重，潛移主心；太倉之機警善應，感悟艷妾。則張有德昧昧一疏，而展期一年；許文穆亟亟繼請，而帝意益變。安見出閣之禮竟行，前星之位遂定哉！夫長洲之叢衆議者，以在告不預之密揭；太倉之負世詬者，以三王並封之擬諭。而不知此正大臣之用心。長洲揭言册立之事，聖意已定，有德不諳大計，惟宸斷親裁，勿因小臣妨大典；太倉之擬諭，外則姑順其指，而並援漢馬后、唐明皇王后、宋劉后撫子事以請，皆陽爲將順，而陰爲挽回。蓋神宗，庸主也。明主可以理奪，而庸主宜以情感。二公身爲元輔，深被主眷，語言或激，則君將疑其與外臣比而漸疏之，大臣疏則元子不得立矣。觀帝責許文穆，謂大臣不當與小臣比，則其意可見。故長洲自歸於上，太倉請帝自擇，皆不使帝有形迹之嫌，而言巽而易入，事切而可從，不爲矜張，不居寵利，用心如斯，亦可以告無罪矣。其時士夫皆不學無術，轟然排詆，蟲鳥一喙，且書致徐介亭，爲仲弟館事。

初三日辛酉　晴，下午有小雨。得沈蘅夫、陳丹蘇書。鄭妹夫來，與算出入小帳，交割俱訖。作書致季弟，令王元專舟去催定湖塘賃屋。付家用四番金，内子薪蘇一番金。沈雨翁偕瘦生來。作書致胡仲孚，爲蘅夫謀假館也。下午兩詣庵省太夫人。得徐介亭書，言已致書詹月樓。瘦生爲戒珠寺僧送枇杷兩籃來，形圓而味酢，非塘西産也。即作片轉饋王子蕃，報其正月茶葉之貽。五弟來，共夜飯去。

初四日壬戌　暒。暒、晴二字俱出《玉篇》，而『暒』字見於《漢書》，又古書多用『星』作『晴』，則从『暒』爲古。張姬生日，以蓮子、糖霜獻太夫人，以糖霜、菽飴饋庵之優婆尼，以巧粑糕乾爲張氏女甥作晬盤。新任黄提督自福建赴寧波，提兵千餘人過越，入駐試院，蓋新從左總督於嘉應立功來者，勢張甚，兵多不戢，居人頗洶洶。高太守、徐郡丞各饋節禮，俱例辭，犒使者錢六百六十文。徐介亭郡丞來。余輝庭饋雙鵞，即復謝。下午詣庵省太夫人，爲太夫人還帳四十番金。太夫人以三十六番還鄭妹夫，言尚欠錢四十千。買塘西枇杷一籃，以半貽太夫人。夜二更後，已就寢矣，高太守來，叩門入，言有急事，起見之。太守出中丞書，饋我四十番金，書中深以鄙人債臺爲念，云此區區者，尚非貪泉盜水，或不至以冒瀆爲嫌。太守又自贈十番金，俱力辭不獲。予與中丞素非雅故，而折節周旋有逾夙分。太守雖暫同曹司，亦甚落落，及來蒞州郡，眷待彌殷，累荷分廉，不殊骨肉。此皆古道可感，非僅先施爲慚。

初五日癸亥　小雨多涼，晡後趣密，入晚有聲。作書致沈蘅夫，并還濮氏匯款十番金。姚葆卿饋燒鴨、枇杷，受鴨。小飲雄黄昌蒲酒，佐以角黍、黄花魚，皆吾鄉端陽節物也。作書致張廣川，遣王元賫赴塘工所。下午詣庵省太夫人。倪五三兄來，共夜飯。夜雨聲達旦。

初六日甲子　密雨，甚涼。感風邪不快，終日多卧。

初七日乙丑　晴。小恙未愈，自撰方藥服之。得胡仲孚書，張廣川書，陳丹蘇書。買草席一領，付錢七百六十文。付家用兩番金。爲庵中資奉。

初八日丙寅　晴。始食楊梅。族弟嘯巖來。濮姓復來索債，再還四番金，通計所欠六十金，已還番金六十矣。族弟竹樓來，不值。下午詣庵省太夫人。王元自臨浦回，得張廣川書，言寺山塘工已竣。

初九日丁卯　晴。仍不快。作書致張廣川。剃頭。比日多卧，閲《四庫總目・子部》，已兩復。今日熱甚，幾不能著單衣。夜苦咳嗽。

夏至五月中。　初十日戊辰　子正二刻十二分夏至。晴，熱甚。早起至庵省家慈，旋至府山後看屋，晤主人毛姓，小坐而歸。祭先。夜月少佳。

閲《明史》嚴清、宋纁、陸光祖、孫鑨、陳有年、孫丕揚、蔡國珍、楊時喬諸公傳。明世七卿，以吏部、兵部、都察院爲尤重。南京官亦惟此三卿有治事之職，委任稍隆。而南察院惟設右都御史一人掌院事，故陳恭介以冢宰致政，而起爲南京右都御史，史雖稱故事吏部尚書未有以他官起者，屠鏞掌都察院，楊博、嚴清掌兵部，皆用原銜領之。南京兵部尚書楊成起掌南院，亦領以故銜。有年以右都御史起，蓋帝欲用之而政府陰抑之。考是時居政府者，蘭谿、新建，固素與恭介不平。四明雖鄉人，亦非同志，其不用原銜，誠非無意。然南院之長，要非輕授，故神宗亦不疑也。惟恭介已於正月卒，而南院之起以四月下詔，冢宰大臣，餘姚又非僻地，況恭介以禮予告，恩賚有加，豈有卒已四月，尚未入奏之理？或其月數有誤耳。

又恭介《辨廷推閣臣疏》，言臣邑前有兩閣臣，弘治時謝遷，嘉靖時吕本，並由廷推，官止四品。而耿裕、聞淵，則以吏部尚書居首，是廷推與推及吏部，皆非自今創也。按明自英宗復辟，岳正以修撰入閣後，翰林六七品官無復入者。吕原以通政司參緣入閣後，五品官無復入者。至成化二年，劉定之以太常少卿入閣後，四品官亦無復入者。惟謝文正、吕文安皆以少詹四品入，又皆與恭介鄉里，其援引最爲切當，惟以吏部尚書入閣者，正德元年有焦芳，十年有楊一清。若耿、聞兩公，則雖推而終不入。芳或不足比數，恭介何不更引楊文襄乎？又吏部入閣者，正德四年有劉宇，嘉靖八年有桂萼，二十三年有許讚，四十四年有嚴訥，四十五年有郭朴。恭介之不數及五人者，或以不由廷推故也。

十一日己巳　雷雨。家慈返柯山，付家用四番金。

閱《明史》桑喬、謝瑜、上虞人，以御史廢於家，贈太僕少卿，與徐學詩、葉經、陳紹稱上虞四諫。附王曄、伊敏生、童漢臣、陳塏等。塏，餘姚人，御史。何維柏、徐學詩、字以言，終於通政司參議，贈大理少卿。附葉經，字叔明，以御史巡按山東，廷杖死，贈光禄少卿。陳紹，字(□□)〔用光〕，終於韶州知府。厲汝進、王宗茂、周冕、趙錦、字元樸，餘姚人，萬曆時官至左都御史、刑部尚書，贈太子太保，謚端肅。吴時來、字惟修，仙居人，萬曆時官至左都御史，贈太子太保，謚忠恪。張翀、董傳策、鄒應龍、字雲卿，官至兵部侍郎，雲南巡撫。林潤字若雨，官至僉都御史，應天巡撫。傳一卷，皆與嚴氏忤者。史言鄒應龍、林潤二人之忠，非過於楊繼盛；其言之切直，非過於沈鍊、徐學詩等，而大憝由之授首，蓋惡積滅身，而彈擊適會其時。按《謝瑜傳》言，是時帝雖嚮嵩，猶未深罪言者，嵩亦以初得政，未敢顯擠陷，故瑜得居職如故，未幾，假他事貶其官。徐學詩疏謂：『前後論嵩者，嵩雖不能顯禍之於正言之時，莫不假事託人，陰中之遷除考察之際。如前給事中王曄、陳塏，御史謝瑜、童漢臣輩，於時亦蒙寬宥，而今皆安在哉！』然徐疏當嘉靖二十九年，時分宜惡猶未甚肆也，故徐亦止下獄削籍。至三十一年，吾鄉沈忠愍疏上，謫佃保安。三十二年，容城楊忠愍疏上，竟死西市。自是益恣睢，故王宗茂繼沈上疏，劾其負國之罪八，自謂必死，及謫平陽縣丞，怡然就官。趙端肅繼楊上疏，切直相亞，時方巡按雲南，萬里就逮，瀕死者數，下獄拷訊，搒斥爲民，尚云天幸。嗣惟三十七年，吴忠恪及刑部主事張翀、董傳策同自疏劾，皆拷訊幾死，遠戍烟瘴。而鄒之疏，上於四十一年，知主眷已移，華亭方寵，因而傾之。林更乘勢而發，固不得與諸公同年語矣。華亭徐學謨尚書，以上虞徐太僕同名之嫌，自請改名，以媚當路。朱竹垞《静志居詩話》中，深致醜笑。然薰蕕區别，而曾參、陽虎每致混淆，幸其自明，不啓來惑。而當趙端肅擊嵩之時，有山西人趙錦爲兵部尚書，素附嚴氏，《明史》屢及其人，時代相接，賢否易亂，此又同姓名録中所當亟辨者也。眉批：崇禎及（此處塗抹）福王時有兩何楷，一字玄子，官户部侍郎，後入閩升尚書，掌都察院印，在崇禎中以直諫著者，《明史》有傳；一官御史，弘光中嘗請禁四六文章及坊刻社稿，見顧亭林《聖安本紀》。有兩左光先，一遼東援剿總兵，一浙江巡按。

又閲馬永、梁震、王效、周尚文、馬芳、芳子林。何卿、沈希儀、石邦憲傳一卷，俞大猷、字志輔，附盧鏜、湯克寛。戚繼光、字元敬，弟繼美。劉顯、李錫、張元勳傳一卷。史言世宗朝老成宿將，以俞大猷爲稱首，而數奇屢躓，内外諸臣掩遏者衆，然俞官至右都督，而終於署都督僉事，乃得贈謚武襄。並時名將，若李成梁官至太傅，戚繼光官至少保，皆不得謚。劉顯、李錫，亦復無聞。蓋中葉以後，立功武臣得易名者，惟梁震謚武壯，周尚文及王效、劉文皆謚武襄，與俞而五，亦云幸矣。《尚文傳》言終明之世，總兵官加三公者，尚文一人而已。尚文由太子太保加太保。然李成梁於萬曆五年，以遼東總兵官加太保，本傳謂是年十二月又有圜山之捷，封寧遠伯，而《功臣世表》作萬曆七年五月封，疑表云七年，乃六年之誤。及再鎮遼東，又加太傅，是《尚文傳》所云誤也。

又閱李成梁、字汝契，子如松、如柏、如楨、如樟、如梅。麻貴父禄，兄錦，及從子承恩等。傳一卷。史言沙嶺麻氏多將才，人以方鐵嶺李氏，曰『東李西麻』，而贊中頗譏兩家子弟恇怯退避，隳其家聲。張臣諸人傳贊，又謂張承蔭、杜松以將門子捐軀報國，視世所稱『東李西麻』者，相去何等。成梁傳中雖著其功，而多有貶辭，蓋以成梁戰功，多與國初興京事相連，又親加害於二祖，史臣爲本朝諱，故有不敢質言者。試思成梁之斬王杲阿台父子，斬速把亥，斬阿海，及河溝、劈山、圜山、紅土城、瀋陽、襖郎兔、遼河，可可母林，北關等處之捷，安得謂非奇功？如松之破寧夏，滅哱拜，援朝鮮，克平壤，皆不愧名將。後繼其父鎮遼東，擣巢中伏，力戰而死，謚曰忠烈，以視張、杜，勇尤過之。較之劉綎、馬林，亦復何讓？信史所言，固有未盡者耳。

又閱張臣、子承蔭，孫應昌等。董一元、杜桐、弟松，子文焕。蕭如薰傳。又劄記五事。馬芳以參將有功，加右都督，進左，賜蟒袍。偏裨加左都督自芳始。李如松征哱拜，爲提督陜西討逆軍務總兵官，武臣有提督自如松始。俞大猷少受《易》於王宣、林福，得蔡清之傳。俞，晉江人，家貧屢空，父歿，棄諸生，嗣世職百户。李成梁家貧，不能襲職，年四十猶爲諸生，巡按御史器之，資入京，乃得襲世職鐵嶺衛指揮使。俞大猷舉武會試，爲金門千户，上書監司論海寇事，監司怒曰：『小校安得上書！』杖之，奪其職。可見明世文臣之横。吾鄉蕭副使名鳴鳳，嘉靖中督廣東學政，以憤撻肇慶知府鄭璋，物論大嘩，亦見《明史》本傳。此二事，皆趙氏《廿二史劄記》中明臣擅撻品官條所未及。李成梁以隆慶四年代王治道爲遼東總兵官，凡歷二十二年，至萬曆十九年十一月罷。以楊紹勳代，一年罷。以尤繼先代，半歲病去。以董一元代，凡三年罷。以王保代，一年，以李如松代。按《如松傳》言，二十五年冬，遼東總兵董一元罷，廷推者三，中旨特用如松。而《董一元傳》言，一元以病歸，命王保代，其下敘保事，亦云代一元鎮遼東。參差不合，蓋《李傳》誤。

明年四月戰歿，以其弟如梅代，逾年罷，以馬林代，時萬曆二十七年也。至二十九年八月，林獲罪，仍起成梁代之。凡八年，至三十六年夏卒。以杜松代，明年罷，以王威代。明年，以麻貴代，凡二年罷。以張承蔭代，時萬曆四十年也。至四十六年四月，我太祖高皇帝起兵拔撫順，承蔭赴援戰死，以李如柏代。明年二月，楊鎬四路出師，如柏出鴉鶻關遁還。四月，以李如楨代，明年罷。是歲神宗崩，李氏父子兄弟五人相代鎮遼東，而成梁先後凡三十年，鎮帥之久，古所罕比。《成梁傳》言再鎮八年，《杜松傳》亦言三十六年夏代李成梁鎮遼東，而《功臣表》作三十四年六月卒，「四年」蓋「六年」之誤。《蕭如薰傳》言自隆慶後，款市既成，烽燧少警，輦下視鎮帥爲外府，山人雜流，乞朝士尺牘往者，無不饜所欲。薊鎮戚繼光有能詩名，尤好延文士，傾貲結納，取足軍府。如薰亦能詩，士趨之若鶩，賓座常滿。妻楊氏，繼妻南氏，皆貴家女，至脱簪珥供客，猶不給，軍中患苦之。一時風會所尚，諸邊物力爲耗，識者歎焉。《馬林傳》亦言林雅好文學，能詩工書，交游多名士，時譽藉甚。想見明季浮華相煽，上下若狂。自唐寅、屠隆，創才子之目；康海、李蓘，標風流之稱。波靡纖婬，市趨輕狎。七子、五子，搢紳以署置相矜；心學、禪學，師儒以能仁爲尚。於是實學盡棄，庸行莫敦；小品盛傳，清供日出。竊眉公之《祕笈》，炫耀典墳；誦李贄之《初潭》，穅秕孔孟。詩人賤於丐隸，名士多於蠅蛙。風月數言，即推臯、朔；烟霞十字，便笑儲、王。以馬、班爲不足言，而批抹《堯典》；以篆籀爲不屑議，而抉摘羲爻。朝盡瞽人，世皆醉夢。遂至聳動軍府，平揖通侯，蠹耗金錢，熒擾中外，可爲永戒者矣。

胡廷襄來，言湖塘張氏有屋可賃，屬爲説合。

十二日庚午　薄晴。亡友陳閑谷之子來見，年十六矣，葛衣菜色，對之慘然，贈以糕餌錢四百。季弟來。張廣川來。偕季弟至資福庵見紀孺人。詩舫弟來。夜大雷雨。

十三日辛未　涼雨黴潤，午有暴雨。高太守饋膰肉，即復謝。

閱《明史》徐階、高拱、附郭朴。張居正曾孫同敞。傳一卷，楊博、子俊民。馬森、劉體乾、王廷、附毛愷，江山人，隆慶時刑部尚書，謚端簡。葛守禮、靳學顔傳一卷，吴山、陸樹聲、瞿景淳、子汝稷、汝説。汝説即臨桂伯忠宣公之父。田一儁、附沈懋學，及懋學從孫壽民。黄鳳翔、晉江人，謚文簡。余繼登、馮琦、從祖惟訥。王圖、兄國，附劉曰寧。翁正春、侯官人，天啓初禮部尚書，忤魏閹告歸，以嘗爲神宗講官，特加太子少保，賜敕馳傳，異數也。時正春年逾七十，母百歲，率子孫奉觴上壽，鄉閭艷之。崇禎初，謚文簡。正春始以龍溪教諭，擢萬曆二十年進士第一。明世職官，冠廷對者二人，曹鼐以典史，正春以教諭云。劉應秋、子同升。唐文獻、附楊道賓、陶望齡。李騰芳、蔡毅中、公鼐、羅喻義、姚希孟、許士柔、顧錫疇傳一卷。王家屏、陳于陛、南充人，父以勤相穆宗，于陛相神宗，謚文憲。明世父子爲宰輔者，惟南充陳氏。沈鯉、于慎行、李廷機、吴道南傳一卷。張瀚、王國光、梁夢龍、楊巍、李戴、趙焕、鄭繼之傳一卷。七人皆萬曆時冢宰，皆素有聲望而秉銓，後受制政府及言路者。王汝訓、余懋學、張養蒙、孟一脉、何士晉、附陸大受、張庭、李俸。王德完、蔣允儀、鄒維璉傳一卷。李植、江東之、湯兆京、金士衡、王元翰、孫振基、子必顯。丁元薦、字長孺，長興人，附于玉立。李朴、夏嘉遇傳一卷。

自汝訓至嘉遇，皆萬曆中以部院官建言者。然大氐挾持忿争，傾軋求勝，蓋鮮可取。士晉以孤童幾死，砥厲進身，其事可感。士晉，宜興人。父其孝，得士晉晚，族子利其貲，結黨致之死。繼母吴氏匿士晉外家，讀書稍懈，母輒示以父血衣，士晉感厲。與人言，未嘗有笑容。萬曆二十六年舉進士，持血衣愬之官，罪人皆抵法。而梃擊一疏，辭氣顥激，至竟以逆謀坐鄭氏，何其悖也？其得免罪，不可謂非天幸。李植、江東之，窺伺帝意，乘間攻擊，遂恃上知，與當國大臣爲難。王元翰輕躁喜事，遍毁重臣，知神宗之不罪言官，遂直攻主過，眉批：沈德符《萬曆野獲編》言元翰貪横之狀甚備。蓋皆小人。維璉、嘉遇，皆以私怨，負氣構鬬，雖辭理皆直，維璉又與嘉遇有間。然齊、楚、浙之黨，實破於嘉遇，而客、魏之黨，即激成於維璉。揚己訐人，君子不取。維璉旋擊魏璫，風節益著；嘉遇見親衆正，同罹黨禍。故世之論者，以二人爲清流。兆京峻潔自持，身任朝局，尤爲東林所推。元薦、李朴，皆以部曹，憤發彈劾，直犯衆怒，感奮之概，亦有足多。而元薦風裁尤峻，固此中之矯矯者。若于玉立者，其人本末，蓋不可知。吴次尾《東林本末》謂當時士夫言及中甫玉立字，雖在賢者，亦以爲東林之蠹。至謂其遥執朝權，福清入相，由亦其力。惟鄭太宰三俊嘗曰：『果若人言，何以廢主事終乎？』以此爲持中之論。然史言玉立爲刑部郎中，以妖書事與王士騏同褫官，是其起用固疑，而終以光禄少卿召，則非以廢主事終者也。次尾亦言東林日益衰謝，玉立身被數十疏，猶日出奇，使其門生故人伺釁攻之，不肯遂已，亦可想其氣焰矣。齊、楚、浙三黨，齊人亓詩教爲最强，而嘉遇傳言浙爲主兵，齊、楚爲應兵。蓋以浙之沈、朱、方三相，爲東林所指目，而三黨起於崑黨、宣黨。宣黨之構，起於韓敬科場事，敬亦浙人，故三黨以浙爲主。觀沈、朱二相之持吕文安謚，及私孫尚書鑛、全侍郎天敘之進官，商冢宰周祚及劉廷元、董元儒、過庭訓等之持韓敬事，鄉誼之重，似非他所能間。然元薦亦浙人也，而元薦傳言浙黨所彈射東林者，李三才之次，則元薦與于玉立，是亦惟重門户之私，而不顧鄉里之誼矣。全謝山嘗疑熊襄愍之功著遼左，而賢如魏忠節者，何以必請誅之？豈知襄愍固稱宣黨，東林素攻之者，故鄒忠介、楊忠烈、顧裕愍、魏忠節皆持重議，而忠節詞尤峻。蓋黨論一興，雖封疆所倚任者，亦不暇爲之計。中朝水火，牢不可破，賢者且然，况其他哉？烏虖！是可深惜者矣。

夜雨聲瀧瀧達旦。

十四日壬申　大風急雨，水驟長數尺，下午趣霽，夜月出，復小雨。

閱《明史》譚綸、附徐甫宰，山陰人，字允平，終潮州僉事。王崇古、附李棠。方逢時、吳兑、山陰人，字君澤。鄭洛、張學顔、張佳胤、殷正茂、附李遷。凌雲翼、朱衡、附翁大立，餘姚人。潘季馴、字時良，烏程人。吳桂芳、附傅希摯。王宗沐、子士昌，從子士性。徐貞明、附伍袁萃。海瑞、丘橓、吕坤、郭正域、魏學曾、附葉夢熊、梅國禎。李化龍附江鐸，仁和人。諸傳。王襄毅之款俺答，李襄毅之平楊應龍，皆無赫赫功，而宣、大、遵、平，永享其利。徐貞明之議京東水利，實萬世策，而良圖莫究，深可惜也。元世虞文靖不能創於前，國朝怡賢親王不能成於後，畿輔千里，永爲瘠區，仰食東南，殆將終古。

十五日癸酉　薄晴嫩涼，晡後時有小雨。得傅節子書，贈印章兩方，即復謝。梳頭。夜月甚佳。謝青芸總戎來，不晤。

十六日甲戌　晴，風，晚涼。得陳珊士、沈曉湖三月下旬都中書，珊士已補主事，曉湖選雲南阿陋場鹽大使，甚爲憂念。朝廷既開事例，自宜量禄爲報，而近年滇中，幾如羅刹，督撫握重兵，不敢過川黔一步。乃寒人下吏，赴選不停，部檄嚴催，逾期者黜，舉家哭泣，遂若死亡，參調之人，以爲大慽。惜言路緘嘿，不爲一陳，爲大臣者，又不肯爲小吏地，此何異古之罪人，投禦魑魅者耶？竊謂今雲南、貴州兩省，督撫、司道，宜皆如舊設，各責以統兵，按其分境，以漸規復。而知府以下皆罷，軍中須人，則聽調遣，并懸賞募。士人有能復一郡者，即予以郡守；復一州一縣者，即予以州牧、縣令。而翰林科道部曹之以京察截取得知府者，皆弗遣之兩省，一切選吏皆暫停，此亦便民之要圖，權時之惠政乎？族弟竹樓來，留共午飯。下午同至鄰人李氏看屋，不得當而歸。季弟返柯山。夜月大好。

十七日乙亥　薄晴。爲人書楹帖五聯。鍾杏齋自義烏歸，來訪。

十八日丙子　陰，晡後雨，入晚愈密。紀孺人來。水澄巷族人家爲催租小胥所擾，屢信來告急，晡後冒雨往見鏡人族伯母、黼庭族嫂，晚歸。夜，大雨徹旦，水又長二尺許，田陌氏下者皆没。聞三江閘下流不通，此越中之鉅患矣。

十九日丁丑　雨不絶聲，涼甚如深秋。終日閲《明史》。

二十日戊寅　雨趣止，蔓水泛溢，街市多浸。作書致五弟，饋以鮝魚兩尾。剃頭。閲《明史》。《明史》以楊嗣昌、吴甡兩傳同爲一卷，可謂老、韓同傳。武陵雖有才，然實蓋世之奸，而傳多曲筆，以其後人方爲顯仕也。興化入相，事出曖昧，而竟實之，尤不可解。

二十一日己卯　薄陰。午後詣鄭氏妹，詣節子小談，詣孫氏從姊，夜飯。三更後歸。

二十二日庚辰　晴暖。胡廷襄饋楊梅兩籃。王菽畦來，不晤。下午詣王菽畦、徐介亭、張廣川，俱不值。王君交游蘭艾不擇，性嗜風雅，輕薄群趨，其於鄙人，延接備至，乃今日竟以晝卧謝客，方疑門者懶不爲通，歸後作書風之，亦無所答，此可怪矣，豈其循覽未悟，抑因傲不屑意耶？彈筝索刺，何須施之此曹；省書追謝，偏未聞於今日。是亦酬應之横逆，責望之不情。待人過高，豈非予過？以楊梅一合饋大妹。

二十三日辛巳　晴熱，下午有零雨，即止。答拜謝總戎，即詣觀音橋孫氏拜二妹四十壽，送禮兩番金，爲季弟送禮一番金。下午歸。得傅蓮舟書。顧春園表叔來。姪孫壽昌來，俱不值。節子來，何秀才瀓來。比日湖水暴溢，而三江閘外沙淤不通，郡官禱祠皆不應，鄉民數千人，畚臿群聚，疏鑿甚艱，竟無所效。文身之俗，豈將返爲魚鼈乎？是可深憂者矣。夜熱甚，始换草薦。

二十四日壬午　晴，熱甚。得王揚廷滬上書。作書致節子。得節子書，并惠印章兩方。施友三饋香雪燒酒一甀，楊梅兩籃。

小暑六月中。　二十五日癸未　酉正一刻浙江二刻四分小暑節。上午晴熱，下午陰，晡後雷雨。作書致高太守，饋以糟魚、香雪酒各一瓻，楊梅兩籃。得太守復書。洗足。夜雨滴歷，至二更後止。

二十六日甲申　晴熱，下午陰。湖水更溢，閘仍不通。作書致蓮舟，致五弟。孫沛亭饋楊梅兩籃，即復。

二十七日乙酉　晴。胡廷襄饋楊梅兩籃，最佳。王元送楊梅六籃。作片致徐介亭，饋以楊梅兩籃。五弟來。茹子香來。剃頭。還孫十元，值金兩元。

二十八日丙戌　晴，風，薄陰。今季弟借少帆所居，補祀文武帝，此越中俗例也。相稱曰文武會，吾家有此會三，皆先世所傳，已百餘年矣。事固不經，祭亦非禮，全謝山集中嘗言之，然衣冠群萃，潔齍伐牲，以科名相淬厲，亦足見舊家承平之風。以楊梅兩籃寄柯山，作書致三妹。張君文瀾饋楊梅四籃，廣川之弟也。作片致輝庭，饋以楊梅一籃，又以一籃貽金閏娘。送五弟一番金，爲雲姑十歲買餅餌。

二十九日小盡丁亥　晴，熱甚。季弟返柯山。紀安人來。買朱漆浴盤一具，付錢二千四百文。夜始浴。昨今兩日，閘稍通水，日乾不及寸。次日還鄭五元，又值金一元。

籀詩𨱍疋之室日記（孟學齋日記丙集）

同治五年六月初一日至八月十七日（1866年7月12日—1866年9月25日）

同治五年丙寅夏六月戊子朔　晴熱，大風。署紹興協副將謝青芸總戎來，談昔日軍中事。閱孫頤谷《讀書脞録》。答舊友茹子薌布衣書。作片致郡丞徐介亭，爲鍾眘齋索還《質園集》。比日熱甚，几席皆如在暴，不可坐，終日汗不得止。

初二日己丑　晴，風。早起，喫緑菽飲子，自是以爲常。閱黄汝成《日知録集釋》。爲人書扇二。

初三日庚寅　初伏。薄晴，熱中有爽意。

初四日辛卯　晴熱，大風。讀《説文》。得徐介亭書。晚感微暍，不快，輟食。

初五日壬辰　晴熱。高祖妣周太君忌日設祭。家慈入城居舊庵。氣塞胸鬲不快，夜身熱。

初六日癸巳　晴熱。病不能興，閲《明史》。

初七日甲午　酷熱。延醫生張叟診脉，言是虚證帶肝氣，無客感，其言近是，服其藥。閲《明史》。

初八日乙未　晴熱。病不痊，仍服張醫藥。午食北絲麵，始稍能起。

初九日丙申　晴，酷熱。剃頭。仍服藥。作書致徐介亭，爲仲弟館事。

初十日丁卯　晴熱，傍晚有風，小凉。始喫西瓜。

十一日戊戌　晴，酷熱。午始喫飯。

十二日己亥　午初三刻大暑，酷熱不可當。得鐵錢二，一文爲『嗣德通寶』，一文爲『嘉隆通寶』，背有七分二字，遍考皆無此兩號，蓋近世日本錢也。

十三日庚子　中伏。早陰，上午熱悶，午晴，下午陰，有雷。早詣庵省家慈。以錢三千三百五十文買洋紗帳子一具。

十四日辛丑　晴。擬避暑某山寺，已戒舟矣，姬人以小事忤予，肝氣大發，遂中止。付王元庸直兩番金，令回去。夜少涼。

十五日壬寅　晴。介亭饋龍井茶一合，藥兩品，即復謝。族祖母紀太安人來，饋杏仁一苞。介亭再以書來，乞寫聯障數紙，即作復。季弟來。傍晚詣庵省家慈。夜大雷雨。

十六日癸卯　陰晴微涼，下午有雷，小雨。表兄陳鳳樓來。族弟嘯巖來。上午出門詣高太守、張邑令、謝總戎，俱晤。午後歸。苓舟來，夜飯後去。夜涼，院中坐月久之。

十七日甲辰　晴。作書與馬中丞。是夕始望有涼意。付徐媪腐直四番金。

十八日乙巳　晴。紀太安人來。五弟、季弟來，五弟饋乾鰕、乾菜。

十九日丙午　晴，酷熱。爲介亭書屏聯。喫雪田瓜。晚浴。

二十日丁未　晴。高太守來。剃頭。作書致介亭。

二十一日戊申　晴，酷熱。姬人詣寶惠橋就醫。王菽畦觀察饋酒肴一筵，作書固辭之。

二十二日己卯　酷熱。據金壇段氏說，執从夲，夲从大𢆉。喫羊肉，患溲利下。《周禮·庖人》《禮記·內則》皆曰：夏宜腒鱐，膳膏臊。以夏宜食乾物，而犬屬金，故以犬膏左之，示節制之法。羊本屬火，故宜于冬，今反其性，所以致疾。三弟、五弟來，夜飯。

二十三日庚戌　晴，酷熱，夜尤不可當。

二十四日辛亥　酷熱。季弟返柯山。同居姚氏以女字人，請午飲。

二十五日壬子　酷熱。

二十六日癸丑　酷熱。季弟來，定于出月朔移寓湖塘，賃周姓屋，月與錢六千有奇，先與質信錢三十千。姚氏送西瓜、南瓜各四枚。下午浴。

二十七日甲寅　早雨即止，上午晴，酷熱如故。買西瓜一擔，共十五枚，與錢一千文。又買棗苓、龍眼、飴餳、鱐鯗食物之屬三番金，爲村居之儲。得節子書，即復，并以《荆駝逸史》還之。駝，古祇作佗，駝、馳、馱皆後出俗字。上午詣庵省太夫人。族弟竹樓來。

二十八日乙卯　寅正初刻五分立秋。酷熱。太夫人返柯山，早起至隔河庵送下舟而回。施某饋紅瓤瓜八枚，以六貽姚氏。紀太安人來。作書致節子，借舊鈔本《行朝録》。孫某送西瓜二十枚，却之，與以一書，并五番金。袁某饋糕餌、燭、爆杖，受糕餌，報以一番金。柯山舟回，言所賃屋竈寢未完，不可即居，須遲旬日後行。孫子九以將入閩，來話别，留夜飯，久談而去。

二十九日丙辰　小盡日。晴熱。午浴。晡後剃頭。夜有雨。閱《釋名》。

丙寅秋七月丁巳朔　晴熱。郡縣以不雨斷屠。

《説文》竹部『䇘』：可以收繩者也，从竹象形。又曰：互，䇘或省。而木部『枑』：梐枑也，从木互聲。則『互』不當爲『䇘』之或體矣。二部『亙』：从心舟，在二之間。而木部『㮨』：竟也，从木亙聲。又曰：亙，古文㮨。則㮨固从亙，不當云『心舟在二之間』矣。蓋互者，丩也，交也；亙者，竟也。互，从二从丩；亙，从二从舟，皆會意。皆古有之字，本應與亘、亟等字同在二部。而竹部絞繩之器曰笠，木部之梪，皆由互、亙孳生。恆字亦从亙孳生，當入心部。今《説文》如此者，蓋爲後人竄亂，而糸部之緪，亦當从亙，與梪字偏旁，皆轉寫者誤多一心字耳。口部『名』：自命也，从口夕，夕者，冥也，冥不相見，故以口自名。案：名之从夕，殊不可解，以冥轉訓，亦甚迂晦，疑名本从卩，卩者，信也，亦制也。古人顧名思義，故名者，人之所以爲信。孔子曰：『必也正名。』名之于人，所以制之。《禮記》：『先王謚以尊名，卩以壹惠。』生有名，死有易名曰謚，其義一也。『卩』之篆體與『夕』相似，故誤認爲从夕。今經傳『卩』皆作『節』，此假竹節字爲之。名之从卩，與命同意，命从令，令从卩。許氏先曰『自命也』，其義亦可推矣。後曰云云，疑非祭酒本恉。

《釋名·釋采帛》篇云：『白，啓也，如冰啓時色也；黑，晦也，如晦冥時色也。』案：《釋名》一書，皆以聲音爲訓，『白』之與『啓』，聲尤不類，當作『白，判也，如冰判時色也』。《詩》：『迨冰未泮。』《毛傳》：『泮，散也。』蓋『泮』爲『判』之假借。『白』與『判』音近，『白』有明辨誼，萬物至曙而始辨，五色至白而始分。判者，辨也，分也。故『白』之誼，引伸爲辨白，爲告白，如史傳所言『事得白』『以狀白事』之類是也。雪者，至白之物也，故曰『昭雪』，曰『洗雪』，『雪』者，『白』誼之引也。『黑，晦也』者，古讀『黑』如『曶』，今音呼北切，亦近于『曶』，故與『晦』聲近也。

是日，遷居之事復中止。生憙山水，尤愛湖塘，賃廡垂成，輒復撓阻。瀼西之堂誰築，渚北之廬未移。魚鳥可懷，田園少暇，豈幽事之固靳，蓋我生之不僇。

初二日戊午　晴，酷熱。早起讀書。午喫西瓜，甚甘美，皆今年暑中佳事。然則起居之適，其它可知。晡後體中便覺小極。

初三日己未　酷熱不可當。患利，似赤白㾜。㾜出《玉篇》，古蓋止用帶字，故《説文》無之，作『滯』者尤俗。蓋日卧地上，及夜多裸露所致。今夏南中熇暑特盛，所居一室，壞陋尤甚，壁破瓦穿，炎景四炙，加以竈突偪前，豕牢處後，薪烟冒其囱户，苙風交于床幬。眯目熏蒸，塞鼻胜臊。庳檐朝鬱，仄院夕歊。洵苦熱之極遭，尤貧士之奇厄。

初四日庚申　末伏。晴，炎氛酷甚。下午浴。

初五日辛酉　晴日如焚，晡後有雷，晚風，小雨即止。三日來暑景之虐，平生未嘗，鄉人皆言自咸豐八年後，無此熱苦，伏日得此，可占豐年。

初六日壬戌　早陰，風凉，上午日晴，晡後陰雷有風，竟不雨。辨色即起，凌晨買舟詣柯山省太夫人。得高太守書。傍晚游七星巖。夜偕季弟宿巖室，電光熊熊，雲合不雨，而郡城五更時有雨，頗歷歷作聲。

初七日癸亥　早晴，上午陰，午後復晴，傍晚風雨忽集，自西南至，郡城亦有雷電。晨自巖室返村居。是日先君子生日，上午率弟妹甥姪設祭。下午還城寓，及門而雨。得徐郡丞書。孫子九、王眉叔來，三弟來，俱不值。孟生來，不值，饋西瓜十枚。夜治瓜果鷄酒，作七夕筵，點綴時景。雨，入夜頓凉，有秋意，趣憙燈火可親。

初八日甲子　晴，微凉。作書致徐郡丞，致高太守。以參藕、筍瓜、蔬菜、食物奉太夫人，以西瓜、銅錢遺内子，瓜、餅遺二弟，熟藕、燒餅給阿僧。苓舟來。爲人書楹聯三副。又以一聯贈柯山普照寺僧永仁，并撰句云：『靈峰一堂，峙此妙相；聖泉四注，溦以道心。』

初九日乙丑　晴，午陰有溦雨。三弟、五弟來，季弟來。傍晚，同至吴山阪橋孫氏看屋，夜飯于觀音橋孫氏從姊家，更餘歸。

初十日丙寅　晴熱。山陰令君張夢周來。鍾𡮢齋來，言將赴義烏。九弟來。

十一日丁卯　晴，熱甚。王杏泉來。顧春園表叔來。晡時坐肩輿詣孫子九，送其閩中之行，贈以扉屨之資一番金，不晤，晤其第三子。出詣傅節子，并晤何鏡山秀才。從節子借《粵東海山仙館業書》兩帙而歸。得𡮢齋書，寄借汲版《三國志》一部，義烏刻《駱賓王集》一部。

十二日戊辰　晴，酷熱。

閲黄梨洲先生《明夷待訪録》，海山仙館本也。爲目曰：原君、原臣、原法、置相、學校、取士、建都、方鎮、田制、兵制、財計、胥史、奄宦；而取士、奄宦各有上下篇，田制、兵制、財計各有三篇，故共爲二十一篇。《自序》謂據胡翰十二運之説，自周敬王甲子至今，皆在一亂之運，向後二十年交入大壯，始得一治，則三代之盛猶未絶望，故條具爲治大法，冀如箕子之見訪。曰明夷者，以是録作于康熙癸卯，尚在治運二十年之前，謂如夷之初旦，明而未融也。其自負固不薄矣。然其言多激于明季因循之習，頗泥古法，或高遠難行，惟取士、胥吏兩事，尚可采擇以施久遠。而取士條法，已太繁苛。至《學校》欲以政事之權歸師儒，是非之議歸諸生，是徒亂法制而無益于國者。乃謂東漢太學三萬人危言高論，宋太學生伏闕留李綱，兩事皆有合于古，則偏駁極矣。全謝山言先生未除黨人習氣，蓋謂是也。建都必于金陵，則顧亭林已相駁難。方鎮僅設于九邊及雲貴，猶可言也，至欲許以嗣世，則尾大不掉，其患靡已。《奄宦》以寺人之多，由于嬪御之盛，欲天子僅留三宫，以外一切皆罷，其言已迂可笑。《原君》篇乃欲人主皆公天下而不以爲子孫之業，則迂而幾于愚矣。《原臣》篇謂臣與君分治天下，名異而實同，凡仕者爲天下，非爲君；爲萬民，非爲一姓。《置相》篇謂據孟子言天子同在五等之位，卿之與君，猶大夫之與卿，相去僅一級，伊尹、周公之攝天子，亦猶大夫之攝卿，士之攝大夫，言皆未醇。《田制》必欲復井田，亦迂闊之成見。據全氏《鮚埼亭集外編》，跋是書謂中多嫌諱，故原本不盡出。予于丙辰歲暮，得四明原刻本讀之，今十年矣。先生之學，卓絶古今，是録爲先生王左大略所以自見，乃轉覺意過其通，千慮一失，末學後生，妄加訾議，要何足當南雷輿隸乎？

買新苓子，食之已老。紀太安人來，饋蒲桃一串。得子九書，言定于二十日入闈。付大妹往來柯山船錢八百文。

十三日己巳　晴，酷熱。

閲路振《九國志》。九國以吴、南唐、吴越、前蜀、後蜀、東漢、南漢、閩、楚爲次，久已散佚，後人于它書掇拾成之，故吴事獨盈三卷，而南唐僅有周本一傳，太原劉氏它書皆稱北漢，此獨稱東漢，又稱劉繼元爲英武帝，此出太原故臣之追謚，而歐、薛史皆不載，路氏亦不著所以。朱竹垞《跋太原寺千樓碑》云：碑稱承鈞爲睿宗皇帝，繼元爲英武皇帝，皆史所未及。

閲韓文公《順宗實録》，此書世多貶議，其敘次王叔文事，形容醜狀，尤非體裁。伾文之事，自范文正首開昭雪之端，國朝田氏雯、鄒氏景、何氏焯、全氏祖望、陳氏祖范、王氏鳴盛，皆力爲湔洗，而王氏辨之尤至，其事已明。文公當日既徇時情，又銜私恨，故雖交契如柳州，亦直著其罪，于夢得亦然，此猶以劉、柳同在譎譴，無可隱也。李景讓、吕温，皆時之聞人，未嘗在八司馬之列，而必追原黨始，著其倖免，是亦不可以已乎？蓋文公固端人而急功名，俗儒而能文章者也。

閲李忠定《靖康傳信録》。閲權衡《庚申外史》，文筆俚拙，其稱韓林兒爲小明王，劉福通爲劉太保，蓋以明祖初奉林兒之故。至稱明玉珍爲明元帥，而亦不名，則不知何故矣。順帝正后弘吉剌氏，此作車必氏；二皇后奇氏，此作祁氏。其餘諸臣姓名，亦多有與史異者。又于察罕、脱脱父子多加貶辭，反以田豐之殺察罕爲義，彌乖正論。

十四日庚午　晴熱，酉正二刻二分處暑。

閲劉若愚《酌中志》。若愚，天啓時宦官。崇禎初，以管李永貞文書房，入逆黨第一等，逮問擬斬。是書作於獄中，得爲莊烈所見，減等免死。書凡二十三卷，皆紀萬曆、天啓兩朝事。首以《憂危竑議》，訖於《自敘略節》，而附以《黑頭爰立紀略》一卷，載馮銓事，共爲二十四卷。若愚頗知書，自敘其家世襲延慶衛指揮僉事，父應祺官至遼陽副總兵。若愚自宫以進，選隸司禮監陳矩名下。是《志》力辨己之非魏黨，而于矩極力推美，稱爲先監。又言少在内書房受業于顧天竣，稱爲先師。天竣，即所稱崑黨之魁也。刑餘賤人，其言是非不足深據，惟所紀事蹟，本末頗詳，又多載全文，如《憂危竑議》《續憂危竑議》等，與《從信録》《先撥志始》略同。至鄭貴妃刻《閨範圖説序》及《皦生光本末》，則它書所無。紀内臣職掌、大内規制、内臣佩服，多史志所未詳。臚列馮銓醜狀，亦甚詳盡。至紀飲食好尚，則絶無新異，而序謂閲此者，當興嘗禁臠之思，是則熏腐之識見耳。

作書致孫子九，致傅節子，還《海山仙館叢書》。致何鏡山，爲季弟問院捐條例。致三弟、五弟。閲《三國志・魏書》。五弟來。得節子復，何鏡山復。兩日炎歊又極盛，夜卧，汗不得乾。

十五日辛未　先君子忌日，酷熱。在寓設祭，同季弟姬人。閲《魏書》《蜀書》。晚大雷雨，入夜二更又雨。

十六日壬申　早晴熱如初，午後大雨雷。王杏泉來。偕杏泉詣余輝庭小坐。苓舟來，午飯後去。晚晴微涼，以褥薦。閲《魏書》。

十七日癸酉　晴熱。早偕鄭妹夫同舟至柯山省太夫人。傍晚返城寓。輝庭來。

十八日甲戌　鬱熱溽暑，午後有雷雨。得吝齋書，即復。閲《魏書》。剃頭。夜凉露坐，見有流星如火，自東墮于西北，其光甚長而青碧色。

十九日乙亥　陰凉。閲《魏志》《蜀志》。陳氏本無《魏書》《蜀書》《吴書》之名，概題爲志，後人誤以標目刻十七史、廿一史者，遂皆沿之，流俗所當正者也。輝庭來。下午視鄭氏妹，遂同妹夫至東雙橋看屋。回詣子九別，子九以明早行。夜急雨數作，凉須絮衾。

二十日丙子　凉雨，至晡趣晴。閲《吴志》，兼讀《後漢書》。始煮菱食之。以臘紙柱聯三副贈梅山寺僧隱松。

漢儒之學，至康成而極盛，然由此驟衰。蓋三方鼎峙，戎馬紛紜，精廬不存，學侶四散。蜀限一隅，無可言矣。魏之大儒推王子雍，吴之大儒推虞仲翔，皆著書教授，門徒甚盛。肅之聖證，務難康成；翻之解經，又好違鄭。時惟樂安孫叔然，獨宗高密，稱爲大儒，著述群經，與肅楮柱。又《魏志・王基傳》云：散騎常侍王肅著諸經傳解，及論定朝儀，改易鄭玄舊説。而基據持玄義，常與抗衡。蓋亦中流之一壺。眉批：《後漢書・鄭康成傳》言基爲其門人。近儒錢氏大昕謂基卒于魏元帝景元二年，據碑云年七十二，溯其生在漢靈帝初平元年庚午，康成以建安五年庚辰卒，其時基僅十一歲，不得在弟子之列。陳氏景雲謂基傳不云嘗師鄭氏，蓋私淑鄭學，非親受業者也。其餘則《崔季珪傳》稱從鄭玄學，《姜伯約傳》稱好鄭氏學，僅一二見而已。邴原龍腹，夙有高名，與鄭同郡，而孫賓石諷其往學，輒有違言。《蜀志・李譔傳》云：譔著古文《易》、《尚書》、《毛詩》、三《禮》、《左氏傳》、《太玄指歸》，皆依準賈、馬，異于鄭玄，與王氏殊隔，初不見其所述，而指歸多同。足見當時風會所趨，大氐如是。蓋日中則昃，月盈則缺，自然之理，無容疑也。高貴鄉公臨學講經，獨右鄭氏，黜退王義，遂爲司馬氏所忌，旋致變隕。而侍中小同，先罹酖酷，學術所趨，世變係之，深可悲哉！

是日秋氣蕭槭，涼意惻然。夜來燈火可親，喜資温讀耳。夜雨屢作，聲響凋雜。

二十一日丁丑　雨自五更至晨不絶，上午稍止，下午小雨，秋陰黯然，益沾涼色。作書問家慈疾，奉去白糖、百合、樝梨，屬湖塘步船致之柯山。閱《三國志》，詳考魏立親廟、蜀封功臣兩事，附注于王氏《十七史商榷》中，文多不更載。

二十二日戊寅　密雨淒厲。瘦生來，偕之冒雨坐小舟詣王菽畦榷使，午歸。

讀《後漢書》，蔚宗自論此書云：吾雜傳論，皆有精意深旨，既有裁味，故約其詞句，致《循吏》以下及《六夷》諸序論，筆勢縱放，實天下之奇作。比方班氏，非但不愧。愚謂范氏此言，自詡非過。然其最佳者，如鄭康成傳論，左雄、周舉、黄瓊傳論，陳蕃傳論，李膺傳論，宦者傳序，儒林傳論，興高采烈，辭深理精，以云奇文，實超前古；次則曹褒傳論，丁鴻傳論，鄧彪、張禹、胡廣諸人傳論，蔡邕傳論，李固傳論，張奐傳論，孔融傳論，樊英傳論英在《方術傳》。張儉傳論，盧植傳論，竇武、何進傳論，皆抑揚反覆，激烈悲壯，令人百讀不厭。它若李通傳論，則譏其陷父以徼倖；桓榮傳論，則譏其爲學以取榮；臧洪傳論，則惜其徒死之無益；郭林宗傳論，則疑其知人之過聖。凡兹卓識，多出恒裁。至于荀爽、荀彧，實非貞士，而慈明之論，既表其圖董之智；文若之論，又褒其爲漢之忠。此之立言，猶爲過當。蓋徇乎流俗之譽，未照其隱遁之情，要亦善善從長，義存匡世，忼慨奮發，可見其心。大抵蔚宗所著論，在崇經學，扶名教，進處士，振清議，聞之者興起，讀之者感慕，以視馬、班，文章高古則勝之，其風勵雅俗，哀感頑艷，固不及也。

具斯良史之才，而陷逆臣之辟，事出曖昧，辭尤枝梧，史傳所書，顯由誣構。近儒王西莊氏力爲申辨，載所著《十七史商榷》中，其事甚明，奇冤始雪。蓋蔚宗此獄，揆之以事，以勢，以情，以理，皆所必無。《宋書》《南史》，亦皆游移其辭，本無顯據，實繇香方之刺，遍及盈廷，人士共仇，證成其獄。所云犬彘相遇之言，母弟飢寒之狀，妹妾流涕之訣，皆由忌者横加污蔑。夫以武子名儒，宣侯名臣，蔚宗承其家學，嘗言耻爲文士，其閨門無禮，豈至是耶？

蔚宗書中，稱引其先世之説凡三：黄憲傳論稱曾祖穆侯，鄭康成傳論稱王父豫章君，高鳳傳論稱先大夫宣侯，皆以見其前人學識品概，非泛泛指稱。蔚宗書本有志，自著于傳中凡三：《公主傳》云『事在《百官志》』，《東平王蒼傳》云『語在《禮樂》《輿服志》』，《蔡邕傳》云『事在《五行》《天文志》』。乃知當日志亦俱成，章懷謂託謝儼搜撰之言，恐都未確。

夜雨不絶。

二十三日己卯　小雨霡霂。鄭妹夫來。紀太安人來，饋舒鳧一。沈雨巖、瘦生來，屬作書致鍾吞齋。王菽畦觀察來。得王眉叔訓導書，以近詩一卷屬點定，即作復書。得王菽畦書，屬和薛太守《時雨留别》詩。予自壬戌以後，頗意經學，罕事文章。歸里以來，人事凌雜，略有暇隙，覃精考索，吟詠之事，闕而不講。强以相慁，毋乃爲煩？然諸君癖嗜之情，未可遽拂，拙于用短，還當自規耳。得王孝廉德容五月間京邸書。

二十四日庚辰　晴。作書致高太守，爲邑人重建山陰火神廟事。上午坐舟詣王杏泉，求爲家慈診脉，不晤，晤其令子芝仙孝廉。午返柯山村寓省家慈疾。紀太安人及三弟皆先至。下午家慈命造兄弟析産書，留祭葬膳養田四十畝。予以先入貲爲郎，故僅授田五畝；仲弟授田二十畝；僧慧授田三十畝；季弟以出爲人後，僅授田八畝；三妹授田六畝，爲它日沾嫁衣。

二十五日辛巳　晴。王杏泉來，爲家慈診脉撰方。夜雨。

二十六日壬午　雨至上午趣止。三弟上城，予作書致杏泉，求改方。得杏泉復書并方。

二十七日癸未　上午晴，午後雨時時作。上午坐舟入城。作書致杏泉，求再改方。得杏泉復書，云明日往診。買木凳俗字，出《廣韵》。四具，價錢一千三百文。孫仿雲生子，請喫湯餅，不往。以黄金塗銀鈴釧貽之。

二十八日甲申　陰雨不定。早具舟請杏泉至村居，診家慈疾。剃頭。鄭妹夫及表妹夫鄭海槎來，同至五馬坊口看屋，又至大路看屋，午後歸。杏泉自柯山回，作信相聞，即復書申謝。傅苓舟來。得高太守書，并還火神廟捐簿，簿俗字，古祇作薄。即作片復杏泉。夜雨。鄭妹夫爲定居事詣柯山。

二十九日乙酉　晨陰，上午晴，下午日景中，時有零雨，秋氣鬱熱。妹夫偕季弟上城。爲人書楹聯三副。下午詣杏泉改方，不值。詣廣寧橋看屋。又至觀巷陳氏，與蔡姓議賃徐青藤舊宅。日旰時，從倉橋閱肆而歸。三弟來，海槎來，留共夜飯。孫予恬來。予恬新選廣西左州知州，將携家之任，蠻陬萬里，地瘠民頑，而奉檄欣然，殊有得色。人各有志，不可量也。夜雨。

三十日丙戌　卯正二刻二分白露節。早陰，上午雨，午後陰雨不定。比日天氣蒸潤，似有黴意。忽得咯血疾，適杏泉來，遂爲診脉撰方，云心氣虧甚，自須静養，然今日事勢，豈可得乎？喫藥。從偏門外市中，貰得米兩石。市篆文作[illegible]，从H从㞢省。从乁，乁者，古文及字。若據篆體作隸，當作𠂔。然既易駭俗，又蹈前人非篆非隸之譏，故仍隸法而注之如此。蓋自『𠂔』變爲『市』，既與『市』字易亂，又與从『朩』之字殽圂，『朩』又與『宂』相亂，于是赤實果之从朩从木者，變作『柿』；而从宂之字如朓、洸等，皆作『肺』『沛』矣。舊鄰人徐姓饋舒鳧雙。同居姚氏饋夜饌。夜雨。

八月丁亥朔　積陰數雨。再具舟請杏泉，至柯山診家慈脉，季弟同去。得苓舟書。買鮮荔支食之，味鹹而色白，蓋漬鹵汁久所致也。喫藥。杏泉自柯山回，作信相聞。夜晴。

初二日戊子　上午雨，下午晴。九弟以扇面索書，爲寫一小文云：『力田爲男，臼辰爲晨。人在宀下，是曰宂民。古聖制字，其義甚精。故無恒產，則無恒心。游手徒食，乃爲廢人。翳我兄弟，生長素族。雖無綺紈，衣必鮮燠；雖無甘膬，食必厭足。澤久而衰，歌繼以哭。居吝一椽，飯艱半菽。非絶餘慶，實靳來福。肌骨本脆，緟以羸尫。俗作尩。不習商賈，不知農桑。家失所恃，身隕其防。雖然貧者，亦士之常。舊德名氏，其胡可忘？勤爾夙夜，率爾妻子。灌圃代僮，績麻當婢。蔬韭春豐，鷄豚冬偫。外無所干，内知所耻。俯仰寬然，斯亦足矣。』鄭妹夫來，三弟來，竹樓弟來。喫藥。

初三日己丑　風雨。作書致季弟。瘦生來，饋魚腊。古衹作『昔』，經典相承加『肉』。作書致杏泉，乞改方。作書致高太守，爲苓舟、蘅夫二君襄校縣試事。下午坐小船至觀音橋孫氏姊家，同三弟、孫仿雲詣朱厚川郡丞家，看其姻孫氏屋。屋在八字橋，故唐氏居也。聽事及東西廂房俱華好，頗有花石。傍晚回，就孫氏姊夜飯，初更歸。喫藥。夜又咯血。生事既窮，心力復竭，神清體羸，理不得長。然素行不虧，夙夜匪解，修短分定，其何病乎？付薪蘇錢一千一百文，付柯山兩次船錢一千文，付王福日用沽買錢一千文。

初四日庚寅　風雨蕭然，下午陰。張廣川來。有人來索舊逋。喫藥。校勘《後漢書》。王頌庭來，不晤。

初五日辛卯　陰。王杏泉來。季弟來。作片致杏泉，爲家慈改方。閲姚氏《陳書》。八《書》中，以此及《北周書》爲最下。蓋思廉頗拙于文，《梁書》多因其父，經歷兩世，纂眘既詳，論議亦美。《陳書》則殊草草，且一意主簡，事蹟多缺。《北周》制度文章，多儗古昔，德棻又志矯浮靡，頗刊綺辭，而綜覈未精，甄審失當，又篇簡殘缺，尤甚它書。然《南》《北史》多以一家合傳，意重譜系，致時代不分，先後失敘。故八書必不可少，而八書中尤要者，宋、隋兩《書》，次則《魏書》《南齊書》《梁書》。蓋五書皆詳贍有體例，符璽刊落較多也。自明季李映碧、近時童石堂，皆以八書注《南》《北史》，雖取便披覽，終未允當。竊謂本紀宜用《南》《北史》，列傳宜用八《書》，而去其緟複，平其限斷，除其内外之辭，正其逆順之迹。更以彼此互相校注，志則用《隋書》中《五代史志》，而注以宋、魏、南齊諸《志》，庶爲盡善矣。

三弟、季弟來，共夜飯。喫藥。

初六日壬辰　晴和。閲《北史》。予于辛酉年粗校是書一過，今日以三百錢買殘本十四册，舊校本在京師，不可得矣。汲古閣刻十七史，《南》《北史》及八《書》最爲草草，誤文奪簡觸處皆然。此既不全，又無它書可校，聊以遣日而已。再從弟苓舫經歷來，秦鏡珊來，俱不晤。下午詣資福庵，即歸。喫藥。

初七日癸巳　秋氣晴爽。作書至戚族數人。作書致杏泉改方。剃頭。傅節子來。喫藥。閲《北史》。

初八日甲午　晴暖。曾王父生日設祭，陳鳳樓表兄來，柏塍族伯來，季弟來，苓舟來，午同飲胙。作片致杏泉改方。喫藥。屠夢巖姑夫來。三弟來，夜飯後去。

初九日乙未　晴暖。苓舟來。閲《北史》。喫藥。還濮氏都中舊責五番金。還鄭二淺絳裙直五番金。付王福沽買錢一千文。

初十日丙申　晴。作書致杏泉改方，得復。杏泉來，再爲予撰方，服熟地。何鏡珊來。作書致徐介亭。閲《北史》。傍晚詣鄭氏妹，即歸。喫藥。付薪蘇錢九百文。

十一日丁酉　薄陰間晴，凉飔殊勁。早起邀羅蓮士秀才同王杏泉詣柯山診家慈脉，晚歸。是日回舟時，夕陽趣遠，湖風頗高，南岸諸山，清朗疏秀，多有秋意。此次東歸，甚苦人事，胸懷作惡，興趣靡寄。近緣親病，憂悴彌深，營擾遽匆，何云遐賞？流連晷刻，益用惘然。得苓舟書。金閏娘饋蒸鴨。夜作復苓舟書。喫藥。

十二日戊戌　早雨，上午趣霽，午晴。高太守饋武廟丁祭膰肉。買舒凫三雙，付錢一千文。喫藥。閲《北史》。三弟來，共夜飯。

十三日己亥　黎明雨，終日薄晴多陰。謝總兵饋節物，全却之。孟生饋節物，受其月餅。鏡人族伯母饋乾豚一股。牲之前體曰臂，曰臑；後體曰髖，曰骼，曰膊；其趾曰蹄。校《後漢書》兩卷。以舒凫一雙、新栗一合饋杏泉，并作書，乞爲家慈更撰方。作片致羅苓士改方。以舒凫一雙報閏娘。喫藥。

十四日庚子　雨。上午邀杏泉同舟至柯山，診家慈疾。家慈已病甚，不知人，遂留侍疾。高太守來，不值。高太守、徐郡丞、張邑令各遣人饋節物，俱辭之。

十五日辛丑　陰。申初二刻四分秋分。遣人迎長妹歸。請安昌陳丹穌及湖塘謝醫生診家慈疾。夜，月食既。

十六日壬寅　晴。再請謝醫生診疾。作書請杏泉。

十七日癸卯　晴。杏泉饋參一莖。亥刻家慈棄養。痛哉！痛哉！搶地呼天，殺身奚及！家慈一生，艱苦劬勞，萬言難盡。及遭寇禍，慈銘在都，家無童指，提挈八口，奔徙流離。至冬無緟絮之衣，夏無溢米之飯。窮年忍死，以待慈歸。不料去年，慈得歸省，而轉速我母之死也。痛哉！痛哉！我母之病，以肝氣上逆，兼患痔漏，比年增劇，忍而不言。慈昔夏之歸也，意欲奉母就養京師，及歸而見我母頒顏驟老，始進退皇然，罔知所措。然猶冀以傭書賣文，小作營辨，爲鄉里十年之養也。今年夏，卧病不能食，且下利。以慈貧故，不肯服藥。時居城中資福庵，慈寓新河，相去僅半里，而慈亦累病，定省缺然。至七月朔之前二日，我母還村居，而疾遂不可爲矣。七夕之日，先君子生日也，慈歸家祭奠，我母猶自主饋，且爲慈等設食。慈即于是夕入城，而我母以次日腹張不能起。十六日，慈始趨視，猶以爲無憂也。二十四日，始請友人診視，遂留侍疾。四日，而慈亦遘疾，復入城，忽咯血不止。時雖憂我母疾，猶日冀速起，方恐己病之爲我母知而轉憂我也。至今月十一日，請王、羅二君往診，皆云病趣有起色可治，我母亦謂慈曰：『我老疾耳，汝勿憂。』慈乃復入城，孰知閱兩日，而我母病甚不知人。比次日，慈趨赴，而已不能言矣。慈之在外者七年，我母日夜望之。及歸，而與母相處者無旬日。慈居城中，時一赴柯省視，母見輒色喜，趣具鷄黍。及將返，母必送至門，語絮絮不絕。目視其登舟而後入，顏色黯然，回顧妹等曰：『大哥去，令人寂寞。』嗚乎！慈以村居迫窄，故暫寓城中覓栖止。使早知有今日，雖甚不孝者，牛宫豕圈，亦樂而居之矣。母嘗謂慈曰：『汝不歸，吾日望汝歸；今汝歸，吾轉憂汝不如不歸矣。』蓋以慈之日衰老，而又貧甚也。慈方致書當路，乞一文字糊口地，匄于湖塘州山間賃屋數椽，圃數畝，菽水養母，閉門以居，而母不及待矣。嗚乎！慈銘此後亦復何用生爲哉？

我母姓倪氏，會稽陸家埭人，先大母倪太恭人之姪也。父諱振麟，邑諸生，母節孝孫孺人，生我母時，外大父卒已三月矣，年二十而歸。我先君子，時道光甲申之歲也。己丑生慈銘，辛卯生仲弟恭銘，甲午生叔弟楙，丙申生長妹，己亥生次妹，壬寅生三妹。是歲冬，祖母倪太恭人卒。乙巳生季弟惠銘。是歲秋，先君子棄養。戊申，爲仲弟娶婦陳氏。咸豐壬子，爲叔弟娶婦沈氏。癸丑，再爲仲弟續娶婦陳氏。丙辰秋，嫁長妹于鄭。冬，嫁次妹于張。是歲，喪叔弟。戊午，爲慈銘入貲爲郎。己未，爲慈銘辦裝，趣入都需補。我母以積瘁之身，日食菜糲，三十年來，昏喪洊臻，支持門户，兼執婢僕之役。而卒之慈銘兄弟，仕者不能沾寸禄，讀書不能得一第，死者死，病者病，娶婦生孫，大半零落。兩妹嫁者，亦頗單寒。一妹未嫁，一弟未昏。居宅燬于兵，薄田二頃已去其半。兩世未葬，八棺在殯。内外子姓，式微殆盡，祭器家具，百不一存。賊據越時，至長日食一粥，日景正午，聞鄰家飯香，飢火上燒，腹中隆隆鳴。一日，天大寒，賊至柯山掠食，居人悉奔避，母先令兩弟携婦女匿州山，而自留守舍。比夜，（此處塗抹）偕鄰媪輩四五人露坐庭下，霜皚皚然，冽風射單繫縨衣，凛凛透肌骨。及明，賊盡捲所有去，遺燎胜穢，熏騰滿室。母嬛嬛持畚臿，沃沸湯，屏營掃除，一日始盡，乃迎弟妹等歸。是後十餘夕，卧不得被，常以氈折而覆之。至去年大水，米價驟涌貴，七月以後，母常日一食，時患痔疾甚，每早起，自跪竈下拾遺薪作爨。午則以水瀹冷飯食之。蓋人間之苦，無不備嘗，而感憤憂傷，尤有不可以終日者。故肝氣横厥，病遂不起。嗚乎！痛哉！痛哉！

母生于嘉慶乙丑正月十一日酉時，殁于同治丙寅八月十七日亥時，享年六十有二，越一日而斂，桐棺布衣，遺命毋以命服，殯于居停潘氏之堂。慈銘自惟以不孝致死其親，罪惡滔天，非復人類，故一切送終之事，皆從俗例，不敢求賻助，飾觀瞻。又以賃居陋巷，且僻遠，故不訃于戚友，不設位受吊。越六日，立宔，泣而自書之。七日，率眷屬奠，以戚黨四人，代喪祝致辭，延道士十三人，誦《黄庭經》。又七日，設祭，設醮。又七日，設祭，延道士七人，誦《度人經》。又七日，設祭。又七日，作齋供，遍召鄰人，季弟設大醮于西郭之郊。又七日，兩妹家來作齋供，（此處塗抹）妹夫鄭清標重建大醮于西郭之郊。又七日，設祭。自始喪至此，凡七七四十九日，佛氏之教也。家人皆尚浮屠説，予欲以禮正之而不能，亦念家慈素奉佛，故勉從之，去其甚非禮者而已。自始喪至此日，皆朝夕兩上食，一家上下皆菜食。冬十月七日壬辰，至偏門外之上塘漊，告于先大夫之殯宫，將舉柩與我母合葬項里山之兆也。歸，重立先大夫主，亦敬謹自書之，以舊主燬于火也。翌日癸巳，率兩弟及叔弟之子僧慧，奉遷先大夫之柩，以舟載之歸，亭于門次，夜行祖奠禮，祝告之辭曰：『嗚乎！府君棄養，二十有二年矣。野殯荒郊，中羅多難，水火盜賊，百變震驚。我母平生，以爲大疚。蓋不料慈銘等之不孝，至于斯極，而家門之衰敗，人世之慘變，亦皆至于斯也。今日之事，何可復言？幸以府君之靈，得于項里山中營兆兩穴，背陰面陽，土厚而潤，將以明日與我母之柩同時就窆。扶持奔走，相其事者，從弟憲銘等，府君之猶子也。妹夫鄭清標，府君之長女婿也。慈銘等匍匐攀輴，親戚滿前，度水越山，神靈無恐。嗚呼！久亭殯殣，見柩而驚。及兹將行，挽留莫及。臨當祖奠，謹告一言。哀哉尚饗！』祭畢，復率眷屬，祖奠于太恭人之靈，祝致辭曰：『哀子慈銘等，敢告我母，此潘氏之堂也。我母神靈所弗安處，慈銘等扶服呼號，急謀葬事。幸從姻丈沈雨巖所得吉壤一區，在項里之陽，有壙兩穴，已迎我父之柩，將以厥明，奉母合葬，同域異藏。嗚虖我母！存邪？亡邪？五十日來，猶疑猶信；而今而後，并此棺柩，永無見期。慈銘等欲留不能，欲行不忍，冥冥長夜，吾親何之？有寢有庭，舍而入土。嗚呼！我母之居此也，以避寇也，常以湫隘不安，日謀它徙，而豈知今日之以柩遷也？一椽之地，生無寧居，萬歲千秋，死乃有託。母與我父，生死久離，九泉有知，含笑入地。烏虖哀哉！行矣我母，饗此祖筵。』翌日，甲午之晨，葬于項里錢家漊之山。送葬者，慈銘等兄弟姪妹妻妾十人，從弟憲銘、星祜、恩銘，憲銘婦羅氏，星祐婦葉氏，恩銘婦薛氏，憲銘子維嘉、維驥，星祐女雲，妹夫鄭清標，甥鄭氏女一人，張氏男一人、女一人，内兄倪鳴皋，外妹夫鄭康，族弟榕、瑢，族妹夫沈慈梅，姻黨沈丈其霖，友人紹興府同知黔西徐君皋，江蘇候補知縣王君觀光，候選主事傅君鍾沅，蕭山貢生沈君祖蔭，山陰生員婁君拱辰，錢唐生員華君學來，凡二十五人。僧七人，道士九人，鼓吹旌旐導從之屬七十餘人。日加卯，率眷屬祭奠于幄次柩前，祝致辭曰：『哀子慈銘等，敢告窆于府君、太恭人之靈：烏虖！柩臨穴矣，椁待塗矣。我父我母，其竟即安于此耶？其從而出者，不從而歸耶？停喪不葬，古有明禁，而父之殯，已逾廿年。《禮》：大夫、士三月而葬。慈銘不肖，忝從大夫，而母之喪，今始逾月，則此舉也，于吾父爲久淹，于吾母爲渴葬，進退罪也，夫復奚言？雖然，慈銘今年三十有八矣，多病早衰，理難長久，如其果然，則從我二人于九原者，固有日也；如其不也，則慈銘東西南北之人也，春秋展祭，且不知此生能幾矣。惟願我父我母，安此一抔，永無患苦，以時默相我後人。若夫魂氣，無不之也。葬者在野，虞者在堂，室户階庭，依然可即。我父我母，其仍相與而俱還也。嗚虖哀哉！盡此一觴，神其尚饗。』日加辰，就窆，更設祭。賓客皆先退，惟鄭妹夫留，與慈銘兄弟共視塗坎畢而返。日加未，奉兩宔歸柯山。日加申，虞祭。《喪服小記》云：『報讀赴葬者，報虞禮也。』翌日，移廬于城中下河坊黄花巷，以屋還潘氏。此之速葬，固逼于潘氏索還宅甚急，不得已也。翌日丙申，再虞，慈銘跪而以筆點兩宔中『宔』字之心，（此處塗抹）浙俗謂之題宔，所以安神，使有所憑也。

自始喪至此，爲棺椁、布楮、齋供、酒食、舟車之費，共用錢六百緡有奇。賣先世所遺余家岸石堰田十五畝，不足則貸，貸不足則賒。戚好來賻者，浙江巡撫馬君新貽番錢三十，太守高君貢齡番錢四十，總兵署紹協副將謝君永祜番錢四，榷鹽茶税浙江候補道王君慶勳番錢六，徐君皋二，沈君祖蔭、秦君增熙皆四，施君德秀六，王君觀光、傅君鍾沅、傅君以禮、孫君錦皆二，適孫氏從姊二，族祖母紀安人一。聞喪而即來吊哭者一人王君英瀾。告喪（此處塗抹）而不至者一人孫君廷璋，以病也，然亦竟不遣一使至。是月甲寅，慈銘泣血稽顙謹記。百日，孫君之兄知州廷璐補賻番錢四十。